D1729420

Verlag Hans Huber
Programmbereich Pflege

Bücher aus verwandten Sachgebieten

Pflegemanagement

Broome
**Change Management
in der Pflege**
2., vollst. überarb. Auflage
2000. ISBN 3-456-83402-0

Dykes/Wheeler (Hrsg.)
**Critical Pathways – Interdis-
ziplinäre Versorgungspfade**
2002. ISBN 3-456-83258-3

Ersser/Tutton (Hrsg.)
Primary Nursing
2000. ISBN 3-456-83259-1

Ewers/Schaeffer (Hrsg.)
**Case Management
in Theorie und Praxis**
2000. ISBN 3-456-83467-5

Fischer
**Diagnosis Related Groups (DRGs)
und Pflege**
2002. ISBN 3-456-83576-0

Gebert/Kneubühler
**Qualitätsbeurteilung und
Evaluation der Qualitätssicherung
in Pflegeheimen**
2., überarb. u. ergänzte Auflage
2003. ISBN 3-456-83934-0

Gertz
Die Pflegedienstleitung
2. Auflage
2002. ISBN 3-456-83809-3

Giebing/François-Kettner/
Roes/Marr
Pflegerische Qualitätssicherung
3. Auflage
1999. ISBN 3-456-83368-7

Görres
**Qualitätssicherung
in Pflege und Medizin**
1999. ISBN 3-456-83077-7

Görres/Luckey/Stappenbeck
**Qualitätszirkel in der
Alten- und Krankenpflege**
1997. ISBN 3-456-82827-6

Grahmann/Gutwetter
Konflikte im Krankenhaus
2., überarb. Auflage
2002. ISBN 3-456-83687-2

Haubrock/Gohlke
Benchmarking in der Pflege
2000. ISBN 3-456-83369-5

Haubrock/Nerlinger/Hagmann
Managed Care
2000. ISBN 3-456-83312-1

Haubrock/Schär (Hrsg.)
**Betriebswirtschaft und Manage-
ment im Krankenhaus**
3., vollst. überarb. und erw. Auflage
2002. ISBN 3-456-83400-4

Henning/Isenhardt/Flock (Hrsg.)
Kooperation im Krankenhaus
1998. ISBN 3-456-82955-8

JCAHO (Hrsg.)
Ergebnismessung in der Pflege
2002. ISBN 3-456-83826-3

Jendrosch
Projektmanagement
1998. ISBN 3-456-83283-4

Johnson (Hrsg.)
**Interdisziplinäre
Versorgungspfade**
2002. ISBN 3-456-83315-6

Kayser/Schwefing
Managed Care und HMOs
1998. ISBN 3-456-82975-2

Leuzinger/Luterbacher
**Mitarbeiterführung im
Krankenhaus**
3. Auflage
2000. ISBN 3-456-83434-9

Loffing
Coaching in der Pflege
2003. ISBN 3-456-83841-7

Loffing
Karriereplanung in der Pflege
2003. ISBN 3-456-83936-7

Manthey
Primay Nursing
2002. ISBN 3-456-83692-9

Matthews/Whelan
Stationsleitung
Handbuch für das mittlere
Management in der Kranken-
und Altenpflege
2002. ISBN 3-456-83373-3

Müller
Leitbilder in der Pflege
2001. ISBN 3-456-83598-1

Offermann
**Selbst- und Qualitätsmanagement
für Pflegeberufe**
2002. ISBN 3-456-83679-1

Poser/Ortmann/Pilz
Personalmarketing
2004. ISBN 3-456-84002-0

Schroeder
**Qualitätsentwicklung im Gesund-
heitswesen**
1998. ISBN 3-456-82794-6

Weitere Informationen über unsere Neuerscheinungen finden Sie im Internet unter:
http://verlag.hanshuber.com oder per E-Mail an: verlag@hanshuber.com

Michael Walton

Selbst- und Stationsmanagement

Praxishandbuch für Stations- und Wohnbereichsleitungen

Aus dem Englischen von Heide Börger
Deutschsprachige Ausgabe bearbeitet und adaptiert von Rainer Schena

Verlag Hans Huber
Bern · Göttingen · Toronto · Seattle

Michael Walton, PhD, MA, MSc, BA, FIPD, AFBPsS, C. Psychol.

Lektorat: Jürgen Georg, Barbara Müller
Herstellung: Daniel Berger
Titelillustration: pinx., Design-Büro, Wiesbaden
Satz: sos-buch, Mainz
Druck und buchbinderische Verarbeitung: AZ Druck und Datentechnik GmbH, Kempten
Printed in Germany

Bibliografische Information der Deutschen Bibliothek
Die Deutsche Bibliothek verzeichnet diese Publikation in der Deutschen Nationalbibliografie;
detaillierte bibliografische Daten sind im Internet über http://dnb.ddb.de abrufbar.

Anregungen und Zuschriften bitte an:
Verlag Hans Huber
Lektorat Pflege
z. Hd.: Jürgen Georg
Länggass-Strasse 76
CH-3000 Bern 9
Tel: 0041 (0)31 300 4500
Fax: 0041 (0)31 300 4593
E-Mail: juergen.georg@hanshuber.com
Internet: http://verlag.hanshuber.com

Das vorliegende Buch ist eine Übersetzung aus dem Englischen.
Der Originaltitel lautet «Managing yourself on and off the ward».
© 1995 by Blackwell Science Ltd. Oxford, London
© der deutschsprachigen Ausgabe 2004 by Verlag Hans Huber, Bern
1. Auflage 2004 by Verlag Hans Huber, Bern
ISBN 3-456-83354-7

Inhaltsverzeichnis

Geleitwort

Ich freue mich, das Geleitwort zu Michael Waltons interessantem und anregendem Buch schreiben zu können, in dem er den Zusammenhang zwischen persönlicher Effektivität und dem Selbstmanagement als Pflegeperson untersucht.

Ich bin der Auffassung, dass persönliche Effektivität, neben anderen Qualitäten, durch die Aneignung spezieller Fähigkeiten und durch die Maximierung der sich bietenden Möglichkeiten erreicht werden kann. Auch durch Rückgriff auf das Wissen und die Erfahrungen der Menschen in Ihrer Umgebung können Sie die Grundlagen legen, die Sie zu Ihrer Entwicklung benötigen. Man kann nie wissen, welches Ereignis im persönlichen oder beruflichen Bereich Ihnen unverhofft eine Gelegenheit bietet, Ihre Effektivität unter Beweis zu stellen. Dann kommt es darauf an, dass Sie über entsprechende Ressourcen verfügen, um angemessen reagieren zu können, denn eine solche Situation ist eine Erprobung, bei der sich die einzelne Pflegeperson bewähren muss.

Ganz gleich, wo oder mit wem Pflegende arbeiten, sie identifizieren sich mit ihrer Arbeit, und sie denken gern an Menschen und Situationen zurück, die ihre Persönlichkeit geprägt haben und in denen ihr Einsatz einen Zuwachs an persönlicher Effektivität zur Folge hatte.

Das Buch von Dr. Walton macht Ihnen klar, wie sehr Sie und Ihre KollegInnen, PatientInnen, ManagerInnen sich im Denken, Fühlen und Handeln gleichen. Sie werden erkennen, dass große Organisationen oder Menschen in Gruppen spezifische Verhaltensmerkmale aufweisen. Ein Einblick in diese Dinge versetzt Sie in die Lage, Ihr Handeln, Ihr Verhalten und Ihre Kenntnisse beim Umgang mit PatientInnen, KollegInnen und anderen Menschen so effektiv wie möglich einzusetzen. Darüber hinaus wird der Nutzen, den Sie aus diesen Erkenntnissen ziehen, positive Auswirkungen auf Ihre Effektivität und Ihre Möglichkeiten der Einflussnahme bei den Menschen haben, mit denen Sie interagieren.

Yvonne Moores
Chief Nursing Officer and Director of Nursing
Department of Health

Ich widme dieses Buch
Frances Mary Walton – die ich fast verlor,
und Kenneth Wagner Tobias – den ich
unlängst fand

Vorwort

Hallo! Ich hoffe, dass Ihnen dieses Buch eine praktische Hilfe sein wird und dass Sie es gerne benutzen werden. Es geht darin um Sie und um Ihre Beziehungen am Arbeitsplatz – aber die Inhalte lassen sich auf alle Lebensbereiche anwenden, denn Sie bekommen eine Fülle von Möglichkeiten an die Hand, die Sie befähigen, die Geschehnisse in Ihrer Umgebung immer wieder neu zu bewerten.

Das Buch soll Sie speziell bei dem, was Sie tun, unterstützen, und es soll dazu beitragen, dass Sie alle Rollen, die Sie in Ihrem Berufsleben als Pflegeperson übernehmen, effizienter und zielbewusster ausführen. Um diesem Buch einen Nutzen abgewinnen zu können, muss es nicht Ihr Ziel sein, eine Superpflegeperson zu werden, aber Sie sollten schon daran interessiert sein, effizienter und bewusster zu werden.

Meiner Erfahrung nach sind Bücher über Management oft langweilig und von den täglichen Problemen, Ängsten und Sorgen am Arbeitsplatz meilenweit entfernt, und deshalb werden sie nicht benutzt, sondern feierlich auf dem Speicher gehortet oder liegen gelassen, um bei anderen Eindruck zu schinden. Ich hoffe, dass dieses Buch nicht ein solches Schicksal erwartet. Ich hoffe, dass es Eselsohren haben und benutzt – ja sogar verknittert – aussehen wird und dass es Ihnen eine große Hilfe sein wird, die Ihr Bewusstsein dafür schärft (und Sie stets daran erinnert), was während der Arbeit in Ihnen und um Sie herum vorgeht. Ich hoffe, es wird Ihr Freund und Begleiter werden, den Sie oft um Rat fragen und der Ihnen immer wieder hilft, auch wenn nicht alle Aspekte abgedeckt werden und Sie den einen oder anderen Teil vielleicht besser geschrieben hätten als ich.

Ich habe das Buch nicht mit zu vielen Theorien überfrachtet, sondern mich auf Überlegungen beschränkt, die Sie anwenden und selbst weiterentwickeln können. Sie werden sehen, dass ich zur Darstellung der Ideen häufig Diagramme verwende. Ich weiß, dass nicht jeder Diagramme mag, aber man kann mit ihnen oft das Wesentliche an einer Situation anschaulich und knapp wiedergeben. Außerdem lässt sich die Botschaft so auch nachdrücklicher und einprägsamer vermitteln. Sollten Sie sich dadurch aber irritiert fühlen, stellen Sie fest, worauf ich hinaus will und bringen Sie sie in eine Form, mit der Sie am besten umgehen können. Es geht mir lediglich darum, dass Sie die einzelnen Punkte durcharbeiten und sich damit auseinandersetzen – wie Sie dies tun, bleibt Ihnen überlassen!

Das Buch enthält auch ziemlich viele Übungen zum Ausfüllen. Durch die Bearbeitung der verschiedenen Übungen werden zum einen die Inhalte anschaulicher, und zum anderen kommen sie Ihnen bei Ihrer praktischen Arbeit mit PatientInnen, Angehörigen und KollegInnen zugute. Übrigens, vergessen Sie nicht, das Datum zu notieren, an dem Sie die Übung bearbeitet haben, denn beim nochmaligen Lesen Ihrer früheren Ansichten und Gedanken können Sie verfolgen, wie diese sich mit den Jahren verändert und entwickelt haben. Eine solche Vorgehensweise ist sehr nützlich, besonders dann, wenn Sie sich um jüngere KollegInnen kümmern.

Selbstmanagement und Stationsmanagement ist eher ein Handbuch als ein wissenschaftlicher Text, der alle Antworten bereithält, doch obwohl er bewusst nicht-wissenschaftlich gehalten ist, habe ich doch eine Vielzahl von Quellen herangezogen, die zu einem Teil wissenschaftlich sind. Ich hoffe, dass Sie den Wunsch haben, einige der von mir vorgestellten Ideen intensiver zu verfolgen; dabei sollen Ihnen die Literaturverweise helfen, die Sie am Ende der meisten Kapitel aufgeführt finden.

Was Ihre Arbeit betrifft, gibt es so gut wie keine verlässlichen und genauen Hinweise, wie Sie mit den durch interpersonelle dynamische Prozesse, Spannungen und Stress verursachten Schwierigkeiten umgehen sollen, die entstehen, wenn Menschen sich begegnen und zusammen arbeiten.

Sie können aber Folgendes tun:

- Versuchen Sie zu klären, was in Ihnen und in anderen vorgeht.
- Machen Sie sich mit verschiedenen zweckdienlichen Ideen und Gedanken vertraut, mit deren Hilfe Sie Licht in Ihre Erlebnisse bringen können.
- Bedienen Sie sich dieser Gedanken, um zu entscheiden, wie Sie unter den gegebenen Umständen am besten reagieren können.

Dieses Buch soll Ihnen helfen, sich auf die verschiedenen und ständig veränderten Situationen, die Ihnen begegnen, einzustellen, sie zu akzeptieren und dann verantwortlich und ethisch angemessen zu handeln. Sie werden zwar – aufgrund von klinischen, gesetzlichen, beruflichen oder anderen Beschränkungen – nicht immer freie Hand haben bei dem, was Sie tun, aber Sie können dabei doch Sie selbst sein und Kraft daraus ziehen, dass Sie unter Wahrung Ihrer Integrität selbst Kontrolle über sich ausüben.

Ein Großteil des Buches dreht sich um Sie, und die Beschäftigung mit dem Buch wird

Sie in die Lage versetzen, sich ein klareres Bild von dem zu verschaffen, was Ihnen wichtig ist und was in Ihnen vorgeht. Wie bereits erwähnt, sollten Sie Ihre Gedanken beim Durcharbeiten des Buches schriftlich festhalten – Sie werden sie in späteren Jahren mit Interesse lesen, denn sie geben Ihnen Aufschluss darüber, wie Sie sich in der Zwischenzeit verändert haben.

In diesem Buch geht es nicht um klinische Verfahren, die Sie anwenden oder erlernt haben, sondern darum, wie Sie die Beziehungen zu Ihren KollegInnen und PatientInnen aufbauen, aufrechterhalten und entwickeln können; es geht um Dinge wie interpersonelle dynamische Prozesse und Beziehungen und wie diese durch die Gegebenheiten, in denen Menschen zusammenkommen, um zu arbeiten, beeinflusst werden.

Es gibt zwei Bereiche, die häufig vernachlässigt werden, aber große Bedeutung haben: die Auswirkungen der Kultur einer Organisation auf deren funktionale Effektivität und die Tatsache, dass die MitarbeiterInnen nicht nur Fachkenntnisse und Erfahrungen in die Arbeit einbringen, sondern auch ihre Persönlichkeit und Individualität. In **Abbildung 0-1** werden diese beiden Bereiche zwei anderen gegenübergestellt (in denen es um Strukturen, Rollen, Aufgaben und Verfahrensweisen geht), die gewöhnlich im Vordergrund stehen.

Das Buch setzt sich besonders mit den beiden vernachlässigten Bereichen auseinander:

1. mit Ihnen als Mensch, der im Gesundheitswesen tätig ist
2. mit der Kultur von Organisationen, damit, wie Organisationen arbeiten (oder möglicherweise auch nicht) und dadurch Einfluss auf Ihr Wohlbefinden und die Effektivität Ihrer Aufgabenerfüllung nehmen.

In dem Buch geht es außerdem um Führungspositionen und Management. Jeder von uns ist, unabhängig von der offiziellen Berufs- beziehungsweise Tätigkeitsbezeichnung, ein Führender, und deshalb bin ich der Ansicht, dass wir uns nicht dem entziehen können, zugleich Führungskraft, ManagerIn und Ausführende zu sein. Je mehr wir also über Führungsrollen wissen, desto besser und effizienter werden wir die damit verbundenen Aufgaben meistern. Ich will damit sagen, dass wir persönlich Verantwortung für die Kontrolle über unsere Gedanken und Handlungen tragen, und manchmal zeigt sich außerdem, dass wir am Arbeitsplatz formal ähnliche Aufgaben wahrnehmen und dazu passende, den Aufgaben entsprechende Berufsbezeichnungen tragen.

Warum sich abmühen – worum geht es eigentlich?

Wenn Sie unter Druck stehen oder sich in einer kritischen Situation befinden, verlieren Sie leicht den Überblick darüber, was in Ihrer Umgebung geschieht und was Sie gerade tun. Eine Möglichkeit, die Dinge aus der richtigen Perspektive zu

betrachten – und mit dem Druck besser fertig zu werden – besteht darin, bestimmte «Betrachtungsweisen» zu entwickeln, die helfen, die Geschehnisse und den eigenen Standpunkt in einer Situation einzuordnen. Wenn Sie dazu in der Lage sind, sehen Sie klarer und Sie haben die Möglichkeit, sachkundig über Ihre Vorgehensweise zu entscheiden, anstatt nur zu reagieren, um die anstehenden Schwierigkeiten abzumildern.

Die Betreuung von Menschen, die ausnahmslos verängstigt, abhängig und verletzlich sind, bringt Befriedigung, aber auch große berufliche und persönliche Verantwortung mit sich. Unter Druck konzentriert man sich nur allzu bereitwillig auf die dringlichsten Aufgaben (und blendet alles andere aus) und vergisst alles, was sonst noch zur Pflegearbeit gehört. Dies birgt die Gefahr in sich, dass die PatientInnen, bildlich

Abbildung 0-1: Ein Blick auf die einzelnen Bereiche von Organisationen: vier Dimensionen sind zu beachten

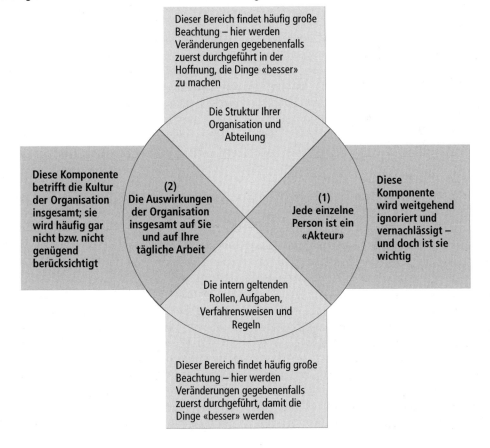

gesprochen, beiseite geschoben und zu Objekten reduziert werden, die routinemäßig zu behandeln sind.

Auch wenn eine spezielle Aufgabe in einem bestimmten Moment entscheidend ist, so ist die «Aufgabendurchführung» allein wahrscheinlich nicht das Ausschlaggebende, wenn es um den weiteren Kontakt mit einem Patienten geht, außer natürlich in lebensbedrohlichen Situationen. Wichtig für das psychische Wohlbefinden des Patienten (das sich auf seinen körperlichen Zustand auswirkt) sind Ihre Art, Ihre Einstellung und Ihr Verhalten, mit dem Sie als Mensch Ihr «Engagement» für ihn zum Ausdruck bringen. In der Gesundheitsversorgung kommt den interaktiven und qualitativen Aspekten der Pflege eine entscheidende Bedeutung zu. Ich bin überzeugt, dass diese auch für Sie eine Rolle spielen, wenn es um die Beziehung zu Ihren KollegInnen, zu anderen professionellen BetreuerInnen, zu Verwandten, zur Familie und zu anderen Menschen geht.

Dieses Buch lohnt den Aufwand, denn es will Ihnen ein klares, realistisches und eindeutiges Bild von Ihnen und Ihren Beziehungen zu anderen vermitteln. Für mich heißt dies, dass Sie über die Qualität der psychischen Betreuung zu einem großen Teil selbst bestimmen können, die Sie den Menschen in Ihrer Umgebung anbieten. Wenn Sie eine schlechte Einstellung zu sich selbst haben, können Sie sich nicht voll um andere kümmern. Wenn Sie eine gute Einstellung zu sich selbst und zu Ihren Fähigkeiten haben, können Sie die täglichen Blessuren eher spielend wegstecken und sich erfolgreicher um andere kümmern. Dieses Buch gibt Ihnen Material an die Hand, mit dessen Hilfe Sie klarer erkennen können, wer Sie sind, was Sie wollen und wie Sie effektiver mit anderen zusammenarbeiten können.

Überblick über das Buch

Das Buch ist in fünf Teile gegliedert. Sie werden am meisten davon profitieren, wenn Sie das ganze Buch erst einmal durchblättern, um sich einen Eindruck von dem Aufbau, dem Stil und der Darbietung der Inhalte zu verschaffen, bevor Sie dann, Ihren Bedürfnissen und Interessen entsprechend, an einer beliebigen Stelle anfangen. Ich habe folgenden Aufbau gewählt:

Teil I. – Die dynamischen Prozesse der sozialen Welt und eine Auseinandersetzung mit Organisationen.

Teil II. – Die Beschäftigung mit Ihrer Person und mit dem, was Ihnen wichtig ist.

Teil III. – Die Arbeit mit anderen, der Umgang mit Schwierigkeiten, Führung und Management.

Teil IV. – Management von Veränderungsprozessen und die Pflegeperson als Wegbereiter für Veränderungen.

Teil V. – Zusammenfassung aller abschließenden Gedanken und Ansichten.

Teil I präsentiert den Schauplatz des Buches. Es geht zunächst um die interaktiven Aspekte Ihrer Arbeit, die Sie als Mensch – mit seinen persönlichen Überzeugungen und Ansichten – betreffen, wenn Sie mit anderen arbeiten, es geht um die dynamischen Prozesse in Ihren sozialen Beziehungen. Kapitel 2 setzt sich mit Organisationen auseinander, da sich Ihr Arbeitsleben zu einem großen Teil in diesem Kontext abspielt und abspielen wird.

Das Buch beschäftigt sich hauptsächlich mit Ihnen. Ihre eigenen Vorstellungen über sich selbst werden in *Teil II* einer Betrachtung unterzogen. Wie Sie sich selbst sehen und einschätzen, welchen Weg Sie einschlagen wollen, was Ihnen wichtig ist und wie sich dies im Laufe der Zeit verändern kann – all dies wird ausführlich untersucht, weil es für Ihre berufliche Arbeit und für Ihr Wohlbefinden von entscheidender Bedeutung ist.

Bessere Selbsterkenntnis ist ebenso wichtig wie das Wissen darum, dass jeder die soziale Welt um sich herum anders sieht und anders deutet. Die Berücksichtigung dieser Unterschiede ist wichtig, wenn Sie effektiv mit anderen arbeiten wollen. Wenn Sie in der Lage sind, mehr davon zu verstehen, wie andere die Dinge sehen, dann gelingt es Ihnen eher, eine bessere Verbindung zwischen Betreuung und Behandlung aufzubauen. Um Sie und Ihr Verhältnis zu anderen geht es in *Teil III*.

In *Teil IV* verlagert sich der Schwerpunkt auf die dynamischen Prozesse, die mit Veränderungen einhergehen. Trotz vieler Bücher und Artikel zu diesem Thema ist dies nach wie vor ein Forschungsbereich, der immer noch vielen Menschen Rätsel aufgibt. Meiner Ansicht nach liegt dies zu einem Teil daran, dass bei Veränderungen logische Dinge zu sehr in den Vordergrund gerückt werden – in der Hoffnung, andere dadurch beeinflussen zu können – während andere, nicht-rationale Faktoren, die bei Erwähnung des Wortes «Veränderung» ins Spiel kommen, relativ stark vernachlässigt wurden. Des Weiteren wird in Teil IV ebenfalls die Rolle der Pflegeperson als Wegbereiter für «Veränderungen» beleuchtet.

Teil V schließlich macht noch einmal deutlich, wie wichtig es ist, nicht nur sich selbst zu kennen und zu verstehen, sondern auch die Prozesse innerhalb von Organisationen zu kennen und zu verstehen, wenn es darum geht, effektive Arbeit zu leisten.

Zum Gebrauch des Buches

Das Buch wird einen Teil Ihrer derzeitigen Auffassungen ergänzen und vielleicht in Frage stellen, und es wird die Grundlage sein, auf der Sie das, was Sie in der Praxis tun, einer Überprüfung unterziehen können. Sie sind aufgefordert, die vorgestellten Ideen mit Ihren Erfahrungen zu vergleichen und sich mit dem auseinander zu setzen, was Sie in der Praxis tun. Dies ist zwar an und für sich schon wertvoll, doch Sie profitieren noch mehr von dem Buch, wenn Sie Ihre Gedanken und Erfahrungen mit denen Ihrer KollegInnen vergleichen. Es kann sehr beruhigend wirken, wenn Sie feststellen, dass Sie ähnliche Ansichten und Erfahrungen haben, und es kann sehr aufschlussreich sein herauszufinden, wo es Unterschiede gibt, und dann zu untersuchen, warum es sie gibt.

Wenn Sie es also einrichten können und wenn es machbar ist, arbeiten Sie einen Teil der Inhalte mit KollegInnen durch; so können Sie die Inhalte besser erkunden und haben gleichzeitig die Möglichkeit, Beziehungen zu gegenseitigem Nutzen aufzubauen. Meiner Ansicht nach ist es wichtig, dass Sie sich darauf einigen, solche Diskussionen vertraulich zu behandeln.

Viele der in diesem Buch enthaltenen Ideen können auch für Gruppentraining verwendet werden und als Grundlage dienen, wenn es darum geht, individuelle Fähigkeiten und die Effektivität von Gruppenarbeit weiter zu erforschen und zu entwickeln.

Die im Buch enthaltenen Inhalte und Auffassungen drehen sich zwar um Krankenpflege und um Bereiche des Gesundheitswesens, aber sie gelten auch für alle anderen Lebensbereiche. Vielleicht würden Sie gern herausfinden, inwiefern die Inhalte mit Ihren Lebenserfahrungen übereinstimmen und wie Sie sie so variieren, kombinieren und anwenden können, dass Sie in einem allgemeinen Sinn Nutzen daraus ziehen können.

Michael Walton
1995

Teil I:
Konzepte, Pflege und Kontext

Der Versuch herauszufinden, was in Ihnen und um Sie herum vorgeht, ist schwierig, wenn Sie nicht über Möglichkeiten verfügen, Ihre Erfahrungen und Wahrnehmungen einzuordnen. Ziel dieses Teils ist es, Ihnen ein Bezugssystem an die Hand zu geben, mit dem Sie arbeiten können. Teil I stellt die Mittel bereit, die Sie beim Durcharbeiten des Buches benutzen können und zeigt Ihnen auf, wie Sie Ihre Erfahrungen und Beobachtungen ordnen und in einen Kontext einfügen können.

Die Arbeit mit anderen Menschen ist eine schwierige und heikle Angelegenheit. Sie ist nicht so einfach und unkompliziert wie uns oft suggeriert wird, und an diesem Punkt setzen wir an. Kapitel 1 präsentiert grundsätzliche Überlegungen zur Komplexität menschlicher Interaktionen und beleuchtet die Schwierigkeiten, die jeder von uns erlebt, der mit anderen arbeitet.

In Kapitel 2 dieses Teils geht es um herkömmliche Organisationen. Die meisten von uns arbeiten in irgendwelchen Organisationen. Wenn Sie über ein Bezugssystem verfügen, das Sie verwenden können, um Ihre Organisation besser kennen zu lernen, dann kann dies sehr hilfreich für Sie sein. Sie können das Bezugssystem aber auch problemlos auf Situationen außerhalb des Gesundheitsdienstes übertragen, und wenn Sie dies tun, erfahren Sie wahrscheinlich noch mehr über den staatlichen Gesundheitsdienst im Allgemeinen und über den Teil, in dem Sie arbeiten, im Besonderen.

1. Die dynamischen Prozesse in der sozialen Welt

1.1 Die Subjektivität der Wahrnehmungen

Wenn Menschen zusammenkommen, werden auf verschiedenen Wahrnehmungsebenen zeitgleich Botschaften ausgetauscht. Die Bandbreite reicht von offen geäußerten verbalen Mitteilungen über Botschaften, die durch Intuition oder Körpersprache erfasst werden, bis hin zu jenen unterschwelligen Botschaften, die weder dem Sender noch dem Empfänger bewusst sind. Um diese dynamischen Prozesse geht es, wenn die Rede ist von der Beziehung, in der eine Person zu einer anderen steht, und sie bestimmen, je nach Art der Dynamik dieser Interaktion, was wir sagen, fühlen und tun.

Die Arbeit mit anderen Menschen ist kompliziert, und dies wird oft vergessen oder heruntergespielt. Die Botschaften, die Menschen aussenden, sind mehr als die zum Ausdruck gebrachten Inhalte vermuten lassen, denn sie sind das Ergebnis unserer Einschätzung und Erfassung einer aktuellen Situation und entscheiden (bewusst oder unbewusst) über unsere Handlungsweise.

Besonders unausgesprochene und unbewusste Mitteilungen haben einen enormen Einfluss darauf, was zwischen Menschen abläuft und welche Entscheidungen getroffen werden, infolgedessen sollten sie stärkere Beachtung finden als dies – so meine ich – zum gegenwärtigen Zeitpunkt geschieht.

Ein geschärftes Bewusstsein gegenüber den unausgesprochenen Dimensionen in unseren Beziehungen und unserem Austausch mit anderen wird Sie stets daran erinnern, hinter das zu blicken, was jemand sagt oder tut. Es wird Sie außerdem befähigen, auf solche dynamischen Prozesse zu achten, die Aufschluss darüber geben können, wie Beziehungen sich effektiver aufbauen lassen. Ein Beispiel: Sie werden von PatientInnen um Ratschläge oder Hilfe in einer Angelegenheit gebeten, mit der diese Ihres Wissens vertraut sind, die sie aber benutzen, um ein anderes, vielleicht tiefer sitzendes Problem zu verbergen, das später bei der Arbeit mit ihnen deutlicher zum Vorschein kommt.

Im Verlauf der Zeit bildet sich jeder von uns seinen eigenen, unverwechselbaren Eindruck von der uns umgebenden sozialen Welt, der auf dem basiert, was uns von anderen gesagt wurde, wie andere sich verhalten und was wir erleben. So erschaffen wir unsere ureigene, persönliche «Weltsicht», in die wir dann unsere späteren Erfahrungen einpassen – und dies tun auch alle anderen Menschen in unserer Umgebung – wir alle leben in unserer eigenen subjektiven Welt, die sich von den anderen Welten unterscheidet.

Das Entscheidende daran ist, dass wir – aufgrund unserer Sicht der Dinge – Ereignissen, die wir mit anderen erleben, unterschiedliche Bedeutungen beimessen. Meistens treten diese Unterschiede nicht in Erscheinung und wir können mit anderen relativ problemlos und in gegenseitigem Einvernehmen arbeiten. Dennoch führen unsere unterschiedlichen Wahrnehmungen gelegentlich zu Uneinigkeit, Missverständnissen und Konflikten. Was die einzelnen Personen angeht, sind sie im «Recht», weil ihre Schlussfolgerungen mit ihrer subjektiven Sicht der Geschehnisse übereinstimmt. Sie werden die Dinge immer mit ihren eigenen «Augen» sehen und deuten. Im Bereich des Gesundheitswesens, wo Ängste stärker als anderswo auftreten, fühlen sich die PatientInnen wahrscheinlich eher psychisch bedroht und verhalten sich defensiv, wenn sie ihre subjektive Weltsicht in Frage gestellt sehen. Wenn Ihnen die oben erwähnten Dinge nicht immer gegenwärtig sind, dann kann es passieren, dass auch Sie sich defensiv verhalten und nicht versuchen, die Ursache der Angst Ihrer PatientInnen zu verstehen und ihr auf den Grund zu gehen. Sie müssen berücksichtigen, dass die PatientInnen die Geschehnisse wahrscheinlich völlig anders interpretieren als Sie.

Wenn Sie in der Lage sind herauszufinden, wo es Unterschiede gibt – und wo anscheinend die Probleme liegen – dann haben Sie größere Chancen, zusammen die Unterschiede auszugleichen und zu einer gemeinsamen Verständigung zu kommen. Der entscheidende Punkt ist, dass unsere Wahrnehmungen mit denen der anderen zwar übereinstimmen, dass aber die Bedeutung, die wir ihnen geben, sehr voneinander abweichen kann. Wenn ich also Ihr Patient bin, dann werde ich Ihnen gegenüber vermutlich weiterhin wachsam und argwöhnisch sein, wenn Sie nicht versuchen, meine Sicht des Geschehens zu verstehen. Das ist allerdings leichter gesagt als getan, denn es kostet Zeit und Mühe, und Sie müssen, wenn Sie es richtig machen wollen, Ihre eigenen Belange, Probleme und Vorurteile in Schach halten.

Stress und Spannungen wirken sich darauf aus, was wir sehen, behalten und wie wir uns verhalten. Sie haben auch einen Einfluss darauf, was wir übergehen, unterlassen, als unwichtig ansehen und lieber nicht zur Kenntnis nehmen. Die Ansichten und Wahrnehmungen, die wir von uns selbst haben, beeinflussen ebenfalls, wie wir äußere Ereignisse wahrnehmen und wie wir auf eine Situation reagieren. Spannungen mit anderen entstehen durch eine Vielzahl verschiedener Faktoren, von denen einige in **Abbildung 1-1** zusammengetragen sind.

Bevor Sie weiterlesen, überlegen Sie (nach dem Muster von Abbildung 1-1), welche anderen Ursachen von interpersonellem Stress und interpersonellen Spannungen Sie aufgrund Ihrer Erfahrungen noch hinzufügen können.

Abbildung 1-1: Einige Ursachen von interpersonellen Spannungen sowie eigene Ergänzungen

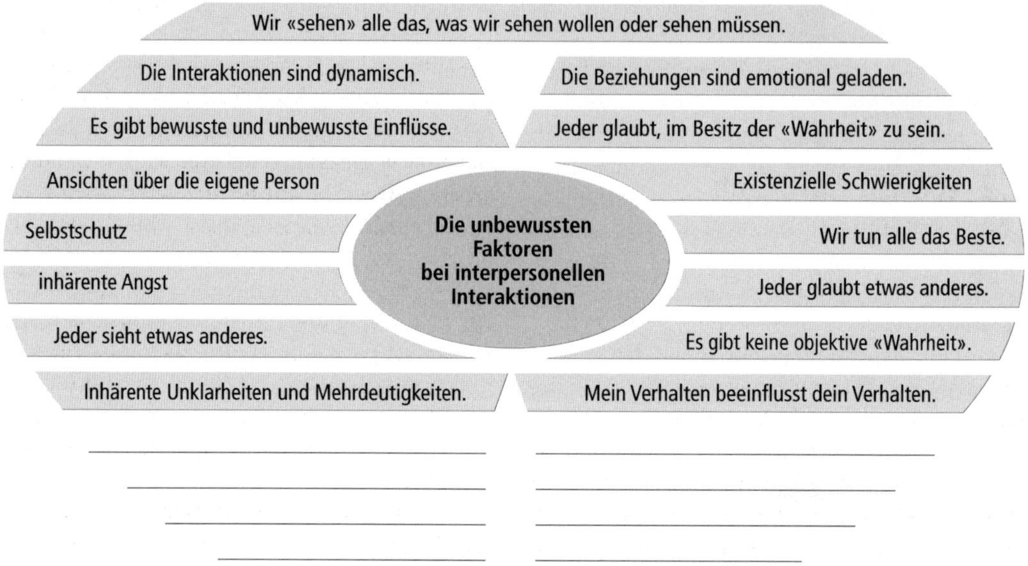

Wir «sehen» alle das, was wir sehen wollen oder sehen müssen.

Die Interaktionen sind dynamisch.

Die Beziehungen sind emotional geladen.

Es gibt bewusste und unbewusste Einflüsse.

Jeder glaubt, im Besitz der «Wahrheit» zu sein.

Ansichten über die eigene Person

Existenzielle Schwierigkeiten

Selbstschutz

Die unbewussten Faktoren bei interpersonellen Interaktionen

Wir tun alle das Beste.

inhärente Angst

Jeder glaubt etwas anderes.

Jeder sieht etwas anderes.

Es gibt keine objektive «Wahrheit».

Inhärente Unklarheiten und Mehrdeutigkeiten.

Mein Verhalten beeinflusst dein Verhalten.

Wenn Sie sich jetzt einmal die in Abbildung 1-1 aufgeführten Faktoren ansehe (zusammen mit denen, die Sie hinzugefügt haben), werden Sie feststellen, dass ein Großteil davon mit interpersonellen dynamischen Prozessen in Zusammenhang steht. Solche Spannungen und Ängste entstehen, weil Menschen die Dinge nicht immer auf die gleiche Art und Weise sehen oder sich nicht immer einig sind, was zu tun ist. Jeder entscheidet auf seine Art, was beziehungsweise was nicht geschehen soll. Wir beginnen dann, uns so zu verhalten, wie es den gewünschten Zielen entspricht. Zu Spannungen und Stress kommt es, weil bei jedem ähnliche Prozesse ablaufen. Da es nicht immer möglich ist, die Wünsche jedes Einzelnen zu berücksichtigen, werden einige enttäuscht und frustriert sein, weil sie nicht das bekommen, was sie wollen. Darüber hinaus hat jeder eine andere Toleranzgrenze, was den Umgang mit persönlichen Enttäuschungen und die Bewältigung der damit verbundenen Unsicherheit betrifft. Dies wiederum verursacht noch mehr Spannungen und Angst.

Im klinischen Bereich – wo der ganze Kontext an sich schon Angst hervorruft – passiert es leicht, dass diese interpersonellen Ängste Spannungen und Stress-Situationen erzeugen und äußerlich sichtbar werden. Da ist es kaum verwunderlich, dass die PatientInnen (und auch die Pflegepersonen) verängstigt sind, bei Kleinigkeiten scheinbar «überreagieren» und schreckliche Angst haben, die Fragen zu stellen, auf die sie gerne eine Antwort hätten.

1.2 Woran kann ich mich halten?

Wenn Sie diese verborgenen Belastungen bewältigen – und sich gleichzeitig um sich selbst (und um Ihre PatientInnen) kümmern wollen – brauchen Sie Kraft, Wissen über sich selbst und Energie. Sie erreichen Ihr Ziel, wenn Sie wissen, wer Sie sind, wofür Sie eintreten und welche Werte und Überzeugungen Ihnen wichtig sind. Es ist nicht einfach, sich darüber klar zu werden, woran man glaubt, aber Sie können damit beginnen,

dass Sie aufschreiben, welche Überzeugungen, Werte und Arbeitsweisen Sie für richtig halten. Was Sie notieren, muss nicht alles unbedingt Ihrem Geschmack entsprechen oder philanthropisch oder «angemessen» sein, denn das macht es nicht weniger wissens- oder anerkennenswert. Ein Mensch zu sein ist nicht gleichbedeutend mit dem Versuch, «perfekt» zu sein, sondern es bedeutet, sich so zu sehen, wie man wirklich ist. Dazu gehören Aspekte, die Ihnen gefallen ebenso wie solche, die Ihnen nicht gefallen.

Sie erhalten eine Menge Informationen über Menschen, wenn Sie ihnen zuhören, sie anschauen und beobachten, wie sie sich darstellen. Darüber hinaus gibt es noch viele andere, weniger offenkundige Bedeutungsebenen, die einer Überprüfung nicht so ohne weiteres zugänglich sind. Man bekommt einen Eindruck davon, wenn man sich vorstellt, man hätte mehrere Schichten, wie eine Zwiebel. Wie Sie wissen, liegt das Herz einer Zwiebel tief versteckt im Innern, und hier wird die spätere Entwicklung, individuelle Charakteristika und das äußere Erscheinungsbild geprägt. Die Botschaft, um die es hier geht, lautet, dass niemand Menschen einzig und allein aufgrund von Äußerlichkeiten kennen oder verstehen kann, vielmehr ist darauf zu achten, was das Wesen eines Menschen ausmacht, wenn man ihn genau einschätzen und verstehen will.

Wenn ich Sie verstehen möchte, muss ich irgendwie durch die äußere Form und die Schutzschichten dringen, die sich im Verlauf der Jahre über dem inneren Kern gebildet haben, ich kann dies nur auf eine ethische Art und Weise tun, wenn Sie es zulassen und bereit sind, mit mir zu arbeiten. Dasselbe gilt für uns selbst. Wenn wir mehr darüber wissen wollen, weshalb wir das tun, was wir tun, dann müssen wir die Schutzschichten durchdringen, die wir ausgebildet haben. Die Erkenntnisse und die Einsichten, die wir so erlangen, können bewirken, dass wir hier und da etwas verändern, wenn wir es für angebracht halten, und gleichzeitig andere Aspekte unserer Überzeugungen und unseres Soseins verstärken.

Abbildung 1-2 stellt das Selbst als Zwiebelschichtenmodell dar, das aus mehreren verschie-

Abbildung 1-2: Das Selbst, dargestellt als Zwiebelschichtenmodell

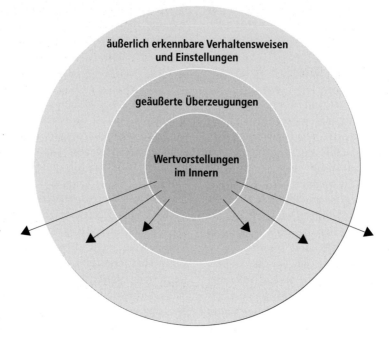

denen «Ebenen» besteht, die zum einen das zeigen, was andere von mir «sehen», und zum anderen meine ganz persönlichen und ureigenen Werte und Sichtweisen, die tief im Innern liegen.

In Ihrem Innern befinden sich also Ihre tiefen Überzeugungen. Die meisten sind Ihnen vermutlich nicht bewusst, aber sie steuern, bestimmen und beeinflussen Ihre Überzeugungen, wie Sie sich selbst «sehen», wie Sie sich verhalten und welche Einstellungen Sie zum Ausdruck bringen.

Sie erhalten einen Hinweis auf Ihre inneren Wertvorstellungen und Überzeugungen, wenn Sie sich in einem Moment, in dem Sie emotional beteiligt sind, etwas Zeit zum Nachdenken nehmen. Versuchen Sie zum Beispiel dahinter zu kommen, warum Sie sich durch die Ansicht eines anderen manchmal übermäßig bedroht oder herausgefordert fühlen. Sie wissen aus eigener Erfahrung, dass Sie sich manchmal sehr angegriffen fühlen, wenn Sie Ihre Haltung beziehungsweise Position gegenüber einer Sache ändern sollen. In anderen Fällen scheint Ihnen dies dagegen nur sehr wenig auszumachen. Es ist anzunehmen, dass Sie im ersten Fall das Gefühl hatten, eine Ihrer tiefsten Überzeugungen oder Ansichten über das Leben sei in irgendeiner Weise bedroht, was eine defensive Reaktion bei Ihnen zur Folge hatte. Im zweiten Fall war die geforderte Veränderung vermutlich weniger wichtig für Sie. Sie war keine Bedrohung für Dinge, die Ihnen wichtig sind, und deshalb war eine Schutzreaktion nicht erforderlich.

Ebenso wie Ihnen ergeht es auch anderen Menschen. Wenn Sie sie auffordern, ihr Verhalten zu ändern, gibt es manchmal überhaupt keine Probleme – sie tun es einfach ohne die geringsten Schwierigkeiten oder Widerstände. In anderen Fällen entsteht der Eindruck, als wäre ein größerer Krieg ausgebrochen. Sie fangen an sich zu fragen, was es denn eigentlich war, das verändert werden sollte, weil die Reaktion auf Ihre Bitte oder Anweisung völlig unangemessen ist. Es kann sein, dass Sie in Fällen, in denen Sie auf extreme Widerstände oder Reaktionen stoßen, Aspekte der Selbstwahrnehmung eines Menschen berührt haben, die ihm wichtig sind. Wenn er seine Position in dieser Sache tatsächlich ändern würde, dann würde er dies als

Verlust eines inneren Teils seiner selbst empfinden – deshalb überrascht es nicht, dass starker Widerstand geleistet wird.

1.3 Mein Verhalten und Ihr Verhalten

Einer der für die Gestaltung von Beziehungen wichtigsten Faktoren ist Ihr eigenes Verhalten, denn es bestimmt, wie sich andere Ihnen gegenüber verhalten. Ein Beispiel: Um eine sinnvolle Beziehung zu Ihnen aufbauen zu können, brauche ich etwas, woran ich meine Handlungen und Entscheidungen ausrichten kann. Dieses Etwas ist Ihr Verhalten, denn dies ist, zumindest am Anfang, alles, worauf ich mich stützen kann. Mit Verhalten meine ich hier alle Formen, in denen Sie sich der Außenwelt präsentieren.

Meine Interpretation Ihres Verhaltens bestimmt also, wie ich mich anschließend Ihnen gegenüber verhalte, und so setzt sich die Spirale von Ursache und Wirkung durch gegenseitige Beeinflussung immer weiter fort. Wenn ich Sie besser kenne, komme ich langsam zu der Erkenntnis, dass die Art und Weise, wie Sie sich manchmal verhalten, nicht genau widerspiegelt, wer Sie sind oder was Sie wollen. Aber solange es keine Verständigung und kein Vertrauen zwischen uns gibt, werde ich, entsprechend meiner Interpretation des Verhaltens, das Sie (oder Ihre PatientInnen, KollegInnen etc.) zeigen, reagieren. Das ist das Beste, was ich tun kann. In Anlehnung an das Zwiebelschalenmodell (Abb. 1-2) reagiere ich auf die Verhaltensweisen, die in einer der äußeren Schalen angesiedelt sind, denn ich weiß zu diesem Zeitpunkt noch nicht, was darunter liegt – Ihre Überzeugungen – und ich habe ganz gewiss keine Ahnung davon, was in Ihrem Innersten liegt.

Vielleicht fallen Ihnen Situationen ein, in denen Sie beobachten konnten, dass einer Ihrer Kollegen sich kooperativ, hilfsbereit und freundlich gegenüber einem Patienten verhielt, aber anschließend merkwürdig nachlässig, weniger kooperativ und weniger hilfsbereit mit dem nächsten Patienten umging. Können Sie sich denken, was Ihren Kollegen veranlasst haben könnte, die beiden Patienten so unterschiedlich zu behandeln? Der Grund könnte sein, dass die beiden Patienten sich Ihrem Kollegen gegenüber unterschiedlich verhielten, oder das Verhalten der Patienten könnte die Folge seines Verhaltens ihnen gegenüber gewesen sein.

Können Sie sich an Beispiele dafür erinnern, dass die Art und Weise, in der Sie von PatientInnen behandelt wurden (im nicht-klinischen Sinn), Sie veranlasst hat, sich anders ihnen gegenüber zu verhalten? Ich meine damit nicht, dass Ihre Pflegearbeit nicht korrekt beziehungsweise schlecht war, obwohl dies natürlich hätte sein können, sondern ob die Art und Weise Ihrer Interaktionen mit den PatientInnen deutlich anders war (Abb. 1-4). Was hat Sie Ihrer Meinung nach dazu gebracht, sich anders ihnen gegenüber zu verhalten? Notieren Sie Ihre Gedanken mit Hilfe der Stichwörter in **Abbildung 1-3**.

Wahrscheinlich hängt die Ursache, die das Verhaltensmuster zwischen Ihnen geprägt hat, mit der Art und Weise zusammen, in der sich jeder dem anderen gegenüber verhalten hat. Das Verhalten der PatientInnen hat praktisch Ihr Verhalten bis zu einem gewissen Grad provoziert. So kommt es nicht unerwartet, dass Sie beim Umgang mit PatientInnen, die streitlustig und unhöflich sind, den Wunsch verspüren, defensiv und kurz angebunden zu reagieren, oder versuchen, die Behandlung zu beschleunigen, damit Sie so schnell wie möglich weggehen können. Allerdings verpassen Sie dabei die Gelegen-

Abbildung 1-3: Gedanken über mein Verhalten

Patient/Kollege	der Vorfall	mein Verhalten	Gründe

heit herauszufinden, weshalb die PatientInnen sich so verhalten und was Sie in Zukunft anders machen können.

Vielleicht fällt Ihnen auch auf, dass Sie die Bitten anderer PatientInnen bereitwillig sofort erfüllen und ihnen sehr genau zuhören. Höchstwahrscheinlich reagieren Sie auf das Verhalten, das diese PatientInnen Ihnen gegenüber zeigen. Möglicherweise ist Ihnen aber nicht klar, in welchem Ausmaß Sie so reagieren.

Versuchen Sie es herauszufinden, wenn Sie das nächste Mal mit KollegInnen oder PatientInnen arbeiten. Beobachten Sie, ob Ihr Verhalten ihnen gegenüber bestimmt, wie Sie sich ihnen gegenüber benehmen. Wie Sie auf andere wirken, beeinflusst deren Wahrnehmung von Ihnen. Und diese Wahrnehmung bestimmt wiederum ihr Verhalten als Reaktion auf Ihr Verhalten. Was andere Menschen von Ihnen zu sehen bekommen, ist lediglich Ihr Verhalten. Dadurch werden sie zunächst zu der Annahme verleitet, dass Sie mit Ihrem Verhalten und Ihrem Aussehen identisch sind.

1.4 Was ist denn eigentlich die «Wahrheit»?

Dies wirft die Frage auf, wie man andere und sich selbst sieht. Existieren «Sie» als monolithische Person oder bestehen Sie aus einer unendlichen Anzahl von Personen? Es stellt sich hier auch die Frage nach der Wahrheit, immerhin könnten Sie fragen, «Woran soll ich denn glauben?» Oft tun wir so, als gäbe es immer nur eine einzige «Wahrheit», wenn es um Situationen, Fragen und Bedeutungen geht. Vielleicht meinen wir deshalb auch, es gäbe richtige Entscheidungen, die getroffen werden müssen, und falsche, die zu vermeiden sind. Ich rede hier nicht von klinischen Entscheidungen im Zusammenhang mit Behandlungen, sondern von Interaktionen zwischen Menschen. Über diese fehlende Gewissheit im zwischenmenschlichen Bereich wird oft hinweggegangen, weil es sehr beruhigend ist zu glauben, dass man die Antwort kennt. Außerdem ist das Eingeständnis beängstigend, dass nur sehr wenige Dinge, die mit zwi-

schenmenschlichen Beziehungen und Wohlbefinden in Zusammenhang stehen, für immer Gültigkeit haben.

Das Problem, oder vielleicht das Erfreuliche, ist jedoch, dass es viele Wahrheiten gibt. Es hängt alles davon ab, wonach Sie suchen und von welcher Position aus Sie die Dinge beobachten und anschauen. Die zwingende Schlussfolgerung daraus ist die, dass es nicht die einzig gültige Interpretation einer von mehreren Personen erlebten Situation geben kann. Jede Person hat ihre ureigene Sicht der Dinge. Es ist gut möglich, dass es große Überschneidungen gibt, was Werte, Ansichten und Überzeugungen anbelangt, doch in einigen Punkten wird es immer Unterschiede zwischen den einzelnen Menschen geben.

Dies ist eine wichtige Erkenntnis, die es bei der Arbeit mit PatientInnen und KollegInnen zu berücksichtigen gilt. Jeder von uns wird eine Sache lieber von dem eigenen Standpunkt aus betrachten. Was die Pflege anderer Menschen betrifft, sollten Sie folglich nicht davon ausgehen, dass die PatientInnen (oder jemand anderes) dieselbe Ansicht hat wie Sie oder zu denselben Schlussfolgerungen gelangt, obwohl sie über die gleichen Informationen verfügen. Die unbekannten Faktoren sind die Bedeutung, die jede Person der Sache beimisst, und die Position, von der aus sie urteilt. Wenn Sie sich verständnisvoll und einfühlsam einem Menschen gegenüber verhalten wollen, müssen Sie Rücksicht darauf nehmen, wie er seine Situation sieht (seine Wahrheit, wenn Sie so wollen) und wie Sie sie sehen (Ihre Wahrheit).

Abbildung 1-4 stellt zwei Menschen dar, die miteinander arbeiten wollen – vielleicht um eine Entscheidung zu treffen oder um Zahlen zu interpretieren etc.

Die Abbildung stellt die im Hintergrund wirkenden Faktoren dar, die jede Person in die Interaktion einbringt. Ich habe vier angegeben. Sie können nach Belieben andere hinzufügen, die bestimmen, wie sich jemand darstellt und welche Ziele er bei der Interaktion verfolgt.

Meine ureigenen Bedürfnisse und Wünsche, meine Geschichte und meine Befürchtungen

Abbildung 1-4: Faktoren, die beim direkten Kontakt im Hintergrund wirken

und Ängste fließen allesamt in die Interaktion ein. Selbst wenn wir über einen bestimmten Punkt auf einer offiziellen Tagesordnung sprechen, sind diese Anteile von mir auch präsent und beeinflussen, was ich tue und wie ich reagiere. Das ist bei Ihnen nicht anders.

Bedenken Sie bei der Arbeit mit anderen Menschen – insbesondere bei PatientInnen und KlientInnen – dass das, was sie nach außen tragen und was Sie vor sich sehen, nicht unbedingt die ganze Geschichte ist. Das heißt, Sie können sich nicht einzig und allein auf das verlassen, was Ihnen offen dargeboten wird. Sie sollten darauf vorbereitet sein, die Bedürfnisse und Wünsche, die Geschichte und die Befürchtungen Ihrer PatientInnen genauer unter die Lupe zu nehmen.

Denken Sie an eine Besprechung oder eine Diskussion aus der letzten Zeit zurück, bei der Sie die Reaktionen von Seiten Ihrer PatientInnen oder KollegInnen ein wenig verwirrt oder befremdet haben. Als ersten Schritt können Sie ihnen mit Hilfe von **Abbildung 1-5** klären, was vorgefallen ist und was die Reaktionen beziehungsweise Schwierigkeiten verursacht haben könnte.

Notieren Sie zuerst, was Sie über jeden der in Abbildung 1-6 aufgeführten Faktoren wissen, und zwar bezogen auf (1) Sie selbst, (2) die anderen, (3) den Rahmen und (4) die jeweilige Situation (diese könnten mit Ihren speziellen Aufgaben in Zusammenhang stehen). Prüfen Sie, ob Sie so mehr Klarheit in die Situation bringen können, die Sie erlebt haben (oder momentan erleben). Wenn Sie weitere Faktoren hinzugefügt haben, machen Sie sich auch dazu Notizen.

Mit Hilfe dieser Abbildung können Sie über die Bedürfnisse, Befürchtungen etc. spekulieren, die die anderen Personen haben mögen. Diese Vermutungen können Ihnen helfen, wenn Sie diese Personen ansprechen wollen, oder sie können Sie daran erinnern, bestimmte Dinge zu klären oder danach zu fragen, von denen Sie annehmen, dass sie die Personen beschäftigen. Diese Dinge werden sich von Patient zu Patient, von Situation zu Situation und von Mal zu Mal ändern. Durch diese Art der Vorbereitung, bei der Sie Ihre Belange und Absichten formulieren, gewinnen Sie einen größeren Einblick in Ihre eigenen Probleme und Schwierigkeiten.

Abbildung 1-5: Schema für die Vorbereitung auf die Interaktion

Anlass der Besprechung etc. (z. B. das offizielle Thema der Interaktion)			
Bedürfnisse	**Wünsche**	**Geschichte**	**Befürchtungen**
meine			
die der anderen			
der Rahmen			
die Situation			

So könnten Sie beispielsweise erkennen, dass ihre Wünsche und Bedürfnisse mit denen der anderen Person kollidieren. Oder dass der Kontext (die Station oder Klinik) entweder für Sie oder für den Patienten eine bestimmte Bedeutung hat, die sich auf diese Dinge auswirkt. Es kann sein, dass die Arbeit, die Sie übernehmen sollen, eine wichtige symbolische Bedeutung und Wichtigkeit für Sie, den Patienten, Ihre Kollegin oder für alle beinhaltet, weshalb Sie einen anderen Rahmen für ein Treffen vorschlagen oder etwas anderes verändern möchten, um Ihre Arbeit zu einem erfolgreichen Abschluss bringen zu können.

Sie können anhand Ihrer Notizen und Gedanken klären, was geschehen ist und welche Rolle Sie dabei gespielt haben. Wenn Sie sich dies zur Gewohnheit machen, werden Sie Situationen demnächst besser verstehen, besser mit ihnen fertig werden und Probleme antizipieren können. Das Wichtigste ist, dass die Sorgfalt verbessert wird, mit der Sie die PatientInnen und sich selbst behandeln.

Abbildung 1-6 macht deutlich, dass wir nicht erwarten können, dass andere die Dinge genauso sehen wie wir. Ihre Bedürfnisse, Motivationen und Wünsche gleichen zwar den unseren, aber sie sehen auch einige Dinge anders. Sie müssen dies nur berücksichtigen, wenn Sie mit anderen arbeiten.

1.5 Die verschiedenen Ebenen der Kommunikation

Die eingehende Beschäftigung mit interpersoneller Kommunikation zeigt nicht nur, dass das, was wir tun (bezogen auf unsere Gedanken und unser Verhalten), von früheren Erfahrungen geprägt wird, sondern auch, dass wir nicht alles über uns wissen. Mindestens drei Kommunikationsebenen werden aktiviert, wenn wir mit anderen Menschen zusammen sind. Wenn Sie dies wissen, können Sie Probleme leichter antizipieren. Es gibt:

- Botschaften, die für uns und für andere offen zugänglich sind

- Botschaften und Verständigungsmöglichkeiten, die nur bestimmten Personen aus unserer Umgebung bekannt sind und die vor denen verborgen werden, die «nicht Bescheid wissen» etc.
- Unbewusste Botschaften, die weder wir noch andere direkt wahrnehmen, die wir aber unterschwellig registrieren.

Ein Beispiel für den zuletzt genannten Punkt wäre etwa, wenn Sie sich dabei ertappen, dass Sie etwas tun, das nicht ganz zu Ihnen passt. Dann fragen Sie sich wahrscheinlich «Warum habe ich das bloß getan?» Möglicherweise beschäftigt Sie etwas, dass Sie normalerweise nicht sagen oder tun würden, und Sie sind verwirrt und fühlen sich ein bisschen unwohl, weil Ihnen dies passiert ist. Dies ist typisch für Verhaltensweisen, die zustande kommen, wenn unbewusste Motivationen oder Bedürfnisse aktiviert werden.

Es gibt somit drei elementare Ebenen der Kommunikation, die man sich merken muss, sie sind in **Abbildung 1-6** dargestellt.

Die drei Ebenen sind zur gleichen Zeit aktiv, auch wenn Sie sich bewusst überwiegend auf Ebene eins bewegen, und dann auch einige gewisse Zeit auf Ebene zwei. Die drei Ebenen können Sie daran erinnern, dass Sie bei Ihrer Arbeit mit anderen Ihren Blickwinkel erweitern sollten und dass Botschaften transportiert werden (Ebene drei), die Ihr Handeln beeinflussen, Ihnen (und anderen) aber nicht bewusst sind.

Derartige Phänomene wirken sich in vielerlei Hinsicht nachhaltig auf die Pflegepraxis aus, werden aber oft nicht zur Kenntnis genommen. Sie bestimmen die Gefühle der Pflegeperson und die Art der Beziehung zwischen Pflegeperson und Patient. Welche Konsequenzen lassen sich also für die Pflegepraxis ableiten, wenn:

Abbildung 1-6: Ebenen der Kommunikation

Ebene 1: sichtbare Verhaltensweisen und Prozesse
Ebene 2: verborgene Verhaltensweisen und Prozesse
Ebene 3: unbewusste Verhaltensweisen und Prozesse

- Menschen von ihren ureigenen innersten Überzeugungen geleitet werden
- jeder die Dinge anders «sieht» und «erlebt»
- es im Zusammenhang mit «Gefühlen» keine objektive Wahrheit gibt
- es verborgene und schwer fassbare Kommunikationsebenen gibt?

Sie können Ihre eigenen Gedanken hierzu aufschreiben, ich, für meinen Teil, leite aus dieser Auflistung Folgendes ab:

- Die Beziehung zwischen Pflegeperson und Patient ist nicht direkt, einfach und rational.
- Sie und Ihre PatientInnen empfinden gemeinsam Erlebtes anders.
- Sie gewichten die einzelnen Aspekte des gemeinsam Erlebten wahrscheinlich anders.
- Die Beziehung zwischen Pflegeperson und Patient ist in hohem Maße anfällig für Unstimmigkeiten, Missverständnisse und Verwirrung.
- Wenn Sie diese Punkte in Ihrer Praxis nicht berücksichtigen, steigt die Wahrscheinlichkeit, dass es Stress gibt.

Die Komplexität und Undurchsichtigkeit dieses Betreuungsverhältnisses wird außerdem noch dadurch gesteigert, dass trotz der unterschiedlichen Wahrnehmung der Pflegeperson und des Patienten diese Unterschiede weder thematisiert noch bemerkt werden. An der Oberfläche erscheint alles normal.

Für Pflegepersonen oder andere Anbieter von Betreuungsleistungen bedeutet dies, dass Sie nicht nur darauf achten müssen, was die PatientInnen sagen, sondern auch darauf, was sie nicht sagen. Glauben Sie aufgrund anfänglicher Äußerungen also nicht, alles sei in Ordnung. Die Konsequenz für Sie ist die, dass Sie sich Ihre Reaktionen und Gefühle mehr bewusst machen und später mit einer Kollegin darüber sprechen.

Die dynamischen Prozesse in den Beziehungen zu Ihren PatientInnen und KollegInnen haben drastische Auswirkungen auf Ihre Arbeit, Ihr Wohlbefinden und Ihr Selbstvertrauen. Wenn Ihre klinischen Fähigkeiten voll zur Entfaltung kommen sollen, dann müssen Sie diesen Aspekten Ihres Lebens Aufmerksamkeit schenken.

1.6 Die besondere Rolle der professionell Pflegenden und Betreuenden

Die Rolle der Pflegeperson ist etwas ganz Besonderes. Ich will damit nicht sagen, dass sie auf eine exklusive Art kostbar ist, sondern, dass die Pflegeperson in einer sehr intimen und vertraulichen Beziehung nicht nur zu dem betreuten Menschen, sondern auch zu den KollegInnen steht. Diese Feststellung ist zwar durchaus nicht neu, doch ich glaube, dass sie bei all der Routine und den Belastungen, die die tägliche Pflegearbeit mit sich bringt, aus den Augen verloren wird.

Sie als Pflegeperson sind sehr wichtig für den Patienten. Für eine Pflegeperson ist es nur allzu einfach, die PatientInnen – teilweise zum Selbstschutz – nach ihrem Zustand zu kategorisieren, verallgemeinernde Bemerkungen über die Angehörigen zu machen sowie die professionellen Reaktionen der KollegInnen klischeehaft darzustellen und damit die Qualität, die qualitativen Aspekte der Beziehungen, die das Wesen der klinischen Pflege auszeichnen, auszuhöhlen. Nähe, Intimität, Vertrautheit und die damit einhergehende emotionale Intensität können Beanspruchungen und Belastungen mit sich bringen, mit denen die Pflegeperson und ihre PatientInnen nur schwer umgehen können.

Die Kontinuität der pflegerischen Betreuung unterscheidet sich grundlegend von der temporären Betreuung der anderen Leistungsanbieter. Sie führt häufig dazu, dass eine Beziehung zwischen der Pflegeperson / dem Betreuer und dem betreuten Menschen entsteht, die auf beiden Seiten immense psychologische Auswirkungen hat. Dabei können sich die Gefühle bis zu den emotionalen Extrempunkten, von stark positiv bis stark negativ, ausspannen. Diese können durch die Nähe, die gegenseitige Abhängigkeit und Verletzlichkeit der Beziehungspartner entstehen.

Die Intensität dieser emotionalen Verflechtung kann sehr stark werden und sich auf die professionelle Betreuung des Patienten auswirken. Sowohl dem Patienten als auch der Pflegeperson kann es passieren, von dem anderen entweder als «zu gut» oder «zu schlecht» abgestempelt zu werden. Bei soviel emotionaler Intensität, starken Gefühlen und Verflechtungen ist es von erheblicher Bedeutung für die Gesundheit und das Wohl der PatientInnen und der Betreuenden, wie diese Gefühle zugelassen werden und wie mit ihnen umgegangen wird.

Die Betreuerrolle beinhaltet ein großes Potenzial für psychologische Belohnungen, aber auch für Spannungen, Verwirrungen und Vertrauensbrüche. Sie gewährt das Privileg des Zugangs zu der persönlichen und privaten Welt anderer Menschen und ist mit einer körperlichen Intimität verbunden, welche die Betreuenden und PatientInnen eng zusammenbringt. Gleichzeitig ist aber auch die Gefahr damit verbunden, sie zu zerreißen, wenn solche Dinge nicht regelmäßig als Bestandteil der beruflichen Weiterentwicklung der Pflegeperson thematisiert werden.

Solche hochgradig persönlichen und emotionsgeladenen Beziehungen führen zu einer Bindung (oder zu einer heftigen feindseligen Reaktion), mit der sich die Pflegeperson täglich und bei mehreren PatientInnen auseinandersetzen muss. Dies kann einer der Gründe sein, warum die Rolle der Pflegeperson zum einen persönlich so bereichernd und befriedigend und zum anderen so aufreibend ist. Alles in allem stellt die Kombination von körperlichen, intellektuellen, emotionalen und fachlichen Anforderungen eine erhebliche Belastung dar, die bei der Pflegeperson hohe Erwartungen weckt, all diesen Anforderungen gerecht zu werden.

Sie können diesen geballten Druck mildern, wenn Sie sich anschauen, was in diesem Betreuungsverhältnis geschieht und klären, welche Erwartungen Sie und welche die anderen an Sie stellen.

1.7 Große Erwartungen

Was erwarten die PatientInnen Ihrer Ansicht nach von Ihnen als Pflegeperson? Sie erwarten ganz sicher eine professionelle Diagnose, Entscheidungen im Zusammenhang mit der notwendigen Behandlung und eine angemessen

professionelle, exakte, gefahrlose und menschliche Umsetzung dieser Entscheidungen. Sie erwarten vermutlich auch eine Prognose hinsichtlich ihrer Zukunft sowie Informationen von Ihnen über die Maßnahmen während der stationären Behandlung. Sie wollen über die stationäre Pflege und über die Nachsorge nach ihrer Entlassung informiert werden. Vermutlich werden sie sich Gedanken machen über die postoperative Versorgung, die Nebenwirkungen von Medikamenten, möglicherweise auch darüber, wie sie mit dem Verlust eines Körperteils oder Anteilen ihrer geistigen Fähigkeiten fertig werden sollen. Sie werden sich auch mit Heilverfahren, der Sterblichkeit und ihren Zukunftsaussichten beschäftigen. Sie werden wissen wollen, was der Arzt gemeint hat und was Sie denken. Manche werden vielleicht auch nach ihrer Entlassung den Kontakt zu Ihnen aufrechterhalten wollen.

Doch jeder Patient hat andere Erwartungen. Die PatientInnen haben Erwartungen an Sie als Mensch, nicht an Sie als Fachfrau/Fachmann, Erwartungen, die sich darauf richten, was Sie für sie als Mensch tun werden. Sie werden auf frühere Erfahrungen zurückgreifen, auf überlieferte Geschichten, auf Berichte von Leuten über Ihre Klinik, Ihre Station, Ihr Spezialgebiet – vielleicht sogar auf Berichte über Sie als Mensch. Sie werden sich an Filme über Krankenhäuser und Allgemeinarztpraxen erinnern, an Dokumentarfilme über das Gesundheitswesen und über private Behandlung, und sie werden Bilder aus ihrer Fantasie heraufbeschwören, die zeigen, wie Pflegepersonen sind und was sie für Menschen tun.

Sie werden nervös und verängstigt sein, und dies wird ihre Sicht der Geschehnisse trüben. Sie werden vermutlich mehr Bedeutung in das hineinlegen, was Sie ihnen sagen (dies kann sich aber stark von dem unterscheiden, was Sie wirklich gesagt haben). Sie neigen dazu, ihre Situation sowie Ihre Motive und Intentionen falsch einzuschätzen.

Dies sind wichtige Faktoren, die Sie bei Ihrer Arbeit berücksichtigen müssen, sie werden sich auf die Wahrnehmung der Pflege, die Ihre PatientInnen von Ihnen erwarten, und auf die Pflege, die Sie leisten, auswirken. Sie können diese

Faktoren berücksichtigen, wenn Sie sich Klarheit darüber verschaffen, wie anfällig die PatientInnen für Fehldeutungen dieser Art sind und sich dann entsprechend verhalten. Vermeiden Sie Unklarheiten in Ihren Aussagen und überprüfen Sie, ob die PatientInnen verstanden haben, was Sie gesagt haben. Wenn Sie dies nicht tun, öffnen Sie Tür und Tor für Missverständnisse, Klagen und Stress, der sowohl für Sie als auch für die PatientInnnen vermeidbar ist.

Eine weitere Möglichkeit ist die, dass Sie sich so klar wie möglich hinsichtlich der Erwartungen ausdrücken, die PatientInnen, Angehörige und andere wahrscheinlich über Sie, über die Art der Arbeit, die Sie leisten und vielleicht über den Berufsstand insgesamt hegen.

Wenn Sie dazu in der Lage sind, dann schaffen Sie eine Grundlage, von der aus Sie das, wonach die PatientInnen suchen, sei es realistisch oder nicht, besser einschätzen können.

Schaffen Sie es nicht, sich auf einer realistischen Basis zu verständigen, sind Frustrationen die Folge, und die erschweren die Pflege der PatientInnen und ihre Gesundung. Die Erwartungen der anderen an Sie besser zu kennen bedeutet nicht, dass es realistisch, richtig oder möglich ist, sie zu erfüllen. Doch wenn Sie die Erwartungen kennen, können Sie wenigstens beginnen, sie so zu korrigieren, dass sie angemessener und leichter zu erfüllen sind (in Kapitel 6 werden diese Themen eingehender erörtert).

Weiterführende Literatur

Honey, P. (1992) *Problem People,* Institute of Personnel Management, London.

Kagan, C., Evans, J. and Kay, B. (1986) *A Manual of Interpersonal Skills for Nurses,* Harper and Row, London.

McCrone, J. (1993) *The Myth of Irrationality,* Macmillan, London.

Sutherland, S. (1992) *Irrationality: the enemy within,* Constable, London.

Walton, M.J. (1984) *Management and Managing,* Harper and Row, London.

Watzlawick, P. (1976) *How real is real?* Vintage Books, New York.

2. Die Arbeit in Organisationen

In diesem Kapitel geht es um die Arbeit in Organisationen, wobei hier herkömmliche Organisationen gemeint sind. Beim Schreiben des Kapitels habe ich zwar an den britischen staatlichen Gesundheitsdienst (NHS) gedacht, aber Sie können die Inhalte, wenn Sie wollen, generell auf andere Bereiche übertragen.

Die meisten von uns arbeiten in Organisationen, aber leider ist es nicht immer leicht, dies effektiv und effizient zu tun. Bedauerlicherweise werden viele Menschen durch ihre Erfahrungen geschädigt, und nach meiner Erfahrung scheinen nur relativ wenige bei der Arbeit immer ihr Bestes zu geben. Bei einigen liegt der Grund vielleicht darin, dass die Arbeit, die sie sich ausgesucht haben, nicht zu ihnen passt. Anderen macht es möglicherweise die Organisation schwer, produktiv und konstruktiv zu arbeiten.

Beides ist störend und kontraproduktiv, sowohl für den Einzelnen als auch für die Organisation. Es wird immer Schwierigkeiten an der Nahtstelle zwischen Einzelperson und der Organisation geben, und der Versuch herauszufinden, warum es zu Problemen und Schwierigkeiten kommt, ist ein vernünftiger erster Schritt, bevor entschieden wird, was zu tun ist. Es ist immens frustrierend, wenn Sie merken, dass die Organisation Sie davon abhält, Ihre Arbeit zu tun. Oder wenn Sie spüren, dass Ihre guten und offenkundig notwendigen Änderungsvorschläge unsinnigerweise blockiert werden und Sie nicht verstehen können, warum nichts unternommen wird.

Wenn sich dies mit Ihren Erfahrungen deckt, sollten Sie darauf achten, wie Sie anderen Ihre Ideen unterbreiten und sich klarmachen, warum sie Ihnen so viel bedeuten. Versuchen Sie auch herauszufinden, wie der Teil der Organisation funktioniert, in dem Sie arbeiten. Folgende Informationen werden Ihnen dabei helfen:

- Stellen Sie fest, ob Ihre Arbeitsweise und Ihre Wertvorstellungen etc. so weit damit übereinstimmen, dass Sie bleiben wollen.
- Finden Sie heraus, in welchen Bereichen Veränderungen möglich sind.
- Prüfen Sie, wie groß intern die Bereitschaft und Offenheit für Veränderungen ist.
- Machen Sie sich klar, was Ihnen wichtig ist und vielleicht auch warum.

Viele von uns täten gut daran, sich mehr darüber zu informieren, was in Organisationen geschieht und wie man in einer solchen Umgebung effektiv arbeiten kann. Auch wenn die Zukunft mehr Möglichkeiten für Pflegepersonen bietet, unabhängig und selbständig zu arbeiten, werden Sie vermutlich auch dann noch Teil einer kleinen Gruppe sein und immer noch mit anderen und straffer strukturierten Organisationen zu tun haben. Aus diesem Grunde lohnt es sich, besser zu verstehen, wie Organisation aufgebaut sind und wie sie arbeiten. Sollten Sie sich nicht entschließen auszusteigen, werden Sie sich unweigerlich damit auseinandersetzen müssen, wie Organisationen funktionieren und wie auch Sie darin gut funktionieren können. In diesem Kapitel geht es um die Eigenart von Organisationen und darum, wie man lernen kann, sie einzuschätzen.

2.1 Die Auseinandersetzung mit Ihrer Organisation

Eigenart, Stil und Atmosphäre der Organisation, in der wir arbeiten, haben einen nachhaltigen Einfluss auf unser Wohlbefinden und auf die Qualität unserer Arbeit. Daher überrascht es mich, dass man sich nicht mehr damit auseinandersetzt, wie Organisationen aufgebaut sind und was tatsächlich in der Praxis abläuft.

Unter Organisation verstehe ich eine Gruppe von hinlänglich erfahrenen und qualifizierten Personen, die in geordneter Form zusammen arbeiten. Sie arbeiten zusammen, um festgelegte Ziele und spezifizierte Ergebnisse zu erreichen, die ihren gemeinsamen Einsatz erfordern (z. B. die medizinische Versorgung eines Patienten). Es handelt sich nicht um eine Gruppierung von Menschen, die plötzlich zufällig zusammenkommen, sondern um eine sehr gezielt und sorgfältig zusammengesetzte Gruppe von ausgewählten Personen.

Organisationen können eine ganz unterschiedliche Größe haben, es kann sich um eine klinische Abteilung, eine Station, den Trust, ein Labor, das Krankenblattarchiv oder ein Gesundheitszentrum handeln. In diesem Kapitel beschäftigen wir uns damit, was es heißt, in einer dieser ganz normalen Organisationen zu arbeiten. Wo immer dies ist, die ethischen Grundsätze und Atmosphäre der Organisation, der Sie angehören, werden Sie beeinflussen. Sie können sich den Auswirkungen des Organisationslebens nicht entziehen.

Dieses Kapitel soll Sie veranlassen, sich einmal anzuschauen, wie Ihre Organisation in der Praxis arbeitet. Häufig unterscheidet sich das, was tatsächlich getan wird, sehr von dem, was die in den oberen Etagen zu tun vorgeben. Die Organisationen im Gesundheitswesen sind auf allen Ebenen sehr unterschiedlich, und die Eigenart und der Stil der einzelnen Organisationen haben einen enormen Einfluss darauf, wie Sie arbeiten, wie Sie sich dabei fühlen und ob Sie bleiben oder lieber gehen möchten. Wir wollen außerdem den Blick auf die Vorstellung richten, dass Organisationen ihre eigene Kultur haben.

2.2 Wie sieht die Situation an Ihrem Arbeitsplatz aus?

Als Erstes möchte ich, dass Sie über die Organisation nachdenken, in der Sie gegenwärtig arbeiten oder bis vor kurzem gearbeitet haben. Anschließend vergleichen Sie bitte die entsprechenden Inhalte des Buches mit dieser Organisation und überprüfen das, was ich vertrete, anhand Ihrer Erfahrungen.

Entscheiden Sie sich, auf welche Organisation Sie sich bei dieser Übung konzentrieren wollen. Wählen Sie eine aus, die Sie kennen und in der Sie mindestens einen Monat oder länger tätig waren, denn Sie brauchen etwas Konkretes, auf das Sie zurückgreifen können.

2.2.1 Schritt 1 – Wie ist die Situation in Ihrer Organisation?

Bitte entwerfen Sie ein Bild – oder eine Einschätzung – Ihrer derzeitigen Situation. Was fällt Ihnen beim Nachdenken ein? Schreiben Sie Ihre Gedanken auf. In **Abbildung 2-1** sind Fragen aufgeführt, auf die Sie sich beziehen können

Kennzeichnen Sie dies als Ihre «ersten Gedanken». Im weiteren Verlauf dieses Kapitels wird es sicher noch weitere Gedanken und Beobachtungen geben, die Sie notieren können. Sie sollten sich Klarheit über Ihre ersten Gefühle und Eindrücke verschaffen, um zu sehen, ob und wie sie sich verändern.

2.2.2 Schritt 2 – Gibt es verborgene Themen?

Schauen Sie sich jetzt bitte Ihre Notizen an. Erkennen Sie darin Untertöne oder Muster? Gibt es versteckte Botschaften, die sich auf die Orga-

Abbildung 2-1: Die Auseinandersetzung mit meiner Organisation

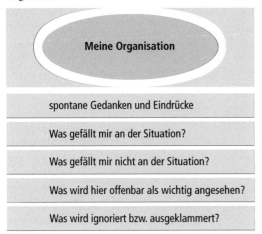

nisation und ihre Funktionsweise beziehen? Gibt es Dinge, von denen Sie wissen, dass Sie Ihnen wirklich wichtig sind, die Sie aber nicht beachtet oder einfach weggelassen haben. Woran könnte das liegen? Vielleicht daran, dass man die offensichtlichsten Dinge leicht vergisst oder übersieht. Es könnte aber auch sein, dass es manchmal einfacher ist, so zu tun, als gäbe es bestimmte Themen oder Probleme gar nicht und sie schnell vergisst (besonders dann, wenn andere die gleiche Strategie anwenden). Schreiben Sie alles auf, was Ihnen sonst noch einfällt.

2.2.3 Schritt 3 – Gibt es Tabus oder Legenden?

Fallen Ihnen beim Nachdenken über Ihren Arbeitsplatz bestimmte Themen oder Dinge im Zusammenhang mit der Funktionsweise der Organisation ein, über die offenbar nie gesprochen wird? Hat man Ihnen gesagt, dass Sie besser nicht nach bestimmten Dingen fragen, oder haben Sie bemerkt, dass Ihre KollegInnen bei bestimmten Themen plötzlich schweigsam werden etc? Ein Grund könnte sein, dass es bestimmte Geschäftsbereiche gibt, die tabu sind, und dass Sie, wenn Sie darüber sprechen, unschätzbar wertvolle Informationen über die Arbeitsweise Ihrer Organisation bekommen könnten. Gibt es umgekehrt Geschichten oder

Legenden, die gleich einem Ritual Neulingen erzählt werden – welche Legenden kursieren in der Organisation, in der Sie arbeiten?

2.2.4 Schritt 4 – Was wird belohnt?

Gibt es bestimmte Verhaltensweisen, auf die geachtet wird und die dann belohnt werden? Gibt es umgekehrt Arbeitsweisen oder Eigenarten, die offenbar nicht gefördert, geschätzt oder gewünscht werden? Wenn ja, welche sind es? Auch hier zeigen sich die subtilen Erziehungs- und Konformitätszwänge, welche die Eigenart und den Charakter der Organisation auf eine Art und Weise zum Ausdruck bringen, die in keinem Organisationsplan beziehungsweise in keinem Leitbild zu finden sind.

Es kann sehr schwierig sein herauszufinden, wem man glauben kann oder was in einer Organisation wirklich vor sich geht. Das Gleiche gilt für die Politik, wo viele Phrasen gedroschen werden. Wo Leute durch Mienenspiel und Posen erreichen wollen, dass man ihnen zuhört und glaubt, und wo das, was Sie sehen, nicht immer das ist, was Sie wirklich bekommen. Eine Möglichkeit etwas herauszufinden besteht darin, dass Sie sich als Detektiv betätigen und beobachten, was die Organisation wirklich tut und was sie zu tun verspricht, und dass Sie mit Hilfe der obigen Schritte (1 bis 4) Information sammeln, die häufig fehlen.

In einer mir bekannten Organisation galt es als die oberste Priorität, bei Fachkräften Managementkompetenzen zu entwickeln. Nach vielen Gesprächen und Zusammenkünften auf höchster Ebene wurden die Bewertungsverfahren so abgeändert, dass ein Teil der Beurteilung von den Fähigkeiten und Qualifikationen im Managementbereich abhängig gemacht wurde. Es wurden Seminare abgehalten, um zu zeigen, welcher Wert diesem wichtigen Aspekt der Leitungstätigkeit beigemessen wurde, und es hieß, dies sei einer der Bereiche, auf die bei der Leistungsbewertung besonders geachtet würde. Doch es war alles nur Gerede. Voraussetzung für den Aufstieg zum Manager und für die damit verbundenen finanziellen und beruflichen Vorteile waren weiterhin technische und berufsspezifische Fähigkeiten, unabhängig davon, wie jemand sein Personal führte. Der effektiven Führung von Menschen wurde trotz aller Formalitäten und trotz allen Geredes nach wie vor wenig Wert beigemessen! Da überrascht es nicht, dass sich nichts veränderte und der verfehlte Einsatz von hoch qualifizierten Fachleuten unvermindert weiterging.

Bei Ihrer Arbeit können Sie eine Menge lernen, wenn Sie bloß beobachten und darauf achten, was wirklich belohnt und geschätzt wird und sich nicht auf Wortgeklingel verlassen, was doch nur dazu dient, internen Interessen entgegenzukommen und außenstehende Beobachter der Organisation zufrieden zu stellen. Vergessen Sie nicht, auf derartiges Verhalten, besondere Vorgehensweisen, Rituale und Prozeduren, Anredeformen etc., die Ihnen auffallen, zu achten. Andere sehen dies vielleicht noch nicht einmal, oder wenn, dann in einem völlig anderen Licht.

Durch diese präzise Vorgehensweise lernen Sie, neue Situationen und Settings schnell einzuschätzen, und Sie haben eine sichere Grundlage für Ihre Sichtweise.

Wenn Sie beobachten und diagnostizieren können, schärft sich auch Ihr Blick dafür, wonach Sie bei den Situationen an Ihrem Arbeitsplatz Ausschau halten müssen, und Sie erkennen besser, was Sie nicht wollen. Wenn Sie diese Fähigkeiten nicht entwickeln, dann sind Sie unter Umständen gezwungen, in einer Umgebung zu arbeiten, in der Ihnen die Atmosphäre nicht zusagt. Es kann passieren, dass Sie sich vermeidbarem Stress aussetzen und sich wünschen, Sie wären gar nicht da.

Diese vier einfachen Fragen liefern Ihnen viele Informationen:

- Wie ist die Situation an Ihrem Arbeitsplatz?
- Welche verborgenen Themen gibt es?
- Welche Tabus und Legenden gibt es?
- Was wird belohnt?

Ganz gleich wie knapp oder ausführlich Sie die Fragen beantworten, sie erhalten ein erstes einfaches Bezugssystem, mit dem Sie Ihre Organisation unter die Lupe nehmen können.

Nehmen Sie Notiz von dem, was sich in der Organisation um Sie herum tut, denn es gibt eine Menge zu sehen, aber nur wenige Menschen nehmen sich die Zeit zum Hinschauen. Die Informationen, die Sie mit Hilfe der obigen vier und etwaiger anderer Fragen erhalten, helfen Ihnen auch, wenn Sie sich Gedanken darüber machen, wie Ihre weitere berufliche Laufbahn aussieht und was Sie von Ihrer Arbeit erwarten.

Vermutlich kommen Sie aufgrund Ihrer Notizen zu dem Schluss, dass herkömmliche Organisationen nicht unbedingt das sind, was sie zu sein scheinen. Möglicherweise arbeiten sie auf eine ganz unerwartete Art und Weise, die für diejenigen, die in den Organisationen arbeiten, sehr verwirrend sein kann (und für Außenstehende auch).

Höchstwahrscheinlich sind einige der Methoden, mit denen Sie derzeit arbeiten, mehr daran orientiert, was der Organisation angenehm ist (was zu einem Teil mit der Geschichte der Organisation zusammenhängt) als an den aktuellen Arbeitserfordernissen. Vielleicht sind Sie mit Hilfe der obigen Fragen sogar auf Fälle gestoßen, in denen sinnvolles Verhalten tatsächlich ausdrücklich geächtet oder missbilligt wird. Wenn dies so ist, dann stellt sich die Frage: «Wie kann so etwas sein?» oder vielleicht auch: «Sind wir als Organisation in dieser Hinsicht eine Ausnahme?» Auf den folgenden Seiten werden Sie diese Fragen selbst beantworten können.

Was Sie soeben durchgeführt haben ist eine Teildiagnose Ihrer Organisation auf der Basis Ihrer Beobachtungen und direkten Erfahrungen. Wenn Sie Ihre tagtäglichen Erfahrungen noch einmal anschauen, können Sie sich ein erstes Urteil bilden, wie die Situation in Ihrer Organisation aussieht, was gesagt und was wirklich getan wird, und wie es sich anfühlt, dort zu sein. Wie jede Diagnose sollte auch dies eine vorläufige Hypothese sein, aber Sie haben jetzt eine Grundlage, von der aus Sie Ihre Arbeit fortsetzen und im Auge behalten können, während Sie gleichzeitig beobachten, was in Ihrer Umgebung vorgeht.

Merken Sie sich diese erste Diagnose bei der Beschäftigung mit dem Rest des Kapitels, damit Sie sie mit dem Inhalt vergleichen können.

2.3 Der Charakter von Organisationen

In Büchern werden Organisationen meistens folgendermaßen dargestellt:

Organisationen:

- *sind aufgabenorientiert:* Sie wurden zu einem bestimmten Zweck gegründet und sind da, um diese Dinge zu erledigen.
- *arbeiten auf logisch-rationaler Grundlage:* Sie gehen bei ihrer Arbeit generell auf eine geregelte, logisch-rationale Art und Weise vor, mit Verfahren, Prozessen und Vorschriften, die sicherstellen sollen, dass die gestellten Aufgaben in angemessener Form erledigt werden.
- *arbeiten auf der Basis von Austausch:* Es gibt einen Austausch zwischen den Menschen, die in der Organisation arbeiten. Die Entlohnung für den Einsatz von Zeit, Mühen, Fähigkeiten und Engagement setzt sich aus finanziellen, nicht-finanziellen und psychologischen Anteilen zusammen.
- *sind eher quantitativ als qualitativ ausgerichtet:* Es geht generell um konkrete Leistungen und nicht um die qualitativen Aspekte der Zusammenarbeit, die für die Erledigung der Aufgaben erforderlich ist.
- *besitzen eine Identität, eine ethische Grundhaltung und eine Kultur:* Organisationen haben ihre eigene, unverwechselbare Kultur, Stil und Atmosphäre, die sich auf alle auswirkt, die darin arbeiten. Sie entwickeln in der Tat eine eigene Identität und einen eigenen Charakter.

Die Aufgaben und der geregelte Ablauf stehen generell im Vordergrund. Die emotionalen Belange werden beiseite gekehrt als würden sie bei der Arbeit der Organisation keine Rolle spielen. Das ist erstaunlich, bestehen Organisation doch in erster Linie aus Gruppen von Menschen, die zusammenkommen, um unterschiedliche, aber miteinander zusammenhängende Aufgaben zu erfüllen, und die ihre Emotionen und Gefühle ebenso mitbringen wie ihre speziellen Fähigkeiten und Kenntnisse.

Man kann verfolgen, wie Organisationen im Laufe der Zeit ihre eigene Identität entwickeln. Diejenigen, die darin arbeiten, verbinden sich mit ihnen mit großem Engagement. Diese starke emotionale Bindung kann sie dann veranlassen, die Organisationen gegen die kleinste Kritik und Bedrohung zu verteidigen, selbst wenn die Kritik gerechtfertigt ist. Manchmal entwickeln Organisationen ein Eigenleben. Sie verlieren ihre ursprünglichen Ziele, Absichten und ethischen Grundsätze so sehr aus den Augen, dass die Wahrung ihrer Identität (Status, Name, Ehrentitel etc.) wichtiger wird als alles andere.

Ich gehe davon aus, dass Sie diese Seiten des Organisationslebens bereits von Ihren Erfahrungen mit dem Gesundheitswesen oder von anderswo her kennen. Derartige Phänomene sind eine Bestätigung für mich, wie kompliziert Organisationen sind und wie leicht es ihnen und uns, die darin arbeiten, passieren kann, dass man mit der Arbeit verschmilzt und sich den Blick verstellen lässt. Trotzdem wird diesen emotionalen, dynamischen und interaktionalen Aspekten von Organisationen relativ wenig Beachtung geschenkt. Aber mehr dazu später.

2.4 Drei Organisationsmodelle für den praktischen Gebrauch

Um sich Ihre Organisation genauer anzuschauen, brauchen Sie einen konzeptuellen Bezugsrahmen, mit dem Sie die Hauptfunktionen betrachten können, die zu erfüllen sind. Ich habe drei Modelle ausgewählt, mit denen Sie die dynamischen Prozesse und die Beziehungen in der Organisation aufdecken können. Sie können selbst beurteilen, welches Ihnen am sinnvollsten erscheint. Ich bitte Sie, eines oder mehrere zu benutzen, wenn Sie sich Ihre Organisation genauer betrachten, um festzustellen, wie sie funktioniert.

Im Mittelpunkt einer Organisation sollte das Anliegen stehen, das der eigentliche Anlass für ihre Gründung war, die Arbeit, um derentwillen sie ins Leben gerufen wurde. Probleme entstehen gewöhnlich dann, wenn dieses Anliegen aus den Augen verloren wird, oder wenn das, was ursprünglich eine Strategie zur Erleichterung der Arbeit war, wichtiger wird als die Arbeit selbst! Wenn Sie sich bei einigen Dingen nicht sicher sind, achten Sie immer darauf, wie sich die Vorschläge mit den erklärten Hauptzielen der Organisation vereinbaren lassen. Dann haben Sie eine Ausgangsbasis, von der aus Sie die verdeckten Probleme und Themen erkennen und einschätzen können, wie ernst (oder vielleicht wie krank) der Zustand ist, in dem sich die Organisation befindet.

2.4.1 Das Modell der inneren Ausgewogenheit nach Galbraith

In diesem 1977 entwickelten Modell geht es um die Wechselbeziehung zwischen fünf funktionalen Hauptbereichen von Organisationen.

- An erster Stelle steht die Arbeit, die zu tun ist, und die sollte der Ausgangspunkt für alles andere sein. Wir beschließen beispielsweise, dass wir eine neue ambulante Klinik oder ein Krankenhaus oder kommunales Gesundheitszentrum brauchen – aber was genau soll diese Einrichtung leisten?
- Nachdem eine Antwort gefunden ist und die Ziele klar sind, können wir überlegen, mit welcher Art von Struktur die angestrebten Ergebnisse erzielt werden können.
- Nachdem über die Struktur entschieden ist, müssen wir überlegen, welche Menschen gebraucht werden, damit die Organisation funktioniert.
- Dann ist darüber zu entscheiden, wie die Menschen bezahlt und entlohnt werden sollen.
- Damit wir wissen, wie wir arbeiten, welche Korrekturen vorzunehmen sind und welche Probleme es gibt etc., müssen also auch noch Regeln für die Informationsweiterleitung und Entscheidungsfindung aufgestellt werden, um

die Informationen zu erhalten, die wir brauchen, damit die Organisation effektiv und effizient arbeitet.

Das Modell wird gewöhnlich so dargestellt wie in **Abbildung 2-2**. Jede der dargestellten Komponenten ist, wie man sieht, mit allen anderen verbunden, denn wenn irgendeine sich verändert, geraten alle anderen aus dem Gleichgewicht. Die Leistungsfähigkeit und Effektivität der ganzen Organisation wird negativ beeinflusst. Angenommen wir haben Probleme, auf einigen Stationen Nachtschichten zu besetzen, und ich als Leiter entscheide, dort eine Zulage zu zahlen, um die Arbeit attraktiver zu machen und so mein Personalproblem zu lösen. Auch wenn mir dies gelingt, indem ich die Entlohnung verändere, so sorge ich damit wahrscheinlich gleichzeitig intern für Reibereien mit anderen Mitarbeitern (den Menschen). Auch sie werden die gleichen Chancen für Zulagen wollen, und das Nachtschichtpersonal anderenorts wird ebenfalls auf Gerechtigkeit bestehen. Die Angelegenheit könnte sich noch weiter dadurch verkomplizieren, dass bei Bekannt werden meiner Entscheidung – durch den Informationsfluss im Management – neue Probleme entstehen, falls ich bei meiner Entscheidung auf irgendeine Weise meine Befugnisse überschritten hätte.

Eine effektive und gut funktionierende Organisation ist wie eine Reihe von Sprungfedern, die zur Unterstützung eines Objekts miteinander in Verbindung stehen und sich im Gleichgewicht befinden. Wird ein Teil des Systems verändert – beispielsweise indem man die Spannung einer Feder verändert – bewegen sich die anderen Federn, um dies auszugleichen. Obwohl sie nicht unmittelbar verändert wurden, müssen sie sich dennoch bewegen, um insgesamt zu einer neuen Balance zu finden, damit die Organisation (der Federn) im Gleichgewicht bleibt.

Sie können also beschließen, in einer Organisation die Struktur oder die Menschen zu verändern. Allerdings werden Sie, um effektiv, effizient und ausgewogen arbeiten zu können, dann auch die anderen Komponenten des Systems neu ausloten und anpassen müssen. Dies wird

Abbildung 2-2: Das Modell der inneren Ausgewogenheit nach Galbraith

Aufgaben

Menschen

Struktur

Diese fünf Komponenten
müssen in Wechselwirkung
miteinander stehen
und übereinstimmen

Informationen und
Entscheidungen

Entlohnung

Ist dies der Fall, besitzt
die Organisation
eine innere Ausgewogenheit

häufig nicht getan, und dann ist die Organisation aus dem Gleichgewicht gebracht.

Die Botschaft, um die es hier geht, lautet, dass die fünf Komponenten (in Abbildung 2-2) sich im Gleichgewicht befinden, sich gegenseitig stützen und ineinander greifen müssen. Wird nur eine der Komponenten verändert, müssen Sie anderswo auf Kettenreaktionen achten.

2.4.2 Das 7-S-Modell nach McKinsey

Dieses Modell, das aus einem sehr bekannten Buch mit dem Titel «In Search of Excellence» (Peter & Waterman, 1982) stammt, arbeitet mit sieben Hauptvariablen, die bei jeder Organisation im Zusammenhang zu betrachten sind. Es wurde bekannt als das 7-S-Modell, das in **Abbildung 2-3** dargestellt ist.

Am interessantesten an diesem Modell ist die Tatsache, dass die Bedeutung der «weichen» Managementfaktoren – das Selbstverständnis und der Stil – betont wird, die üblicherweise nicht beachtet werden. Ähnlich wie in dem Modell von Galbraith müssen alle Komponenten be-

rücksichtigt werden, und die Botschaft lautet auch hier, dass keine Komponente allein verändert werden kann, ohne dass die anderen in irgendeiner Weise auch beeinflusst werden.

Das Modell macht deutlich, dass die Organisation als Ganzes nicht aus dem Auge verloren werden darf, wenn es darum geht, etwas zu verändern (siehe auch Teil IV) und dass die ge-

Abbildung 2-3: Das 7-S-Modell nach Kinsey

Struktur

Strategie

Systeme

Selbst-
verständnis

Spezial-
kenntnisse

Stil

Stamm-
personal

meinsamen Wertvorstellungen beziehungsweise das Selbstverständnis (kulturelle Aspekte), die den Zusammenhalt der Organisation gewährleisten, eine zentrale Stellung einnehmen.

2.4.3 Das 6-Kasten-Modell nach Weisbord

Das letzte Modell stammt von Marvin Weisbord (1978), ein bekannter Organisationsberater, der es zur Einschätzung von Organisationen eingesetzt hat. Weisbord nennt es das «6-Kasten-Modell», jeder der sechs Kästen dient dazu, einen bestimmten Aspekt formeller und informeller Organisationen zu beleuchten (siehe **Abb. 2-4**).

Das Modell kann benutzt werden, um bestimmte Dinge zu überprüfen und um festzustellen, ob es Blockaden oder Probleme gibt, entweder innerhalb der Kästen oder in den Verbindungsbereichen zwischen den einzelnen Kästen. Auch bei diesem Modell wird kein Aspekt der Organisation isoliert betrachtet, sondern die Organisation wird in ihrer Gesamtheit gesehen.

Dieses Modell, das unkompliziert ist und ohne Expertensprache auskommt, leistet gute Dienste. Man kann sich damit einen Gesamteindruck verschaffen und zur Vervollständigung des Bildes noch andere Komponenten – entweder aus diesem Kapitel oder aus den Inhalten von Teil III – hinzufügen.

2.5 Was in Organisationen vorgeht: ein paar bedenkenswerte Anmerkungen

2.5.1 Die formellen Aspekte Ihrer Organisation

Wenn Sie verschiedene Personen bitten, eine Organisation zu beschreiben, dann werden Sie vermutlich eher etwas über die formellen Aspekte wie Struktur, Berufsbezeichnungen, Berichtspflicht sowie über Dienst- und Qualifikationsgrade hören. Dies sind ganz wichtige Facetten, denn sie bilden die Infrastruktur für die durchzuführenden Aufgaben.

Es sind die Dinge, auf die die meisten Menschen ihr Augenmerk richten, und die meisten der berichteten Schwierigkeiten und Auseinandersetzungen werden in diesen Begrifflichkeiten beschrieben – Streitigkeiten über Dienstgrade und Gehälter, Unklarheiten im Zusammenhang mit Rollen und Berichtspflicht, Rivalitäten um formale Macht (Leitungsstellen) und wer wem etwas zu sagen hat.

Für die weitere Diagnose Ihrer Organisation sollten Sie einen Blick auf **Abbildung 2-5** werfen. Es kann sein, dass Sie bei der Handhabung und Lösung dieser Dinge einen Widerspruch entdecken zwischen dem, was man Ihnen gesagt hat und dem, was Sie in der Praxis gesehen ha-

Abbildung 2-4: Das 6-Kasten-Modell nach Weisbord

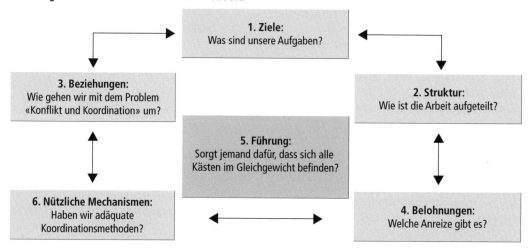

Abbildung 2-5: Punkte, die zu beachten sind

a) offizielle Machstruktur

b) Rollen und Aufgaben

c) Hierarchie bei der Entscheidungsfindung

d) Art der Bezahlung und Belohnung

Überprüfen Sie, wie die Punkte a) bis d) in Ihrer Organisation geregelt sind, welche formelle Vorgehensweise bei Entscheidungen vorgesehen ist und wie die Leitung der Organisation offiziell geregelt ist.

ben. Möglicherweise stellen Sie fest, dass die formelle Organisationsstruktur – die Art und Weise wie die Organisation offiziell funktionieren sollte – nicht ganz die Art und Weise widerspiegelt, wie wirklich gearbeitet wird. Was Sie jetzt sehen, sind Aspekte der informellen Funktionsweise der Organisation.

2.5.2 Die weniger formalisierten Aspekte in Ihrer Organisation

Es ist äußerst praktisch, eine übersichtliche Organisationsstruktur zu haben, die von sorgfältig formulierten Verfahrensregeln gestützt wird, die angeblich kodifizieren und darstellen, wie die Organisation arbeitet. Organisationen entwickeln jedoch ihre eigenen informellen Funktionsweisen, von denen einige mit der formalen Organisation übereinstimmen, während andere ihr zuwiderlaufen.

Wir entwickeln bei Fragen des Einflusses, der Macht und der Autorität unser eigenes informelles Verhaltensmuster. Wir finden sehr schnell heraus, an wen wir uns wenden müssen, wenn wir zuverlässige fachliche Anleitung und Unterstützung brauchen, und wir finden heraus, wer inoffiziell in der Organisation das Sagen hat. Wir wenden uns oft an diese Personen, wenn wir etwas erreichen wollen, oder wir halten sie we-

nigstens auf dem Laufenden über das, was vor sich geht.

Dies sind die Funktionsweisen, die es in einer Organisation auch noch gibt, neben der Arbeitsweise, die offiziell angeblich praktiziert wird. Wenn Sie Ihre Aufmerksamkeit nun auf die informellen Aspekte Ihrer Organisation lenken, zeigt Ihnen **Abbildung 2-6** weitere Punkte, die zu berücksichtigen sind.

Vieles von dem, worauf in einer Organisation Wert gelegt wird, steht in engem Zusammenhang mit ihrer Kultur. So kann es eine Freude sein, in einem Krankenhaus (Klinik, Fachambulanz, Station etc.) zu arbeiten, während es in einem anderen – das offenbar in jeder Hinsicht gleich ist – die Hölle sein kann. Ein Großteil dessen, was den Unterschied ausmacht, lässt sich auf die Kultur einer Organisation zurückführen, die einerseits vom oberen und mittleren Management geprägt und andererseits von äußeren Zwängen beeinflusst wird.

2.6 Organisationen und ihre Kultur

Es ist seltsam, aber manchmal geht man in ein Krankenhaus oder auf eine Station und spürt sofort, dass von dem Ort irgendetwas ausgeht, und man überlegt, wie es wohl wäre, dort zu

Abbildung 2-6: Weitere Punkte, die zu beachten sind

e) informelle Verhaltensweisen

f) Wie würden Sie die «Organisationskultur» beschreiben?

g) Werte und Prioritäten

Hält sich die Organisation bei ihrer Arbeit an die offiziellen Regeln?

Welches sind die Unterschiede zwischen der formellen und der informellen Organisation?

arbeiten. Wenn Sie beobachten, wie die Menschen miteinander umgehen, welche Interaktionen zwischen ihnen stattfinden und wie sie sich Ihnen gegenüber verhalten, können Sie Ihren ersten Eindrücken weitere Informationen hinzufügen. Nach kurzer Zeit sind Sie in der Lage, sich ein aufschlussreiches Bild von dem Ort zu machen.

Was Sie wahrgenommen haben, das sind Informationen über die Kultur dieser Organisation – angefangen von der Anbringung (oder sogar dem Fehlen) von Aushängen und Wegweisern bis hin zu Gefühlen, Gerüchen und dem Zustand des Ortes. Ungeachtet aller offiziellen Informationen, die Sie vorher bekommen haben, ist Ihre Anwesenheit dort das Entscheidende. Es ist erstaunlich, wie verschieden und zahlreich diese auf die Kultur verweisenden Botschaften sind, wenn Sie erst einmal angefangen haben, nach ihnen Ausschau zu halten, und sie können Ihnen sehr viel mitteilen.

Der Begriff «Kultur» wird normalerweise für die Sitten, Gebräuche und Verhaltensweisen verschiedener Länder und Menschen verwendet. Es mag ungewöhnlich erscheinen, denselben Begriff im Zusammenhang mit einer Organisation wie einem Krankenhaus oder einem Gesundheitszentrum zu benutzen. Aber auf diese Art und Weise lässt sich das Wesen einer Organisation angemessen beschreiben, die ja schließlich eine eigenständige Gemeinschaft darstellt.

Im folgenden sind Möglichkeiten, die Kultur von Organisationen zu beschreiben, aufgeführt:

- «Die Art und Weise wie die Dinge hier gehandhabt werden» (Ouchi & Johnson, 1978)
- die gemeinsamen Werte und Erwartungen, die die Mitglieder einer Organisation haben (Van Maanen & Schein, 1988)
- die Art zu denken, zu sprechen und zu handeln, die für bestimmte Gruppen charakteristisch ist (Braten, 1983)
- die Selbstverständlichkeit, mit der Menschen ihrer sozialen Umgebung die gleichen Bedeutungen zuordnen (Wilkins, 1983)
- Gesamtheit der Traditionen, Werte, Grundsätze, Überzeugungen und Einstellungen, die den allgegenwärtigen Kontext dessen prägen,

was wir in einer Organisation tun und denken (McLean & Marshall, 1983).

Eine der interessantesten Anmerkungen zu diesem Thema stammt von Edward Hall (1959), der feststellt, dass:

> die Kultur viel mehr verbirgt als sie offenbart, und seltsamerweise verbirgt sie das, was sie verbirgt, höchst effektiv vor ihren Mitgliedern. Durch jahrelange Beschäftigung mit dem Thema bin ich zu der Überzeugung gelangt, dass es eigentlich nicht darum geht, eine fremde Kultur zu verstehen, sondern unsere eigene. Die Kultur in einer Organisation ist etwas, das unser Handeln entscheidend beeinflusst, und dennoch wird sie weitgehend vor uns verborgen – wenn wir uns dies klarmachen, haben wir die Chance, einen Schritt zurückzutreten und bestimmte Aspekte unserer Arbeitswelt neu zu bewerten, an die wir uns so sehr gewöhnt haben, dass wir sie für selbstverständlich halten. […] bei der Auseinandersetzung mit einer Kultur kommt es darauf an, das wahrzunehmen, was gegenwärtig geschieht, bevor wir uns darauf konzentrieren, was in Zukunft geschehen soll.

Ein von mir bevorzugtes Modell, das sich mit der Kultur von Organisationen beschäftigt, ist das von Roger Harrison (1993), an dessen Entwicklung ursprünglich auch Charles Handy (1976) beteiligt war. Dieses Modell zeigt auf einfache Art und Weise, dass Organisationskulturen vier Grundtypen zugeordnet werden können, wie **Abbildung 2-7** zeigt.

Meiner Ansicht nach bietet dieses Modell die Möglichkeit, sich einen Eindruck davon zu verschaffen, welche Richtung bei einer Organisation in der Relation überwiegt. Das Modell ist als Mittel zur Bestimmung der Kultur an Ihrem Arbeitsplatz gedacht und nicht zur positiven oder negativen Bewertung. Jeder der vier Grundtypen hat sowohl gute als auch schlechte Seiten, und es ist unwahrscheinlich, dass eine Organisation ausschließlich einem einzigen Grundtyp zuzuordnen ist. Meistens handelt es sich um eine Mischung, aus der der eine oder andere Grundtyp hervorsticht, und diese Mischung ist von Organisation zu Organisation verschieden (möglicherweise auch von Abteilung zu Abteilung innerhalb derselben Organisation).

Abbildung 2-7: Die vier Grundtypen von Organisationskulturen nach Harrison (1993)

Machtkultur	Rollenkultur
Basis: Stärke	**Basis: Struktur**
● Vorschriften	● Ordnung
● Entschlossenheit	● Stabilität
● Zielstrebigkeit	● Kontrolle

Leistungskultur	Unterstützungskultur
Basis: Kompetenz	**Basis: Beziehungen**
● Wachstum	● Miteinander
● Erfolg	● Gefälligkeit
● Auszeichnung	● Integration

Mit dem Modell können Sie ermitteln, welchem Grundtyp sich Ihr Arbeitsplatz am ehesten zuordnen lässt, und Sie können sich Gedanken über die Vorteile und Fallstricke der einzelnen Grundtypen machen. In **Abbildung 2-8** finden Sie einen Überblick über die positiven und negativen Seiten eines jeden Grundtyps. Notieren Sie sich beim Durchlesen die Merkmale, die auf Ihre Organisation zutreffen.

Jeder Grundtyp hat Vorteile für eine Organisation. Die Schwierigkeit besteht jedoch darin, das richtige Gleichgewicht zwischen den Zugkräften der einzelnen Grundtypen zu finden, denn bei jedem Grundtyp stellen die Extremformen die Grenzen dar, welche die ganze Organisation ruinieren können.

Wenn Sie sich nun Ihre Organisation anschauen, welchem Grundtyp:

● kommt sie am nächsten
● welchem am zweitnächsten
● und mit welchem hat sie am wenigsten Ähnlichkeit?

Wie würden Sie aufgrund Ihrer Antworten Ihre Organisation mit Worten beschreiben (siehe **Abb. 2-9**)?

Wenn Sie die Abbildung 2-9 vervollständigen, können Sie weitere Einblick in Ihre Organisation gewinnen. Sie erkennen besser, wie Sie Ihre Organisation sehen und verstehen. Sie können sachkundiger beurteilen, warum einige Dinge offenbar wichtiger sind als andere, und Sie haben

eine größere Chance, den Einfluss (den guten wie den schlechten) der Organisation auf Sie und auf Ihre Arbeit richtig einzuschätzen. Zum Beispiel:

● dass die Entfaltung einer starken Führung in einer machtorientierten Kultur alles andere überwuchern kann
● dass in einer rollenorientierten Kultur großer Wert auf vorschriftsmäßige Erledigung der Arbeit gelegt wird
● dass die völlige Hingabe an die beruflichen Verpflichtungen, ungeachtet der persönlichen Einschränkungen, in einer leistungsorientierten Kultur erwartet und belohnt wird
● dass Harmonie, Zusammenhalt und eine positive Haltung oberste Gebote in einer unterstützungsorientierten Kultur sind.

Die Vorliebe für eine bestimmte Orientierung kann den Stil, die Eigenart und die Atmosphäre der ganzen Organisation prägen und beeinflussen. Sie wird zur beherrschenden Kultur dieser Organisation, möglicherweise mit verheerenden Folgen, was die Effektivität der Organisation anbelangt.

Prüfen Sie nun beim nochmaligen Lesen der Beschreibung Ihrer Organisation, wie weit Ihre Organisation die Bevorzugung einer der vier Grundtypen zu Lasten der anderen übertrieben hat. Achten Sie auch darauf, ob Sie einige der in Abbildung 2-8 aufgeführten Nachteile erkennen können. Falls Sie Ihre Einschätzungen denen

Abbildung 2-8: Überblick über die positiven und negativen Aspekte der einzelnen Grundtypen

Vorteile	Nachteile
Machtkultur (Stärke)	
starke charismatische Führung, die für Klarheit und Zielstrebigkeit sorgt; Loyalität wird belohnt, die MitarbeiterInnen geschützt; kluge, wohlwollende, aktive Führung; anspruchsvolle, aber faire Führung; man kommt voran, wenn man sich fügt und die Wünsche der Führung über die eigenen stellt.	Die Wünsche der Führung stehen an erster Stelle, auch wenn wichtige Arbeit ansteht; schlechte Nachrichten werden aus Angst nicht weitergegeben; die Führung wird nicht kritisiert, auch wenn sie sich ganz offensichtlich irrt; falls Vorgesetzte sich nicht an die Regeln halten; falls Weiterkommen von Loyalität und Ergebenheit abhängt und nicht von Kompetenz.
Rollenkultur (Struktur)	
Leistungen werden an den schriftlich formulierten Arbeitsplatzkriterien gemessen; Vertrauenswürdigkeit, Zuverlässigkeit und die Einhaltung von Regeln werden belohnt; Ineffizienz und Unklarheiten werden durch klare Zielvorgaben reduziert; Zuständigkeiten im Zusammenhang mit der Tätigkeit sind klar definiert; Arbeitsanforderungen werden durch vorgegebene Infrastruktur am Arbeitsplatz reduziert.	falls Regeln blind befolgt werden, auch wenn sie kontraproduktiv sind; keine Bereitschaft, die Initiative zu ergreifen oder konstruktive Gedanken zu äußern, die von den vorgegebenen Richtlinien abweichen; es ist wichtiger, nicht aufzufallen als das Richtige zu tun; Individualität wird unterdrückt; Menschen werden wie austauschbare Objekte behandelt und nicht wie Menschen.
Leistungskultur (Kompetenz)	
Die Erreichung wichtiger Ziele wird von allen als vorrangig empfunden: Bewusstsein für Bedeutungen und Ziele; starkes Selbstbewusstsein; die Menschen versuchen aus eigenem Antrieb, allein zurechtzukommen ; man lässt sich durch Regeln nicht einengen; hohe moralische Grundsätze und starker Zusammenhalt; das Gefühl, Teil von etwas ganz Besonderem zu sein.	Die Arbeit wird so wichtig, dass sie das Leben beherrscht; die Überzeugung, dass die Ziele die Mittel rechtfertigen, wird sehr stark; Binnensicht der Arbeitsprozesse; Konkurrenzverhalten und Arroganz nehmen zu; interne Meinungsverschiedenheiten und Kritik werden unterdrückt; die Verbindung zu Menschen außerhalb der Gruppe oder Organisation beginnt abzureißen.
Unterstützungskultur (Beziehungen)	
hohes Maß an gegenseitiger Unterstützung und Zusammenarbeit; Harmonie wird hoch geschätzt und die Lösung von Konflikten als vorrangig angesehen; es ist wichtig, als Individuum betrachtet und geschätzt zu werden; starkes Zusammengehörigkeitsgefühl und Freude am Miteinander.	Die Beziehungen werden zu wichtig genommen und die Arbeit wird vernachlässigt; schwierige Personalangelegenheiten werden abgeblockt; Raum für oberflächliche Harmonie bei schwelenden Konflikten; verliert bei Konsensverlust die Orientierung und den Zusammenhalt; Selbstzufriedenheit und Ineffizienz können die Folgen sein; gleiche Bewertungen können zu Frustrationen bei den kompetenteren MitarbeiterInnen führen.

Abbildung 2-9: Die Beschreibung meiner Organisation

Ich finde, dass meine Organisation der .... - Kultur am ähnlichsten ist, weil ...

(benennen Sie die jeweiligen zutreffenden Stärken und Schwächen des Grundtyps)

Außerdem sehe ich Ähnlichkeiten mit einigen Merkmalen der .... - Kultur, insofern als ...

(zweitähnlichster Typ; benennen Sie auch hier wieder die Stärken und Schwächen)

Meine Organisation hat am wenigsten Ähnlichkeit mit dem/den .... - Grundtyp(en), weil ...

und dies bedeutet, dass ...

Ihrer KollegInnen gegenüberstellen möchten, sollten Sie sich erst die Meinung dieser anhören und dann die Antworten vergleichen.

Die verschiedenen Kulturen von Organisationen sind im Verlauf der letzten Jahre bereits von einigen Autoren untersucht worden. Hinweise auf die entsprechende Literatur und weiterführende Literatur finden Sie am Ende dieses Kapitels. Sie können mit dem Ansatz von Harrison (Harrison, 1993) arbeiten oder vielleicht sogar Ihre eigenen Ideen benutzen, bevor Sie sich allzu ausführlich mit anderen Modellen auseinandersetzen. Es geht darum herauszufinden, ob Sie mit Hilfe des Konzepts der Organisationskultur einen besseren Einblick in Ihre Organisation und deren Arbeitsweise gewinnen können.

2.7 Zusammenfassung der vorgestellten Inhalte und Gedanken

Sie haben jetzt:

- eine erste Diagnose, die Sie mit Hilfe der Fragen zu Ihrer Organisation (siehe Abb. 2-1) erarbeitet haben
- drei Beispiele, die zeigen, wie man Organisationen betrachten kann und wie sie strukturiert sein können

- Informationen über die formellen und die informellen Aspekte von Organisationen
- Informationen über die Kultur von Organisationen.

Sie können diese Informationen auf jeden Arbeitsplatz übertragen und mit ihrer Hilfe Unklarheiten beseitigen und Fragen beantworten, die sich im Zusammenhang mit der Funktionsweise von Organisationen ergeben.

Bedenken Sie, dass Sie und Ihre KollegInnen zu jedem Zeitpunkt eine Vielzahl von unterschiedlichen und konkurrierenden Vorstellungen über Ihre Organisation im Kopf haben. Wenn Sie über das Krankenhaus, die Station, die Poliklinik etc. als Organisation sprechen, denken Ihre KollegInnen vielleicht an eine oder mehrere der in **Abbildung 2-10** aufgeführten Beschreibungen.

Am Anfang dieses Kapitels habe ich zwei Fragen gestellt, die sich auf Ihre Erfahrungen als Mitglied einer Organisation bezogen. Die erste lautete: «Wie kann so etwas sein?» und die zweite: «Sind wir als Organisation in dieser Hinsicht eine Ausnahme?». Sie kennen jetzt mehrere Blickrichtungen auf die Eigenart, den Aufbau und die interne Funktionsweise von Organisationen, die Sie benutzen können, um sich diese beiden Fragen selbst zu beantworten. Wenn Sie die vorgestellten Inhalte auf Ihre Organisation(en) übertragen, werden Sie sie allmählich besser verstehen.

Abbildung 2-10: Die unterschiedlichen Vorstellungen von einer Organisation

2.8 Warum all dies wichtig ist

Mit Hilfe der skizzierten Modelle können Sie feststellen, was in Ihrer Umgebung geschieht und sich einen Eindruck davon verschaffen, wie gut Ihre Organisation funktioniert. Da Sie vermutlich einen großen Teil Ihres Berufslebens in der einen oder anderen Organisation verbringen werden, können Sie die thematisierten Inhalte benutzen, um herauszufinden, welche Typen und Stile Sie bevorzugen. Darüber hinaus werden die Inhalte – zusammen mit denen in Teil IV – Sie befähigen, Ihren Teil zur Einleitung konstruktiver Veränderungen beizutragen.

Die Kultur einer Organisation wirkt sich darauf aus, wie Sie Ihre beruflichen Pflichten erfüllen, sie beeinflusst die Qualität Ihrer Beziehung zu Ihren KollegInnen und sie bestimmt, inwieweit Sie sich bei der sorgfältigen und professionellen Durchführung Ihrer Arbeit selbst treu sein können. Die Kultur zu durchschauen, ist eine wichtige Fähigkeit.

In Teil I ging es um die Kontexte, in denen Sie als Pflegeperson arbeiten und um bestimmte verborgene dynamische Prozesse im persönlichen und institutionellen Bereich, die Einfluss auf Ihre klinische Arbeit nehmen. In Teil II wird die Aufmerksamkeit von der Umgebung, in der Sie arbeiten, auf Sie inmitten all dieser Kontexte verlagert.

Literatur

Braten, S. (1983) Hvor gar grensen for bedriftslokale kulturer? Hoel, M. and Hvinden, B. (ned) *Kollectivteori og Sosiologi*, Gyldendal, Oslo.

Hall, E. (1959) *The Silent Language,* Doubleday, New York.

Handy, C. (1976) *Understanding Organizations,* Penguin Books, Harmondsworth.

Harrison, R. (1993) *Diagnosing Organizational Culture,* Pfeiffer and Co, San Diego, USA.

Galbraith, J.W. (1977) *Organizational Design,* Addison-Wesley, Reading, MA.

McLean, A. and Marshall, J. (1983) *Intervening in Cultures,* University of Bath.

Ouchi, W. and Johnson, J. (1978) Types of organizational control and their relationship to emotional well-being. *Administrative Science Quarterly,* **23**, pp 292–317.

Peters, T. and Waterman, R. (1982) *In Search of Excellence,* Harper and Row, New York.

Van Maanen, J. and Schein, E. (1988) in *Cultures at Work,* Local Government Training Board, Luton.

Weisbord, M. (1978) *Organizational Diagnosis,* Addison-Wesley, Reading, USA.

Wilkins, A. (1983) Organizational stories as symbols which control the organization, in Pondy, L. (eds) *Organizational Symbolism,* Greenwich, Ct. JAI.

Weiterführende Literatur

Hampden-Turner, C. (1990) *Corporate Culture for Competitive Edge,* Economist Publications, London.

McKenna, E. (1994) *Business Psychology and Organisational Behaviour,* Lawrence Erlbaum Associates Ltd, Hove.

McLean, A. and Marshall, J. (1988) *Cultures at Work,* Local Government Training Board, Luton.

Teil II:
Reflexionen, Analysen und Erkenntnisse

In diesem Teil geht es nicht um die Organisation, sondern um Ihre persönlichen Belange: um Sie inmitten des Ganzen. Zunächst gilt es zu klären, wie Sie selbst sich sehen, und dann wird anhand der verschiedenen Lebensabschnitte, die wir durchlaufen, Ihr Standort bestimmt. Kapitel 6 enthält Hinweise, wie Sie diese Ideen weiter verwenden können.

Ich halte es zwar für unwahrscheinlich, dass Sie am Ende dieses Kapitels plötzlich sagen werden: «Ja, so ist es: das bin ich!», aber Sie werden doch eine Menge Möglichkeiten haben, um herauszufinden, wie Sie sich selbst sehen und vielleicht auch, was Sie im Leben erreichen wollen. Solche Überlegungen bieten folgende Vorteile:

- Ihnen wird klarer, was Ihnen wichtig ist.
- Sie entwickeln mehr Selbstvertrauen.
- Sie erkennen besser, was Sie mögen und was Sie ändern und entwickeln möchten.
- Sie entwickeln eine umfassendere Lebensperspektive.
- Sie lernen sich selbst besser kennen, sind ausgeglichener und fühlen sich wohler.

Es geht zwar vorrangig um Sie als Pflegeperson, aber die Themen, mit denen wir uns auseinandersetzen werden, enthalten nach meiner Einschätzung Gedanken und Ansichten, die Sie, unabhängig von Ihrer jeweiligen Tätigkeit, auf breiter Ebene anwenden können und die Ihnen helfen, sich durch Ihr Leben zu navigieren.

3. Wer bin ich und wohin gehe ich?

Ein 39-jähriger Topmanager hatte Geburtstag. Normalerweise wachte er jeden Tag mit einem Spannungsgefühl in der Magengegend auf, und er konnte sich nur schwer entspannen, selbst wenn er dienstfrei hatte. «Was wünschst du dir zum Geburtstag?» fragte seine Frau. «Wie wär's mit Frieden, Freundlichkeit gegenüber allen Menschen, Seelenfrieden…» gab er zur Antwort. «Ich hatte eigentlich an einen Pullover gedacht» sagte sie.

3.1 Wer bin ich (und warum ist das wichtig)?

Auch wenn Ihnen dies als seltsame, wenn nicht gar unnötige Frage erscheinen mag, in Wirklichkeit ist es eine entscheidend wichtige Frage. Wenn Sie herausfinden, wer und was Sie sind, haben Sie eine der wichtigsten Arbeiten geleistet, die es zu leisten gibt. Das heißt nicht, dass Sie dasitzen, in einen Spiegel schauen und die Frage so lange wiederholen sollen, bis «die Antwort» Sie mit einem blendenden Blitz der Erkenntnis trifft. Es geht hier vielmehr um etwas, das Menschen, viel öfter als wir annehmen, bereits wissen. Weil dies so wichtig ist, sollten Sie sich ein wenig Zeit nehmen, um darüber nachzudenken, wie Sie sich selbst sehen. Sie müssen das nicht unbedingt sofort tun, aber sie lassen sich beim Durcharbeiten des Buches und bei der Umsetzung der Inhalte viel entgehen, wenn Sie nicht gleichzeitig anfangen, Notizen über sich selbst zu machen. Sie müssen aufschreiben, was

Sie an sich mögen und auch, was Sie weniger ansprechend finden. Es ist wichtig, dass Sie sich zu all den verschiedenen Aspekten Ihrer Person bekennen.

Sie können dies tun, indem Sie sich eine Ruhepause gönnen und über sich selbst nachdenken. Lassen Sie die Gedanken einfach in Ihr Bewusstsein fließen und machen Sie sich ein paar Notizen. Beschäftigen Sie sich mit Ihren Erinnerungen und lassen Sie Gedanken, Fragen, unklare Dinge, Situationen, Farben, Ideen, Gefühle und Emotionen etc. aufsteigen. Schreiben Sie die Dinge auf, die Ihnen wichtig erscheinen, sonst vergessen Sie sie. Meiner Erfahrung nach erfordert dies Zeit, denn verschiedene Dinge fallen Ihnen zu unterschiedlichen Zeiten ein. Ihre Ansichten, Erinnerungen und Gefühle verändern sich auch beim Nachdenken. Nach einiger Zeit werden Sie eine ganze Sammlung von Facetten und Aspekten zusammentragen können, die wichtige Aspekte Ihrer Person exakt beschreiben.

Sie sollten bald damit anfangen, denn dann haben Sie mehr von dem Buch. Was immer Sie aufschreiben, Sie werden später darauf zurückgreifen, um weitere Notizen hinzuzufügen und um sich noch einmal anzusehen, was Sie früher aufgeschrieben haben. Wenn Sie weiter so vorgehen, werden Sie die Dinge ein wenig anders sehen. Dieser Prozess, in dessen Verlauf sich Ihre Selbstwahrnehmung verändert, führt zu Erkenntnissen und regt zum Nachdenken an.

Abbildung 3-1: Entwurf für ein Selbstbild

Gedanken	Fertigkeiten	Zweifel
Stärken	Schwächen	Erfolge
Fehler	Freuden	Visionen
Tugenden	Sexualität	äußeres Erscheinungsbild
Wünsche	Bedürfnisse	Träume etc.

Abbildung 3-1 enthält Stichwörter, die als Starthilfe gedacht sind. Bitte fassen Sie Ihre Gedanken zu einer Beschreibung zusammen (siehe **Abb. 3-2**), denn dann können Sie beim Durcharbeiten des Kapitels auf diese ersten Notizen zurückgreifen.

Oft sagen uns andere, wer oder was wir sind, und häufig akzeptieren die meisten von uns wohl die Meinungen anderer über uns bereitwillig, und wir tragen sie dann viele Jahre mit uns herum. Diese Meinungen können nicht nur sehr frustrierend und hinderlich sein - sondern darüber hinaus auch noch falsch. Nur wir können wissen, wer wir sind und was wir fühlen. Nur allzu selten versuchen wir selbst herauszufinden, wer wir sind oder infrage zu stellen, was andere uns über uns sagen. Dies kann einen verheerenden Einfluss auf das Selbstbild von Menschen haben. Sie werden von anderen herabgesetzt und haben immer weniger Selbstachtung und Selbstvertrauen, oder aber sie werden so hoch eingeschätzt, dass sie nur noch darauf aus sind, die unrealistischen Erwartungen der anderen zu erfüllen.

So oder so gibt es Opfer und Gefahren. Wir sind zwar nicht unbeeinflusst von der Meinung, die andere über uns haben, aber je realistischer unser Selbstbild ist, um so eher sind wir in der Lage, ganz aus unseren eigenen Erfahrungen zu lernen. Man lässt sich sehr leicht von einem Denken in den Kategorien gut und schlecht in die Falle locken und duldet dann, dass sein Selbstvertrauen abhängig von dem Ausgang von Ereignissen wird, die man selbst nur begrenzt kontrollieren kann.

Man kann viel mehr erreichen, wenn man:

* sich sowohl zu seinen positiven als auch zu den negativen Erfahrungen bekennt und sie als wertvolle Informationen annimmt, die es zu beachten gilt
* diese Erfahrungen nicht als gute oder schlechte Aussagen über seinen Wert als Mensch auffasst
* in der Lage ist, aus vergangenen Ereignissen für die Zukunft zu lernen.

Wenn Sie die Einschätzung vergangener Geschehnisse mit dem, was Sie über sich wissen (Selbsterkenntnis), kombinieren können, sind Sie fähig, aus Ihren Erfahrung zu lernen und es beim nächsten Mal besser zu machen, anstatt

Abbildung 3-2: Eine erste Beschreibung von mir, wie ich mich selbst sehe

sich verletzt zu fühlen und zum Spielball der Geschehnisse zu werden.

Erfolge und auch Enttäuschungen anzunehmen und daraus zu lernen, ist jedoch weder unproblematisch noch leicht. Es bedeutet, dass Sie in der Lage sein müssen, ehrlich gegenüber sich selbst zu sein, was die Geschehnisse in Ihrer Umgebung betrifft. Sie müssen genügend Selbstsicherheit besitzen, um negative Information über sich selbst anzunehmen und Kritik akzeptieren zu lernen, ohne gleich daran zu zerbrechen.

Jeder hat zwar das Bedürfnis, sich selbst – psychisch und physisch – vor Schaden zu schützen, aber man ändert nichts, wenn man relevante und zutreffende Informationen ignoriert, die man lieber nicht zur Kenntnis nehmen will. Wenn Sie dagegen etwas tun, um Ihre Selbsterkenntnis und Ihr Selbstvertrauen zu fördern, dann können Sie Missgeschicke, Bedrohungen und Enttäuschungen besser verkraften als vorher.

Wenn Sie sich Klarheit darüber verschaffen, wie Sie sich selbst sehen, werden Sie auch klarer und sicherer erkennen, was Sie wollen und was nicht und was Sie von der Zukunft erwarten. Dies kann Sie befähigen, die Vergangenheit aus einer umfassenderen, eigenen Perspektive zu betrachten.

Denken Sie daran, dass Ihre Art, Dinge und vergangene Erfahrungen zu betrachten, sich im Laufe Ihres Lebens verändert, und dass es – bei aller Subjektivität – doch sehr aufschlussreich sein kann zu sehen, wie sich Ihre Ansichten über sich selbst im Laufe der Zeit verändert haben.

Deshalb sollten Sie Ihre Notizen und Gedanken aufbewahren; datieren Sie sie, damit Sie später darauf zurückgreifen können.

Bei den meisten von uns gibt es, was die eigene Person betrifft, «blinde Flecken» und Dinge, die wir nicht sehen können bzw. nicht bereit sind zu sehen bzw. zuzugeben, die andere aber sehr wohl wahrnehmen. Wenn Sie mehr über diese blinden Flecken in Erfahrung bringen wollen, können Sie die Beziehungen zu anderen verbessern und sie bitten, Ihnen Rückmeldungen über diejenigen Anteile Ihrer Person zu geben, die Ihnen nicht bewusst sind.

Sie können zu diesem Zweck eine Methode verwenden, die «Johari-Fenster» genannt und in Kapitel 7 erklärt wird. Für den Moment arbeiten Sie bitte weiter an Ihrem Selbstbild, indem Sie in **Abbildung 3-3** angeben, was Sie über sich selbst wissen und was andere Ihnen mitgeteilt haben.

Außer diesen Aufzeichnungen gibt es noch andere Anteile Ihrer Person, die Sie nicht kennen (einen außerhalb des Bewusstseins liegenden Bereich) und Schichten, zu denen Sie vermutlich niemals einen Zugang haben werden (das Unbewusste). Es gibt aber auch Anteile Ihrer Person, die Sie als Teil von sich betrachten und zu denen Sie sich nicht bekennen wollen, weil sie schwer zu akzeptieren oder schlichtweg widerwärtig sind.

Jeder von uns, so vermute ich, hat eine dunkle Seite in sich, in der alle Anteile enthalten sind, die uns erschrecken und die alle negativen, hassenswerten, aggressiven und widerwärtigen Triebe,

Abbildung 3-3: Was andere mir über mich mitteilen

Was andere mir mitteilen	Was ich über mich weiß

Gefühle und Motivationen in sich vereinigen. Eine Seite unseres Menschseins, die von destruktiven Instinkten und Bedürfnissen beherrscht ist und die unserer Erziehung zuwiderläuft. Wir gehen davon aus, dass diese Instinkte andere schockieren würden, wenn sie von ihnen wüssten.

Da diese «anderen Seiten» neben den sozial akzeptierten Anteilen von uns existieren, wäre es konstruktiver, sich zu ihnen zu bekennen als sie zu unterdrücken, zu verleugnen oder vor ihnen davonzulaufen. Wenn es Ihnen hilft, sollten Sie einige dieser weniger angenehmen Gedanken, die Sie haben, ab und zu anderen mitteilen. Vielleicht stellen Sie dann überrascht fest, dass manche Ihrer dunklen und geheimen Gedanken und Gefühle, Ihrer Hirngespinste und Fantasien denen der anderen ähnlich sind. Dies kann Ihnen helfen, sie als Teil Ihrer Person zu akzeptieren und sie in die richtige Perspektive zu rücken. Diese Gedanken sind nicht etwa ein Hinweis darauf, dass Sie unnormal, abartig oder Abschaum sind und Sie müssen auch nichts dagegen unternehmen.

Wenn Sie hin und wieder diese Gedanken einem anderen mitteilen, werden Sie fähig, ein runderes Bild von sich und der Welt zu entwickeln. Sie werden dann erkennen, dass in Ihnen Gutes und Schlechtes ist, dass beides nebeneinander existiert und dass jedes den Keim des anderen in sich trägt. Durch die Verleugnung der Existenz oder des Potenzials dieser dunkleren Seite unserer Person, wird paradoxerweise die Möglichkeit größer, dass die destruktiven Anteile der menschlichen Natur plötzlich zum Vorschein kommen und uns überrumpeln. Wenn man beispielsweise immer nur das Positive betont, verneint man gleichzeitig die Möglichkeit, dass den geäußerten guten Absichten ein manipulativer Unterton zugrunde liegt.

Abbildung 3-4 enthält noch mehr Fragen, die – wenn Sie sie so vollständig wie möglich beantworten – Ihnen helfen, ein umfassenderes Bild davon zu bekommen, wie Sie sich selbst sehen. Betrachten Sie Ihre Antworten als eine Liste von Arbeitshypothesen über sich selbst. Diese können Sie dann im Verlauf der kommenden Tage und Wochen überprüfen und sie vor dem Hintergrund Ihrer Erfahrungen und weiterer Überlegungen korrigieren. Der Vorteil ist der, dass Sie sicherer werden und besser wissen, wer Sie sind und was Ihnen wichtig ist.

Abbildung 3-4: Entwurf eines Selbstbildes

meine Ambitionen
Behinderungen und Handikaps
was ich im Leben nicht missen möchte
psychische Eigenschaften
kulturelle Merkmale
Gesundheitszustand
meine Ängste
meine sexuelle Orientierung
Wie bin ich hierher gekommen?
was ich an mir nicht mag und nicht schätze
körperliche Eigenschaften
meine Interessen

Wer bin ich eigentlich?

wovor ich weglaufe
familiärer Hintergrund
meine innersten Überzeugungen und Werte
was ich an mir mag und schätze
meine Überzeugungen
meine «dunkle» Seite
die spirituelle Dimension
meine religiösen Überzeugungen
worauf ich im Leben verzichten könnte
was ich als meine Aufgabe im Leben ansehe
familiäre Beziehungen
?

Abbildung 3-5: Gedanken über mich

was ich über mich und mein Verhalten weiß und beschreiben kann	was mich manchmal an meinem Verhalten erstaunt und mir zu denken gibt
was andere über mich wissen und wie sie mich wahrnehmen	was ich aus dem Verhalten der anderen ableiten kann, wie sie mich sehen

Diese Abbildung ist sehr umfangreich, nehmen Sie sich deshalb immer nur einen Teil vor und fügen Sie nach Bedarf noch andere Aspekte hinzu. Ich bitte Sie, über diese Dinge nachzudenken, weil Ihnen dadurch klarer wird:

- was Ihnen wichtig ist
- was Sie ausblenden
- wofür Sie eintreten
- woran Sie überhaupt nicht interessiert sind etc.

Mit der Zeit werden Sie sich durch die Bearbeitung dieser Fragen und Aspekte Ihres Lebens immer genauer beschreiben können. Ihre Beschreibungen sind jedoch nicht alles. Andere haben auch Informationen über Sie und sehen Dinge an Ihnen bzw. wissen Dinge über Sie, die Sie nicht wissen. Diese Quellen werden Sie zu gegebener Zeit anzapfen müssen. Sie erfahren jedoch allein durch aufmerksames Zuhören und Beobachten Ihrer Umgebung sehr viel darüber, wie Sie eingeschätzt werden und wie Sie auf andere wirken.

Sie können bei Ihren Aufzeichnungen nach dem Schema in **Abbildung 3-5** vorgehen und sie so für den späteren Gebrauch ordnen.

3.2 Wie «zeigen» Sie sich und wie sehen andere Sie?

Es ist so eine Sache, über sich selbst zu schreiben, aber in einem bestimmten Stadium müssen diese Aufzeichnungen auch durch die Meinungen und Ansichten der Menschen in Ihrer Um-

gebung ergänzt werden. Diese Menschen haben ihre eigenen Vorstellungen davon, wer und was Sie für sie sind, und sie sehen und erleben Sie ganz anders. Dieser Prozess, bei dem Sie alle Informationen zusammenfassen und vergleichen, um zu sehen, ob sie für Sie einen Sinn ergeben, befähigt Sie, sich ein umfassenderes Bild davon zu machen, wer Sie sind.

Immer wenn andere Sie sehen, stellen Sie sich zur «Schau». Ich sage dies nicht, weil es etwas ist, womit Sie sich beschäftigen müssten oder weil ich Sie übermäßig befangen machen will, sondern um darauf hinzuweisen, dass Ihre Umgebung eine Vielzahl von Daten über Sie besitzt und dass Sie selbst eine enorme Menge von Informationen über sich zur Verfügung haben. In der Regel werden diese Datenbanken jedoch nicht systematisch genutzt oder eingesetzt. Sie müssen bei Ihrer Arbeit bewusst darauf achten, wie und worauf Sie reagieren.

Ich möchte Sie ermutigen, dass Sie Geschehnisse – in Ihrem Inneren und in Ihrer Umgebung – gleichzeitig und auf mehr als einer Ebene wahrnehmen. Wenn Sie bewusst registrieren, was Sie tun und wie andere reagieren, dann werden Sie als BeobachterIn Ihres Handelns Situationen, mit denen Sie sich auseinander zu setzen haben, viel besser verstehen, deuten und bewältigen können. Wenn Sie bewusster über diese interaktiven Prozesse nachdenken, erfahren Sie viel darüber, was Sie wirklich tun und was Sie nur sagen oder zu tun glauben.

Wir arbeiten auf vielerlei Arten ganz aktiv daran, wie wir von anderen gesehen werden wollen. Dies tun wir, wenn wir entscheiden, was wir anziehen, wie wir uns in Gesellschaft anderer verhalten, wohin wir gehen, was wir sagen und wie wir es sagen, und wir tun es durch die Meinungen und Überzeugungen, die wir äußern. Wenn wir andere Menschen anschauen, taxieren wir sie; dabei greifen wir auf Erfahrungen zurück, die wir mit Ihnen gemeinsam haben, auf das, was wir sehen, auf Vorstellungen, die wir mit ihnen verbinden und auf die Schlussfolgerungen, die wir aus all diesen Hinweisen ableiten, die uns die anderen Personen geben. Wir achten auf viele Dinge: auf die Farben der Kleidungsstücke, auf die Frisur, den Schmuck, den Gang und die Art der Bewegungen, die Ausdrucksweise etc. Aus diesen Daten machen wir uns ein Bild, wer diese Menschen sind, was sie tun und an was sie glauben.

Auch Sie tun dies ständig. Denken Sie zurück an eine Station oder Ambulanz, als Sie neue PatientInnen oder KlientInnen zum erstenmal sahen. Es fällt häufig schwer, sie nicht schon einzuschätzen, noch bevor man einiges über ihre Geschichte, ihren Gesundheitszustand, ihre Bedürfnisse etc. erfahren hat. Wir tun dies ganz automatisch. Es gehört unter anderem mit zur Entwicklung Ihrer Fähigkeiten, dass Sie nicht sofort ihre Möglichkeit nutzen, die Menschen, die Sie vor sich haben, zu erfassen und zu kategorisieren, sondern ihnen die Chance geben, dass sie Ihnen von sich erzählen können. Geben Sie ihnen Gelegenheit, die unausgesprochenen Annahmen, die Sie haben, auf die Probe zu stellen. Der Verzicht auf eine sofortige Einschätzung ist allerdings nur dann produktiv, wenn Sie den Menschen aufmerksam zuhören. Erst dann können Sie vorläufige Schlussfolgerungen ziehen, wer und wie sie sind.

Jeder kann entscheiden, wie er sich der Welt präsentiert. Dies ist eine Sache, die uns stark beschäftigt. Auch wenn Uniformen getragen werden, bringen wir es zustande, eine eigene Person darzustellen, die uns von unseren KollegInnen unterscheidet. Wir suchen nach Möglichkeiten, wie wir es auf eine akzeptable und einfache Art und Weise erreichen, als verschieden von all den anderen Pflegepersonen wahrgenommen zu werden. Man sieht dies auf der Station an unserem gleichbleibenden äußeren Erscheinungsbild und daran, wie wir uns auf der Station oder in der Klinik bewegen und verhalten.

Es ist die Art und Weise, in der wir uns in körperlicher, emotionaler, sozialer und intellektueller Hinsicht präsentieren, die uns einzigartig macht. Auch wenn Sie und ich dasselbe Erlebnis haben und einer Meinung über die entscheidenden Fakten und über den Verlauf der Ereignisse sind, werden Sinn und Bedeutung, die jeder für sich dem Erlebnis beimisst, jeweils anders sein. Wir mögen uns einig über das sein, was beobachtet, protokolliert oder akustisch aufgenommen werden kann, dennoch wird es Unterschiede geben, was die Bedeutung und Wichtigkeit betrifft, die wir dem Erlebnis zuordnen, und wie wir es für uns wahrnehmen.

Gerade die Art und Weise, wie wir die persönlichen Eindrücke von Erlebnissen in unser Wissen integrieren und Bedeutungen daraus ableiten, ist eine höchst persönliche Angelegenheit. Man könnte sagen, es handelt sich um einen einzigartigen Vorgang, den möglicherweise kein anderer ausführen oder wiederholen kann. Zwar haben wir viele Facetten, die auch andere besitzen, doch weil niemand sonst dieselben Lebenserfahrungen haben kann, müssen wir ganz einfach anders sein.

In **Abbildung 3-6** sind Möglichkeiten dargestellt, wie wir zeigen können, wer wir sind und was andere von uns sehen oder wahrnehmen sollen. Wir haben jedoch nur auf einige dieser Möglichkeiten Einfluss.

Viele dieser Aspekte beziehen sich auf das Äußere eines Menschen. Dies spielt zwar eine große Rolle, wenn es um den ersten Eindruck geht, aber es lässt kaum etwas von seinen inneren Anteilen erkennen. Da sich Menschen aber nun mal auf eine ganz bestimmte Art und Weise präsentieren, geben sie doch Hinweise darauf, wie sie sind und wie sie sich selbst sehen. Dies wiederum sagt etwas über ihre inneren Anteile aus.

Im Berufs- und Geschäftsleben gibt es bestimmte Erwartungen, wie man sich zu präsentieren hat, die Rückschlüsse auf die Normen und Erwartungen eines Berufsstandes beziehungsweise Unternehmens zulassen. Das Maß, bis zu

Abbildung 3-6: Wie ich mich «zeige»

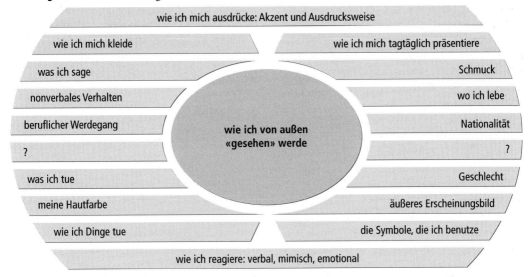

dem wir solche Erwartungen erfüllen können (oder wollen), hat einen Einfluss darauf, ob wir in dieser Gemeinschaft willkommen sind und akzeptiert werden oder ob sie uns missbilligend betrachtet und sogar links liegen lässt. Wir beeinflussen auf vielfältige Art und Weise unsere Zukunft und unser Ansehen bei anderen durch die Art und Weise, wie wir uns nach außen als Mensch darstellen. Daher überrascht es nicht, dass dem äußeren Erscheinungsbild so viel Beachtung geschenkt wird.

In der Krankenpflege herrschen starke Gruppenzwänge und -konventionen, die, vielleicht aus fundierten klinischen Gründen, die Pflegenden veranlassen, sich auf eine beruflich-traditionelle Art zu präsentieren. Sie sind im Allgemeinen mit einer Uniform bekleidet, auf der die Zeichen, die einen Hinweis auf den Rang und die beruflichen Qualifikationen geben, gut sichtbar und mit Stolz zur Schau gestellt werden. [In britischen Krankenhäusern ist der berufliche Status der Mitarbeiter in der Pflege (Hilfskraft, Auszubildende, Krankenschwester, Stationsleitung etc. durch die Bekleidung (Uniformen) oder bestimmte Farben an der Dienstkleidung (zum Beispiel Gürtel) erkennbar. Anm. d. Bearb.]

Vieles, was mit diesem Berufsstand zusammenhängt, macht auf Außenstehende den Eindruck, Pflegepersonen seien kaum voneinander

zu unterscheiden. Es ist als wären sie alle gleich und, ungeachtet der höchst unterschiedlichen Bedürfnisse der PatientInnen oder KlientInnen, alle in gleicher Weise pflegerisch und fachlich qualifiziert. Aber dies ist nicht der Fall. Es gibt beträchtliche fachliche Unterschiede zwischen den einzelnen Spezialgebieten der Krankenpflege. Aufgrund dieser Unterschiede ist es für eine ausgebildete Pflegeperson beinahe unmöglich – und gefährlich – ohne die notwendige Fortbildung nach der Grundausbildung auf irgendeiner anderen Krankenpflegestation zu arbeiten.

Ausleseverfahren, Berufsausbildung und die Sozialisierungsprozesse im Rahmen der Pflegeausbildung gewährleisten, dass alle KollegInnen eine einheitliche Wissensgrundlage und die beste praktische Ausbildung haben. Sie sind fähig, mit vielen traumatischen und schwierigen Situationen fertig zu werden. Die ethischen Aspekte ihrer Ausbildung und die Verhaltensregeln – zusammen mit den emotionalen Bindungen, die durch die Arbeit entstehen – vermitteln dem außenstehenden Beobachter den Eindruck von beruflicher Geschlossenheit und Gleichheit. Dies gehört zum Nimbus der Pflegeperson und ist gleichzeitig ihr Schutz.

Um ein vollständigeres Bild von einem Menschen zu bekommen (speziell von einer Pflegeperson in einheitlicher Dienstkleidung), müssen Sie gewöhnlich hinter die Dinge schauen, die Ihnen offiziell präsentiert werden. Sie müssen ihn beobachten und sehen, wie er es schafft, seinem Tun einen individuellen Stempel aufzudrücken und gleichzeitig den sozialen und professionellen Erwartungen zu entsprechen, die an ihn gestellt werden.

Als Pflegeperson wird von Ihnen erwartet, dass Sie sich auf eine Art und Weise präsentieren, die Ihrer beruflichen Rolle, Ihrer Stellung innerhalb Berufsstandes und Ihrer Funktion als Mitglied des Pflegebereichs, in dem Sie arbeiten, gerecht wird. All dies müssen Sie so in sich vereinigen, dass Sie als Teammitglied zu erkennen sind. Gleichzeitig sind Sie aber auch noch Mensch. Sie wollen Ihre Individualität zeigen, doch dabei haben Sie nicht völlig freie Hand. Wahrscheinlich kommt es wegen dieses Konflikts zu Spannungen zwischen dem, was Sie darstellen müssen und der Person, die Sie sind.

Dies wirft unter anderem Fragen nach Macht, Kontrolle, Unabhängigkeit, Sicherheit, Vertrauen, Rebellion und Frustration auf. Es ergeben sich auch Fragen (siehe **Abb. 3-7**), wie Sie mit dieser Spannung umgehen und sie lösen können.

Die Auseinandersetzung mit derartigen Fragen liefert Ihnen noch mehr Informationen darüber, wer Sie sind, und sie gibt Ihnen Aufschluss darüber, in welchem Ausmaß dies erkennbar

Abbildung 3-7: Der Umgang mit Belastungen und Spannungen im beruflichen und im persönlichen Bereich

Wie wirkt sich all dies auf Sie aus?

Haben Sie das Gefühl, dass Sie die Wahl haben und selbst Entscheidungen treffen können, oder finden Sie, dass die Gelegenheiten, bei denen Sie frei entscheiden können, ziemlich begrenzt sind?

Inwieweit glauben Sie, so sein zu können wie Sie gerne sein möchten, oder meinen Sie, dass es besser für Sie ist, wenn Sie unter all den anderen gar nicht auffallen?

Wenn Sie sich aber doch entschließen, anders zu sein, was tun Sie dann und warum haben Sie sich so entschieden?

wird und zum Ausdruck gebracht wird beziehungsweise vor den Menschen in Ihrer Umgebung verborgen wird. Es stellt sich die wichtige Frage, ob es möglich ist, dass Sie am Arbeitsplatz und privat zwei gänzlich verschiedene Personen sind.

3.3 Gibt es ein Ich – oder mehrere?

Oft hört man Leute sagen: «Das bin ich nicht», «ich bin heute nicht ich selbst», «jetzt kann mein wahres Ich zum Vorschein kommen» oder über einen anderen: «Ich kenne den wahren X nicht». Dies legt die Existenz einer einzigen (und relativ konsistenten) Person nahe. Es gibt zwar einen inneren Kern, doch es existieren auch viele «Ichs», die zum Vorschein kommen, je nachdem, was geschieht und zu welcher Reaktion auf eine Situation ich mich entschließe.

Ich glaube, dass das «Ich» auf viele und nicht nur auf eine Art und Weise wahrgenommen wird. All das bin ich, und was Sie sehen, sind verschiedene Aspekte (oder Repräsentationen) von mir: aber trotzdem bin ich es. Dies sind Erfahrungen aufgrund von Selbstbeobachtungen und der Beobachtung von Menschen, die ich in verschiedenen Situationen erlebt habe. Ich habe diese Menschen zu verschiedenen Zeiten als völlig anders erlebt, aber sie sind sich bei ihren Reaktionen auf äußere und innere Vorgänge stets treu geblieben.

Ich finde es auch ziemlich anmaßend, wenn jemand einem anderen weiszumachen versucht, der andere sei oder sei nicht er selbst. Ganz sicher ist die einzige Person, die dies weiß, der Betreffende selbst. Es kann kein anderer sein, auch wenn ein anderer durchaus erkennen kann, wann ich mich in meiner Haut nicht so wohl fühle. Selbst dann bin es immer noch «ich», auch wenn ich etwas missgestimmt bin.

Haben Sie schon einmal Situationen erlebt, in denen man Ihnen gesagt hat, Sie «seien nicht normal» oder nicht «Sie selbst» oder Sie sollen «so sein wie» irgendein anderer? Sicherlich können Sie hergehen und Eigenschaften entwickeln, die bei anderen als wertvoll und nachahmenswert angesehen werden, wenn Sie dies wollen. In dem Fall tun Sie es aber auf Ihre Art und bringen dabei all Ihre Erfahrungen, Vorurteile, Ängste und Ihre Bildung mit ein.

Gelegentlich können Schwierigkeiten auftreten, wenn wir auf Anhieb so sein wollen wie jemand anderes. Doch dies ist nicht möglich, wenn wir nicht selbst daran arbeiten. Niemand außer uns kann unser Inneres verändern, und selbst dann ist das Ergebnis (und es kann nicht anders sein) ein verändertes Ich und nicht die Kopie von irgendwem, den wir gesehen haben und dem wir ähnlich sein wollten.

Was Sie in der Gegenwart anderer tun, ist wichtig für Sie, selbst wenn Sie das Gefühl haben, sich selbst enttäuscht oder in irgendeiner Hinsicht die Erwartungen nicht erfüllt zu haben, oder wenn Sie sagen, dass es Ihnen nichts ausmacht. Wie Sie sich im Alltag präsentieren, ist auch für die Menschen in Ihrer Umgebung wichtig, egal ob es sich um PatientInnen, ÄrztInnen oder BesucherInnen handelt.

Wie sieht es nun mit den Aspekten unserer Persönlichkeit aus, die nicht ohne weiteres sichtbar sind, jene Anteile, die wir für uns behalten, Anteile, die ebenso real, vielleicht sogar noch realer sind als alles, was man von außen sehen oder berühren kann? Mit diesem Thema werden wir uns im nächsten Abschnitt beschäftigen.

3.4 Meine innere Welt

Es ist wichtig darauf hinzuweisen, dass Sie etwas Besonderes sind; Sie sind ein komplexes Wesen, und wie und warum Sie bestimmte Dinge tun, lässt sich meistens nur schwer erklären. Wir mögen uns in Logik, Argumentation, Analysen und wissenschaftlicher Exaktheit auskennen, doch, so hilfreich und wichtig dies auch sein mag, wenn es um menschliches Verhalten geht, kommt noch eine Unmenge von zusätzlichen Einflüssen ins Spiel. Diese sprechen eher auf eine emotional gefärbte und nicht auf eine rein rationale Logik an. Unsere Handlungen und Gedanken sind nicht unbedingt schlüssig, leicht vorhersagbar oder stützen sich auf Dinge, die anderen konkret und leicht zu erklären sind.

Das Ganze ist vergleichbar mit dem Prozess vor einer Kaufentscheidung, beispielsweise für ein Auto. Haben Sie schon einmal die ganze Sache von Anfang bis Ende durchexerziert – Preisvergleiche, Sondermodelle, «Sonderkonditionen», Garantievereinbarungen, Kraftstoffverbrauch, Abschreibungsraten, Versicherungskosten, «Geld zurück»-Angebote usw. verglichen? In Wirklichkeit ist Ihre Entscheidung schon ganz am Anfang gefallen, doch Sie haben sich durch all das logisch-rationale Zeug durchgearbeitet, weil andere dies von Ihnen erwartet haben, oder weil Sie selbst meinten, es tun zu müssen. Ihre Vorliebe kommt jedoch erst dann zum Vorschein, wenn das Modell, das Sie schon immer wollten, nach all den Vergleichen nicht auf Platz eins oder zwei rangiert (oder sich als Schnäppchen erweist). Doch Sie kaufen das Auto sowieso, trotz all der Vergleiche, die Sie angestellt haben! Dieses Verhalten kann die Menschen in Ihrer Umgebung ziemlich befremden (und amüsieren bzw. wütend oder ärgerlich machen), und sie sagen vielleicht zu Ihnen: «Hör zu, wenn du sowieso den Jaguar kaufen wolltest, warum hast du dann all diese sinnlosen Vergleiche gemacht?» Warum also?

Ein bisschen so ist es auch mit unserem Verhalten. Wir mögen durch unsere Ausbildung gelernt haben, logisch vorzugehen, aber wir merken, dass wir auch noch auf eine Art und Weise funktionieren, die uns überrascht, manchmal verstört und die wir (rückblickend) sicherlich als verwirrend empfinden. Dies legt den Schluss nahe, dass wir neben den Kriterien, an denen wir uns angeblich orientieren – wie in dem Beispiel mit der Auswahl des Autos – auch anderen Einflüssen unterliegen, die weniger sichtbar oder offenkundig sind.

Wir können über uns und darüber, was uns zu dem macht, was wir sind, nachdenken, wenn wir uns vorstellen, wir bestünden wie das Zwiebelschichtenmodell (Abb. 1-3) aus mehreren Vernunft- und Bedeutungsschichten. Im tiefsten Innern befinden sich diejenigen Anteile, die sehr tiefgründig sind und bestimmen, wer wir sind und was in uns vorgeht. Dies sind die geheimsten und persönlichsten Anteile von uns, die wir schützen und mit aller Kraft verteidigen, sollten

Abbildung 3-8: Die innersten Anteile

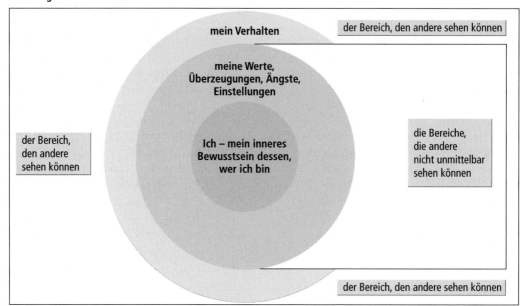

sie je bedroht werden. Sie erzeugen und prägen die Bedeutungen, die wir unseren Erfahrungen zuordnen, und weil sie der Mittelpunkt von allem sind, sind sie uns lieb und teuer.

Wir werden so sehr von diesen inneren Anteilen bestimmt, dass es sehr schwer ist, sie zu verändern. Eine echte, tiefgreifende Veränderung auf dieser Ebene kommt von innen und lässt sich nicht durch äußeren Druck erreichen. Ich weiß, dass ich manchmal Dinge getan oder eine Situation, gegen die ich mich anfangs gesträubt habe, hingenommen habe, weil es keine andere Möglichkeit gab. Aber diese Veränderung geschah rein oberflächlich und unter Zwang. Tief im Innern fand überhaupt keine Veränderung statt, und ich hielt weiter an meinen innersten Überzeugungen fest, obwohl man aufgrund meines äußeren Verhaltens hätte schließen können, dass ich mich verändert habe.

In **Abbildung 3-8** erscheinen diese innersten Anteile und bestimmenden Faktoren im Mittelpunkt des Diagramms. Wie bei einer Zwiebel müssen Sie erst eine Schicht nach der anderen abtragen oder alles durchschneiden, bevor Sie zu dem Kern eines Menschen vordringen können. Dann finden Sie in seinem Innersten die Werte, Überzeugungen, Einstellungen und

Ängste, die unsere äußeren Reaktionen und unser äußeres Verhalten prägen. Die Anteile dieses innersten Bereichs könnten als unser Wesen bezeichnet werden, und – was nicht weiter überrascht – wir schützen sie mit aller Kraft und halten sie tief in uns fest.

Aus unseren innersten Überzeugungen beziehen wir innere Achtung, Stärke und Ganzheit, und diese Attribute bewirken, dass wir viele Situationen anpacken. Sie bestimmen die Art und Weise unseres Handelns und unserer Reaktionen auf äußere Ereignisse. Auch wenn unser Handeln auf andere gelegentlich unbegründet oder ungewöhnlich wirkt, so wird unser Verhalten auch in psychischen Notlagen von einer inneren Logik und Vernunft gesteuert. Wenn wir uns selbst und andere verstehen wollen, müssen wir die vielfältigen, unser Denken und unseren Verstand beeinflussenden Gründe verstehen lernen, die sich in unserem Innersten befinden.

Es ist keineswegs so, dass wir nur auf einer wissenschaftlichen, rational-logischen Basis arbeiten und Entscheidungen treffen, denn gleichzeitig hören und reagieren wir auch auf weniger rationale Impulse, Neigungen und Wünsche. Wichtig ist, dass wir nicht versuchen, alles in ein logisch-rationales Schema zu pressen, sondern anfangen, auch die nicht logisch-rationalen Dinge, denen wir alle unterworfen sind, anzuerkennen und zu verstehen. Vielleicht ist die Logik in einem Teil unserer innersten Überzeugungen lokalisiert, oder vielleicht befinden diese sich in unserem Unterbewusstsein und wir kennen sie nicht. Aber sie existieren und üben einen starken Einfluss auf unser Handeln und Empfinden aus.

Ungeachtet dessen, wie wir uns darzustellen versuchen und wie wir die Dinge aus unserem Inneren heraus betrachten, haben wir alle konstruktive und destruktive Instinkte und Impulse in uns. Wir sind ständig darum bemüht, alles so zu arrangieren, dass es für uns einen Sinn ergibt und wir als Menschen in einer sozialen Welt funktionstüchtig bleiben: Das kann manchmal ziemlich schwierig sein.

Einige Dinge wissen wir relativ sicher, zum Beispiel, weshalb wir etwas auf eine bestimmte Art und Weise tun oder warum wir einfach «keine Lust» haben, etwas anderes zu tun. Dies kann mit heiklen (oder angenehmen) Erfahrungen in der Vergangenheit oder mit Selbstzweifeln und Ängsten zusammenhängen. In manchen Fällen bekennen wir uns zu den inneren dynamischen Prozessen und Problemen, die uns veranlassen, bestimmte Situationen zu meiden oder auf eine Art und Weise zu reagieren, die anderen befremdlich, sinnlos oder ungewöhnlich erscheint. Natürlich wissen andere Leute nicht, wie wir die

Abbildung 3-9: Meine ersten Reaktionen auf die vorgestellten Überlegungen

☐ Sie ergeben keinen Sinn, weil ...

☐ Ja, sie helfen mir, Zusammenhänge herzustellen, weil ...

☐ Hören Sie, lassen Sie uns doch einfach in Ruhe unseren Job machen, ok, denn ...

Dinge von innen heraus betrachten und welche Erfahrungen wir in der Vergangenheit hatten.

Es wäre angebracht, bei der Betreuung von PatientInnen und beim Umgang mit KollegInnen immer daran zu denken, dass wir alle unsere Probleme haben, die wir bearbeiten müssen. Einige dieser Probleme sind Ihnen sicher bewusst, aber es gibt auch solche, die Ihnen nicht bewusst werden, obwohl sie Auswirkungen auf Sie haben und Ihr Handeln beeinflussen. Das Gleiche gilt für Ihre PatientInnen und Ihre KollegInnen.

Sie können mit diesen Überlegungen auf verschiedene Arten umgehen:

- Sie können sie als Blödsinn abtun. Was man nicht sehen kann, existiert auch nicht, und es betrifft mich sowieso nicht. Was soll überhaupt dieses Gerede vom «inneren Ich»?
- Oder Sie denken: Andere wissen vieles nicht von mir, und das sollen Sie auch gar nicht, denn was würden sie sonst von mir denken? Er sollte besser nicht über so etwas schreiben; ist doch leichter, einfach den Job so weiterzumachen, oder?
- Es könnte aber auch sein, dass Sie durch diese Gedanken bestimmte Dinge, die Ihnen im Laufe der Jahre Probleme gemacht und Sie verunsichert haben, besser verstehen und einordnen können, und dass Sie sagen: «Oh, das ist interessant, denn ich weiß, dass ich mich nicht immer so gebe, wie ich wirklich bin, aber genau das wird auch von mir erwartet». Ich weiß, dass ich mich mit meinen inneren Anteilen noch mehr beschäftigen und sie stärker beachten muss, und ich denke, dass es sich lohnt, mit diesen Überlegungen zu arbeiten.

Ich weiß nicht, ob eine dieser drei Reaktionen Ihre Empfindungen wiedergibt, aber es lohnt sich, Ihre Reaktionen zu überprüfen und ein paar kurze Notizen zu machen (siehe **Abb. 3-9**). Vielleicht hilft es Ihnen, Ihre jetzigen Ansichten über die vorgestellten Ideen schwarz auf weiß vor sich zu haben; sie können sich mit der Zeit auch verändern.

Vieles, was in unserem Inneren geschieht, manifestiert sich zum einen in den Vorstellungen darüber, wer wir sind und für wie kompetent wir uns halten, und zum anderen in der Selbst-

erforschung, die uns sagt, was wir tun sollen und
was nicht. Unsere Gedanken, Vorstellungen und
Überzeugungen haben einen nachhaltigen und
entscheidenden Einfluss auf unser Verhalten
und auf unser psychisches Wohlbefinden.

3.5 Glaubens- und Bedeutungssysteme: unsere Ton- und Videobänder

Wir besitzen ein äußerst kreatives geistiges Potenzial und ein immenses Vorstellungsvermögen.
Wir können Optionen und Möglichkeiten ausdenken, die uns keiner genau erläutert hat, und
trotzdem schaffen wir es, sie zu kreieren. Wir
haben die Fähigkeit, vergangene Situationen
(wenn auch nicht absolut korrekt) neu entstehen zu lassen. Wir sind in der Lage, zu reflektie-
ren und zu rekapitulieren, was geschehen ist
und – dies ist äußerst wichtig – was in der Zukunft geschehen könnte. Wir können mit Annahmen arbeiten und Voraussagen machen.

Wir können diese großartigen Fähigkeiten
zum Vorteil wie zum Nachteil nutzen; sie können
uns helfen und uns behindern. Wir können aus
einer Situation etwas Positives machen, das uns
weiterbringt, wir können eine ähnliche (vielleicht
sogar dieselbe) Situation aber auch als depri-
mierend, negativ und erniedrigend empfinden.
Im ersten Fall fühlen wir uns einbezogen und
gestärkt, im zweiten geschwächt, wir zweifeln an
uns selbst und empfinden uns als Versager.

Grundlage für die Intepretation unserer Erfahrungen sind frühere Verhaltensweisen, Lernen
von Bezugspersonen und wichtige Erlebnisse.
Wir schätzen die Zukunft sachkundig ein, und
wir verfügen über angeborene Prädispositionen,
die auch zu unserem Rüstzeug gehören. Die
Annahmen, die wir über uns und andere bilden,
haben beträchtliche Auswirkungen auf unsere
zukünftigen Interaktionen. Wir internalisieren
dann – quasi als Standardregelwerk für uns
selbst – jene Verhaltensmuster, die wir mit Erfolg
vorausgesagt und antizipiert haben. Wir entwickeln ein eigenes Glaubens- und Bedeutungs-
system, das für uns einen Sinn ergibt.

Diese Prozesse des Denkens und Auslotens
laufen weitgehend unbemerkt ab, wenngleich wir
fortwährend Eindrücke aus unserer Umgebung
verarbeiten. Diese Eindrücke deuten wir vor dem
Hintergrund des für Bedeutungen zuständigen
Bezugssystems, das wir uns geschaffen haben.
Da dies weitgehend unbemerkt vonstatten geht
– etwa so wie Farbe trocknet – ist es sehr gut
möglich, dass wir unser Verhalten und unsere
Anschauungen an Daten aus der Vergangenheit
ausrichten, die unangemessen oder irrelevant
geworden sind.

Beck (1976) berichtet davon, dass Patientinnen darauf trainiert werden mussten, sich an
Dinge zu erinnern, die unangenehmen Gefühlen oder Empfindungen vorausgingen. Diese
«automatisch ablaufenden Gedanken» zogen
fast unbemerkt vorüber, wenn nicht direkt danach gefragt wurde. Den PatientInnen waren
diese Gedanken entweder nicht voll bewusst,
oder sie kamen nicht auf die Idee, dass diese
Gedanken eine besondere Überprüfung ver-
dienten. Sie akzeptierten ihre aktuellen Erfahrungen und hielten ein anderes Ergebnis nicht
für möglich. Beck verweist darauf, dass:

> die Inhalte der inneren Signale bzw. automatisch
> ablaufenden Gedanken von Menschen von ihren
> Regeln bestimmt werden. Menschen verfügen über
> eine *mentale Regelsammlung,* nach der sie ihr Han-
> deln ausrichten und sich selbst und andere beur-
> teilen. Diese Regeln werden weitgehend durch
> Beobachtung anderer und durch persönliche Er-
> fahrungen ausgebildet. Wenn man diese Regeln
> und die daraus abgeleiteten wertungsrelevanten
> Schlussfolgerungen aufdeckt, kann dies helfen,
> scheinbar unlogische Verhaltensweisen und irratio-
> nale emotionale Reaktionen zu erklären.

Kellys «Persönliche Konstrukte» (1955), Mei-
chenbaums «Innere Dialoge» (1977), Becks
«Mentale Regelsammlung» (1976), Ellis «Rationale und irrationale Denkmuster» (1973) wie
auch die Arbeit von Brewin und Antaki (1987)
über die Kategorien «individueller Bedeutungs-
zuordnung» beschreiben, wie Menschen auf
ganz unterschiedliche Art und Weise ihr Be-
deutungs- und Glaubenssystem vor dem Hintergrund ihrer gesammelten Erfahrungen entwickeln.

Solche kognitiven Ansätze gehen davon aus, dass jeder sein eigenes Muster darüber herausbildet, wie er sein In-der-Welt-Sein versteht und dass jeder seine Erfahrungen auf seine ganz persönliche Art strukturiert und deutet.

Lane (1989) schreibt: «Wenn wir etwas nicht glauben, sehen wir es auch nicht»; ebenso könnte man sagen: «Wenn wir nicht wissen, wie wir etwas betrachten sollen, wissen wir nicht, was es ist und welche Bedeutung es für uns hat.» Ellis schreibt:

> dass Menschen sehr leicht programmiert werden können, dysfunktional zu denken und zu handeln, und dass dies, [weil] es so schwer zu ändern ist, [...] der Beweis für eine angeborene Neigung zur Irrationalität [ist]. Das Unvermögen der Menschen, rational zu denken und die Realität zu sehen, führt fast immer dazu, dass sie Gefühle und Verhaltensweisen zeigen, die einer emotionalen Störung gleichen. (Ellis, 1973)

Dies heißt nicht nur, dass wir unsere eigenen Anschauungen darüber ausbilden, über das, was das Leben betrifft, sondern auch, dass wir uns in negativen Denkmustern verfangen können, die uns hemmen und einschränken, wenn es um unsere Ansicht darüber geht, was wir leisten können und demzufolge zu leisten versuchen!

Manche vertreten die Auffassung, dass wir ein System entwickeln, in dem einerseits alle Gedanken, Erfahrungen und Belastungen und andererseits die aktuellen Probleme, dynamischen Prozesse, Situationen und unsere Selbstwahrnehmung aufgeführt werden; das System zeigt uns dann, was wir unter Berücksichtigung all dieser Faktoren leisten können und was nicht. Beck (1976) ist der Ansicht, dass diese automatisch ablaufenden Gedanken und inneren Signale, die von uns selbst stammen, von den Regeln geprägt werden, die wir aufgestellt haben.

Dieses Buch fordert Sie auf vielerlei Art und Weise auf, sich die Inhalte der von Ihnen entwickelten «Regelsammlung», an der Sie sich orientieren, bewusster und transparenter zu machen. Sobald Sie die Regeln erkannt haben, können Sie feststellen, welche Sie befolgen, darüber mutmaßen, wie sie entstanden sind und welchen Einfluss sie auf Ihr Denken und Verhalten haben. Dies hilft Ihnen, die scheinbar unlogi-

schen Verhaltensweisen und Reaktionen, die Sie an sich beobachtet haben, zu erklären und zu durchleuchten. Ellis meint:

> Praktisch gesehen bedeutet dies, dass die Glaubenssätze, die Menschen sich immer wieder sagen, ihre Gedanken und Emotionen sind oder werden. Glaubenssätze können also Emotionen sowohl hervorbringen als auch verändern. Demnach indoktrinieren Menschen sich selbst immer wieder mit irrationalen Gedanken und falschen Glaubenssätzen. In dieser Hinsicht bestimmen sie ihr Schicksal weitgehend selbst durch angeborene, erworbene und ständig wiederholte Überzeugungen darüber, wie die Dinge sich entwickeln werden. Glaubenssätze können sowohl rational und funktional als auch irrational und völlig sinnlos sein.

Es ist wichtig festzuhalten, dass das, was Sie sich selbst sagen, «Ihr Verhalten sowohl hervorbringen als auch verändern kann». Was Sie von sich selbst halten bestimmt in vielerlei Hinsicht Ihre Einschätzung dessen, was Sie leisten können und was nicht.

Wenn dies so bedeutsam ist, dann muss man einem Menschen helfen, sich seine inneren Diskussionen und Auseinandersetzungen bewusst zu machen und sich Klarheit darüber zu verschaffen, welche Bedeutung er diesen inneren Gesprächen beimisst, wenn er sich besser verstehen soll. Meichenbaum (1971) verwendet den Begriff «innerer Dialog» zur Beschreibung dieser inneren Diskussionen über Bedeutungen, womit ein Prozess gemeint ist, bei dem man sich selbst zuhört und mit sich selbst spricht, also ein Selbstgespräch. Wie aber läuft all dies ab und welche Bedeutung hat es für Sie?

3.6 Die Art, wie Sie über eine Sache denken, bestimmt, wer Sie sind und was Sie tun

Worüber wir in den Gesprächen nachgrübeln, die wir ab und an mit uns selbst führen, kann einen Einfluss darauf haben, was wir leisten können und was nicht. Wenn wir glauben, dass wir kein Studentensprecher sein oder die Klinik bei einer Konferenz nicht vertreten können, dann werden wir Schwierigkeiten haben, diese Aufgabe auszuführen, wenn wir dazu gezwungen werden. Führen wir zugleich einen inneren Dialog über unsere Glaubenssätze, über das, was wir leisten können, dann ist es wahrscheinlicher, dass wir auch etwas leisten werden. Je genauer Sie die innere Auseinandersetzung aufzeichnen, desto klarer wird Ihnen, wie Sie sich im Hinblick auf zukünftige Leistungen programmieren.

Notieren Sie besonders jedes Selbstgespräch mit negativem Inhalt. Dieser wirkt sich mit großer Wahrscheinlichkeit nachteilig auf Ihr Wohlbefinden aus, beispielsweise in dem Sie sich einreden, dass Sie eine bestimmte Sache nicht tun können oder dass Sie zu nichts zu gebrauchen sind. Die Anfänge mögen Jahre zurückliegen, als Sie irgendwann einmal etwas nicht gut gemacht haben und Ihnen gesagt wurde, dass Sie es niemals gut machen würden: und Sie haben es geglaubt!

Ihre Regelsammlung wird aus vielen Quellen gespeist, wovon die wichtigsten vermutlich diese sind:

- die Art, in der Sie jahrelang charakterisiert wurden (gut, schlecht, intelligent, dumm, kreativ, künstlerisch, stark, erfolgversprechend, destruktiv, unwürdig, der geborene Führer)
- die Behandlung, die Sie erfahren haben (Ihre Lebenserfahrungen, die Reaktionen anderer auf Sie, was Sie andere haben tun sehen etc.).

Im Laufe der Zeit fügen Sie all dies zusammen, und schon haben Sie Ihren persönlichen Leitfaden, in dem Sie nachschlagen können, wie Sie sind, wie Sie bewertet werden und was Sie unbedingt zum Überleben und zum Weiterkommen im Leben brauchen. Sie bringen Ihre Regelsammlung entsprechend Ihren aktuellen Erfahrungen ständig auf den neuesten Stand, aber es gibt zwei wesentliche Hemmnisse, die Ihren Aktualisierungsprozess durchkreuzen können. Erstens werden Sie wahrscheinlich Daten ignorieren, die Ihre aktuellen Denkmuster infrage stellen. Haben Sie beispielsweise etwas wirklich gut gemacht, was Sie Ihrem inneren Denkmuster zufolge eigentlich nicht hätten gut machen können, dann werden Sie das gute Ergebnis einfach als Glück oder Dusel abtun. Zweitens

werden Sie dazu neigen, Dinge nicht zu tun – es sei denn, es lässt sich nicht vermeiden – die Sie Ihrer Meinung nach nicht oder nicht gut beherrschen. Sie geben sich also selbst keine Gelegenheit, sich in diesen Dingen zu üben und perfekter darin zu werden.

Es gibt somit eingebaute mentale Blockaden, die es Ihnen ziemlich schwer machen, Ihre negativen Anschauungen zu ändern oder zu überprüfen. Wenn Sie nicht ganz genau herausfinden, welche es sind und sie dann bewusst überprüfen, werden Sie den negativen Kreislauf nicht durchbrechen.

Wo fangen wir also an? Zunächst sollten Sie folgende Überlegungen bedenken:

- Sie verfügen über Daten, die Sie im Laufe Ihres Lebens zusammengetragen haben und die Ihre Ansicht darüber stützen, was Sie leisten können und was nicht.
- Sie haben Ihre inneren Tonbänder, die Ihnen sagen, wie Sie sind, was Sie tun, wie Sie reagieren sollen, was Sie nicht tun sollen, worauf Sie aufpassen sollen, was Sie nicht können, woran Sie in der Vergangenheit gescheitert sind, wovor Sie sich schützen sollen etc.
- Sie haben Ihr persönliches Bezugssystem für Bedeutungen, mit dem Sie Ihre Welt und den Platz, den Sie darin einnehmen, interpretieren.

Von all dem ist jedoch äußerlich nicht viel sichtbar beziehungsweise ohne weiteres erkennbar. Sie müssen Arbeit investieren, um etwas über die oben genannten Punkte herauszufinden, und Sie müssen genauer beobachten, was Sie tun, was Sie denken etc.

Diese inneren Botschaften ermutigen und verleiten Sie, die gewohnte Handlung und die Ihnen zugewiesenen Rollen weiter zu spielen, als wären sie für immer festgelegt und als wären sie «die Wahrheit». Was die innere Welt eines Menschen betrifft, so gibt es keine endgültige Wahrheit. Es ist nur so, dass vieles zugänglich ist, und in der Erinnerung verblassen vergangene Ereignisse und Erfahrungen und verändern sich. Wir meinen vielleicht, uns an alles erinnern zu können, aber das funktioniert nicht so präzise wie wir es gerne hätten. Die meisten Menschen

Abbildung 3-10: Botschaften, die ich aus meinem Innern und von anderen erhalte

Meine Ansichten darüber, wie ich bin und was ich kann/nicht kann …

Die Ansichten anderer darüber, wie ich bin und was ich kann/nicht kann …

umgeben bestimmte Dinge in ihrem Leben, die weniger positiv waren als sie es darstellen, mit einem rosigen Glanz. Manchmal ist es uns ein Bedürfnis, die guten wie die schlechten Dinge übertrieben darzustellen, doch es gibt keine objektive Wahrheit, wenn es um unsere Vergangenheit geht. Darüber hinaus verändern sich sowohl unsere Ansichten als auch unser Verständnis mit der Zeit, so dass wir die Dinge in einem anderen Licht sehen und sie vielleicht sogar klarer als das erkennen, was sie wirklich waren.

Aber die inneren Botschaften und Erfahrungen üben einen immensen Einfluss auf uns aus:

- Sie können bewirken, dass wir unseren Horizont unnötig einengen.
- Sie können uns daran hindern, Dinge zu tun, die sich durchaus im Rahmen dessen befinden, was wir leisten können.
- Sie können bewirken, dass wir unsere Fähigkeiten so unrealistisch hoch einschätzen, dass sie unser Leistungsvermögen übersteigen.

Ganz gleich, ob die Botschaften uns zu sehr einengen oder ob sie zu prätentiös sind, wir glauben sie mit der Zeit und verhalten uns entsprechend. Diese Überzeugungen und somit auch das dadurch erzeugte Verhalten bestimmen, wie wir Dinge sehen und wie wir uns anderen präsentieren, und sie haben auch einen maßgeblichen Einfluss auf unser persönliches Wohlbefinden.

Wie Sie Ihre Leistungsfähigkeit einschätzen, hängt davon ab, ob Sie sich innerlich zutrauen beziehungsweise nicht zutrauen, dass Sie bestimmte Dinge tun bzw. nicht tun können. Wenn Sie sich die inneren Dialoge ganz bewusst machen, können Sie noch einmal überdenken, was wichtig ist. Sie sind auch empfänglich für das, was andere über Sie sagen, sowohl in positiver als auch in negativer Hinsicht. Wenn etwas nur oft oder laut genug gesagt wird, fangen Sie an, es zu glauben, auch wenn die Behauptungen jeglicher Grundlage entbehren.

Vielleicht ist es sinnvoll, wenn Sie die Lektüre an dieser Stelle unterbrechen und über die Konzepte des inneren Dialogs und der «Regelsammlung» nachdenken und überlegen, ob sie einen Sinn für Sie ergeben. Als Starthilfe benutzen Sie bitte **Abbildung 3-10** und notieren Sie, welche Botschaften Sie verinnerlicht haben und was andere über Sie sagen.

Versuchen Sie, sich an möglichst viele innere Botschaften zu erinnern. Es ist wahrscheinlich, dass diese Ihr Verhalten einengen und beeinflussen, und weil die Botschaften Ihnen mittlerweile so vertraut geworden sind, erkennen Sie vielleicht nicht auf Anhieb, was da passiert. Vielleicht bekennen Sie sich auch nicht gerne zu der Möglichkeit, dass so etwas geschieht. Es lohnt sich aber, diese Möglichkeit in Betracht zu ziehen und jeden negativen Gedanken über Ihr Potenzial, Ihre Fähigkeiten oder Leistungen zu notieren, der Ihnen einfällt.

Schauen Sie sich bitte nun jeden einzelnen Punkt auf Ihrer Liste an und versuchen Sie zu klären:

- warum er da ist und woher er stammt
- ob er zutrifft bzw. immer noch zutrifft
- was Sie unternehmen wollen.

Wahrscheinlich gibt es Botschaften, die nicht mehr stimmen und fallen gelassen werden müssen. Vielleicht haben Sie auch bemerkt, dass es Leute gibt, die Ihnen unpassenderweise immer noch sagen, wie Sie sind und/oder was Sie leisten beziehungsweise nicht leisten können. Diesen werden Sie irgendwann erklären müssen, dass

ihre Ansichten nicht mehr stimmen. Ihnen können Situationen oder Aufgaben eingefallen sein, von denen Sie jetzt glauben, dass Sie sie mit dem nötigen Selbstvertrauen meistern können, die Sie aber bislang gemieden haben; suchen Sie also nach einer günstigen Gelegenheit, diese Dinge zu tun.

3.7 Die Spirale des negativen Denkens

Die Mechanismen des negativen Denkens können als Spirale betrachtet werden, aus der man um so schwerer herauskommt, je länger man sich darin befindet. **Abbildung 3-11** macht am Beispiel des Vortrags deutlich, wie sie funktioniert.

Die Person geht mit der Überzeugung, sie könne nicht gut Vorträge halten, an ihre Aufgabe heran. Sie nimmt die Zeichen körperlicher Angespanntheit deutlich wahr, die sie auf ihre negative Überzeugung zurückführt. Sie vergisst,

Abbildung 3-11: Die Spirale des negativen Denkens

meine negative Einschätzung

Ich kann nicht gut Vorträge halten.

Verstärkung der negativen Meinung

Bestätigung, dass ich nicht gut war;
Akzeptieren meiner «Fehler»;
Eingeständnis meiner Unfähigkeit,
mit meinem «Scheitern» klarzukommen

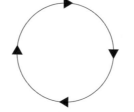

körperliche Empfindungen

Ich bin angespannt, meine Handflächen sind schweißig und ich fühle mich benommen.

psychische Empfindungen

Meine Aufmerksamkeit schwindet;
Panik kommt auf, ich lasse mich von dem (offenkundigen) Desinteresse des Publikums lähmen;
mein Kopf ist leer – ich bin verloren

Abbildung 3-12: Der Ausstieg aus der Spirale

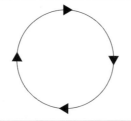

1. Ausstiegsmöglichkeit

Sagen Sie sich, dass sich dieser Einsatz lohnt und dass es gut, wenn auch nicht unbedingt hervorragend laufen wird – das muss es auch nicht.

4. Ausstiegsmöglichkeit

Akzeptieren Sie jeden kritischen Kommentar und verweisen Sie auf Ihre Verbesserungen, lassen Sie sich nicht von anderen runterziehen.

2. Ausstiegsmöglichkeit

Registrieren und werten sie alle körperlichen Symptome als normal und erwartbar – notfalls sprechen Sie langsamer, trinken einen Schluck Wasser und atmen tief.

3. Ausstiegsmöglichkeit

Beziehen Sie Bewegungen im Publikum nicht auf sich – lassen Sie auch andere Möglichkeiten zu; überreagieren Sie nicht: sagen Sie sich, dass Sie Ihre Sache gut machen.

dass die meisten Leute in solchen Situationen bis zu einem gewissen Grad Angst und körperliche Reaktionen empfinden, und dies überträgt sich auf ihre psychischen Empfindungen. Sie ist so überzeugt, den Vortrag nicht halten zu können, dass sie Bewegungen im Publikum als Anklage gegen ihre Unfähigkeit deutet. Sie gerät in Panik, verliert bei ihrem Vortrag den Faden und – was nicht weiter überrascht – scheitert tatsächlich. Die Rückmeldungen bestätigen letztendlich auch noch ihre schlimmsten Befürchtungen: sie ist nicht gut!

Nachdem Sie erkannt haben, was hier passiert ist, wäre die Entscheidung, die Sie zu treffen haben, die, ob Sie dieses negative Muster durchbrechen wollen. Will die Person aus dem Beispiel überhaupt ihre rhetorischen Fähigkeiten verbessern? Die Frage mag sinnlos erscheinen. Aber die negative Überzeugung konnte die Oberhand gewinnen, weil sie nicht so ganz ungelegen kam. Fällt die Entscheidung jedoch zugunsten einer Veränderung aus, dann wird als Nächstes zu entscheiden sein, wie diese herbeizuführen ist.

In **Abbildung 3-12** habe ich Gegenstrategien für jede Phase der in Abbildung 3-11 dargestellten Spirale vorgeschlagen. Sie können an jedem beliebigen Punkt aus diesem Muster aussteigen, und zu guter Letzt werden Sie alle der vier genannten Strategien beherrschen.

Wählen Sie nun nach dem Beispiel in Abbildung 3-12 eines Ihrer negativen Verhaltensmuster aus, entwerfen Sie ein Diagramm, ähnlich dem in Abbildung 3-11, und beschreiben Sie Ihr Muster so genau wie möglich. Danach arbeiten Sie mit dem Ausstiegsdiagramm in Abbildung 3-12 weiter und skizzieren für Ihr Beispiel eine Ausstiegsstrategie. Sie können so schnell arbeiten wie Sie es für richtig halten. Entscheiden Sie, was Sie als wichtiges Ziel in Angriff nehmen wollen und gehen Sie bei der Planung Ihrer Veränderungsmaßnahmen strategisch vor.

Die Denkmuster, die wir verinnerlicht haben, sind nicht der Schlusspunkt in dieser Angelegenheit. Wie Abbildung 3-12 zeigt, gibt es Möglichkeiten, sie nötigenfalls zu durchbrechen. Sie können jetzt herausfinden, welche Möglichkeit Ihnen am besten zusagt, um aus diesem Kreislauf des negativen Denkens auszusteigen und ihn durch eine angemessenere Betrachtungsweise zu ersetzen. Gehen Sie davon aus, dass Sie auf Schwierigkeiten stoßen können, wenn Sie bestimmte Dinge tun, dass aber auch Verbesserungen möglich sind, wenn Sie es wollen.

Es ist schwer, ein fest etabliertes Muster zu verändern. Ein Großteil unseres Verhaltens dient einem Zweck, der auf einer bestimmten Ebene einen Sinn für uns ergibt, vielleicht weil unser Verhalten bestimmten (ausgesprochenen oder unausgesprochenen) Bedürfnissen gerecht wird. Möglicherweise schützt es uns vor einer realen oder subjektiv empfundenen Bedrohung, oder es erfüllt die Erwartungen der anderen an uns und ist uns zu dem Zeitpunkt angenehm. Die Veränderung dieser Selbstschutzmaßnahmen ist deshalb ein riskantes Unterfangen, das mit Vorsicht angegangen werden muss.

3.8 Erkenntnisse und Maßnahmen

Am Anfang dieses Kapitels wurden Sie aufgefordert, über sich selbst nachzudenken und die Ergebnisse festzuhalten. Dies war ein Teil der Aufgabe, zu beschreiben, wer Sie sind und was Ihnen wichtig ist. Einiges davon war vermutlich ziemlich leicht herauszufinden und zu notieren, anderes mag Ihre Zweifel geweckt haben. Es kommt darauf an, dass Sie anfangen, so über sich nachzudenken, dass Sie sich einen umfassenden und konstruktiven Eindruck davon verschaffen können, wer Sie sind, wie Sie handeln und was Sie in Zukunft besser machen können.

Es ist erstaunlich, dass andere Menschen unsere inneren Anteile oft sensibler wahrnehmen. Sie können sehr genau Dinge erkennen, die wir nicht gesehen haben. Sie wären überrascht, wie präzise andere Menschen Gefühle beschreiben können, die Sie um jeden Preis verbergen wollen. Sie wären schockiert oder sogar erschrocken darüber, dass jemand offenbar ganz genau über Dinge Bescheid weiß, die Sie nicht wahrhaben oder verbergen wollen.

Abbildung 3-13 stellt einige der wichtigen Faktoren dar, die eine Rolle spielen, wenn Sie mit anderen arbeiten, und sie zeigt, wie Sie deren Wahrnehmungen – wenn Sie auf diese Informationsquellen zurückgreifen – zur Korrektur Ihrer eigenen Wahrnehmungen nutzen können.

Der Hauptgrund, weshalb ich dieses Kapitel geschrieben habe, ist meine Überzeugung, dass Sie und diejenigen, die Sie zu betreuen haben, um so mehr profitieren, je besser es Ihnen gelingt, sich richtig einzuschätzen, zu verstehen und an sich zu glauben. Abbildung 3-13 zeigt, wie Sie in einem kontinuierlichen Prozess Ihr Selbstbild korrigieren können, wenn Sie in der Lage und bereit sind, die Sichtweisen anderer zuzulassen und sich noch einmal mit den an frühe-

Abbildung 3-13: Die Korrektur meines Selbstbildes

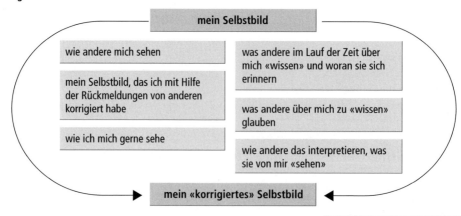

rer Stelle behandelten inneren Dialogen und der Regelsammlung auseinander setzen.

Sie können Ihre bisherigen Aufzeichnungen benutzen und sie fortführen. Sie werden Ihnen beim weiteren Durcharbeiten des Buches und bei der Pflege am Krankenbett von Nutzen sein.

Jeder von uns tut auf seine Art sein Bestes, und wir machen nicht immer alles richtig. Aber das mindeste, was wir anderen geben können, ist unsere Bereitschaft, uns, so gut es geht, auf sie einzulassen, zu verstehen, womit sie zu kämpfen haben und was sie tun. Ihre Bereitschaft, anderen mit Respekt und Großherzigkeit zu begegnen und wirklich bei ihnen zu sein, ist eine grundlegende Fähigkeit, die für den Aufbau konstruktiver Beziehungen äußerst wichtig ist. Für Pflegende und Betreuende ist dies meiner Ansicht nach die wichtigste Fähigkeit, wenn es darum geht, eine Beziehung zwischen Patienten und Betreuenden zu ermöglichen und zu erleichtern.

Ihre Sicht der Dinge ist jedoch nur ein Teil der Geschichte. Was jetzt noch im Bezugssystem fehlt, sind erstens Sie in Verbindung mit Ihrem Alter und Ihrer jetzigen Lebensphase, und zweitens Ihre Beziehung zu den Menschen in Ihrer Umgebung und die Zusammenarbeit mit ihnen. Zuerst geht es um Sie in Ihrer aktuellen Lebensphase; Ihre Zusammenarbeit mit anderen wird in Teil III thematisiert.

Literatur

Beck, A. (1976) Cognitive Therapy and the Emotional Disorders, Penguin Books, Harmondsworth.

Brewin, C. and Antaki, C. (1987) An Analysis of Ordinary Explanations in Clinical Attribution Research. Journal of Social and Clinical Psychology, 5, pp 79–98.

Ellis, A. (1973) Humanistic Psychotherapy, Julian Press, New York.

Kelly, J. (1955) A Theory of Personality, W.W. Norton and Co, New York.

Lane, D. (1989) Attributions, Beliefs and Constructs in Counselling Psychology, British Psychological Society, Leicester.

Meichenbaum, D. (1977) Cognitive-Behaviour Modification, Plenum Press, USA.

Weiterführende Literatur

Burnard, P. (1992) *Know yourself,* Scutari Press, Harrow.

Burns, D. (1980) *Feeling Good: The New Mood Therapy,* Signet Books, New York.

Carson, R. (1983) *Taming your Gremlin,* Harper and Row, New York.

Goffman, I. (1969) *The Presentation of Self in Everyday Life,* Penguin Books.

Lane, D. (1990) *The Impossible Child,* Trentham Books, Stoke-on-Trent.

Luft, J. (1963) *Group Processes,* The National Press, Palo Alto.

Spinelli, E. (1989) *The Interpreted World,* Sage Publications, London.

4. Lebensabschnittsmodelle

4.1 Einführung

Die Interessen, Ambitionen und Hauptbeschäftigungen, die wir im Leben haben, bleiben nicht dieselben, wenn wir älter werden, sondern sie verändern sich. Manchmal bemerken wir, dass sich unsere Ansichten und Einstellungen, die wir gegenüber bestimmten Dingen haben (zum Beispiel gegenüber dem Zwang, super erfolgreich zu sein etc.), verändern, und wir gewöhnen uns ohne erkennbaren Schaden und mit einer gewissen Selbstakzeptanz daran. Andere Dinge machen uns dagegen plötzlich klar, dass wichtige Veränderungen in unserem Leben stattfinden, auf die wir nicht vorbereitet waren, zum Beispiel wenn wir in die mittleren Lebensjahre kommen oder zu den Senioren gezählt werden. Dies schockiert uns so, dass wir unser Leben einer neuen Bewertung unterziehen.

Es gibt bestimmte Bedürfnisse, die sich im Laufe der Zeit nicht verändern, zum Beispiel das Bedürfnis nach Sicherheit, nach Überleben, nach Zugehörigkeit und nach der Freiheit, so leben zu können, wie wir wollen. Sehr wahrscheinlich haben wir auch gewisse Bedürfnisse, was die Ebene der bevorzugten sozialen Kontakte anbelangt. Abgesehen von diesen Bedürfnissen beschäftigen und erschweren unterschiedliche Dinge in den verschiedenen Altersphasen unser Leben.

So gibt es beispielsweise Zeiten im Leben, in denen es absolut vorrangig ist, von anderen

akzeptiert zu werden, und die alles beherrschende Frage lautet: «Was muss ich tun, um akzeptiert zu werden, um zu einer bestimmten Gruppe zu gehören, um nicht länger anders zu sein, um nicht als Außenseiter zu gelten?» Zu anderen Zeiten geht es in erster Linie darum, seinen Erfolg gut sichtbar zur Schau zu stellen, zu zeigen, dass man «es geschafft» hat. Und zu wieder anderen Zeiten ist die Qualität unserer Beziehungen zu anderen Menschen wichtig; alles dreht sich darum, wer (nicht was) wir sind und wie wir mit uns und mit anderen umgehen.

Unsere Prioritäten und unsere Interessen verändern sich mit der Zeit und beeinflussen unsere Einstellung gegenüber unserer Bedeutung, unseren Leistungen und gegenüber dem, was uns im Leben Zufriedenheit verschafft. In verschiedenen Studien wurde diese Verlagerung der Interessen und die veränderte Einschätzung der eigenen Bedeutung zu den verschiedenen Lebensabschnitten in Beziehung gesetzt.

Wir alle durchlaufen in unserem Leben mehrere Phasen, in denen sich das, was uns wichtig ist, in Abhängigkeit von unserem Alter offenbar verändert. Die Studien verweisen auch darauf, dass der Übergang von einem Lebensabschnitt zum nächsten kein einfacher oder leicht zu bewältigender Schritt ist, denn er bedeutet, dass wir Dinge, die uns vertraut sind und von denen wir vielleicht auch in gewisser Weise abhängig geworden sind, aufgeben müssen. Er bedeutet, dass wir uns auf neue Herausforderungen und

Schwierigkeiten einlassen müssen, von denen manche uns Angst machen. Sehr wahrscheinlich ist mit dem Übergang von einem Lebensabschnitt zu einem anderen auch die Erkenntnis verbunden, dass wir uns mit der Tatsache abfinden müssen, dass wir im Leben nicht die Position erreicht haben, die wir ursprünglich anvisiert hatten. Möglicherweise sind wir, entgegen unseren Voraussagen, nicht in eine Führungsposition unseres Berufszweiges aufgestiegen, oder wir haben nicht die Auszeichnungen bekommen, die wir uns erhofft hatten. Darüber hinaus kann es sein, dass wir sehr empfindlich auf den Verlust unseres jugendlichen Körpers und Erscheinungsbildes reagieren, und die Gewöhnung an solche Veränderungen ist nicht immer leicht.

Solche Gedanken lassen uns klarer erkennen, was wir, im Vergleich zu früheren Jahren, jetzt in unserem Leben als wichtig ansehen. Sie helfen auch, die Belange und Prioritäten Ihrer PatientInnen, über die sie bisher nicht sprechen konnten, besser zu verstehen.

4.2 Verschiedene Lebensabschnittsmodelle

In den letzten zwanzig Jahren verzeichnete das öffentliche Interesse an Problemen, die mit dem Alterungsprozess der Menschen in Zusammenhang stehen, einen Aufschwung. Vielleicht weil man sich mehr für Fragen der Lebensqualität interessierte und weil sich eine gewisse Besorgnis ausbreitete, dass der Überflussgesellschaft Beschränkungen auferlegt werden müssen, um die Welt für zukünftige Generationen nicht unwiederbringlich zu zerstören.

TheoretikerInnen und AutorInnen haben darauf hingewiesen, dass es einige klar unterscheidbare Stadien oder Phasen gibt, die wir durchlaufen und dass diese Stadien oft von persönlichen Krisen oder Schwierigkeiten begleitet werden, mit denen wir uns auseinander zu setzen haben. Das Wissen um diese Lebenskrisen und um die in den einzelnen Lebensabschnitten zu erwartenden Hauptschwierigkeiten kann aktuelle Probleme von PatientInnen besser

verständlich machen. Die Lebenskrisen und die damit einhergehenden Schwierigkeiten liefern einen kontextuellen Bezugsrahmen, mit dem Sie die Bedürfnisse Ihrer PatientInnen, und auch Ihre eigenen, umfassender betrachten können.

Erikson (1985) sagt: «Jede Lebensphase hat ihren eigenen Sinn und Zweck. Diese zu finden und zu akzeptieren, ist eines der größten Probleme im Leben.» Wenn dies zutrifft, dann liefert die Betrachtung des Lebens als eine Abfolge von Phasen psycho-sozialer Entwicklung einen Bezugsrahmen, mit dessen Hilfe wir uns anschauen können, wo wir stehen und was uns beschäftigt. Wir können vielleicht auch damit erklären, warum die verschiedenen Altersgruppen ganz unterschiedliche Interessen, Sorgen und Probleme haben.

Selbstverständlich sind die Gründe, weshalb jeder Mensch die Dinge anders betrachtet, völlig verschieden. Die Vorstellung, dass diese Gründe mit unserem jeweiligen Lebensabschnitt in Zusammenhang stehen, eröffnet interessante und nützliche Möglichkeiten und hilft uns außerdem, uns selbst (und auch unsere PatientInnen, KollegInnen, Familie und FreundInnen) besser zu verstehen.

Lebensabschnittsmodelle lenken die Aufmerksamkeit auf:

- die verschiedenen Entwicklungsphasen im Leben eines Menschen
- die im Vordergrund stehenden psychischen Belastungen und Schwierigkeiten, die mit den einzelnen Phasen verbunden sind
- die potentiellen persönlichen Themen und Krisen, die erfolgreich bewältigt werden müssen, damit eine Anpassung stattfinden und der Übergang zur nächsten Stufe erfolgen kann.

Wann wir in die einzelnen Phasen kommen und wie lange wir in ihnen verbleiben, ist individuell verschieden, aber diejenigen, die auf diesem Gebiet arbeiten, sind sich einig, dass zu ungefähr der gleichen Zeit im Leben auf jeden von uns Probleme von großer psychologischer Bedeutung zukommen, mit denen wir uns auseinander setzen und auf die eine oder andere Art fertig werden müssen.

Vielleicht mühen Sie sich gerade mit Dingen ab, die scheinbar aus heiterem Himmel gekommen sind. Vielleicht haben Sie das Gefühl, dass Sie mehr tun sollten, oder dass Sie mehr Unabhängigkeit brauchen, oder Sie meinen, «unerledigte Arbeiten tun zu müssen», wissen aber nicht, was es ist, etc. Stellen Sie fest, ohne Ihre Individualität dabei außer Acht zu lassen, ob Ihre Probleme mit denen übereinstimmen, die gemäß den folgenden Ansätzen Menschen haben, die sich in Ihrem Alter und in Ihrer Phase der sozialen Entwicklung befinden.

Diese Vorstellungen werden Sie zu einer anderen Betrachtung Ihrer PatientInnen (und KollegInnen) veranlassen, die sich neben ihrer Erkrankung vielleicht auch noch mit bestimmten Themen auseinandersetzen müssen, um den Übergang von einem Lebensabschnitt zum anderen zu bewältigen.

4.3 Einige Ansätze zum Nachdenken

4.3.1 Sheehy: «Übergänge: vorhersehbare Krisen des Erwachsenenalters»

Dieses Buch wurde im Jahre 1976 ein Bestseller; Sheehy beschreibt darin sechs Übergänge, die wir in unserem Leben durchlaufen. Diese Übergänge sind in **Abbildung 4-1** auf der nächsten Seite dargestellt.

Sheehy verweist außerdem auf vier subtile Veränderungen, die jeder beim Durchlaufen der sechs Übergänge erlebt; diese Veränderungen beziehen sich auf die Art und Weise, wie wir Dinge sehen und empfinden; sie beinhalten im Einzelnen:

- die Art und Weise, wie wir im Innern über unser Verhältnis zu anderen denken
- das Verhältnis von «Sicherheit» zu «Gefahr», das wir in unserem Leben wahrnehmen
- die Wahrnehmung der Zeit – haben wir das Gefühl, dass die Zeit langsam knapp wird oder dass wir noch über unerschöpfliche Mengen verfügen

- eine Veränderung unseres instinktiven Gespürs dafür, ob wir noch lebendig sind oder einen Stillstand erreicht haben.

4.3.2 Levinson: «Die Zeitabschnitte im Leben eines Menschen»

Im Jahre 1978 veröffentlichen Levinson et al. die Ergebnisse einer Reihe von Feldstudien, die einige Jahre zuvor als Untersuchung über die mittleren Lebensjahre geplant, dann aber ausgeweitet und zu einer allgemeinen Theorie über die Entwicklung im Erwachsenenalter weiterentwickelt wurden.

Levinson stellt das Leben als einen Prozess oder eine Reise (von der Geburt bis zum Tod) dar, deren Qualität von vielen Einflüssen bestimmt wird, und er führt den Begriff «Zeitabschnitte» zur Bezeichnung der verschiedenen Perioden oder Stadien im Lebenszyklus eines Menschen ein. Jeder Lebenszyklus umfasst eine Abfolge von Zeitabschnitten, die jeweils ungefähr 25 Jahre dauern. Diese Zeitabschnitte überlappen sich teilweise, so dass bei Eintritt in einen neuen Zeitabschnitt der vorige langsam seinem Ende entgegengeht. Die Abfolge dieser Zeitabschnitte ist in **Abbildung 4-2** zu sehen.

Die Reise ist nicht einfach und sie hat auch keinen kontinuierlichen, sondern einen wechselnden Verlauf. Nach Levinson gibt es qualitativ unterschiedliche «Zeitabschnitte» im Leben, von denen jeder seinen unverwechselbaren Charakter besitzt. Levinson weist auch darauf hin, dass ein einziger Tag in Zeitabschnitte (Tagesanbruch, Mittag, Abenddämmerung, stille Nachtstunden) eingeteilt ist, von denen jeder eine typische atmosphärische und psychologische Qualität hat. Es handelt sich hier um ein ziemlich anspruchsvolles Modell, dessen einzelne Dimensionen fast ein Eigenleben innerhalb des größeren Rahmens führen.

Levinson befasst sich vorrangig mit dem Zeitabschnitt zwischen dem späten Teenageralter und den frühen Vierzigern. Seine Arbeit hat dazu beigetragen, dass den großen Veränderungen im Leben, die in der Mitte der durchschnittlichen Lebensdauer auftreten, mehr Aufmerksamkeit geschenkt wird. Sie entsprechen in etwa

Abbildung 4-1: Die Lebensübergänge nach Sheehy

1. **Die Wurzeln kappen:** Sich von der elterlichen Fürsorge befreien.

2. **Die schwierigen Zwanziger:** Hier geht es vorrangig um persönliche Identität, um das Wesen der Wahrheit, um die Zukunft und darum, mit wem man sie verbringen wird.

3. **Die verzwickten Dreißiger:** Dieser Übergang kann von Ungeduld und von Unzufriedenheit mit den in den Zwanzigern erreichten Leistungen bestimmt sein; neuer Widerstand gegen vermeintliche Einschränkungen und die Enge der Lebenserfahrungen kann sich regen, wenn die Dreißiger näher rücken. Es ist eine Zeit des Rückblicks, der Veränderungen und der Überprüfung dessen, was man erreicht hat – es ist auch eine Zeit der Rebellion, die von dem Gefühl geprägt ist, bestimmte Dinge tun zu müssen, «bevor es zu spät ist».

4. **Wurzeln schlagen und sich ausbreiten:** Das Leben ist weniger behelfsmäßig, sondern es ist von mehr Rationalität bestimmt und verläuft in geordneten Bahnen, wenn wir uns – Anfang der Dreißiger – niederlassen und Wurzeln schlagen; möglicherweise wurden schon Ängste des vorigen Übergangs verarbeitet.

5. **Das Endzeit-Jahrzehnt (35 bis 45):** Hier – am Scheideweg in der Mitte der Dreißiger – erkennen wir allmählich, obwohl wir uns der Blüte unserer Jahre nähern, dass es ein Ende gibt; die Zeit scheint zu fliehen, die Jugend schwindet, die körperlichen Kräfte, die wir immer als etwas Selbstverständliches angesehen haben, lassen nach; Wert und Sinn der Rollen, mit denen wir uns bisher identifiziert hatten, verblassen; wir befinden uns in einer spirituellen Notlage, in der wir keine absoluten Antworten finden; eines dieser Schockerlebnisse oder alle zusammen können diesen Übergang zu einer tiefen existentiellen Krise ausweiten.

6. **Erneuerung oder Resignation:** Hier ist ein Gleichgewichtszustand und damit eine neue Stabilität erreicht; während wir zu neuen Erkenntnissen darüber gelangen, wer wir sind und welche Möglichkeiten wir haben, «werden Freunde wichtiger denn je, aber auch das Privatleben».

der Aufteilung von Jung (Jung, 1931) in eine erste und eine zweite Lebenshälfte. Levinson stellt fest: Der Übergang von einem Lebensabschnitt zum nächsten ist weder einfach noch kurz; er bedarf einer grundlegenden Veränderung in der Struktur des Lebens, und dies beansprucht mehr als einen Tag, ein Monat oder sogar ein Jahr. Die Übergänge zwischen den einzelnen Lebensabschnitten dauern durchweg vier oder fünf Jahre – aber nicht weniger als drei und selten mehr als sechs Jahre. Ein Übergang entspricht der Arbeit einer Entwicklungsperiode, welche die Abschnitte miteinander verbindet und Kontinuität zwischen ihnen herstellt.

Wahrscheinlich kommt der Begriff «mid-life crisis» daher, dass Levinson sich für die Veränderungen interessierte, die während dieser Phase unseres Lebens auf uns einwirken.

Abbildung 4-2: Zeitabschnitte und Übergangsstadien nach Levinson

0 bis 22 Jahre	Kindheit und Jugend
17 bis 45 Jahre	frühes Erwachsenenalter
40 bis 65 Jahre	mittleres Erwachsenenalter
60 Jahre	spätes Erwachsenenalter

Die vier Übergangsstadien liegen:

zwischen 0 und 3 Jahren	in der frühen Kindheit
zwischen 17 und 22 Jahren	im frühen Erwachsenenalter
zwischen 40 und 45 Jahren	im mittleren Erwachsenenalter
zwischen 60 und 65 Jahren	im späten Erwachsenenalter

4.3.3 Die sieben Altersstufen nach Nicholson: Spielt das Alter wirklich eine Rolle?

Nicholson (1980) berichtete im Rahmen eines Vergleichs über eine Studie, die von 1979 bis 1980 in Cholchester durchgeführt wurde und die untersuchen sollte, welche Bedeutung das Alter für einen Menschen hat. Er schrieb:

> Während die Monate verstrichen und sich allmählich herauskristallisierte, welche Bedeutung das Alter für ganz normale Menschen hat, wurde zunehmend klarer, dass wir keineswegs die Sklaven unseres Alters sind, wie die Theorie über den Lebenszyklus erwachsener Menschen uns glauben machen will.

Er beobachtete bei anderen Autoren, die sich mit dem Lebenszyklus des Menschen beschäftigen, dass diese zum einen dahin tendieren, besonders die Schwierigkeiten zu betonen, die in den verschiedenen Altersstufen auf die Menschen zukommen, und zum anderen stillschweigend davon ausgehen, dass die Dinge mit zunehmendem Alter im Allgemeinen schlechter werden. Seine Studien stützen diese Behauptung nicht.

Seine Untersuchungen deuten darauf hin, dass nur wenige Menschen glauben, «das eigentliche Ich» verändere sich im Verlauf des Erwachsenenlebens beträchtlich, und seine Untersuchungen zeigen außerdem, dass:

> Die meisten Leute ihr Alter, insofern sie es überhaupt bewusst zur Kenntnis nehmen, als Möglichkeit ansehen, mit sich selbst ins Reine zu kommen. Mit zunehmendem Alter werden wir besser darin und vertrauen immer mehr auf unsere Fähigkeit, mit Problemen und mit anderen Menschen umgehen zu können.

Die Befunde von Nicholson legen nahe, dass das Alter uns nicht sonderlich belastet, beziehungsweise dass die Aussicht, älter zu werden, uns nicht zwangsläufig trübsinnig werden lässt; dass die Veränderungen, von denen wir betroffen sind, nicht einfach darauf zurückzuführen sind, dass die Zeit verstreicht, sondern vielmehr auf einschneidende Ereignisse im Leben, von denen einige altersbedingt auftreten können, einige aber auch zu jeder anderen Zeit im Leben.

Nicholson verweist darauf, dass die Lebensabschnitte und die ihnen zugeordneten Altersstufen ziemlich willkürlich festgelegt sind und nur dann für die meisten Menschen eine Bedeutung haben, wenn sie mit einem einschneidenden Erlebnis beginnen und enden. Ohne diese Verknüpfung mit einem wichtigen Ereignis haben sie wenig Bedeutung. Nicholson hält die Theorien über die Lebensabschnitte – zum Beispiel die Übergänge – für gründlich falsch, weil sie es als normal darstellen und behaupten, dass jeder Mensch, unabhängig von seiner Individualität und früheren Lebensgeschichte, nur aufgrund seines Alters mit größeren Veränderungen und Traumata rechnen muss.

Darüber hinaus zweifelt Nicholson die Behauptung an, man könne die Probleme, die auf jeden von uns in der gleichen Lebensphase zukommen, genau antizipieren, bestimmen und beschreiben. Allerdings gesteht er zu, dass im Zusammenhang mit der sozialen Entwicklung und mit Veränderungen bestimmte Grundmuster existieren, und er gesteht auch zu, dass es Probleme und Interessen gibt, die in besonders auffallender Weise oder besonders häufig in bestimmten Lebensphasen auftreten.

Nicholson räumt den subjektiven vor den normativen Aspekten der individuellen Entwicklung und des individuellen Alterungsprozesses Vorrang ein. Ebenso hält er die Bedeutung, die wir einschneidenden Ereignissen im Leben zuordnen, für wichtiger als das bloße Fortschreiten zur nächsten Altersstufe beziehungsweise Altersphase in der geplanten Abfolge. In dieser Hinsicht nimmt er eine fast existenzielle Position ein, bei der es im Wesentlichen um ganz persönliche Erfahrungen des In-der-Welt-Seins geht und die von den Menschen fordert, dass sie die Bedeutung und die Wichtigkeit dessen, was sie erlebt haben, selbst einschätzen. Was die Betreuung von PatientInnen betrifft heißt dies, dass Sie herausfinden müssen, welche Bedeutung die PatientInnen ihren Erfahrungen zuordnen. Was Sie betrifft, denken Sie weiter darüber nach.

4.3.4 Der Lebenszyklus nach Erikson

Erik Erikson (1985) gehört zu denjenigen, die mit ihren Untersuchungen einen wichtigen Beitrag zur Aufschlüsselung unserer sozialen Entwicklung geleistet haben. Er hat ein psychosoziales Modell der menschlichen Entwicklung erarbeitet, das in acht Stadien aufgeteilt ist, in denen es vorrangig um die Gestaltung zwischenmenschlicher Beziehungen geht. Das Modell stellt ein Entwicklungsschema dar, in dem der Übergang von einem Stadium zum nächsten maßgeblich von dem vorigen Stadium bestimmt wird. Jeder bringt beim Durchlaufen der einzelnen Entwicklungsphasen ungelöste Probleme mit sich, die weiterhin Einfluss darauf nehmen, wie wir die Dinge betrachten und was wir tun.

Das Modell, das ausführlich in The Life Cycle Completed dargestellt ist, ist einer eingehenderen Betrachtung wert. Es zeigt, in welchem Maß die Entwicklung eines Menschen davon abhängt, wie erfolgreich er die Probleme und Schwierigkeiten, mit denen er während der verschiedenen Entwicklungsstadien konfrontiert wurde, bewältigt hat. Bei Eriksons Ansatz zeigt sich die Entwicklung eines Menschen in erster Linie darin, dass er mit zunehmend komplexeren und ausgedehnteren interpersonellen Sozialkontakten umgehen kann. Nach Erikson gibt es maßge-

bende, nicht vom Instinkt gesteuerte Determinanten der Persönlichkeit. Anders ausgedrückt, wir können weitgehend bestimmen, wer und was wir sind. Erikson unterstreicht den Einfluss der sozialen und milieubedingten Determinanten auf die Persönlichkeit und bezieht sich auf Fallstudien von Menschen, die unter verschiedenen Bedingungen und in verschiedenen Kulturen leben, um aufzuzeigen, wie sehr ihre Entwicklung von der Situation geprägt ist, in der sie leben.

Nach Erikson:

> durchläuft ein Kind eine bestimmte Abfolge von Entwicklungsstufen, von denen jede ihre ganz spezifischen Krisen hat […]. Wie das Kind diese Krisen bewältigt, wird in hohem Maße davon bestimmt, welche Lösungen ihm von den Eltern oder anderen Betreuern angeboten werden; diese Lösungen sind wiederum von den in der Gesellschaft vorherrschenden Traditionen und Ideologien beeinflusst.

Das Modell von Erikson ist in **Abbildung 4-3** dargestellt.

Das Modell gibt einen schematischen Überblick über die Individualentwicklung und die zu erwartenden psycho-sozialen Krisen. Sie können es benutzen, um vor dem Hintergrund der Entwicklungsphase, in der Sie sich Ihrer Meinung nach befinden, Ihre Probleme zu betrachten. Das Modell schärft Ihr Bewusstsein für

Abbildung 4-3: Das Modell der psychosozialen Entwicklung nach Erikson

Stadium	Psychosoziale Krisen	Tugenden	Pathologien
1 Säuglingsalter	Urvertrauen vs. Misstrauen	Hoffnung	Rückzug
2 Frühe Kindheit	Autonomie vs. Scham, Zweifel	Willenskraft	Zwanghaftigkeit
3 Spielalter	Initiative vs. Schuldgefühl	Zweckhaftigkeit	Gehemmtheit
4 Schulalter	Leistung vs. Minderwertigkeitsgefühl	Können	Trägheit
5 Adoleszenz	Identität vs. Rollenkonfusion	Treue	Ablehnung
6 Frühes Erwachsenenalter	Intimität vs. Isolation	Liebe	Exklusivität
7 Erwachsenenalter	Zeugende Fähigkeit vs. Stagnation	Fürsorge	Verweigerung
8 Alter	Integrität vs. Verzweiflung	Weisheit	Hochmut

mögliche Krisen und Probleme der Gegenwart und der Zukunft.

Wir haben es hier mit einem dynamischen Modell der menschlichen Entwicklung zu tun, aus dem hervorgeht, dass sich die Wahrnehmungen eines Menschen davon, wer und was er ist, dramatisch verändern und dass dies in Anknüpfung an das vorige Kapitel der Grund dafür ist, dass wir fragen, wer und was wir sind. Sie können mit Hilfe des Modells von Erikson Ihre Aufzeichnung aus Kapitel 3 noch einmal durchgehen und schauen, ob Sie noch weitere Erkenntnisse darüber gewinnen können, wer Sie sind und was Sie beschäftigt.

4.3.5 Jung: Die erste und die zweite Lebenshälfte

Jung teilt die Lebenszeit in zwei Hälften auf: in die vor und nach dem vierzigsten Lebensjahr. Er schreibt dazu Folgendes:

> Menschen Ende dreißig oder Anfang vierzig erleben einen radikalen Wandel Ihrer Werte. Interessen und Wünsche, die in der Jugend wichtig waren, verlieren ihren Wert und weichen neuen Interessen, die eher kultureller als biologischer Art sind. Menschen in mittleren Lebensjahren sind eher introvertiert und weniger impulsiv. Weisheit und Klugheit treten an die Stelle von körperlicher und intellektueller Durchsetzungskraft. Werte werden zu sozialen, religiösen, bürgerlichen und philosophischen Symbolen sublimiert. Spirituelle Dinge gewinnen an Bedeutung [...]. Diese Veränderung ist das entscheidendste Ereignis im Leben eines Menschen und gleichzeitig auch das riskanteste, denn wenn irgendetwas bei der Verlagerung der Energien falsch läuft, dann kann die Persönlichkeit dauerhafte Schäden davontragen. (Jung, 1931)

Die Idee eines höheren Ziels, eines Hangs zur Verwirklichung individueller Potenziale sind die wesentlichen Merkmale der Jungschen Sicht des Menschen. Diese Betonung höherer Ziele, Bestrebungen und Transformationen haben einen ausgeprägt spirituellen Charakter. Sie gemahnen an Ihr Streben und an die Notwendigkeit, sich auf die Energie und Lebensqualität der Zukunft zu konzentrieren.

Die Idee, das Leben eines Menschen in zwei Hälften aufzuteilen, ist von stiller Schlichtheit. Auch wenn die tiefgreifende Verlagerung des Schwerpunkts für viele Menschen nicht so einfach zu erkennen ist, heißt dies nicht, dass die Verlagerung des Schwerpunktes, von der Jung spricht, nicht doch in vielen subtilen Formen stattfindet.

4.3.6 Die Lebensphasen eines Managers

Dieses Modell ist gänzlich anders, denn es beschreibt die mit der beruflichen Laufbahn verbundenen Ziele und wie diese sich im Laufe der Zeit verändern. Die Darstellung der einzelnen Entwicklungsstadien spiegelt unsere Vorstellungen von der beruflichen Entwicklung wieder. Zur Verdeutlichung habe ich eine Arbeit von Kiechel (1987) herangezogen, welche die zentralen Belange eines Managers in Abhängigkeit von den verschiedenen Lebensphasen darstellt.

Die Altersstufen gehen aus der **Abbildung 4-4** hervor.

Abbildung 4-5 vermittelt Ihnen einen optischen Eindruck von diesen Lebensphasen. Hier können Sie sehen, wo Sie entsprechend Ihrer Altersstufe angesiedelt sind und ob die Charakterisierung der Altersstufen insgesamt mit Ihrer derzeitigen Position übereinstimmt.

Abgesehen von dem, was in Abbildung 4-5 beschrieben wurde, haben folgende Faktoren einen Einfluss auf die Einstellung gegenüber der beruflichen Laufbahn:

- die Erfahrungen, die mit unserer Altersgruppe in Zusammenhang stehen (z. B. die Erinnerung an die Ermordung von Präsident Kennedy, an die BandAid-Konzerte oder an die Ära Thatcher-Reagan)
- der berufliche Lebenszyklus, der mit den Phasen und Interessen des persönlichen Lebenszyklus übereinstimmen kann, aber nicht muss (angefangen von der Ausbildung bis zu höheren Positionen)
- die Stufe, auf der wir uns gerade befinden (Phase, Stadium oder Lebensabschnitt)

Abbildung 4-4: Die Lebensphasen eines Managers (Kiechel)

Die Zwanziger – sich beweisen

Hier geht es darum zu zeigen, dass Sie das Zeug haben, den Job zu machen. Untersuchungen über den Berufsweg von ArbeitnehmerInnen haben ergeben, dass von ihnen erwartet wurde, Anleitung von älteren KollegInnen anzunehmen und sich diesen unterzuordnen, was im Gegensatz zu dem Willen junger Erwachsener steht (siehe den Lebenszyklus nach Erikson), sich als eigenständige Person zu definieren - ein potenzieller Konflikt zwischen entwicklungsbedingten Zielen und den Erwartungen, die in der Anfangsphase der beruflichen Laufbahn an uns gestellt werden.

Die Dreißiger – es zu etwas bringen

Diese Phase ist geprägt von dem Druck, seinen Wert und seine Fähigkeiten durch Aufstieg und berufliche Leistungen/ Führungsqualitäten unter Beweis zu stellen. Man spürt, dass die Zeit läuft und glaubt, dass, wenn man es bis 40 nicht zu etwas gebracht hat (was immer dies sein mag), man es nie zu etwas bringen wird! Dies heißt vor allem, dass man sich als Spezialist oder Experte auf einem bestimmten Gebiet hervortun muss. Die Dreißiger sind geprägt von dem beinahe verzweifelten, zwanghaften und wetteifernden Bestreben, so erfolgreich zu sein, dass andere es sehen können.

Die Vierziger – Grenzen akzeptieren

Die meisten schaffen es einfach nicht, in Spitzenpositionen aufzusteigen, und das bedeutet in dieser Phase für die allermeisten Menschen, dass sie lernen müssen, mit diesen und mit anderen Grenzen zu leben und sich damit abzufinden. Diese Zeit ist eine ganz besonders wichtige Phase, denn hier kann es zum einen zu der von Levinson beschriebenen «mid-life crisis» kommen, und zum anderen erfolgt der Übergang zur zweiten (und eher qualitativ orientierten) Lebenshälfte, wie Jung sie beschreibt. Die Wahrnehmung der persönlichen Grenzen führt dazu, dass sich die Gedanken häufig mit Sterblichkeit, Zukunftsaussichten, möglichen beruflichen Veränderungen und der Umstrukturierung bestimmter Lebensbereiche beschäftigen. Es besteht die Gefahr des emotionalen und intellektuellen Ausstiegs.

Die Fünfziger und frühen Sechziger – Isolation vermeiden

Jetzt geht es darum, sich entweder mit seinen Leistungen und Fähigkeiten zufriedenzugeben und/oder zu lernen, seinen Einfluss und sein Ansehen umsichtig einzusetzen. In dieser Phase besteht die Aufgabe darin, andere zu fördern und anzuspornen, seine Verantwortung besonnen zu nutzen und zu einem verständnisvollen und angemessen Umgang mit sich selbst zu gelangen. Die wachsende Tendenz, sich in sich selbst zurückzuziehen und sich von KollegInnen und von anderen Menschen außerhalb der Berufswelt zu isolieren, stellt eine Gefahr dar. Wenn diese Tendenz in Grenzen gehalten werden kann, sind diese berufserfahrenen Menschen in fachlicher Hinsicht eine immense Ressource. Da Konkurrenz, persönliche Macht oder das Bedürfnis, seinen Einfluss geltend zu machen, für diese Menschen nicht mehr besonders wichtig sind, stellen sie eine wichtige Ressource dar, wenn es darum geht, andere Mitglieder der Organisation und der Berufssparte zu betreuen, zu unterstützen und ihnen bei ihrer Entwicklung zu helfen. Diese Menschen wollen, dass ihr Fachwissen, ihre Kenntnisse und ihre Erfahrung anerkannt und genutzt werden und dass sie so auch weiterhin als geschätzter und kompetenter Berater gefragt sind.

Die Zeit danach – besonnene Führung und Gelassenheit

In dieser Phase ist man wahrscheinlich in der Lage, den Berufsstand bzw. die Organisation auf eine Art und Weise einzuschätzen, die es gestattet, Erkenntnisse zu vermitteln, wie es nur wenige andere können. Man ist fähig, umsichtig zu beraten und ausgleichend auf die Jüngeren einzuwirken, so dass diese die Möglichkeit haben, innezuhalten und umfassender zu verstehen, worum es geht und dann eine Entscheidung zu treffen.

Abbildung 4-5: Die Lebensphasen eines Managers (Kiechel, 1987)

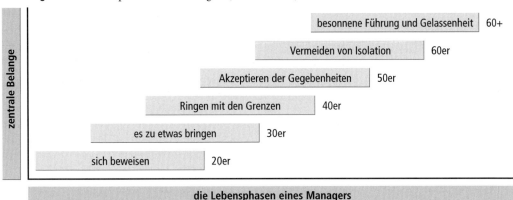

einschneidende Ereignisse im Leben, die wir als Umbruch empfunden haben und die sich prägend auf unsere weiteren Lebenserfahrungen ausgewirkt haben (z. B. die Geburt eines Kindes und die Elternschaft, der Tod eines uns nahestehenden Menschen, besonders dann, wenn der Tod vorzeitig oder traumatisch war, bedeutende persönliche Erfolge etc.).

Die Entwicklung der beruflichen Laufbahn ist ein guter Anzeiger dafür, wie unsere Vorstellungen sich verändern. Es wird immer Ausnahmen geben in Zeiten, in denen wir mit unseren Erfolgen, Enttäuschungen und Grenzen ringen und das Gefühl haben, bestimmte Dinge noch erreichen zu müssen.

Viele Menschen sehen Arbeit und berufliche Weiterentwicklung als einen wesentlichen (vielleicht sogar den) Sinn des Lebens an. Aus diesem Grunde hat das, was sich am Arbeitsplatz und im Berufsleben abspielt, in psychologischer Hinsicht eine enorme persönliche Bedeutung für uns. Wir können eine solch überwältigende Freude über einen Erfolg bei der Arbeit empfinden, aber auch so verzweifelt über eine Enttäuschung sein, dass dies für andere in keinem Verhältnis zu dem Ereignis selbst steht.

4.4 Die Umsetzung der vorgestellten Inhalte

Die Modelle der Lebensphasen sind als Bezugssysteme zu verstehen, mit deren Hilfe Sie ihre gegenwärtigen Ziele im Rahmen Ihres gesamten Lebenskontextes betrachten können. Die Kenntnis dieser Modelle erlaubt eine ganzheitliche Betrachtung Ihres Lebens und Ihrer aktuellen Probleme und Belange. Das gilt auch für Ihre PatientInnen. Auch hier können die Modelle dazu beitragen, dass Sie Patienten mit einer Umsicht betrachten und verstehen, zu der Sie vorher nicht fähig waren.

Aus den Inhalten geht hervor, dass sich die psychologischen und sozialen Belange der Menschen in den verschiedenen Phasen ihres Lebens wandeln. Während wir uns mit der Zeit weiterentwickeln, versuchen wir, uns an die neuen Umstände, Gegebenheiten und Wahrnehmungen anzupassen, die bestimmen, wer wir sind und was wir tun.

Diese Erkenntnisse könnten uns zu dem Schluss verleiten, dass wir bei all dem eine ziemlich passive Rolle spielen und bloß langsam einem vorbestimmten Lebensweg folgen, auf dem es psychologische Hemmnisse und Herausforderungen zu überwinden gilt. Wenn wir unsere Sache gut machen, dann dürfen wir weitergehen, wenn nicht, müssen wir warten, bis wir das Hindernis überwunden haben und können dann erst weitergehen. Ich glaube nicht, dass es sich ganz so verhält. Diese Modelle sind vielmehr als Landkarten aufzufassen, die uns (und unseren PatientInnen und KollegInnen) helfen können, zu erkennen und zu verstehen, wo wir uns befinden und wie das Gelände aussieht, das vor uns liegt.

Die Modelle sind zwar verschieden, doch sie weisen auch Gemeinsamkeiten auf:

- Das Leben lässt sich in verschiedene Entwicklungsstadien einteilen.
- Beim Übergang von einem Stadium zum nächsten treten spezifische Probleme und traumatische Ereignisse auf.
- Jedes Stadium ist von speziellen Problemen begleitet, mit denen sich der Mensch auseinander zu setzen hat.
- Die ungelösten Probleme früherer Stadien beeinflussen das derzeitige und die folgenden Stadien ebenso wie unsere Fähigkeit, mit den Problemen fertig zu werden.
- Das menschliche Leben ist in hohem Maße progressiv, entwicklungsorientiert und vorwärtsgerichtet.
- Integraler Bestandteil der menschlichen Entwicklung ist eine sich kontinuierlich fortsetzende sozio-kulturelle Dimension.
- Was Entwicklung, Lernen und Verhalten betrifft, verläuft die Progression vom Einfachen hin zum Komplexen.

In diesem Abschnitt wurden Modelle vorgestellt, die Sie für Ihre Arbeit mit PatientInnen verwenden können. Die Modelle können bewirken, dass der soziale Kontext der PatientInnen in seiner Gesamtheit umfassender einbezogen und stärker berücksichtigt wird. Sie können dazu beitragen, dass die Bedeutung der Probleme von PatientInnen in Abhängigkeit vom Alter und der jeweiligen Lebensphase klarer wird. Außerdem können Sie Möglichkeiten aufzeigen, den Anpassungs- und Veränderungsprozess, in dem die PatientInnen sich befinden, zu beschreiben und die Pflegeperson auf Probleme aufmerksam machen, die eventuell in der Zukunft auf die PatientInnen zukommen.

Literatur

Erikson, E. (1985) *The Life Cycle Completed*, W.W. Norton and Co, New York.

Jung, C. (1931) *Collected Works: Vol 8, The Stages of Life*, Princeton University Press, USA.

Kiechel, W. (1987) *Ages of a Manager. Fortune* 5 November 1987.

Levinson, D. *et al.* (1978) *The Seasons of a Man's Life*, Ballantine Books, New York.

Nicholson, J. (1980) *Seven Ages*, Fontana Paperbacks, Glasgow.

Sheehy, G. (1976) *Passages,* Bantam Books, Toronto, Canada.

Weiterführende Literatur

Bolles, R. (1981) *The Three Boxes of Life*, Ten Speed Press, Berkeley, USA.

Bridges, W. (1991) *Managing Transitions*, Addison-Wesley, Reading, USA.

Lievegoed, B. (1979) *Phases: Crises and Development in the Individual*, Steiner Press, London.

5. Die Arbeit an mir

Inzwischen haben Sie viele Informationen über sich zusammengetragen; einige haben Sie vielleicht überrascht, bei anderen werden Sie sich fragen, was sonst noch auf Sie zukommt, worüber Sie Notizen machen sollen. Möglicherweise sind Sie ein wenig gespannt oder nachdenklich gestimmt und betroffen.

Sollten Sie feststellen, dass Ihre Aufzeichnungen durchweg positiv sind, dann würde ich Sie bitten, noch einmal darüber nachzudenken. Es könnte sein, dass Ihre Aufzeichnungen etwas einseitig sind, und dann ist es jetzt an der Zeit, noch einmal genau hinzuschauen und auch Ihre weniger positiven Eigenschaften oder Gefühle zu notieren. Dasselbe gilt für den Fall, dass Sie überwiegend negative oder nebensächliche Dinge festgehalten haben; denken Sie bitte noch einmal über sich selbst nach, um festzustellen, welche Stärken und positiven Eigenschaften Sie ausgelassen haben. Zeichnen Sie kein einseitiges Bild von sich. Überprüfen Sie, ob sich nicht doch einige positive Merkmale finden lassen, die Sie nicht aufgeschrieben beziehungsweise übersehen haben.

Dieser Prozess der Selbstprüfung ist damit nicht abgeschlossen. Er gehört zu den Prozessen, die nie enden. Sie verfügen nun über eine ziemlich große Anzahl von «Anhaltspunkten» über sich selbst, doch es kommt noch einiges an Arbeit auf Sie zu. Im Moment denken Sie wahrscheinlich: «Und was soll das alles?» und «Was kann ich damit anfangen?»

5.1 Frage 1: Was soll das alles?

Wenn Ihnen klar geworden ist, was wichtig für Sie ist und was Ihnen hilft beziehungsweise Sie daran hindert, in der Welt so zu funktionieren, wie Sie es gerne möchten, dann haben Sie große Erkenntnisse gewonnen. Wenn Sie dagegen kaum eine Vorstellung davon haben, wie Sie sich verhalten und was Ihnen im Leben hilft oder Sie behindert, dann haben Sie es schwerer, sich zu ändern. Sie sind vielleicht ganz allgemein enttäuscht oder teilnahmslos, wissen aber nicht, woran dies liegen könnte oder was falsch läuft.

Ich meine nicht, dass Sie sich eine Welt erschaffen sollen, in der sich in narzisstischer Weise alles um Sie dreht, sondern, dass Sie Ihre Selbsterkenntnisse und Ihr Selbstvertrauen so einsetzen sollen, dass Sie die Geschehnisse aktiv mitgestalten und beeinflussen können.

Wenn Sie sich und Ihr Handeln (z.B. die positiven und die negativen Gespräche berücksichtigen, die den inneren Dialog ausmachen) in einem klareren Licht sehen, dann bekommen Sie ein ausgewogeneres und realistischeres Bild von sich, und dies befähigt Sie wiederum, die unwägbaren Höhen und Tiefen des Lebens im richtigen Verhältnis zu sehen, ihnen mit wachsendem Selbstvertrauen zu begegnen und sie gegebenenfalls zu überwinden.

Die wesentlichen Vorteile dieser Selbstprüfung liegen meiner Ansicht nach darin, dass Sie wahrscheinlich:

- Entscheidungen mit mehr Sachverstand treffen als vorher
- besser wissen, was wichtig für Sie ist
- klarer erkennen, wonach Sie im Leben suchen.

Vieles davon ist darauf zurückzuführen, dass Sie sich bemüht haben, offener gegenüber sich selbst zu sein und:

- mehr Bereitschaft gezeigt haben, Ihr Verhalten bewusster wahrzunehmen (sowohl Ihr Handeln als auch Ihre Gedanken)
- intensiver beobachtet und wahrgenommen haben, was in Ihrer Umgebung geschieht
- sich verpflichtet haben, auf sich – als geschätzter und schätzenswerter Mensch – zu achten.

Dies sind wesentliche Vorbedingungen, die erfüllt sein müssen, wenn Sie andere betreuen und für sie sorgen wollen. Die Begründung liegt darin, dass es sehr schwer ist, sich um andere zu kümmern, wenn man kein konkretes und realistisches Bild von sich selbst hat. Um ein solches Bild von sich zu haben, müssen Sie beobachtet haben, was Sie tun, eine Vorstellung davon haben, was Sie sind und die Bereitschaft mitbringen, das Gute wie das Schlechte, die Stärken wie die Schwächen, die rationalen wie die irrationalen Anteile Ihrer Person zur Kenntnis zu nehmen. Dadurch nehmen Sie sich nicht nur ganzheitlicher wahr, sondern Sie können auch besser nachempfinden, aus welcher Perspektive und wie andere (z. B. PatientInnen, KollegInnen und FreundInnen) das Leben wahrnehmen.

Die Arbeit einer Pflegeperson ist an sich schon angstauslösend. Sich um Menschen zu kümmern, die sich in physischen und psychischen Stress-Situationen befinden, wie zum Beispiel PatientInnen, Angehörige und andere Pflegende und Betreuende, ist auch von Angst begleitet. Die zum Leben und zum Tod gehörenden Emotionen sind nie sehr weit entfernt, auch nicht die großen Fragen des Lebens. Fragen wie: «Warum ich? Warum sie? Was ergibt das Ganze für einen Sinn? Was tue ich hier überhaupt?» werden gestellt. Gefühle wie Schuld, große Freude, Demut und Scham, um nur ein paar zu nennen, sind bei Ihnen, bei einem Angehörigen oder einer PatientIn immer nah an der Oberfläche.

Sie haben grundsätzlich zwei Möglichkeiten, darauf zu reagieren: Entweder Sie akzeptieren die mit der Rolle der Pflegeperson verbundene Emotionalität und arbeiten damit, oder Sie versuchen, die Emotionalität des Ganzen (vielleicht als eine Form der Bewältigung) zu leugnen oder abzutun.

Die zweite Möglichkeit können Sie umsetzen, wenn Sie den Routinen, Methoden, Aufgaben etc., die erledigt werden müssen, Vorrang einräumen und damit die Aufmerksamkeit von den PatientInnen abziehen. Eine andere Strategie für den Umgang mit den emotionalen Anteilen wäre etwa die forsche Behauptung, dass man mit diesen Dingen sehr wohl umzugehen weiß und dass «sie eben zum Alltag dazugehören». Eine etwas stoische und vielleicht sogar heroische Reaktion, die ebenso gut richtig wie falsch sein kann, doch sie sieht wenigstens wie der Versuch einer Bewältigung aus.

Wenn Ihre Reaktion aber so aussieht, dass Sie mit der zu Ihrer Rolle gehörender Emotionalität arbeiten, dann müssen Sie sich auch Gedanken darüber machen, was die Arbeit mit Ihren PatientInnen in emotionaler Hinsicht für Sie bedeutet. Es werden Fragen auftauchen, bei denen es um Bedeutung, Sinn und Ungerechtigkeit geht, die PatientInnen empfinden. Es wird Neid, Eifersucht und manchmal sogar Feindseligkeit Ihnen gegenüber geben, weil Sie etwas besitzen, was die PatientInnen auch wollen, zum Beispiel Gesundheit, vier Gliedmaßen, einen klaren Verstand, eine Position, einen sozialen Status und einen Beruf.

Wenn Sie sich selbst besser kennen lernen – worum es in diesem Teil geht – gelingt es Ihnen besser, den Unwägbarkeiten des Lebens zu begegnen und sie zu bewältigen und sich den von den PatientInnen ausgehenden Problemen und Spannungen zu stellen und sie auszuhalten.

Als Pflegeperson sind Sie ständig mit Dingen konfrontiert, die sich um die Bedeutung des Lebens und um die Gemütsverfassung von Menschen mit akuten Schmerzen und in Notsituationen drehen. Damit ist auch das Entsetzen gemeint, das durch bestimmte körperliche und psychische Krankheiten ausgelöst wird, die Schwächen oder Stärken von Menschen in

Notsituationen und Ereignisse wie der Tod eines «guten» Patienten und die Genesung eines «schwierigen» Patienten.

Sie persönlich sind herausgefordert, sich ein klareres Bild von sich selbst und von Ihren eigenen Problemen zu verschaffen, dieses Bild zu akzeptieren und damit zu arbeiten und es gleichzeitig auch noch fertig zu bringen, der mit der Pflege und Fürsorge verbundenen Aufgabe gerecht zu werden, PatientInnen als Menschen und nicht als medizinische Fälle zu betrachten.

Wenn Sie dies schaffen, kommt dies nicht nur Ihren pflegerischen Fähigkeiten zugute, sondern auch Ihnen als Mensch. Doch es gilt, ein Großteil der mit der Rolle der Pflegeperson verbundenen emotionalen Schutzmechanismen abzubauen, wenn nicht sogar völlig aufzugeben, damit die Pflegeperson sich als Mensch zeigen kann, zu ihrem und zum Nutzen der PatientInnen.

5.2 Frage 2: Was kann ich mit all diesen Informationen über mich denn anfangen?

Zuerst sollten Sie die Informationen, die Sie über sich gesammelt haben, nach dem Muster von **Abbildung 5-1** ordnen. Dabei geht es um bestimmte Grundthemen.

Es gibt diskrete Botschaften, die Ihre wesentlichen Anteile widerspiegeln und erfassen. Wenn Sie diese aufschreiben müssten, welche Bedeutung hätten sie für Sie? Schauen Sie sich Ihre bisherigen Aufzeichnungen an und das, was

Abbildung 5-1: Informationen über mich

- woran ich glaube
- meine wunden Punkte
- mein Standort im Leben
- Rückmeldungen, die zeigen wie andere mich sehen
- wie ich die Zukunft sehe
- was ich erreichen möchte
- Botschaften, die von mir selbst kommen
- was ich mag und was ich nicht mag
- Gedanken über Vergangenheit, Gegenwart und Zukunft
- wie ich über mich denke und wie ich mich selbst wahrnehme
- wie ich gern sein möchte
- Botschaften, die von anderen kommen

Sie aus dem Buch entnommen haben. Wenn Sie sich jetzt auf sich selbst konzentrieren, wie würden Sie sich anhand all dieser Informationen beurteilen, charakterisieren, bezeichnen und beschreiben? Welches sind die diskreten Beschreibungen, die ein Gesamtbild dessen ergeben, wer und was Sie sind? Notieren Sie die wesentlichen Merkmale nach dem Muster von **Abbildung 5-2**.

Dies ist äußerst schwierig, und Sie werden wahrscheinlich mehrere Anläufe brauchen. Aber es wird Ihnen nützen, weil Sie sich dann umfassender wahrnehmen können. Sie können außerdem auch besser erkennen, wer Sie sind und besser verstehen, warum Sie bestimmte Dinge tun und andere meiden, wann immer Sie können.

Diese Aufgabe unterscheidet sich insofern von anderen Versuchen, sich selbst zu beschrei-

Abbildung 5-2: Wie ich mich sehe

etc.

ben, als Sie nun auf Notizen und Überlegungen zurückgreifen, die von Ihnen stammen. Dies ist etwas ganz anderes als wenn Sie sich unvorbereitet irgendetwas aus den Fingern saugen.

Wenn Ihnen einige der in Abbildung 5-2 notierten Botschaften nicht gefallen, dann lesen Sie sie noch einmal. Überlegen Sie, ob sie stimmen und wie, was und warum Sie sie verändern wollen. Bedenken Sie, dass jede dieser Charakterisierungen ein wichtiger Aspekt Ihrer selbst ist, auch wenn Sie sie vielleicht nicht alle mögen. Zusammen ergeben Sie ein vollständiges Bild, so wie Sie sich selbst kennen, sogar mit den vereinzelten Schwächen! Anhand der Botschaften in Abbildung 5-2 kann es Ihnen gelingen, ein runderes und realistischeres Bild von sich zeichnen, das Sie dann anschauen, untersuchen und akzeptieren können.

5.3 Eine Momentaufnahme von mir – jetzt

Ich glaube nicht daran, dass wir gänzlich festgelegt auf die Welt kommen oder keine Wahl beziehungsweise Möglichkeit haben, Dinge zu ändern. Ich stelle bei mir fest, dass einige Aspekte über die Jahre relativ konstant geblieben sind, und trotzdem wäre ich früher nicht in der Lage gewesen, diese Aspekte näher zu beschreiben. Ich stelle ebenfalls fest, dass ich heute mit bestimmten Dingen anders umgehe. Aufgrund der Erfahrungen, die ich gemacht habe, habe ich Möglichkeiten kennen gelernt, die ich heute bevorzuge und die relativ erfolgreich für mich sind. Gleichzeitig ist mir auch deutlicher bewusst, dass ich auf anderen Gebieten nicht so leistungsfähig bin wie ich gern möchte, dass ich immer noch bestimmte Dinge meide und Schwierigkeiten habe, vor anderen zu sprechen.

Ich verfüge über bestimmte Attribute, Fertigkeiten und Fähigkeit, und ich weiß, dass es Bereiche gibt, die zugegebenermaßen nicht so sind wie ich es gerne hätte. Aber so ist die Situation für mich nun einmal in diesem Moment, und ich kann trotz meiner Unvollkommenheit weiterkommen. Mir ist jederzeit bewusst, in welcher Situation ich mich befinde, aber ich weiß, dass ich, wenn ich den Entschluss dazu fasse, einige Dinge an mir verändern kann, wenn ich es wirklich will. Ziehe ich es dagegen vor, nichts zu unternehmen, um etwas zu verändern, dann sage ich mir, es sei aus diesem oder jenem Grund eben nicht der richtige Zeitpunkt. Wenn ich jedoch meine Schwierigkeiten und Nöte erkenne, dann habe ich die Möglichkeit, an bestimmten Aspekten meiner Persönlichkeit, die ich ändern will, zu arbeiten, wenn ich bereit dazu bin. Ohne diese Erkenntnis habe ich erst gar nicht die Möglichkeit. Ich nehme vielleicht nur zur Kenntnis, dass ich «mich unbehaglich fühle» oder dass «etwas mit mir nicht stimmt».

Immer wenn ich über mich nachdenke, kommen andere Facetten zum Vorschein, die ich zusammenfüge, um mir eine Vorstellung davon zu machen, was für ein Mensch ich bin. Ich benutze die Wahrnehmungen, die sich da herauskristallisieren, als brauchbare Beschreibungen meiner Person, die mir deutlich zeigen, wer und was ich in meinen Augen bin. Ich finde das nützlich und beruhigend. Ich versuche nicht, mich in eine Schublade zu packen oder mir vorzumachen, ich könnte alles oder ich sei perfekt, so wie ich bin. Ich habe Ängste, ich bin in mancher Hinsicht zufrieden, aber nicht in jeder, doch ich glaube, dass ich im Großen und Ganzen mehr oder weniger im Reinen mit mir bin.

Welchen Eindruck haben Sie von sich, und wie denken Sie über all diese Dinge? Ich möchte Sie auffordern, Ihre Gedanken zu diesen Fragen jetzt aufzuschreiben (siehe Abb. 5-3). Bitte tragen Sie wichtige Aspekte, die sich anhand Ihrer Aufzeichnungen herauskristallisiert haben, in **Abbildung 5-3** ein.

5.4 Resümee der Gedanken und Reflexionen

Sie haben jetzt einige Vorstellungen und Ideen darüber, was Sie tun und wie Sie es tun, was Sie mögen und was nicht und auch welche Art von Beziehungen Sie bevorzugen. Sie werden auch festgestellt haben, welche Verhaltensweisen dem Aufbau von Beziehungen dienen und welche hinderlich dabei sind. Vielleicht haben Sie auch

Abbildung 5-3: Resümee meiner Gedanken

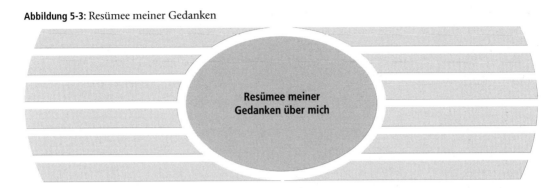

Resümee meiner
Gedanken über mich

bemerkt, dass Ihre Gedanken zu vergangenen Erfahrungen zurückkehren oder sich mit Möglichkeiten, Erwartungen sowie mit Ängsten und Sorgen beschäftigen, die in der Zukunft liegen.

Solche Reflexionen – die manchmal klar und lebhaft, dann auch wieder verworren, unklar und vieldeutig sind – werden häufig plastischer, wenn sie so verknüpft werden, dass man sie ordnen kann und dann einen «geschichtlichen» Überblick über sein Leben bekommt.

Zu diesem Zweck müssen Sie wichtige Ereignisse, Zwischenfälle, Gefühle, Schwierigkeiten aufregende Momente, dramatische Vorfälle und Erinnerungen, die Ihnen einfallen, unter der Überschrift «Aufzeichnungen über mein Leben» notieren. Tun Sie dies bitte jetzt und schreiben Sie die für Sie wichtigen Dinge auf, also solche, die geschehen sind und die Sie als wichtig ansehen.

Die Notizen in **Abbildung 5-4** geben für Sie wichtige Geschehnisse wieder, die Sie zu dem gemacht haben, was Sie sind und wo Sie heute stehen. Es sind Barrieren, Umwege und Zwi-

schenfälle auf dem Weg, den Sie seit Ihrer Geburt gegangen sind. Man kann das Leben fast als eine ununterbrochene Reise mit all ihren Höhen und Tiefen, ihren Freuden, Überraschungen, Enttäuschungen, Herausforderungen und Erfolgen betrachten.

Wenn Sie Ihre Ansichten über sich chronologisch anordnen, erscheinen die entscheidenden Ereignisse in zeitlicher Abfolge, und Sie erkennen vielleicht (über mindestens ein paar Stadien Ihres Lebens), dass bestimmte Muster sich wiederholen. Als ich dies vor einigen Jahren zum erstenmal machte, konnte ich zu meinem Erstaunen in einer Phase meines Lebens tatsächlich solche diskreten Muster erkennen, deren Existenz mir vorher nicht bewusst war. Nachdem diese Verbindungen erst einmal hergestellt waren, zeigte sich, dass noch einige andere Dinge dazu passten, und ich konnte mir über diese Zeit in meiner Vergangenheit ein klareres Bild verschaffen.

Tun Sie dies jetzt bitte auch. Zeichnen Sie eine gerade waagerechte Linie; das linke Ende mar-

Abbildung 5-4: Aufzeichnungen über mein Leben: wichtige und entscheidende Ereignisse etc.

etc.

Abbildung 5-5: Beispiel für eine Lebenslinie (x = ein wichtiges Ereignis)

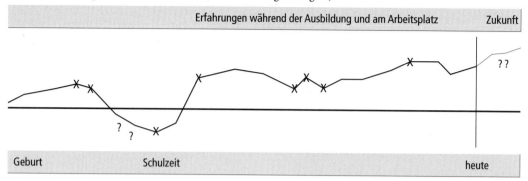

kiert den Zeitpunkt Ihrer Geburt, das rechte den, an dem Sie sterben werden. Schauen Sie sich jetzt die Notizen aus Abbildung 5-4 an und ordnen Sie sie in chronologischer Reihenfolge auf Ihrer Linie an. Sie zeichnen jetzt eine Lebensgeschichte nach, die alle Geschehnisse zeigt, die von besonderer Relevanz und Bedeutung für Sie sind. Während Sie dies tun, werden weitere Gedanken auftauchen. Das können Dinge sein, die Sie schon vergessen hatten oder die Sie bei Ihren Aufzeichnungen vorhin ausgeklammert haben. Sie können sie ebenfalls notieren.

Beim nächsten Schritt sollen Sie – außer dass Sie sich noch ein größeres Stück Papier für die nächste Zeichnung beschaffen – angeben, ob die von Ihnen genannten Ereignisse positiv oder negativ waren, und zwar indem Sie sie oberhalb oder unterhalb der Linie eintragen. Sie können auch die Zukunft einbeziehen und einzeichnen, welche entscheidenden Ereignisse auf Sie zukommen werden und ob sie eher positiv oder negativ sind.

In **Abbildung 5-5** ist eine solche Lebenslinie dargestellt; die waagerechte Linie zeigt, wo die Person sich zum gegenwärtigen Zeitpunkt befindet.

In der Abbildung sind viele Höhen und Tiefen sowie besondere Ereignisse verzeichnet, die sich für meine Entwicklung bis zum gegenwärtigen Zeitpunkt als sehr bedeutsam erwiesen haben. Diese Ereignisse werden jeweils durch ein x dargestellt und können alles beinhalten, was Sie als wichtig für sich erachten. Ich habe in **Abbildung 5-6** als Starthilfe für Sie einige Ereignisse als Beispiel aufgeführt, die nicht unbedingt aus meinem Leben stammen.

Dies sind nur einige Anregungen, wichtig ist, dass Sie genau die Dinge angeben, die wirklich wichtig für Sie waren und von denen Sie glauben, dass Sie sie zu dem Menschen gemacht haben, der Sie heute sind.

Wenn Sie es für sinnvoll halten, können Sie selbst eine Lebenslinie zeichnen. Gehen Sie dabei so gründlich und ehrlich wie möglich vor,

Abbildung 5-6: Beispiele für wichtige Ereignisse im Leben

positive Dinge	negative Dinge
Einschulung	schlechte Note bekommen
mein erstes Fahrrad	Trennung von der besten Freundin
die erste Liebe	Trennung der Eltern
Zulassung zur Ausbildung	Autounfall
Berufsabschluss	erster Todesfall auf der Station
mit einem Notfall fertig geworden	depressive Episode
etc…	etc…

dann werden Ihnen einige neue und einige unerwartete Dinge an Ihrer Lebensgeschichte auffallen. Als ich dies zum erstenmal machte, erkannte ich zu meiner Überraschung, dass während meiner Teenagerzeit ein Muster häufig auftauchte: auf nicht besonders gute Lernleistungen folgte stets eine unerwartete Besserung, und dieses Muster wiederholte sich. Es gelang mir zwar, dies zu ändern, aber erst viele Jahre später konnte ich das Muster erkennen, dem ich immer wieder folgte. Hätte ich es früher erkannt, hätte ich vielleicht eingreifen können.

Sie können mit Hilfe Ihrer/Ihren Lebenslinie(n) Folgendes tun:

- überlegen, wo Sie Ihren Schwerpunkt gesetzt haben
- Ihre diskreten Muster ausfindig machen
- feststellen, was Höhepunkte für Sie sind
- feststellen, was unwichtig ist/war
- gegebenenfalls herausfinden, was die Veränderungen im Leben herbeigeführt hat
- Fragen aufschreiben, die Ihnen jetzt einfallen und die Sie betreffen.

Sie können sehen und fühlen, wie es ist, sich selbst so zu betrachten. Was wird dabei aufgedeckt, was verborgen, welche versteckten Botschaften springen Ihnen ins Auge? Ist es schmerzhaft oder ist es eine Freude für Sie, sich selbst so anzuschauen und sich an all die Dinge zu erinnern, die geschehen sind?

Sie können Ihre Lebenslinie auch alle paar Jahre auf den neuesten Stand bringen. Sie werden überrascht sein, wie unterschiedlich die einzelnen Linien aussehen, wenn sich im Laufe der Zeit Ihre Einstellung gegenüber Ihren Erfahrungen verändert. Wenn Sie die Lebenslinien fertig gestellt und datiert haben, legen Sie sie weg, damit Sie sich nicht zu sehr davon beeinflussen lassen.

Es ist lohnend, aber auch schwierig, seine Lebenslinie anderen Menschen zu erläutern. Andere können Ihnen helfen zu erklären, was im Laufe der Jahre geschehen ist und welches die Hauptbotschaften sind, die Sie bei dieser Arbeit weglassen haben. Sie können darüber nachdenken, wenn Sie meinen, dass der richtige Zeitpunkt dafür gekommen ist.

Vielleicht werden Sie dann im Gegenzug von KollegInnen gebeten, sich deren Lebenslinie anzusehen. Wie würden Sie damit umgehen? Was würden Sie über deren Lebenslinie sagen, wenn Sie gefragt würden?

Überlegen Sie bitte jetzt, welche Fragen Sie stellen würden. Als Einstieg hier einige Beispiele:

- Was lesen Sie allgemein aus Ihrer Lebenslinie ab?
- Warum glauben Sie, dass «X» so wichtig für Sie war?
- Was war zum Zeitpunkt «Y» so ... für Sie?
- Können Sie ... etwas genauer erklären?

Gehen Sie behutsam dabei vor, denn Ihre KollegInnen teilen Ihnen Dinge mit, die wertvoll sind.

5.5 Schlussbemerkung

Die Inhalte in diesem Kapitel haben sich mit Ihnen beschäftigt und dabei an bereits bekanntes Material angeknüpft. Beim Durcharbeiten des Buches können Sie auf diese Aufzeichnungen zurückgreifen und sie entsprechend aktualisieren. Dabei werden Sie weitere Details über sich erfahren, die Sie vielleicht übersehen haben und die Sie benutzen können, um im Auge zu behalten, wie sich Ihr Gefühl für sich selbst während der Arbeit mit dem Buch entwickelt.

Natürlich existieren und arbeiten wir nicht isoliert von anderen. Wir definieren uns in vielerlei Hinsicht vorwiegend über die Beziehung zu anderen. Deshalb geht es nun – in Teil III – um die Arbeit mit anderen und um die Probleme, Schwierigkeiten, Freuden und Konflikte, die daraus entstehen.

Weiterführende Literatur

Pedler, M., Burgoyne, J. and Boydell, T. (1986) *A Manager's Guide to Self-development*, 2nd edn, McGraw-Hill Book Co, London.

Teil III:
Interaktionen, Einflüsse und Störungen

In diesem Teil stehen nicht mehr Sie, sondern Sie und Ihre Beziehungen zu anderen Menschen im Mittelpunkt. Kapitel 6 thematisiert verschiedene Arten von Beziehung, Erwartungen, die speziell mit der Rolle der Pflegeperson in Zusammenhang stehen, sowie Erwartungen, die andere an Sie in einer so einflussreichen Position stellen können. Des Weiteren werden Bezugssysteme vorgestellt, die Sie verwenden können, um Ihre Beziehungen und Ihre Arbeitsweise zu überprüfen und zu verändern.

Wenn Sie mit anderen Menschen arbeiten, müssen Sie genau wissen, was Sie wollen und Ihre Vorstellungen dann so zum Ausdruck bringen, dass die anderen zuhören und sich entsprechend Ihren Anleitungen, Wünschen oder Anweisungen verhalten. Dies ist nicht immer leicht. Es kann sein, dass Sie entweder für andere nicht verständlich genug äußern, was Sie möchten, oder dass Sie es auf eine Art und Weise tun, die nicht bestimmt genug ist, um andere zu veranlassen, Ihnen Folge zu leisten. Die anderen haben nämlich Ihre eigenen Wünsche und Bedürfnisse, die nicht unbedingt mit den Ihren übereinstimmen müssen. Ist dies der Fall, müssen Sie die Meinungsverschiedenheiten beseitigen, um zu einer gangbaren Lösung zu kommen. Mit diesem Thema werden wir uns in Kapitel 7 auseinander setzen.

Die Kapitel 8 und 9 beschäftigen sich mit Ihnen als Mitglied in einem Team oder einer Gruppe beziehungsweise als TeilnehmerIn an einem Meeting und bieten viele praktische Vorschläge, die Sie anwenden können. Die Unterschiede zwischen Führung und Management werden in Kapitel 10 erläutert. Diese Begriffe werden oft durcheinandergebracht, wenn über Verhalten am Arbeitsplatz gesprochen wird, aber sie haben durchaus verschiedene Bedeutungen.

6. Beziehungen und Erwartungen

Ganz gleich, wie positiv wir uns selber sehen oder wie sicher wir uns unseres Erfolges sind, wir stehen zu den Menschen in unserer Umgebung in Beziehung und sind zum Teil von ihnen abhängig. Wir sind, wie manche sagen, gesellige Wesen. Wir können uns weder vollständig dem Einfluss entziehen, den andere auf uns haben, noch können wir die Auswirkungen leugnen, die unser Verhalten auf sie hat. Ein Großteil unseres Gefühls für uns selbst und unserer Bedeutung als Person beruht darauf, dass wir uns mit anderen vergleichen.

Wir investieren viel Mühe und Energie (psychisch und physisch), wenn es darum geht zu entscheiden, welchen Eindruck wir auf andere machen wollen und wie wir diesen Eindruck, den wir vermitteln und aufrechterhalten wollen, kultivieren können. Im Gegenzug nehmen wir die Verhaltensweisen und Besonderheiten der Menschen in unserer Umgebung detailliert wahr und vergleichen und kontrastieren sie dann – bewusst oder unbewusst – mit unseren eigenen.

Was unseren Beruf, unsere Ausdrucksweise und unsere erklärten Ziele anbelangt, grenzen wir uns durch Ähnlichkeit und Affinität beziehungsweise durch Verschiedenheit und Widerspruch von anderen ab. Wir sind Beziehungswesen und dazu bestimmt, unser Leben mit anderen und um andere herum zu gestalten. Wie wir dies tun, wirkt sich auf den Verlauf und die Qualität unseres Lebens aus. Deshalb kommt es entscheidend darauf an zu wissen, was wir von den Beziehungen mit anderen erwarten und welche Arten von Beziehung für uns infrage kommen. Um entsprechende Entscheidungen treffen zu können, müssen wir uns selbst verstehen und einschätzen können. Diese Erkenntnisse waren das Ergebnis von Teil II.

Dieses Kapitel ist in zwei Abschnitte unterteilt. Der erste (6.1) befasst sich mit bestimmten Aspekten der Beziehungen und Erwartungen zwischen PatientInnen und ihren BetreuerInnen; der zweite (6.2) geht auf Ängste und Stressfaktoren ein, die mit im Spiel sind, wenn es um die Betreuung anderer Menschen geht.

6.1 Betreuer-Patient-Beziehungen und damit verbundene Erwartungen

6.1.1 Am Kreuzungspunkt der pflegerischen Betreuung

Was Kontakte und Interaktionen anbelangt, lässt sich die Position der Pflegeperson mit jemandem vergleichen, der an strategisch günstiger Stelle an einem der Hauptkreuzungspunkte auf einer der alten Seiden- und Gewürzstraßen platziert ist. Diese waren zur damaligen Zeit die Hauptbeförderungswege der zivilisierten Welt, die großen Landtransport- und Handelsstraßen, auf denen kostbare Frachten befördert, Geschäfte getätigt und auch wichtige Beziehungen geknüpft wurden. Der Wächter am Hauptkreuzungspunkt sah ständig Menschen mit ihren verschiedenen Frachten, Geschichten, Gebräuchen, Problemen, Anliegen, Sorgen und Bedürfnissen kommen und gehen. Viele nahmen keine große Notiz von dem Wächter oder hielten ihn gar für selbstverständlich, doch er war ein wichtiger Bestandteil der Szenerie und sorgte dafür, dass alles reibungslos ablief. Der Wächter wie auch der Betreuer ist ein Helfer, Zuhörer und Tröster, jemand, der qualifiziert ist, den Reisenden auf der Handelsstraße fachkundige Ratschläge und Empfehlungen zu geben.

In gewisser Hinsicht befindet sich die Pflegeperson für mich in einer ähnlichen Position, an den Hauptkreuzungspunkten des Lebenswegs ihrer PatientInnen. Dieser Vergleich mag ein bisschen überzogen und dramatisch klingen, aber er erfasst einige wichtige Beziehungsaspekte der Rolle einer Pflegeperson, die übersehen werden könnten.

Wie stellen Sie sich einen solchen Hauptkreuzungspunkt für eine Pflegeperson beziehungsweise einen Betreuer vor? **Abbildung 6-1** zeigt einen Vorschlag.

In dieser Darstellung nimmt die Pflegeperson eine zentrale Position am Kreuzungspunkt ein. Von hier aus kann sie vordringliche Dinge, die angeordnet sind, sowie Entscheidungen und Maßnahmen, die zum Wohl der PatientInnen getroffen werden, beobachten und beeinflussen.

Auch wenn die Metapher der Seidenstraße vielleicht keine perfekte Analogie ist, die Pflegeperson befindet sich in einer Position, in der sie beobachtet und mit einem kontinuierlichen und zusammenhängendem Betreuungsansatz ihre Arbeit leistet. Bezogen auf die Kontinuität des Patientenkontaktes wird dies von keiner der anderen Berufsgruppen erreicht. Die Pflegeperson ist es, die tagtäglich die verschiedenen Bedürfnisse der einzelnen PatientInnen über den ganzen Tag beobachtet. Sie ist die ganze Zeit die zentrale Figur. Sie hat einen Überblick über das beständige Kommen und Gehen, sie sorgt dafür, dass Dinge in Gang kommen und dass sich andere bei all dem aufgehoben und getröstet fühlen.

Der entscheidende Punkt ist der, dass die Pflegeperson mit einem Großteil der direkten Pflegearbeit befasst ist. Sie hat Einfluss auf das Tempo und die Atmosphäre, in der gearbeitet wird. Durch die fortwährende Beanspruchung ihrer Dienste und Energien machen sich bei ihr aber auch Müdigkeit und Erschöpfung bemerkbar. Bei dem Versuch, die Bedürfnisse, Wünsche und Erwartungen anderer zu erfüllen läuft sie Gefahr, sich völlig zu verausgaben und aus psychologischer Sicht sich zu verlieren und ihre eigenen Bedürfnisse zu vernachlässigen.

Um damit fertig zu werden, braucht die Pflegeperson Bezugssysteme, die ihr helfen:

Abbildung 6-1: Am Kreuzungspunkt der pflegerischen Betreuung

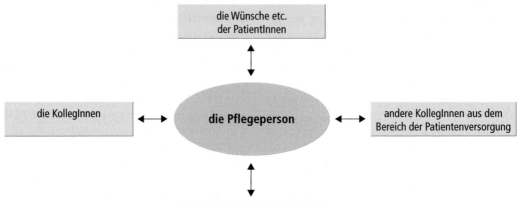

- sich zu vergegenwärtigen, wovon sie der Mittelpunkt ist
- sich bewusst zu machen, wie vielen Zwängen, Erwartungen und Anforderungen sie ausgesetzt ist
- die Gespräche mit PatientInnen zu strukturieren
- sich Klarheit über die verschiedenen Arten von Beziehungen zwischen Pflegepersonen und anderen zu verschaffen, die sich bei ihrer Arbeit entwickeln
- die einzelnen Muster individueller Reaktionen auf Stress und Traumata zu bezeichnen.

Ohne solche Hilfsmittel könnte es passieren, dass die Pflegeperson die Kontrolle über die Situation verliert und entweder untergeht, sich «in die Neutralität flüchtet» und die Situation so zu meistern versucht oder aus dem Beruf aussteigt. Mit keiner dieser Möglichkeiten ist der Pflegeperson oder den PatientInnen gedient. Im nächsten Abschnitt dieses Kapitels werden Modelle und Ideen vorgestellt, mit denen Sie sich einen allgemeinen Überblick über die an Sie gestellten Erwartungen und über die wechselvolle Natur der Beziehung zwischen Pflegeperson und PatientInnen verschaffen können.

6.1.1.1 Zweckgebundene Beziehungen: Kontakte und Gespräche

Es gibt eine einfache Methode, wie Sie Ihre Arbeit mit anderen effizienter gestalten können: Klären Sie so schnell wie möglich den Zweck der Beziehung ab. Auch wenn Ihnen dies erst einmal unnötig erscheint, bedenken Sie, dass bei der Zusammenarbeit mit anderen Menschen meistens mehrere Absichten gleichzeitig ins Spiel kommen. Wenn diese nicht abgeklärt werden, können Verunsicherung und Beziehungsprobleme die Folge sein. Wenn Sie klären, zu welchem Zweck Sie zusammengekommen sind, werden Verunsicherung und Rivalität verringert, die Effektivität wird erhöht und Sie, die im Mittelpunkt all dessen steht, werden weniger belastet.

Vielleicht würden Sie gern einmal im Kopf durchspielen, wie der oder die Zweck(e) festgestellt werden. Sie könnten fragen «Zu welchem Zweck sind wir hier?» In anderen Fällen ist es

vielleicht nötig, entweder ausdrücklich um Klärung zu bitten oder selbst zu formulieren, was Sie für den Zweck der Zusammenkunft halten und dann die Reaktion abzuwarten.

Wenn Sie sich dies nicht zur Gewohnheit machen, dann laufen Sie Gefahr:

- dass Sie viel weniger erreichen als Sie eigentlich könnten
- dass Sie Ihre Zeit unnütz vertun
- dass (Ihnen und anderen) die Rollen nicht klar sind
- dass Sie die Möglichkeit verspielen, das Gesagte zu hinterfragen (z. B. wenn Sie dies für falsch halten etc.)
- dass Sie das Gefühl für Prioritäten verlieren
- dass Sie frustriert sind, wenn das, was Sie erwartet haben, nicht eintritt
- dass die Aussicht auf eine gute Zusammenarbeit geringer wird.

Berufliche Beziehungen geben den Rahmen für eine Vielzahl von Gesprächen ab, die alle einem anderen Zweck dienen. Wenn Sie von dieser Vorstellung ausgehen, haben Sie ein Bezugssystem, mit dem Sie deutlich machen können, was Sie vorhaben. Dabei können Sie behutsam und ganz konkret vorgehen, was für ängstliche PatientInnen besonders angenehm ist, denn die Struktur eines solchen Gesprächs ist einfach und direkt.

Abbildung 6-2 zeigt, was ich meine; Sie können das Modell je nach Wunsch und praktischen Gesichtspunkten abändern. Wie Sie sehen, habe ich Platz gelassen, damit Sie Ihre Ideen einfügen können, aus welchen beruflichen Gründen Menschen zusammenkommen.

Ich habe Abbildung 6-2 aus der Sicht einer Pflegeperson dargestellt, die mit einem Patienten arbeitet. Etwaige andere Gründe für die Beschäftigung mit Ihren PatientInnen müssen eingefügt werden. **Abbildung 6-3** zeigt die Sicht des Patienten, die Ihnen Aufschluss darüber gibt, aus welchen Gründen die PatientInnen Kontakt zu Ihnen suchen. Sie können die beiden Abbildungen miteinander vergleichen, um festzustellen, inwieweit sich die Gründe decken und wo es Unterschiede gibt, denn genau dort entstehen Spannungen und Konflikte.

Abbildung 6-2: Absichten und Gespräche

Der Zweck einer beruflichen Beziehung bestimmt, welche Gesprächsform angemessen und notwendig ist, um dem Zweck gerecht zu werden. Dies gibt Ihnen die Möglichkeit, eine angemessene Beziehung zwischen sich und den PatientInnen aufzubauen und sich so vor unzulässigen und unrealistischen Erwartungen von beiden Seiten zu schützen. Sie können das erreichen, wenn Sie klar und in geeigneter Form sagen, wozu Sie da sind und dann die entsprechende Form für die Gespräche finden.

Ändern Sie das Modell nach Ihren Vorstellungen ab, damit Sie in der Praxis damit arbeiten können. Die veränderte Version können Sie dann bei der Arbeit mit PatientInnen als eine Art Rahmen benutzen, an dem sich auch die PatientInnen orientieren können, wenn es darum geht, ihre Bedürfnisse zu äußern, die Fragen zu stellen, die sie beantwortet haben möchten und die Beziehung zu Ihnen, dem Spezialisten, zu klären.

6.1.1.2 Die Elemente eines auf ethischen Grundsätzen basierenden Gesprächs

Gespräche zwischen PatientInnen und den betreuenden Personen bergen Probleme in sich. Die Gefahr, missverstanden zu werden, ist groß wegen der Komplexität der Inhalte, wegen der Angst, die sowohl Sie als auch die PatientInnen haben, und wegen der Bedeutung, die der Austausch für die PatientInnen hat.

Welches sind nach Ihrer Auffassung die Faktoren, die eine effektive Kommunikation zwischen einem neuen Patienten und zum Beispiel einer Pflegeperson behindern? Sie können **Abbildung 6-4** benutzen und Ihre Vorschläge notieren, und zwar einmal aus Ihrer Sicht und einmal aus der des Patienten.

Es gibt sehr viele Barrieren, Missverständnisse und Hindernisse, die – ohne dass eine Absicht dahintersteckt – den Weg verstellen und es der Pflegeperson und dem Patienten schwer machen können, sich frei zu äußern.

Da es eine Vielzahl von Faktoren gibt, die eine effektive Kommunikation zwischen Pflegenden und PatientInnen behindern, ist es sinnvoll, nach Mitteln und Wegen zu suchen, die Missverständnisse und falsche Wahrnehmungen reduzieren und die Kommunikation eindeutiger machen. Ein sehr brauchbarer Ansatz stammt von Eric Shepherd (1994), der mit dem mnemotechnischen RESPONSE-Modell die elementaren Komponenten herausgearbeitet hat, die eine auf Respekt und Verantwortung basierende Kom-

Abbildung 6-3: Absichten und Gespräche aus Patientensicht

um den Kontakt aufrechtzuerhalten

um wieder beruhigt zu werden

um Trost zu erhalten

um Erläuterungen zu erhalten

Absichten und Gespräche (aus Sicht des Patienten)

um Informationen zu erhalten

um sich behütet zu fühlen

?

?

Abbildung 6-4: Faktoren, die eine effektive Kommunikation zwischen Patient und Betreuer/Pflegeperson behindern

aus der Sicht der Patienten	aus der Sicht der Pflegenden

munikation zwischen betreuender Person und Patient kennzeichnen. Diese Komponenten sind in **Abbildung 6-5** aufgeführt.

Jeder Begriff beinhaltet eine wichtige Qualität, die Ton, Stil und Inhalt des Gesprächs prägt. Jede Komponente für sich ist einfach und steht im Dienste einer ethischen Absicht. Zusammen ergeben die Komponenten eine Art Merkliste dessen, was Sie bei der Arbeit mit Ihren PatientInnen beachten müssen.

Das Modell, das im Zusammenhang mit der Ausbildung von MedizinstudentInnen entwickelt wurde, könnte Ihnen bei Ihren Überlegungen, Reflexionen und Gesprächen mit PatientInnen, KollegInnen und FreundInnen von Nutzen sein. Außerdem haben Sie damit noch ein Mittel, mit

Abbildung 6-5: Das RESPONSE-Modell für eine nach ethischen Grundsätzen ausgerichtete Kommunikation

Respect (Respekt)

Empathy (Empathie)

Supportiveness (unterstützende Haltung)

Positiveness (Bestimmtheit)

Openess (Offenheit)

Non-judgmental (Unvoreingenommenheit)

Straightforward (Aufrichtigkeit)

Equality (Gleichberechtigung)

dem Sie Ihre Kontakte zu PatientInnen überprüfen können. Des Weiteren können Sie das Modell benutzen, um Gespräche mit PatientInnen etc. vorzubereiten und um Dinge, die Sie sagen wollen, vorher anhand der RESPONSE-Kriterien zu überprüfen.

Abgesehen davon, dass Sie diese acht wichtigen Kriterien für eine effektive, direkte und persönliche Kommunikation beherzigen müssen, sollten Sie auch bedenken, dass die Art, wie Sie sich einem Menschen gegenüber verhalten, sich entscheidend darauf auswirkt, wie das, was Sie sagen, verstanden wird. Ein Beispiel: Sie können noch so sehr betonen, wie wichtig es ist, respektvoll und unvoreingenommen zu sein, wenn die Art und Weise, in der Sie Ihr Gegenüber behandeln, genau das Gegenteil beweist. Ist dies der Fall, dann werden die anderen das glauben, was sie sehen, und nicht das, was Sie sagen. Die Bedeutung der Übereinstimmung in der Kommunikation wird in Kapitel 7 behandelt.

Die einzig wichtige und im Zusammenhang mit einer effektiven Kommunikation erfolgreiche Fähigkeit, ist vielleicht das aufmerksame Zuhören. Sie hören aufmerksam zu, wenn Sie Ihre ganze Aufmerksamkeit darauf konzentrieren, den Standpunkt eines anderen anzuerkennen und dann zu verstehen. Oft wird diese Fähigkeit auch als aktives Zuhören bezeichnet. Ich ziehe aufmerksames Zuhören vor, weil darin die achtsame Verlagerung der Aufmerksamkeit auf die Probleme der anderen Person deutlicher zum Ausdruck kommt. Aufmerksames Zuhören ist nach wie vor der Stützpfeiler einer effektiven professionellen Arbeit im Alltag (siehe Kapitel 7).

6.1.1.3 Ein Gesprächsmanagement-Modell

Bei Ihrer Arbeit in der Klinik, auf der Station, in der Ambulanz oder bei einem Krankenbesuch werden Sie festgestellt haben, dass ein unter Zeitdruck geführtes, schnelles und vielleicht unvollständiges Gespräch dazu führt, dass Sie mehr Zeit bei einem Patienten verbringen müssen als Sie eigentlich vorhatten.

Der Versuch, ein bisschen schneller zu sein, endet oft damit, dass Sie letztendlich langsamer sind. Der Grund liegt darin, dass die PatientInnen entweder nicht verstehen, was Sie zu tun oder zu sagen versuchen, oder dass Sie sich gedrängt fühlen und sich gegen Ihren Druck zur Wehr setzen. Vielleicht werden sie noch verwirrter, ängstlicher und möglicherweise sogar ärgerlich und unkooperativ. Dies bedeutet, dass Sie dann noch mehr Arbeit aufwenden müssen, um die Situation wieder in den Griff zu bekommen und die PatientInnen so zu stabilisieren und zu beruhigen, dass sie wieder aufnahmebereit sind.

Es ist weitaus besser, wenn Sie eine Intervention im voraus planen und dabei so schnell vorgehen, wie es die Bedürfnisse der PatientInnen und Ihre Zeit erlauben. Jede Begegnung mit Ihren PatientInnen lässt sich in deutlich unterscheidbare Stadien einteilen, von denen jedes eine besondere Aufmerksamkeit verlangt. Ich habe die Abfolge der Stadien in **Abbildung 6-6**

dargestellt und empfehle die Einhaltung dieser Abfolge, bis Ihre Arbeit beendet ist. Einige Stadien nehmen nur sehr wenig Zeit in Anspruch, vielleicht weniger als eine Minute. Aber ein Überspringen dieser Stadien kann bei den PatientInnen Verwirrung und Unbehagen auslösen und Ihre Pflegearbeit stören.

Es folgen fünf Stadien aufeinander: Am Anfang steht die Phase der Gesprächseröffnung/ Behandlung etc., und am Ende lassen Sie die PatientInnen in einem Zustand zurück, der gewährleistet, dass sie beruhigt sind, alles verstanden haben und in alles einbezogen wurden. **Abbildung 6-7** zeigt eine entsprechende grafische Darstellung. Auf ihrer linken Seite ist zu erkennen, wie sich die Rolle der betreuenden Person von der Eröffnung bis zur (späteren) Beendigung des Kontaktes mit dem Patienten wandelt, die mittleren Stadien sind der Zusammenarbeit mit dem Patienten vorbehalten. Die fünf Stadien sind in Abbildung 6-6 dargestellt.

An dieser Struktur können Sie Ihre Gespräche mit den PatientInnen ausrichten und sie zu einer Folge zusammenhängender Abschnitte aneinanderreihen, von denen der eine sich aus dem vorherigen ergibt und darauf aufbaut

Es kann passieren, dass die Stadien 1 und 2 übersprungen beziehungsweise sehr knapp abgehandelt werden. Dies hat zur Folge, dass die Behandlung beginnt, obwohl die Patienten noch

Abbildung 6-6: Die fünf Stadien beim Kontakt mit PatientInnen

1. Stadium: Kontaktaufnahme: Herstellung des Kontakts und Beschäftigung mit dem Patienten auf die übliche Art – beim ersten Kontakt gehört auch das Vorstellen dazu. Dieses Stadium wird bei jedem weiteren Besuch des Patienten wiederholt.

2. Stadium: Erklärung der Absicht: Der Zweck des Besuchs wird erläutert und bekräftigt; dabei hat der Patient die Gelegenheit, Fragen zu stellen, sich zu informieren und Sorgen und Zweifel zu äußern, bevor in das nächste Stadium übergegangen wird.

3. Stadium: Erledigen der Arbeit: Die Aufgabe bzw. die Tätigkeiten werden durchgeführt, wobei der Patient je nach Bedarf unterstützt, angeleitet oder ermutigt wird.

4. Stadium: Nun ist es notwendig, noch einmal zu überprüfen und zu bestätigen, daß die Arbeit zufriedenstellend durchgeführt wurde. Bevor die Pflegeperson den Patienten verlässt, kontrolliert sie, ob der Patient weiterhin Aufmerksamkeit und Zuwendung braucht, um ihn wieder zu stabilisieren.

5. Stadium: Die Pflegeperson bestätigt formell die Beendigung des Pflegeprogramms bzw. der Arbeit usw., bevor sie den Patienten dann in einem für ihn angenehmen Zustand zurücklässt.

Abbildung 6-7: Fünf-Stufen-Modell für den Kontakt mit PatientInnen

Pflegeperson hat die Kontrolle	**1. Stadium:** Eröffnung: (erneute) Kontaktaufnahme mit dem Patienten, offizielle Begrüßung, Überprüfung des Zustandes	Kontaktaufnahme/ erneuter Kontakt
gemeinsame Kontrolle	**2. Stadium:** Darlegung der Gründe und Absichten: die Vorgehensweise wird erläutert und begründet; eingehen auf Fragen, Zweifel, Sorgen und Ängste; es wird geklärt, wie der Patient sich zu verhalten hat.	erklären und rückversichern
	3. Stadium: Behandlung und Unterstützung: Hier erfolgt die Behandlung, die der eigentliche Zweck des Besuches ist, nötigenfalls mit Unterstützung durch die Pflegeperson.	behandeln und unterstützen
	4. Stadium: Überprüfen, wiederherstellen, kontrollieren: überprüfen, um festzustellen, dass die Behandlung ordnungsgemäß durchgeführt wurde, dass alles in Ordnung ist und der Patient sich in einem guten Zustand befindet.	überprüfen und kontrollieren, ob alles in Ordnung ist
Pflegeperson hat die Kontrolle	**5. Stadium:** Bestätigung und Beendigung	offizielle Beendigung des Kontakts

gar nicht richtig wissen, was geschieht, weshalb Sie mit ihnen sprechen wollen oder was Sie genau von ihnen erwarten. Sie könnten den Eindruck haben, dass sie die Fragen, die ihnen wichtig sind, lieber nicht stellen sollten, und es kann sein, dass sie einige oder alle der diensthabenden MitarbeiterInnen vielleicht noch nicht kennen gelernt haben. All dies kann bei ihnen das Gefühl hervorrufen, dass sie kein eigenes Leben haben und nur dazu da sind, um sich wie ein Objekt behandeln zu lassen; kurzum, dass sie nicht zählen.

In dem Modell geht es zwar um Kontakte zwischen betreuenden Personen und PatientInnen, aber es lässt sich auch auf die Beziehungen zwischen ArbeitskollegInnen übertragen. Es kostet nur wenig Zeit, den Gruß von KollegInnen zu erwidern, zu erklären, was heute auf dem Programm steht und ihnen Gelegenheit zu geben, sich zu orientieren und an der Interaktion zu beteiligen und nicht nur passive Infomationsempfänger zu sein. Ich weiß nicht, inwieweit diesbezügliche Bedürfnisse der Pflegenden oder der MitarbeiterInnen der anderen betreuenden Berufsgruppen ausreichend anerkannt und berücksichtigt werden, aber ich vermute, dass es noch ein weiter Weg ist, bis die Verbesserung der Beziehungen am Arbeitsplatz gefördert und belohnt wird.

6.1.1.4 Realistische und unrealistische Erwartungen

Sie müssen nicht nur Gespräche vereinfachen und ihren Zweck erläutern, sondern Sie müssen sich auch klar darüber sein, dass PatientInnen wie KollegInnen im Zusammenhang mit Ihnen und Ihrer Arbeit eine Unmenge von Erwartungen haben, von denen einige vernünftig, realisierbar und durchaus realistisch sind, andere dagegen nicht. Trotzdem werden Sie mit diesen Erwartungen bei einigen Menschen, mit denen sie arbeiten, konfrontiert.

Nach meiner Erfahrung wird viel zu wenig darüber nachgedacht, wie unterschiedlich einerseits die Wünsche sind, was die Beziehung zwischen Pflegeperson und Patient betrifft, und wie vielfältig andererseits die Erwartungen sind, die an die Pflegeperson gestellt werden. Meiner Ansicht nach führt dies zu Unklarheiten, zur Vermeidung wichtiger Themen und gegebenenfalls zu erheblichem Stress. Manches lässt sich dadurch umgehen, dass die Pflegenden versuchen, den unrealistischen Erwartungen, die andere und manchmal auch sie selbst an sich haben, Rechnung zu tragen. Beschäftigen wir uns also mit Erwartungen und verschiedenen Modellen, in denen es um Beziehungen zwischen Pflegenden und anderen Menschen geht.

Da Sie in der Pflege eine so zentrale Stellung einnehmen, dürfte es Sie nicht überraschen zu hören, dass Sie eine besondere Rolle im Leben der PatientInnen beziehungsweise KlientInnen spielen. Es müssen nicht einmal Ihre eigenen KlientInnen oder PatientInnen sein, die gängige Erwartungen gegenüber Pflegenden auf Sie übertragen. Viele PatientInnen halten Sie für etwas ganz Besonderes. Sie nehmen eine Vertrauensstellung ein (Sie kümmern sich um sie), und die PatientInnen erwarten von Ihnen, dass Sie wissen, was zu tun ist und wie sie behandelt werden müssen, auch wenn Sie den PatientInnen unbekannt sind oder die PatientInnen Ihnen. Stress und Abhängigkeit bewirken, dass sie auf Sie schauen und erwarten, dass alles, was sie zum Gesundwerden brauchen, bereitsteht.

Mag sein, dass ich alles zu übertrieben darstelle, aber im Großen und Ganzen glaube ich nicht, dass ich allzu weit von der Wahrheit entfernt bin. Wenn die PatientInnen glauben, dass Sie von so entscheidender Bedeutung für ihre Betreuung, ja sogar für ihr Überleben sind, dann werden sie auch sehr große Erwartungen an Sie haben. Es ist für Sie und Ihr Wohlbefinden von Vorteil, auf solche Erwartungen vorbereitet zu sein.

Nachfolgend werden Sie mit einer einfachen Methode vertraut gemacht, mit der Sie die Erwartungen der PatientInnen (und anderer) erkennen können. Diese Erwartungen bestimmen auch, welche Ansprüche die PatientInnen an Sie stellen, wie sie Ihre Arbeit wahrnehmen und wie sie Ihre Pflege erleben.

Zuerst versetzen Sie sich bitte in die Lage eines Patienten. Sie können entscheiden, ob dies ein stationär oder ein ambulant zu behandelnder Patient sein soll. Schreiben Sie jetzt bitte auf, was dieser Patient von Ihnen als Pflegeperson erwartet. Seien Sie so ehrlich wie möglich. Notieren Sie alles, was Ihnen einfällt, selbst wenn es etwas weit hergeholt oder albern erscheint. Sie sind gerade dabei, sich eine Vorstellung davon zu machen, was die Beziehung des Patienten zu Ihnen beeinflussen könnte. Sie können **Abbildung 6-8** benutzen, um sich die einzelnen Erwartungen vor Augen zu führen.

In **Abbildung 6-9** habe ich einige Erwartungen zusammengestellt, die mir eingefallen sind; es ist schon erstaunlich, wie viel von Ihnen als Pflegeperson erwartet wird. Vielleicht erscheinen Ihnen die Erwartungen etwas unrealistisch, aber aus der Sicht eines Patienten sind sie durchaus real.

Nicht alle PatientInnen werden Sie in der gleichen Weise sehen. Aber wenn Sie alle Erwartungen, Wünsche, Bedürfnisse, Fantasien und verworrenen Vorstellungen auflisten würden, dann machen die in Abbildung 6-9 dargestellten Punkte ganz sicher nur einen geringen Teil der Erwartungen aus, die Patienten haben.

Vielleicht wundern Sie sich über den Umfang der dargestellten Erwartungen. Einige mögen als ziemlich weit hergeholt erscheinen, aber bei meiner Arbeit mit Managern, Pflegenden und anderen Fachkräften wurden genau solche Bemerkungen zur Diskussion gestellt wurden. Sie möchten sicher vergleichen, inwieweit die von mir aufgeführten Erwartungen mit Ihren Notizen übereinstimmen. Sie können aus beiden Diagrammen eines machen, das die Erwartungen so wiedergibt, wie es Ihren Erfahrungen entspricht.

Abbildung 6-8: Was PatientInnen von Pflegenden erwarten

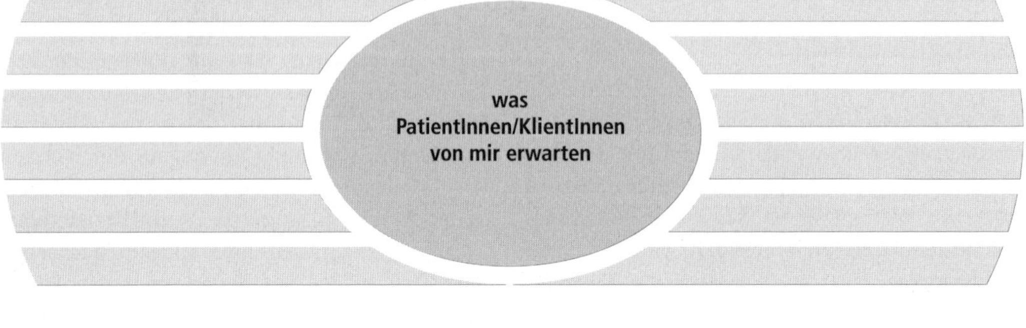

was
PatientInnen/KlientInnen
von mir erwarten

Abbildung 6-9: Mögliche Erwartungen der PatientInnen gegenüber Pflegenden

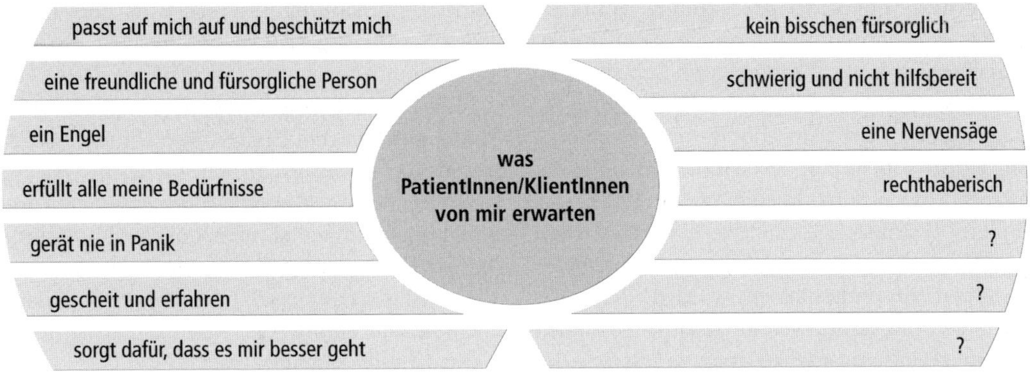

passt auf mich auf und beschützt mich	kein bisschen fürsorglich
eine freundliche und fürsorgliche Person	schwierig und nicht hilfsbereit
ein Engel	eine Nervensäge
erfüllt alle meine Bedürfnisse	rechthaberisch
gerät nie in Panik	?
gescheit und erfahren	?
sorgt dafür, dass es mir besser geht	?

was PatientInnen/KlientInnen von mir erwarten

Entscheidend ist, dass die Erwartungen der PatientInnen und KollegInnen gravierende Auswirkungen auf die Beziehung zu ihnen haben. Sie werden Sie entsprechend ihren Erwartungen und Annahmen beurteilen. Wenn Sie also nicht herausfinden, was sie von Ihnen erwarten und ihnen helfen, unrealistische oder unangemessene Ansprüche in realistische umzuwandeln, dann werden sie Sie wahrscheinlich nicht als anerkannte oder kompetente Pflegeperson betrachten, sondern Sie an ihren Wunschvorstellungen messen und nicht an dem, was Sie tatsächlich leisten können.

Wenn Sie dagegen mit den Bedürfnissen Ihrer PatientInnen – und mit Ihren eigenen – sorgfältiger umgehen wollen, dann müssen Sie die ganze Bandbreite möglicher Erwartungen von Seiten der PatientInnen wecken. So schaffen Sie sich Gelegenheiten, neu zu definieren, was angemessen und relevant ist und was nicht. Sie können Ihren PatientInnen entsprechende Hinweise geben und sich selbst noch einmal bewusst machen, wozu Sie da sind.

Beim nächsten Schritt müssen Sie herausfinden, welche Erwartungen Sie selbst mit Ihrer Rolle als Pflegeperson und mit der pflegerischen Arbeit verbinden, die Sie für andere und mit anderen leisten. Schreiben Sie möglichst viele Gedanken auf. Listen Sie auf, was es für Sie bedeutet, eine Pflegeperson zu sein. Seien Sie dabei so ehrlich und direkt wie Sie können. Sie sind gerade dabei, das Bild, das Sie bei Ihrer Arbeit begleitet, so klar wie möglich zum Vorschein zu bringen. Ihre Aufzeichnungen können auch verschiedene Rollen, verschiedene pflegerische Eigenschaften sowie Ängst und Sorgen einbeziehen, die mit Ihrer Rolle zusammenhängen.

Lassen Sie sich dabei Zeit, denn es kann sein, dass einige überraschende Dinge hochkommen und auch Gedanken, die Sie lieber für sich behalten würden. Ich möchte Sie ermutigen, auch solche Gedanken zu notieren, denn dies kann Ihnen helfen, Ihre Gedanken und Gefühle zu ergründen und sie besser einzuordnen.

Sie müssen nicht alle Gedanken aufschreiben, aber halten Sie fest, was Ihnen durch den Kopf geht. Dies befähigt Sie, Dinge, die Sie verwirrt haben oder die nicht gelöst wurden, in einem klareren Licht zu sehen. Sie können Ihre Gedanken in das Diagramm in **Abbildung 6-10** eintragen und so Ähnlichkeiten und Unterschiede leichter ausfindig machen.

Abbildung 6-10: Was es für mich bedeutet, eine Pflegeperson zu sein

Was es für mich bedeutet, eine Pflegeperson zu sein

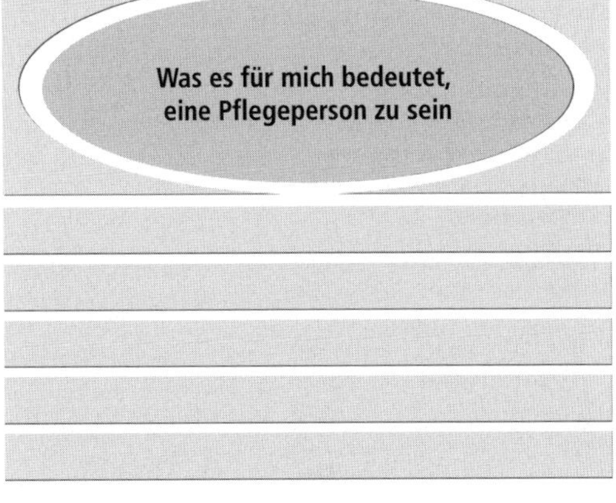

Sie müssen sich jetzt genauer anschauen, was Sie in den Abbildungen 6-8 und 6-10 notiert haben, um herauszufinden, ob die Aufzeichnungen einen Sinn für Sie ergeben und ob sie, nach allem, was Sie wissen, realistisch sind. Achten Sie zuerst darauf, wie jede Abbildung für sich aussieht und wie sie auf Sie wirkt. Was möchten Sie jetzt noch hinzufügen? Was möchten Sie ändern? Würde es die Dinge vereinfachen, wenn Sie einzelne Punkte neu ordnen und ähnliche zu Gruppen zusammenfassen würden? Sind die Punkte miteinander vereinbar oder schließen sie sich gegenseitig aus? Wenn ja, welche Schwierigkeiten ergeben sich daraus für Sie als Pflegeperson?

Überarbeiten Sie Ihre Aufzeichnungen also noch einmal, damit Sie den größtmöglichen Nutzen draus ziehen können. Sie können so vorgehen, dass Sie Seite für Seite die Abbildungen mit den Erwartungen vergleichen und notieren, was Sie dabei empfinden. Ein Beispiel: Ist es ein Schock für Sie, die unrealistischen Erwartungen der PatientInnen an Sie als Pflegeperson schwarz auf weiß vor sich zu sehen oder war Ihnen das alles schon in dem Umfang bewusst?

Stellen Sie fest, welche Erwartungen der PatientInnen vernünftig und realistisch sind. Überlegen Sie auch, welche Erwartungen Sie als Pflegeperson bei sich für realistisch halten. Anschließend stellen Sie fest, ob einige der von Ihnen aufgelisteten Erwartungen Ihnen irgendwie unrealistisch erscheinen. Vielleicht weil Sie als Pflegeperson unmöglich die genannten Erwartungen erfüllen können, oder weil bestimmte Attribute oder Qualitäten gefordert werden, die man in dem erwarteten Ausmaß einfach nicht haben kann, oder weil die PatientInnen etwas Unmögliches erwarten.

Nachdem Sie dies erledigt haben, können Sie Ihre beiden ersten Listen in **Abbildung 6-11** eintragen.

Wenn Sie sich die unrealistischen Erwartungen/Vorstellungen anschauen, fragen Sie sich bitte, wie sie wohl zustande gekommen sind. Wenn Sie eine Idee haben, was die Ursache sein könnte, dann haben Sie auch einen Hinweis darauf, wie Sie diesen Erwartungen den Boden entziehen können. Ein Beispiel: Ein Patient hat unrealistische Erwartungen, die aus den Medien oder aus Filmen stammen. Dann können Sie ihm in geeigneter Form klarmachen, wie die

Abbildung 6-11: Zusammenfassung der Erwartungen

	Wie die PatientInnen mich sehen	Wie ich mich sehe
angemessene und realistische Erwartungen		
unangemessene Erwartungen		

Praxis wirklich aussieht und was Sie tun können und was nicht.

Sie haben sicher auch unrealistische Erwartungen notiert, die Sie als Pflegeperson haben. Diesen können Dinge zugrunde liegen, die Sie während Ihrer Ausbildung etc. von anderen gehört haben. Es können Ansichten über Sie selbst sein (z. B. ich muss perfekt sein; ich bin nicht gut genug: Sie müssen stark sein etc.), die aus anderen Phasen Ihres Lebens herrühren. Auch hier gilt, wenn Sie diese Erwartungen erkennen, können Sie ihre Berechtigung aus heutiger Sicht erneut überprüfen und sich überlegen, wie Sie den wenig dienlichen bzw. einengenden Einfluss dieser Erwartungen abbauen können. Zu diesem Zweck sollten Sie auf die Inhalte von Teil II zurückgreifen.

Was empfinden Sie, wenn Sie sich die Liste mit den unrealistischen Erwartungen anschauen? Wie denken Sie darüber, dass PatientInnen tatsächlich solche Erwartungen haben könnten? Was immer Sie notiert haben, es sind höchstwahrscheinlich einige Dinge dabei, die sich einfach nicht realisieren lassen, es sei denn, Sie wären ein Übermensch. Wenn Ihnen nichts dazu eingefallen ist, dass PatientInnen unrealistische Vorstellungen im Zusammenhang mit Ihren Aufgaben haben könnten, haben Sie vielleicht doch bemerkt, dass es Ihnen bei aller Mühe nicht gelungen ist, die Bedürfnisse einiger Ihrer PatientInnen zu erfüllen, ohne dass Sie herausfinden konnten, warum dies so war!

Die Konsequenzen, die sich aus all dem ergeben, sind wichtig:

- weil Sie anhand der Listen und Diagramme einschätzen können, was PatientInnen beunruhigt und was sie von Ihnen erwarten
- weil Sie die Erkenntnis, was es für Sie bedeutet, eine Pflegeperson zu sein, benutzen können, um Ihre Arbeit entsprechend zu verrichten, um nachteilige Vorstellungen etc. zu verwerfen und um mehr Selbstbewusstsein in Bezug auf Ihre Arbeit und auf Ihre eigenen Person zu entwickeln.

Damit gewinnen Sie eine weitere Möglichkeit, einen Teil des auf Ihnen lastenden Drucks abzubauen. Gleichzeitig können Sie auch einige Ihrer Erwartungen und solche, die Ihre KollegInnen Ihnen gegenüber haben, noch einmal überprüfen. Irgendwann werden Sie es als hilfreich empfinden, über bestimmte Notizen, Gedanken und Ideen mit Ihren KollegInnen zu sprechen, und Sie werden diesen Austausch als eine Möglichkeit zum Stressabbau benutzen.

6.1.1.5 Grundlegende Bedürfnisse in unseren Beziehungen zu anderen

Einige der von Ihnen notierten Erwartungen könnten sich mit den fundamentalen Bedürfnissen decken, die wir nach Argyle (Argyle, 1967) von anderen erfüllt sehen wollen. Er hat acht Bedürfnisse postuliert, die Menschen in ihren Beziehungen zu anderen zu befriedigen versuchen, wie **Abbildung 6-12** zeigt.

Argyle behauptet, dass diese Bedürfnisse den meisten zwischenmenschlichen Interaktionen zugrunde liegen. Sie können nachprüfen, welche dieser acht Bedürfnisse in den Abbildungen 6-8 und 6-11 wiederzufinden sind und den von Ihnen notierten Erwartungen zugrunde liegen. Gibt es Bedürfnisse, die bei PatientInnen bevorzugt auftreten? Ist dies der Fall, dann wäre es sinnvoll für Sie, die Feststellungen von Argyle bei Ihrer Arbeit mit PatientInnen zu berücksichtigen und zu bedenken, dass deren Erwartungen und Reaktionen solch verborgene Bedürfnisse,

Abbildung 6-12: Bedürfnisse, die Menschen nach Argyle in ihrem Beziehungen zu befriedigen versuchen

> **acht Bedürfnisse, die wir in unseren Beziehungen zu anderen befriedigen wollen**
>
> 1. biologische Bedürfnisse
> 2. Schutz
> 3. Zugehörigkeit
> 4. Dominanz
> 5. Sex
> 6. Aggression
> 7. Selbstwertgefühl und Ich-Identität
> 8. andere Motivationen

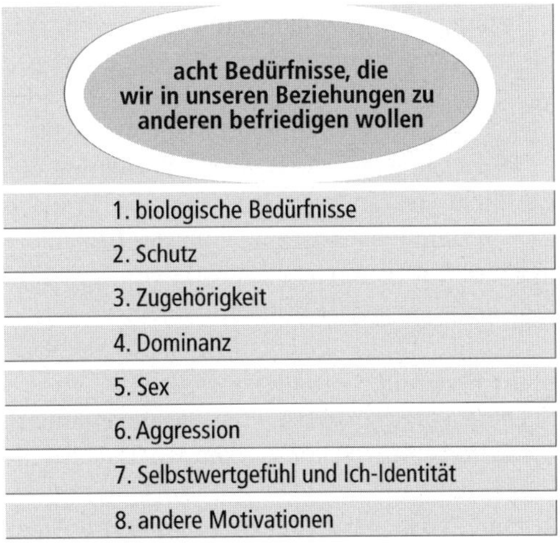

Abb. 6-13: Die Beziehung ins Gleichgewicht bringen

die Beziehung	das Bedürfnis, das ich erfüllt haben möchte	wird/ wird nicht erfüllt	mögliche Gründe	Korrektur- möglichkeiten

wie die von Argyle postulierten, widerspiegeln könnten. Erscheinen bestimmte Bedürfnisse nicht auf Ihren Listen? Wenn ja, was könnte der Grund sein? Argyles Auflistung weist nur ein Bedürfnis auf, das nicht zu der Pflegeperson-Patient-Beziehung passt, das Bedürfnis nach Sex. Das heißt aber nicht, dass es nicht vorhanden ist oder nicht insgeheim die Interaktionen an der Oberfläche bestimmt. Stellen Sie fest, inwieweit die acht von Argyle postulierten Bedürfnisse mit Ihren Wahrnehmungen übereinstimmen.

Vielleicht wollen Sie auch über die wichtigsten, Ihnen nahe stehenden Menschen aus den verschiedenen Lebensphasen nachdenken. Dann sehen Sie bei einem Vergleich mit den acht von Argyle postulierten Bedürfnissen, was Sie brauchen und was Sie tatsächlich bekommen. In einigen Fällen werden Sie genau das bekommen, wonach Sie suchen, in anderen wird es ein Ungleichgewicht oder eine Lücke geben. Vielleicht stellen Sie fest, dass in der Beziehung etwas fehlt beziehungsweise dass ein Ungleichgewicht besteht.

Wenn Sie klarer sehen, wie die Dinge liegen, dann können Sie anfangen, über die Gründe nachzudenken, um dann zu entscheiden, was Sie tun können (wenn Sie überhaupt etwas tun wollen), um die Situation zu ändern oder wieder ins Gleichgewicht zu bringen (siehe **Abb. 6-13**).

Sehen Sie sich jetzt bitte die Beziehung aus der Sicht der anderen Personen an. Wonach suchen sie Ihrer Ansicht nach in der Beziehung mit Ihnen oder was erwarten sie von ihr? Sind ihre Erwartungen realistisch, angemessen und vernünftig? Gibt es ein Bedürfnis, das Sie beide in der Beziehung befriedigen wollen?

Diese Vorgehensweise lässt Sie unvereinbare Bedürfnisse sehr schnell erkennen und macht Ihnen bewusst, dass Sie gründlich daran arbeiten müssen, ausgedrückte (oder verborgene) Bedürfnisse gerade zu rücken, noch einmal zu überprüfen und zu untersuchen.

Zu guter Letzt können Sie das Modell benutzen:

- um festzustellen, welche Person wichtig für Sie ist, mit der Sie aber bis jetzt noch keine entsprechende Beziehung aufgebaut haben
- um Personen ausfindig zu machen, die Sie völlig übersehen haben, die Ihnen aber trotzdem wichtig sind
- um sich das gesamte Spektrum der Bedürfnisse und Wünsche anzuschauen, die derzeit für Sie wichtig sind.

6.1.2 Zu welchem Zweck sind Sie also da?

Angesichts der unterschiedlichen Erwartungen, die Sie schon zur Kenntnis genommen haben, kann es wichtig sein, sich noch einmal zu verdeutlichen, was Sie als Pflegeperson für die umfassende Pflege der PatientInnen tun müssen. Sind Sie dazu da, genau festgelegte Aufgaben auszuführen, für die Sicherheit der PatientInnen zu sorgen, emotionalen Beistand zu leisten, oder sind Sie da, um Anweisungen zu befolgen, um die Ärzte bei Laune zu halten, um Unordnung zu vermeiden, um dafür zu sorgen, dass alles ruhig und ordentlich zugeht oder wozu?

Sie können Ihre Rolle so betrachten: als Pflegekontinuum, das sich zwischen zwei Polen erstreckt. An einem Pol geht es darum, den festgelegten Behandlungsplan einzuhalten, am anderen darum, eine integrative, umfassende Betreuung zu gewährleisten. **Abbildung 6-14** stellt dar, was ich meine.

Das Kontinuum bietet Platz für eine Reihe festgelegter Rollen, die Sie, je nach Zustand des Patienten, ausfüllen können müssen. Ihr

Abbildung 6-14: Kontinuum der Pflege

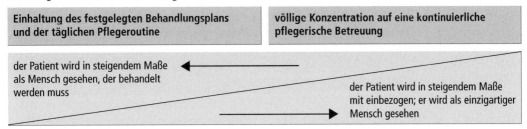

Ziel besteht darin, sämtliche, über das gesamte Kontinuum verteilte Arbeiten zu übernehmen.

Zum Vergleich werden nachfolgend zwei grundverschiedene Krankenpflegemodelle vorgestellt, nach denen man vorgehen kann:

- Versorgung – Sicherheit gewährleisten – Kontrolle – In-Schach-Halten – direktive Pflege – Patient wird als Objekt gesehen – zugeteilte Pflegeaufgaben haben Vorrang – die Pflegeperson hat das Sagen
- Versorgung – Sicherheit gewährleisten – Überwachung und Überprüfung – Beteiligung und Einbeziehung des Patienten – direktive und gemeinsame Entscheidungen über die Pflege – Patient wird als Mensch gesehen – Durchführung sämtlicher pflegerischer Aufgaben, wobei die Patientenbedürfnisse im Vordergrund stehen – die Macht ist gleichmäßiger zwischen Pflegeperson und Patient verteilt.

Die beiden unterschiedlichen Modelle haben Konsequenzen für das Befinden der PatientInnen und der Pflegenden, die mit diesen Systemen zurechtkommen müssen. Im Extremfall können die Modelle als zwei grundverschiedene Philosophien für die gesundheitliche Versorgung verstanden werden. Mag sein, dass ich sie zu stark kontrastiert habe und dass es Pflegemodelle gibt, die Komponenten aus beiden Modellen beinhalten. Aber bedenken Sie bitte, wie grundverschieden die Erfahrungen sein können, die die Pflegenden und PatientInnen auf einer Station oder in einer Klinik in Abhängigkeit von der Atmosphäre, der Kultur und der Philosophie des angewandten Pflegemodells machen.

Sie können den PatientInnen und ihren Angehörigen die verschiedenen Rollen, die Sie als Pflegeperson auszuführen haben, erläutern, indem Sie sie auf eine Art und Weise zusammenfassen, dass es einen Sinn für sie ergibt. Ein entsprechendes Modell ist in **Abbildung 6-15** dargestellt. Sie können es als Hilfsmittel verwenden, mit dem Sie auf Ihre Art erklären, worin Ihre Aufgaben bestehen.

Die Abbildung zeigt vier Hauptbereiche, für die die Pflegenden zuständig sind. Die Aufmerksamkeit, die diesen Bereichen gewidmet wird, wechselt je nach Art der Pflege, der Position der

Abbildung 6-15: Die vier Aufgabenbereiche

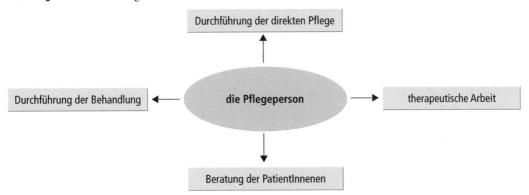

Abbildung 6-16: Wie ich meine Zeit aufteile

mein derzeitiges Spezialgebiet	Durchführung der direkten Pflege	Durchführung der Behandlung	Beratung der PatientInnen	therapeutische Arbeit
	…Punkte	…Punkte	…Punkte	…Punkte

Pflegeperson und der Versorgungssituation. Die Aufgabenbereiche können trotz einiger Überschneidungen wie folgt beschrieben werden:

- Durchführung der direkten Pflegearbeit: Pflege am Krankenbett; Überwachung und Verantwortung für die gesamte Pflege eines Patienten
- Durchführung der Behandlung: Durchführung der zumeist von anderen festgelegten Behandlung; Vorrang haben die pflegerischen Aufgaben, weniger die Hinwendung zum Patienten
- Unterstützung der PatientInnen: Arbeit mit den PatientInnen zur Wiederherstellung der Gesundheit, zur Anpassung an ihre gesundheitliche Situation etc.
- therapeutische Arbeit: Schwerpunkt ist die therapeutische Arbeit mit dem Patienten (noch während des Aufenthalts im Allgemeinkrankenhaus), nicht die aufgabenorientierte Krankenpflege.

Wieviel Zeit wenden Sie derzeit im Rahmen Ihrer Arbeit in etwa für diese Aufgabenbereiche auf? Mir ist klar, dass Sie Ihre Zeit für andere Dinge brauchen, aber wenn Sie 100 Punkte auf diese vier Bereiche verteilen müssten, wie sähe Ihre Verteilung aus? Tragen Sie die Punkte bitte in **Abbildung 6-16** ein.

Wenn Sie diese Arbeiten nun unter dem Aspekt der Auswirkungen betrachten, die lang-fristig für die gesundheitliche Wiederherstellung und Pflege der PatientInnen zu erwarten sind, würden Sie Ihren Zeitaufwand dann lieber anders verteilen? Diese Verteilung wird natürlich je nach Spezialgebiet und Schweregrad der Erkrankung des Patienten anders ausfallen, aber wie würden Sie, unter Berücksichtigung dieser Punkte, Ihren Zeitaufwand staffeln, wenn Sie die 100 Punkte noch einmal in **Abbildung 6-17** verteilen müssten?

Wenn Sie den Zeitaufwand anders verteilen, fragen Sie sich warum. Ist dies ein Hinweis darauf, dass die gängige Praxis im Interesse des langfristigen Nutzens für die PatientInnen geändert werden sollte/könnte? Kommen Sie allerdings zu dem Schluss, dass keine Veränderung nötig ist, dann überlegen Sie, welche anderen Aufgabenbereiche außer den vier erwähnten Sie auch noch gewinnbringend nach derselben Methode betrachten könnten.

Es gilt herauszufinden, was eine Pflegeperson tut (außer der Durchführung der direkten klinischen Pflege), das einen so entscheidenden Unterschied in der Pflege der PatientInnen ausmacht. Was ist dieses in der Tat ganz Besondere, das eine Pflegeperson tun kann, in einer Art, in der andere MitarbeiterInnen, ebenso qualifizierter und fachkundiger Berufsgruppen es nicht tun beziehungsweise nicht nicht tun können, um die Genesung der PatientInnen zu fördern und ihnen ihre Lebenskraft und ihr Vertrauen wiederzugeben? Vermutlich gibt es wirklich et-

Abbildung 6-17: Ausrichtung der Zeiteinteilung auf langfristig wirkende Pflege/Genesung

mein derzeitiges Spezialgebiet	Durchführung der direkten Pflege	Durchführung der Behandlung	Beratung der PatientInnen	therapeutische Arbeit
	…Punkte	…Punkte	…Punkte	…Punkte

was, das Pflegepersonen tun (und sein) können, das tiefgreifende Auswirkungen auf das Vertrauen und die Genesung der PatientInnen hat, das aber nichts mit der eigentlichen medizinischen Behandlung zu tun hat.

6.2 Angst und Stress bei der Pflege und Betreuung anderer Menschen

6.2.1 Persönliche Ängste und Krankenpflege

Neben den technischen und professionellen Leistungen und Fähigkeiten, die eine Pflegeperson haben muss, hat das persönliche Verhältnis und die Qualität ihrer Beziehung zu den PatientInnen eine große Bedeutung. Trotz beruflicher Standards und vorgeschriebener Pflegepraktiken, die sicherstellen, dass alle PatientInnen angemessen empfangen, mit Respekt behandelt und professionell versorgt werden, unterliegen die qualitativen Aspekte der Pflege gewissen Schwankungen; sie sind eine schwer fassbare, aber maßgebliche Größe.

Manchmal kann sich diese besondere Qualität der pflegerischen Betreuung nicht entfalten; sie wird blockiert beziehungsweise verhindert, weil die PatientInnen angespannt und ängstlich sind oder dringend Pflege benötigen. In anderen Fällen werden die Hemmnisse und Barrieren durch die Pflegeperson aufgebaut. Die Ursache kann der Zustand des Patienten sein, vielleicht weil es noch andere Probleme gibt, die ungelöst sind oder diese Pflegeperson zu diesem Zeitpunkt ablenken. Das soll nicht heißen, dass keine gute, fachlich kompetente und angemessene Pflegearbeit geleistet wird. Aber es könnte bedeuten, dass die zusätzliche qualitative Komponente in diesem Pflegeverhältnis nicht in dem Maße vorhanden ist, wie sie es unter anderen Umständen sein könnte.

Es mag Angst sein, welche die qualitative Seite der Beziehung blockiert. Vielleicht machen die PatientInnen sich Sorgen über ihren Zustand oder über die bevorstehende Behandlung. Die Pflegeperson sorgt sich vielleicht um den Patienten, ist jedoch entschlossen, keine Angst zu zeigen. Die Angst davor, verletzlich und sterblich zu sein, ist etwas, das sich lohnt, eingehender betrachtet zu werden. Obwohl wir alle diese Angst kennen, gehört sie zu den Themen, die oft als krank abgetan oder «auf einen späteren Zeitpunkt» verschoben werden. Als Pflegeperson werden Sie durch Ihren Beruf ständig mit der Angst konfrontiert, aber Sie suchen wahrscheinlich nach Möglichkeiten, sich davon nicht überwältigen zu lassen.

Welches sind die Angstauslöser in der Pflege? Es wäre sinnvoll, wenn Sie aufschreiben würden, was Ihnen bei Ihrer Arbeit Angst macht. Es wäre gut, wenn Sie dies zusammen mit KollegInnen täten, besonders dann, wenn Ihnen daran gelegen ist, eine vertrauensvolle Beziehung zu ihnen aufzubauen. Es könnten nämlich auf beiden Seiten unrealistische Vorstellungen ans Licht kommen, was Ihre Arbeit, Sie selbst und Ihre KollegInnen betrifft. Sie werden überrascht sein festzustellen, dass Sie trotz aller Unterschiede ähnliche Sorgen und Ängste haben.

Wenn Sie die Situationen schildern können, die Angst bei Ihnen auslösen, dann können Sie auch beschreiben, wie sich die Angst äußert. Vielleicht versuchen Sie, vor anderen keine Angst zu zeigen und ziehen es vor, sie zu unterdrücken. Vielleicht tun Sie bestimmte Dinge, um eine Situation heraufzubeschwören, in der Sie die Angst dann erst einmal herauslassen können, allerdings in anderer Form. Möglicherweise verfügen Sie über verschiedene Strategien, um mit der Angst umzugehen, oder Sie behalten Sie für sich und werden nur ganz still. Vielleicht werden Sie auch sehr duldsam oder Sie melden sich krank, um sich für eine Weile zurückziehen und sich so schützen zu können.

Was immer Sie tun, schreiben Sie es auf. Seien Sie ganz ehrlich zu sich und schauen Sie sich noch einmal an, wie Sie angstauslösende Situationen erleben und wie Sie damit umgehen. Eins ist sicher: Was auch immer andere sagen, wir alle haben hin und wieder Angst (wenn auch in unterschiedlichem Ausmaß). Irgendwann werden wir uns alle mit dem Thema der eigenen Vergänglichkeit und Sterblichkeit zu beschäftigen

Abbildung 6-18: Auslöser der Angst und Reaktionen auf die Angst

Ursachen der Angst	wie die Angst sich äußert	wie ich mich schütze
1. 2. 3. 4. …		

haben, das Ihnen bei Ihrer Arbeit regelmäßig begegnet.

Wenn Sie genauer wissen, wie Sie reagieren, können Sie sich mit Vorschlägen und Möglichkeiten auseinander setzen, die Ihnen aufzeigen, wie sie den Auswirkungen der Angst zukünftig begegnen können. Gehen Sie nach dem Beispiel in **Abbildung 6-18** vor.

Wenn die Arbeit einer Pflegeperson an sich schon von Angst begleitet ist, muss ein Ausgleich stattfinden zwischen der durch die erlebten Gefühle und Emotionen ausgelösten Erstarrung (in Ihnen und durch andere) und der Distanzierung von diesen Erfahrungen in dem Bemühen, sie zu bewältigen.

Es ist wichtig, dass Sie in der Zeit, in der Sie sich Fachwissen aneignen und Kompetenz im klinischen Bereich erwerben, auch Ihre inneren Grundsätze, Ihre persönliche Stärke und Bescheidenheit entwickeln. Genauso wichtig ist aber, dass Sie Ihre innere Integrität und ihre innere Geschlossenheit bewahren.

Sie könnten den Eindruck gewinnen, dass die Rolle der Pflegeperson ihrem Wesen nach «in Angst gebettet» ist, wie Isobel Menzies (1970) vor vielen Jahren schrieb, und manchmal hat es den Anschein, es sei dies beinahe zu viel, um es zu ertragen. Sie haben die Wahl: Entweder Sie arbeiten mit der Angst oder Sie versuchen, sie zu

leugnen. Mit der Angst arbeiten heißt, nach Wegen suchen, die Ihnen helfen, die Angst zu akzeptieren und sie auszuhalten anstatt vorzugeben, sie sei gar nicht vorhanden. Sie können aber auch beschließen, dass es wohl am sinnvollsten ist, sich nicht mit der empfundenen Angst auseinander zu setzen, sondern sie erst einmal wegzuschieben. Beides ist immer noch konstruktiver als die Behauptung, alles sei in Ordnung. Eine solche Verleugnung kann in der Zukunft zu Problemen führen. Abbildung 6-19 stellt diese beiden Möglichkeiten, mit der Angst zu arbeiten oder sie zu leugnen, einander gegenüber.

Der Aufenthalt in einem Krankenhaus, sei es als Patient, als Pflegeperson oder als MitarbeiterIn einer anderen betreuenden Berufsgruppe, löst Furcht und Angst aus. Wir wissen nicht immer, was mit uns geschehen wird, wir glauben nicht immer, was uns über unseren Gesundheitszustand berichtet wird, und wir werden an unsere Verwundbarkeit erinnert. Die Art und Weise, wie wir damit umgehen, hat einen erheblichen Einfluss auf unsere Fähigkeit, die eigenen Sorgen und Probleme und die der anderen zu bewältigen.

Der bloße Aufenthalt in einem Krankenhaus stellt eine Bedrohung für das Selbstwertgefühl der PatientInnen dar. Sie verlieren ihre Unabhängigkeit und ihre Handlungsfreiheit, und ih-

Abbildung 6-19: Zwei Reaktionen auf angstauslösende Situationen

Abbildung 6-20: Ursachen von Ärger und Aggressionen in Krankenhäusern

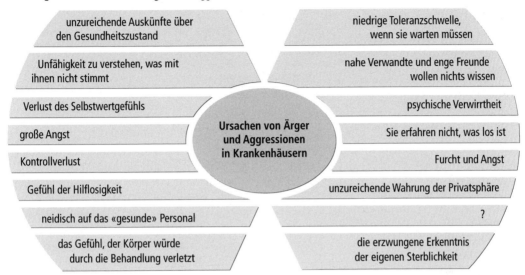

nen werden (zumindest vorübergehend und aus guten Gründen) ihre tägliche Routine und Rituale verwehrt. An die Stelle dieser «Verluste» treten fremde und unvertraute Routinen und Prozeduren, mit denen sie ganz und gar nicht einverstanden sein müssen. All dies löst Furcht und Angst aus, was sich auf die Pflegeperson übertragen und in der Folge deren Sorgen und Ängste anfachen oder vergrößern kann.

Sowohl bei PatientInnen als auch bei der Pflegeperson werden Gefühle der Wertlosigkeit, Hilflosigkeit, Zerbrechlichkeit und Verwundbarkeit erzeugt. Die PatientInnen können zusätzlich noch Schuldgefühle haben, weil sie krank sind, weil sie andere im Stich lassen, und sie haben Angst, von Fremden abhängig und schutzlos zu sein.

In **Abbildung 6-20** sind Gründe aufgeführt, warum PatientInnen und auch ein Teil des Pflegepersonals ärgerlich und manchmal aggressiv werden, wenn sie im Krankenhaus sind. Wie entlasten und unterstützen Sie als Pflegeperson angesichts dieser Situation die PatientInnen und ihre Besucher? (Besucher können auch Ärger, Sorgen, Furcht, Schuldgefühle und ein allgemeines Unbehagen zeigen, was den Zustand eines ohnehin schon ängstlichen und verletzbaren Patienten noch verschlimmern kann.)

Sie können versuchen, sich Ihre Probleme, Stärken, Ängste und Ihr Vertrauen in Ihre fachlichen und menschlichen Qualitäten so bewusst wie möglich zu machen. Ein solcher Versuch bietet Ihnen eine gute Möglichkeit, die Probleme Ihrer PatientInnen anzunehmen, sie mit ihnen zu bearbeiten und sie fachlich zu unterstützen, ohne sich von ihren Traumata allzu sehr gefangen nehmen zu lassen.

6.2.2 Die Pflegeperson, so wie ich sie mir vorstelle

PatientInnen entwickeln ein genaues Bild von den Krankenschwestern, die für sie zusammen mit den Ärzten den Mittelpunkt des Universums ihrer Behandlung bilden. Einen Teil dieser Vorstellungen übertragen sie (wahrscheinlich unbewusst) auf subtile Art auf die betreuenden Personen, die dann entsprechend reagieren.

Nachdem Sie nun im letzten Abschnitt gelesen haben, wie verwundbar die PatientInnen sind und wie anfällig die Patient-Pflegeperson-Beziehung für Angst ist, welche Vorstellungen haben Ihrer Meinung nach die PatientInnen von ihren betreuenden Personen. Versuchen Sie, sich in die Situation der PatientInnen zu versetzen.

Abbildung 6-21: Wie ängstliche PatientInnen ihre Pflegeperson vermutlich sehen

wie ängstliche PatientInnen
ihre Pflegeperson
vermutlich sehen

Was glauben Sie, wie sie Sie als Pflegeperson sehen (und erleben)?

Meine Liste sieht wie folgt aus:

- Guru
- ProblemlöserIn
- UnterdrückerIn
- BeherrscherIn
- FührerIn
- ZauberIn
- rettender Engel
- HexenmeisterIn
- LebensplanerIn
- echte FreundIn
- Stütze
- anderer Mensch
- «KameradIn»
- kühle Fachfrau
- HohepriesterIn
- Verführungsobjekt
- Vertraute
- Pflegefachkraft
- BeschützerIn
- BeraterIn.

Es ist nicht ungewöhnlich, dass PatientInnen eine starke Beziehung zu ihren betreuenden Personen aufbauen und bestimmte Vorstellungen von ihnen haben, die jedoch von ganz besonderer Art sind und von der Pflegeperson mit viel Fingerspitzengefühl behandelt werden müssen, damit die berufliche Distanz und die Grenzen gewahrt bleibt. Eine Pflegeperson möchte zum Beispiel immer freundlich sein, aber das heißt nicht, dass sie eine Freundin/ein Freund im üblichen Sinne ist. Die Pflegeperson sollte sich darüber im Klaren sein, dass ein großes Machtgefälle zu ihren Gunsten besteht. Dies macht die

PatientInnen in ihrem Zustand der Abhängigkeit besonders anfällig für Andeutungen.

Und so kann sich ein Gefühl intensiver emotionaler Zuneigung und Hochachtung für die Pflegeperson entwickeln, mit dem schwer umzugehen ist. Dies gilt besonders dann, wenn die Pflegeperson Schwierigkeiten im Umgang mit KollegInnen und Personen außerhalb der Arbeitswelt hat. Die Verwundbarkeit – und das Ausgeliefertsein – der PatientInnen stellt somit hohe Anforderungen an die Fähigkeit der Betreuenden, sich um ihre PatientInnen zu kümmern und gleichzeitig eine berufliche Distanz zu wahren. Die Beziehung zwischen dem abhängigen Patienten und der betreuenden Pflegeperson hat Ähnlichkeit mit der Eltern-Kind-Beziehung.

So kann es, rein beruflich gesehen, durchaus richtig sein, mit den PatientInnen zu arbeiten als wären sie abhängige Kinder. Nicht im Hinblick auf ihre geistigen Leistungen und Erfahrungen, sondern im Hinblick darauf, dass sie körperliche Pflege brauchen und mit dem Krankenhaus- oder Klinikalltag nicht vertraut sind. Allerdings stehen den betreuenden Personen dabei nicht die Rechte und Priviliegien zu, die die Eltern-Kind-Beziehung kennzeichnen. Die Betreuer-Patient-Beziehung ist völlig anders, wenngleich es Parallelen gibt, was die Abhängigkeit und Verwundbarkeit des Patienten und die Notwendigkeit der körperlichen Pflege anbelangt.

So abhängig die PatientInnen von der Pflegeperson sind, so angreifbar ist die Pflegeperson von Seiten der PatientInnen. Sie spürt die Belastungen durch den Job, durch die vielfältigen intimen Aufgaben, die sie zu erfüllen hat und durch die Anforderungen, die PatientInnen, KollegInnen und andere an sie stellen. Sie ist in besonderem Maße angreifbar von BerufskollegInnen in ihr übergeordneten Positionen und sie ist bis zu einem gewissen Grad verantwortlich für weniger erfahrene MitarbeiterInnen.

Angesichts dieser vielen Möglichkeiten, sich gegenseitig zu verletzen, wäre es interessant zu wissen, wie die Pflegeperson Beraterin der PatientInnen und diese, ihrerseits, BeraterInnen der Pflegeperson sein können. Gerade weil die PatientInnen stärker sensibilisiert sind und Gelegenheit haben, zu beobachten, zu kontrollieren und zu überprüfen, was in ihrer Umgebung geschieht, schnappen sie vieles auf, was mit ihren betreuenden Personen zusammenhängt.

Wenn Sie Ihren PatientInnen aufmerksam zuhören und von ihnen lernen, erschließen Sie nicht nur eine potenzielle Informationsquelle, sondern das Ganze hat auch einen therapeutischen Wert für die PatientInnen und auch für Sie. Die PatientInnen wollen nicht kollektiv als «PatientInnen» betrachtet werden, und Pflegepersonen gefällt ihre Anonymität als «Pflegeperson» nicht. Beide Seiten haben das Recht und das Bedürfnis, jeweils von der anderen Seite (und von anderen KollegInnen) als Mensch anerkannt zu werden. Wenn sich PatientInnen und betreuende Personen unter Wahrung der notwendigen beruflichen Distanz gegenseitig zuhören, dann tragen sie dazu bei, dass die notwendige Menschlichkeit und Einzigartigkeit bei einem Aufenthalt im Krankenhaus (als Patient und als Pflegeperson) nicht verloren geht oder negiert wird.

6.2.3 Der Umgang mit Beziehungen

Es ist keine einfache Sache, in einer Beziehung seinen eigenen Bedürfnissen gerecht zu werden, denn es gibt eine Vielzahl von Faktoren, die Einfluss darauf nehmen, wie sich die Beziehung entwickelt und welche Qualität sie hat. Die offiziellen Rollen der Partner und das, was damit impliziert wird (wie z. B. die ungleiche Machtverteilung und das Fachwissen des Betreuenden) üben einen immensen Einfluss aus; dies ist im Hinblick auf die Entwicklung der Beziehung zwischen betreuenden Personen und Patient zu

berücksichtigen. Wie die Beziehung am Anfang aufgebaut und gestaltet wird, ist von entscheidender psychologischer Bedeutung. Beispielsweise ist es wichtig, ob die Parteien die gleichen Informationen bzw. den Zugang dazu haben? Muss auf Abhängigkeiten Rücksicht genommen werden? Sind die Partner frei in ihren Willensäußerungen und nehmen die Entscheidungen des einen Einfluss auf den zukünftigen Stand beziehungsweise Status des anderen? Dies sind nur ein paar der psychologischen Fragen, die sich in einer Beziehung zwischen Pflegeperson und Patient ergeben und sich auf die dynamischen Prozesse bei der Arbeit auswirken.

Wir kennen diese dynamischen Prozesse nicht in vollem Umfang und sind uns ihrer auch nicht voll bewusst. Wir neigen dazu, unser Verhalten an dem zu orientieren, was wir wissen, mit dem Ergebnis, dass uns die explizite Beziehungsstruktur (die Rolle, die Prozeduren etc.) bei unserem Denken und Handeln nicht loslässt. Doch wir müssen auch zugestehen, dass es eine implizite Struktur gibt (die dynamischen Prozesse, Gefühle etc.), die sich darauf auswirkt, was zwischen der betreuenden Person und dem Patient geschieht, die uns jedoch nicht in vollem Umfang bewusst ist.

Gelegentlich wird versucht, die Beziehung durch ein stark formalisiertes System von Erwartungen durch und durch explizit zu machen, wie im Fall der Lehrer-Schüler-Beziehung. Doch in vielen anderen Fällen ist die Beziehungsstruktur nicht so explizit und sie ist variabler. Unklarheiten im Zusammenhang mit derartig wichtigen Dingen können zum Problem werden, sofern es nicht gelingt, informell, aber konsequent Grenzen zu setzen und einzuhalten.

Welche formalen Beziehungen fallen Ihnen außer der Lehrer-Schüler-Beziehung und der Pflegeperson-Patient-Beziehung noch ein? Notieren Sie sie in **Abbildung 6-22** und vergleichen sie mit meiner Auflistung in Abbildung 6-33.

Ich halte es für sehr wichtig, der Qualität und Gestaltung von Beziehungen Aufmerksamkeit zu schenken, denn dies ist die Grundlage:

- auf der alle späteren Interaktionen stattfinden
- auf der sich Probleme entwickeln

Abbildung 6-22: Verschiedene formalisierte Beziehungen

Lehrer–Schüler	Patient–Pflegeperson	...

- auf der Erwartungen ihren Ursprung haben
- auf der Fantasien entstehen
- auf der sich Vertrauen entwickelt.

Was haben die von Ihnen in Abbildung 6-22 notierten Beziehungen gemeinsam? Ich denke, es geht im Wesentlichen um zwei Dimensionen, die erste ist Fachkenntnis, und bei der zweiten spielt es eine Rolle, wer die Handlungen steuert. Bei beiden Dimensionen geht es um Macht und Einfluss. Kombiniert ergeben die Dimensionen ein Schema, das zeigt, welche Beziehungen entstehen, wenn die beiden Variablen sich verändern (ein Beispiel ist in Abbildung 6-24 dargestellt). **Abbildung 6-23** veranschaulicht, was ich meine.

Ich weiß nicht, wie Sie die vier verschiedenen Kombinationen oben charakterisieren würden, aber ich habe einen Versuch gewagt. Sie können einzelne Beschreibungen zum persönlichen Gebrauch auswählen. Hier geht es darum zu untersuchen, wie sich die einzelnen Kombinationen von Fachwissen und Selbstbestimmtheit auf die Beziehung auswirken.

PatientInnen müssen und wollen von denjenigen, die über entsprechende Kenntnisse verfügen, angeleitet und geführt werden. Dies sind normalerweise ihre Ärzte und Pflegepersonen, deren Anweisungen sie in der Regel bereitwillig folgen. Nach einer kurzen Phase der Anpassung und Neuorientierung suchen sie jedoch (je nach Zustand) in der neuen Umgebung nach Bestätigung. Sie wollen den Beziehungstyp «geringes Fachwisssen und wenig selbstbestimmt» (die letzte Kombinationsmöglichkeit in Abbildung 6-23) nicht akzeptieren und streben einen anderen an. Obwohl sie, was Fachwissen und Pflege betrifft, immer noch auf andere angewiesen sind, wollen sie zum vorletzten Beziehungstyp aufsteigen, der ihnen ein Mitspracherecht, aktive Einbeziehung durch das Pflegepersonal und mehr Eigenverantwortung im Rahmen der Therapie und Behandlung zubilligt.

Das Schema lässt auch erkennen, dass PatientInnen, die direkte Pflegemaßnahmen benötigen, wahrscheinlich nicht die beiden ersten Beziehungstypen erreichen können, unabhängig davon, wie sehr sie dies wünschen. Wenn die PatientInnen allerdings in der Lage sind – vorausgesetzt es ist klinisch möglich und angemessen – von der letzten auf die vorletzte Stufe zu gelangen und das Pflegepersonal den Aufstieg von der zweiten auf die erste Stufe schafft, dann kommt dies sowohl der Pflege der PatientInnen als auch ihrer Genesung zugute. Darüber hinaus werden Stress und Belastungen des Fachpersonals, die in den Beziehungsmustern Arzt-Patient und Experte-Neuling verhaftet sind, abgebaut.

In **Abbildung 6-24** habe ich mit den beiden Dimensionen mögliche Variationen dargestellt. Sie

Abbildung 6-23: Zwei Dimensionen, die Beziehungen prägen

Verschiedene Kombinationen	Beschreibung	Charakteristikum
großes Fachwissen & sehr selbstbestimmt	Experte, selbstbestimmt	Autonomie
großes Fachwissen & wenig selbstbestimmt	Experte, passiv	nicht zielstrebig
geringes Fachwissen & sehr selbstbestimmt	aktiver Begleiter	engagiert, wachsam
geringes Fachwissen & wenig selbstbestimmt	passiver Mitläufer	verloren, ziellos

Abbildung 6-24: Vorschläge zur Feststellung des Beziehungsstils

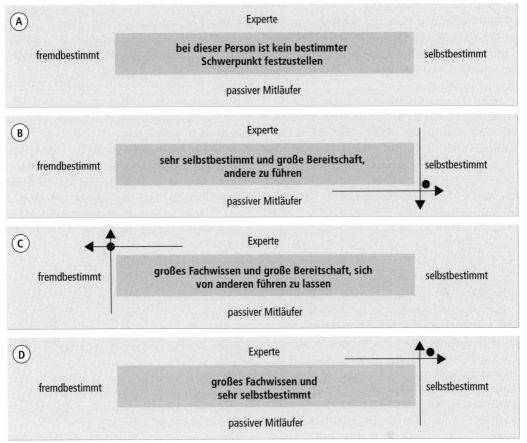

haben damit eine weitere Möglichkeit, sich mit der Veränderlichkeit der Pflegeperson-Patient-Beziehung auseinander zu setzen. Vermutlich geistern Vorstellungen von Macht, Einfluss, Abhängigkeit und Autonomie in den Köpfen von PatientInnen und Pflegenden herum. Eine Möglichkeit, diesen Vorstellungen zu Leibe zu rücken, besteht darin, sich die Konsequenzen für das Verhalten am Arbeitsplatz konkret vor Augen zu führen und sich plastisch auszumalen, wie sich die einzelnen Variationsmöglichkeiten der Dimensionen Fachwissen und Selbstbestimmtheit auswirken können.

Ich habe die Dimensionen «Experte – Passiver Mitläufer» und «fremdbestimmt – selbstbestimmt» benutzt, um darzustellen, in welcher Situation sich Menschen bei den unterschiedlichen Ausprägungen dieser Dimensionen befin-

den (siehe Abb. 6-24). Das Schema ist als Diskussionsgrundlage gedacht und soll nicht etwa dazu verwendet werden, Menschen in Kategorien einzuteilen. Wahrscheinlich nehmen wir einmal diese und einmal jene Extremposition ein, je nachdem, welche Arbeit gerade ansteht und wer zu dem Zeitpunkt sonst noch anwesend ist.

Bedenken Sie dies bitte, wenn Sie sich nun den vier unten aufgeführten Fällen zuwenden. Wie würden Sie Menschen mit den beschriebenen vier Verhaltensweisen bezeichnen? Durch die Gegenüberstellung der beiden Dimensionen erhalten Sie einen Hinweis darauf, wohin eine Person tendiert. Dadurch können Sie ihre Position verstehen und anschließend versuchen, effektiver mit ihr zu arbeiten. Dabei können Sie sie entweder ermutigen, engagierter und aktiver zu werden, oder Sie können ihr helfen zu erkennen, dass sie nicht allein bestimmen und fachmännisch beurteilen kann, welche Art von Pflege sie braucht. Mit Hilfe des Schemas können Sie sich schnell einen Eindruck von einem Menschen verschaffen und feststellen, ob es Sinn hat, ihn zu einem anderen Verhalten Ihnen gegenüber zu veranlassen.

Wenn Sie nun mit diesem Wissen über die Beziehung zu Ihren PatientInnen nachdenken, wo würden Sie sich dann in dieses Schema einordnen? Folgt Ihr Verhalten einem bestimmten Muster, oder halten Sie eine Veränderung im Verhältnis der Dimensionen «Experte-Mitläufer» und «selbst-/fremdbestimmt» für sinnvoller? Auf welche Kriterien gründen Sie eine solche Entscheidung? Sind die Bedürfnisse der PatientInnen oder Ihre eigenen aktuellen Bedürfnisse der Grund für Ihre Flexibilität? Es lohnt sich, über diese Frage nachzudenken, denn dann wird Ihnen klarer, was Sie tun und warum und wann.

Was glauben Sie aufgrund Ihrer Erfahrungen und aufgrund dessen, was Sie gelesen haben, erwarten wir von (oder in) unseren Beziehungen mit anderen? Was geben wir zurück? Wenn Sie sich darüber im Klaren sind, können Sie diesbezügliche Bedürfnisse der PatientInnen besser einschätzen, und Sie können besser entscheiden, zu welchem Beziehungsstil Sie tendieren.

In der folgenden Auflistung finden Sie einige Vorschläge von mir, über die Sie sich Gedanken machen können. Es handelt sich dabei um Themen, die meiner Ansicht nach dem Verhalten und den Beziehungen zwischen Menschen zugrunde liegen. Die folgenden Beziehungsstile und Interaktionsmuster gehören zu den Gängigsten:

- gebend oder nehmend
- «verkaufend» oder «kaufend»
- bevormundend oder beschützend
- steuernd oder annehmend
- entwicklungsfördernd oder symptomatisch reagierend
- partnerschaftlich.

Dasselbe ist in **Abbildung 6-25** in Form eines Zifferblattes dargestellt. Bitte denken Sie darüber nach, welche Interaktionsmuster Ihren

Beziehungen mit anderen zugrunde liegen. Jedes Diagramm hat die gleichen Beziehungsdimensionen, die auch oben aufgeführt sind. Markieren Sie im linken Diagramm bei jeder Dimension, wie häufig diese in Ihren Beziehungen vorkommt (innerer Ring = ab und zu; mittlerer Ring = oft; äußerer Ring = meistens). Zusammen mit den beiden Polen «partnerschaftlich» dürften sie alle gleich weit vom Mittelpunkt des Zifferblattes entfernt sein.

Sie werden jetzt eine ganze Reihe von Markierungen auf jedem der zwölf Punkte vorfinden. Schauen Sie sich das Profil an, das sich aufgrund der Einschätzung Ihrer derzeitigen Arbeitsweise ergibt. Überlegen Sie nun, ob Sie andere Schwerpunkte setzen wollen. Geben Sie mit Hilfe des rechten Diagramms an, wie diese in Zukunft aussehen sollen. Die beiden Profile zeigen Ihnen nun, wo die Unterschiede liegen. Prüfen Sie, ob sich diese Veränderungen mit Ihrer Arbeit, mit der Pflege, die die PatientInnen benötigen und mit dem, was Ihnen wichtig ist, vereinbaren lassen. Ein entsprechendes Beispiel finden Sie in Abbildung 6-34.

Notieren Sie nun vor dem Hintergrund Ihrer Überlegungen, wie Sie Veränderungen, die Sie für wünschenswert und nützlich halten, herbeiführen können.

Wenn Sie nach dem Muster von **Abbildung 6-26** vorgehen, können Sie anschaulich darstellen, wie Sie mit anderen arbeiten wollen und womit Sie jetzt anfangen müssen, wenn Sie in Zukunft anders arbeiten wollen. Vielleicht sind Sie aufgrund der anschaulichen Darstellung Ihrer Arbeitsweise aber auch zu dem Schluss gelangt, dass Sie lieber alles so lassen möchten wie es ist.

6.2.4 Besondere Beziehungen in der Pflege – mit Verlusten leben: Herausforderung und Bedrohung

Jede Beziehung mit einem Klienten bzw. Patienten ist wichtig, doch aus verschiedenen Gründen geschieht es leicht, dass dies vergessen beziehungsweise die Intensität heruntergespielt wird. Dies geschieht zum einen, um sich vor dem Stress zu schützen, den das tagtägliche Leben in

Abbildung 6-25: Die Grundlage meiner Beziehungen zu anderen bestimmen

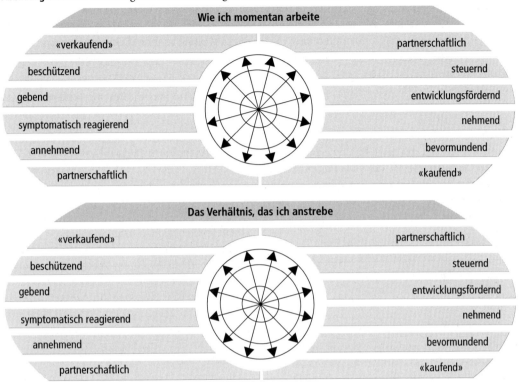

einer stark belastenden Situation mit sich bringt. Zum anderen mag die wachsende Vertrautheit, die Routine bei der Pflege, die sich nach einer gewissen Zeit einstellt, eine Rolle spielen. Des Weiteren können noch andere, für Sie wichtige Dinge, die Ihre Gedanken beschäftigen, die Ursache sein. Das Ergebnis ist allerdings dasselbe. Die PatientInnen werden unter Umständen mehr als lebende Objekte betrachtet, die gepflegt werden müssen, und weniger als Menschen, mit denen man arbeiten kann. So etwas kommt durchaus vor.

Es gibt viele Krankheiten, bei denen die Qualität der pflegerischen Betreuung immer an vorderster Stelle steht, oder solche, die so schwer oder so aussichtslos sind und/oder als so ungerecht empfunden werden, dass die betreuenden Personen davon betroffen sind. Das gilt insbesondere für die Pflegenden, deren Arbeit emotional erschöpft und psychologisch höchste Anforderungen stellt. In vielen Fällen geht es darum, mit Verlusten zu leben und sie zu durchleben.

Dieser Aspekt in der Pflegeperson-Patient-Beziehung ist besonders schwierig, denn obwohl

Abbildung 6-26: Gedanken im Zusammenhang mit Veränderungen und mit meinen Beziehungen zu anderen

die Veränderung, die ich anstrebe	warum sie wichtig ist	erste Schritte	Was ist förderlich und was ist hinderlich?

es dabei um den Patienten geht, wird auch die Pflegeperson tiefgreifend davon berührt. Sie wird an Erfahrungen erinnert, die mit Anfang und Ende, mit Hoffnung auf Kontinuität und mit Sterblichkeit zu tun haben. Sich mit solchen Fragen auseinander zu setzen und gleichzeitig die pflegerische Arbeit mit Fassung, Mitgefühl und Sorgfalt zu verrichten, verlangt der Pflegeperson sehr viel ab.

Kübler-Ross (1970) hat im Rahmen ihrer umfangreichen Arbeit mit Sterbenden verschiedene Stadien herausgearbeitet, die viele PatientInnen erleben. Sie hat fünf Stadien postuliert, die ein sterbender Patient durchlebt, während er versucht, die neue Erkenntnis zu verarbeiten:

- Erstes Stadium: Verleugnung und Isolierung
- Zweites Stadium: Zorn
- Drittes Stadium: Verhandeln
- Viertes Stadium: Depression
- Fünftes Stadium: Annehmen.

Kübler-Ross weist außerdem darauf hin, dass der Patient während des ganzen Prozesses gewöhnlich in der Hoffnung auf eine Gnadenfrist lebt, nicht im Sinne einer Verleugnung, sondern im Sinne der Möglichkeit, dass eine Genesung doch noch eintreten könnte.

Parkes (1972) hat aufgrund seiner Arbeit fünf Stadien herausgearbeitet, die trauernde Menschen durchleben und sie wie folgt benannt:

- Aufruhr
- Suche
- Linderung
- Wut und Schuld
- neue Identität.

Parkes verweist darauf, dass neben dem Kummer immer noch zwei andere Faktoren eine Rolle spielen, die ausschlaggebend für die Reaktion auf einen schmerzlichen Verlust sind. Diese Faktoren bezeichnet er als Stigma und Deprivation.

> Unter Stigma verstehe ich die Veränderung der Haltung in der Gesellschaft, wenn ein Mensch stirbt; Deprivation bedeutet die Abwesenheit eines dringend benötigten Menschen oder einer dringend benötigten Sache im Gegensatz zu dem Verlust dieses Menschen oder dieser Sache. Ein trauernder Mensch reagiert sowohl auf Verlust als auch auf Deprivation.

Diese von Kübler-Ross und Parkes herausgearbeiteten Reaktionsmuster erlauben der Pflegeperson, die Reaktionen von PatientInnen besser zu verstehen, die einen psychisch einschneidenden Verlust, vielleicht ein früher empfundenes Sicherheitsgefühl im Leben, hinnehmen müssen und die nicht wissen, wo sie jetzt im Leben stehen. Die Arbeit dieser beiden Autoren gibt einen Einblick in die Anpassungsprozesse, die PatientInnen (und auch die Pflegenden) durchmachen, wenn sie versuchen, ihr Leben nach einer umwälzenden oder traumatischen Veränderung wieder in den Griff zu bekommen.

In **Abbildung 6-27** habe ich einige Beispiele für persönliche Verluste aufgeführt, die solche intensiven emotionalen Reaktionen hervorrufen können, mit denen Pflegende konfrontiert werden und auf die sie deshalb auch vorbereitet sein müssen.

Welche anderen Beispiele für Verluste fallen Ihnen außerdem noch ein? Was in uns ein Verlustgefühl auslösen kann, ist von Mensch zu Mensch natürlich völlig verschieden. Die ganze

Abbildung 6-27: Beispiele für Verluste

Verlust		
• eines anderen Menschen	• der Unabhängigkeit	• einer Illusion
• dessen, was hätte sein können	• des Selbstwertgefühls	• der Sexualität
• des Jobs und der Karriere	• der gewünschten Figur	• der Gesundheit
• einer Beziehung	• eines Partners	• von Liebe
• körperlicher Art	• des Verstandes	• von Vertrauen
• von Wert (in den Augen anderer)	• von Sinn und Zweck	

Definition des Begriffs «Verlust» ist an sich schon komplex und eine höchst persönliche Angelegenheit. Was ich als «keine große Sache» empfinde, kann für einen anderen von erheblicher Bedeutung sein. So kann ein scheinbar nebensächliches Ereignis auf der Station eine einschneidende Bedeutung haben. Es kann einen großen Verlust für einen Patienten (oder eine Pflegeperson) darstellen, was Ihnen zu dem Zeitpunkt vielleicht noch gar nicht bewusst ist, sondern Ihnen erst später klar wird. Die PatientInnen tragen solche Verluste unter Umständen eine Weile mit sich herum und können sich davon nur befreien, wenn Sie ihnen regelmäßig die Gelegenheit geben, traumatische Erlebnisse und Sorgen, mit denen sie täglich konfrontiert werden, zu artikulieren und zu untersuchen und sich so von ihnen zu befreien.

In gleicher Weise kann sich ein Ereignis auf der Station tiefgreifend auf Sie und Ihre Arbeit auswirken. Für Ihre KollegInnen, die dasselbe Ereignis wahrnehmen, mag es wenig Bedeutung haben, und sie merken vielleicht nicht einmal, wie sehr Sie davon berührt sind oder dass Sie Unterstützung und Trost brauchen.

Die zu betreuenden Menschen und auch die betreuenden Personen brauchen in regelmäßigen Abständen eine Gelegenheit und ein Forum, wo sie solche Probleme und Erfahrungen äußern, diskutieren und bearbeiten können. Die Bereitschaft, den Blickwinkel anderer Menschen zu verstehen, aus dem sie die Probleme so betrachten, wie sie sie empfinden, ist konstruktiver und hilft ihnen mehr als Bemerkungen wie «es kommt schon alles wieder in Ordnung» oder «andere machen dasselbe durch wie Sie, aber sie kommen schnell darüber hinweg».

6.2.5 Individuelle Reaktionen auf Schock und Veränderungen

Wie Sie aus Teil II wissen, unterscheiden wir uns darin, wie wir Dinge sehen, was uns Angst macht und wie wir mit den Höhen und Tiefen des Lebens fertig werden. Unsere Reaktionen auf Schock und Traumata weisen jedoch auch gemeinsame Muster auf.

Im Folgenden werden zwei dieser Muster dargestellt, die Sie bei Ihrer Arbeit mit PatientInnen und zur eigenen Erfolgskontrolle benutzen können. Bitte bedenken Sie dabei, dass es nicht Ihre Aufgabe ist, den Menschen zu sagen, in welchem Stadium sie sich gerade befinden, sondern Sie sollen sich diese Muster merken. Sie helfen Ihnen, die PatientInnen und KlientInnen angemessen zu unterstützen, und sie geben Ihnen einen Hinweis, welches Stadium bei dem Prozess der Aufarbeitung von Erfahrungen und der Anpassung an die neue Situation als nächstes folgt.

Für mich waren diese Muster von großer praktischer Bedeutung, denn sie haben mich immer daran erinnert:

- dass ich anderen so viel Zeit und Möglichkeiten geben muss, wie sie benötigen, um Dinge zu verarbeiten
- dass ich nicht übermäßig schockiert und entsetzt reagieren darf, wenn sie sich an mich wenden, auch wenn ich bis zu einem gewissen Grad erschüttert bin
- dass es nicht meine Aufgabe ist, sie durch die verschiedenen Stadien zu treiben
- dass ich, wenn sie weiterhin Schwierigkeiten haben, nicht versagt habe, solange ich da bin, um ihnen Beistand zu leisten und ihnen aufmerksam zuzuhören, und solange ich in ihrem Ringen um Bewältigung der Situation für sie da und bei ihnen bin.

Die Zeit, die es braucht, bis Menschen sich durch alle Stadien hindurchgearbeitet haben, ist unterschiedlich lang. Einige können den Schock oder das Trauma, das sie erlebt haben, nie überwinden.

Bei dem ersten Modell in **Abbildung 6-28** geht es um individuelle Anpassung in Organisationen. Es wurde aufgrund der Arbeit mit Organisationsmitgliedern entwickelt, die einschneidende Veränderungen hinnehmen mussten. Fink et al. (1971) (Abb. 6-28) haben auf der Grundlage ihrer Arbeit die Reaktionen in vier Hauptstadien eingeteilt, die bei dem Versuch, sich anzupassen und mit persönlichen Veränderungen umzugehen, durchlaufen werden. Sie haben auch die entsprechenden Emotionen und Sicht-

Abbildung 6-28: Reaktionen auf Schock und Veränderung

Reaktions-stadium	persönliche Erfahrung	Orientierung in der Realität	Haltung	Gedanken
1. Schock	Bedrohung	Verleugnung	Hilflosigkeit, Wut	Abwehr der Gedanken
2. defensiver Rückzug	Verteidigung	immer noch zu schlimm, um darüber nachzudenken	Zynismus	Planung des Umsturzes
3. Annahme	unbequem und unbehaglich, aber…	passive Anpassung	offener für Möglichkeiten	na gut, sagt mir, was ich tun soll
4. Anpassung und Veränderung	Gefühl der Sicherheit wächst	aktive Mitarbeit	Vertrauen wächst jetzt wieder	Pläne sind jetzt wieder positiver

weisen der Menschen in den einzelnen Stadien dargestellt.

In der Zeit nach dem traumatischen Ereignis stehen die Menschen unter einem starken Schock, so dass es wenig Sinn macht, ihnen Einzelheiten zu erklären. Auch wenn sie Sie anschauen, Sie anlächeln und mit dem Kopf nicken, wissen sie nicht, wo sie sind und verstehen auch nicht, was Sie sagen. Wie oft haben Sie PatientInnen schon etwas erklärt, die einfach noch nicht bereit waren, zu verstehen? Sie tun besser daran, ihnen über den Schock hinwegzuhelfen, an dem sie leiden (dies kann einige Zeit in Anspruch nehmen), bevor Sie etwas anderes unternehmen.

Die Tabelle macht Sie auf weitere Aspekte in der Beziehung zu Ihnen während der einzelnen Stadien aufmerksam. Natürlich gibt es nie eine Garantie, dass die PatientInnen bei dem, was sie erlebt haben, das Stadium der Anpassung und Annahme erreichen. Doch die Tabelle kann Ihnen Hinweise darauf geben, was sie fühlen und worauf Sie achten müssen, während die PatientInnen ihre Erlebnisse verarbeiten.

Der zweite Ansatz stellt die Reaktionen eines Menschen in Abhängigkeit von dem Grad seines Selbstvertrauens und seiner Fähigkeit dar, mit den Schwierigkeiten, traumatischen Ereignissen und Problemen fertig zu werden, mit denen er nach einem einschneidenden Schock beziehungsweise Erlebnis konfrontiert wird. Auf den Schock des Ereignisses folgt häufig die Verleugnung. Dies lähmt den Menschen für eine Weile nachhaltig. Danach erfolgt eine Neubewertung der Situation, es wird nach eigenen Versäumnissen gesucht. Er beginnt, sich Vorwürfe zu machen, bevor er dann im nächsten Stadium wütend wird, diese Wut gegen andere Menschen richtet und diesen dann Vorwürfe macht.

In diesem Stadium ist Bewältigung gleichbedeutend mit Abwehr der Realität. Es könnte sich um eine persönliche Angelegenheit handeln, um den Verlust eines lieben Menschen etc., und dies könnte eine Zeit der Prüfung sein. Nun ist die Zeit reif für den Versuch, sich mit dem Ereignis selbst auseinander zu setzen, es zu akzeptieren und anzunehmen. Diese Auseinandersetzung mit dem, was geschehen ist, bietet die Chance für ein produktiveres und an einer Problemlösung orientiertes Vorgehen und für eine ausreichende Verarbeitung des traumatischen Erlebnisses. Das Leben oder der Seelenfrieden wird dann so weit wiederhergestellt, dass die Beschäftigung mit der unmittelbaren Vergangenheit zu einem Abschluss kommt.

Man weiß allerdings nie, wie lange dies alles dauert. Es kann jedem passieren, dass er in einem Stadium stecken bleibt oder das Gefühl hat, sich eine Weile zwischen zwei Stadien hin und her zu bewegen. In **Abbildung 6-29** ist das Muster als «Achterbahn» dargestellt, wobei die Selbstvorwürfe den Tiefpunkt von Vertrauen und Effektivität anzeigen (Hopson und Hough, 1973). Anpassung und Überwindung des traumatischen Ereignisses führen aus dieser Talsohle heraus.

Auf eine Sache muss im Zusammenhang mit den oben beschriebenen Stadien und Sequenzen noch hingewiesen werden: Die Tatsache, dass Sie bestimmte Stadien schon einmal durchlebt haben, bedeutet nicht unbedingt, dass Sie sie nicht noch einmal durchleben müssen. Manchmal bedarf es nur eines scheinbar unbedeutenden Vorfalls, um Sie zurückzuwerfen. Vielleicht ertappen Sie sich dabei, dass Sie sich um Dinge Sorgen machen, von denen Sie glaubten, sie bereits vor Monaten oder sogar vor Jahren überwunden zu haben. Wenn das geschieht, müssen Sie versuchen, den Prozess noch einmal zu durchleben. Dasselbe gilt für Ihre PatientInnen. Sie sehen, dass sie bestimmte Probleme bearbeiten, dass sie erklären, es gehe ihnen gut geht, nur um sich anschließend mit demselben Problem, das sie nach ihren früheren Angaben überwunden hatten, erneut zu beschäftigen und sich für eine Weile davon lähmen zu lassen. In diesem Fall müssen Sie die PatientInnen in ihrem Entschluss und in ihrem Vorsatz, sich noch einmal damit auseinander zu setzen, psychologisch unterstützen.

Die wichtige Botschaft lautet, dass die Menschen sich sehr voneinander unterscheiden, nicht nur darin, wie Sie die Dinge betrachten, sondern auch darin, wie sie auf Ereignisse reagieren, von denen sie persönlich betroffen sind. Vielleicht halten Sie es angesichts der Tatsache, dass Sie wissen, was Ihre PatientInnen durchmachen, für hilfreich einzugestehen, dass selbst Ihre größten Bemühungen dem bestenfalls annähernd gerecht werden können. Doch dies ist schon eine ganze Menge. Wenn Sie in der Lage waren, den Zustand Ihrer PatientInnen so einzuschätzen, dann werden Sie auch bemerkt haben, wie beruhigt, gerührt und dankbar – ja sogar überwältigt – sie waren. Dass Sie ihre Erfahrungen sogar nachempfunden haben, ist eine große Leistung.

6.2.6 Nebeneffekte und Überraschungen

Am Anfang dieses Kapitel wurde die Schlüsselposition der Pflegeperson hervorgehoben, und es wurde gezeigt, dass die PatientInnen aufgrund dessen große Erwartungen haben, was eine Pflegeperson für sie tun kann. Werden diese Erwartungen nicht erfüllt oder von der Pflegeperson zurückgewiesen, können sich diese unerfüllten Erwartungen in ein negatives, vielleicht sogar beleidigendes Verhalten gegenüber der Pflegeperson verwandeln.

Dies kann so aussehen, dass ein Patient sich in einem Moment freundlich gibt, sich dann aber plötzlich beinahe ohne Vorwarnung feindselig verhält. Solch ein Verhalten kann sich lähmend

Abbildung 6-29: Die Reaktionssequenz nach Hopson

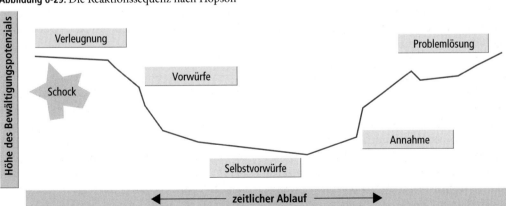

und zerstörerisch auf die betreuenden Personen auswirken. Besonders in der Ausbildung fragen sich die Pflegenden in einem solchen Fall, ob sie kompetent, qualifiziert oder sorgfältig genug arbeiten und ob dies wirklich ein Beruf ist, der für sie geeignet ist und den sie ausüben wollen.

Eine der Möglichkeiten, die wir haben, um uns vor Bedrohung oder Angst zu schützen, ist die, dass wir solche Situationen, Menschen und Dinge entweder als gut oder schlecht bewerten. Wir etikettieren Objekte oder Menschen, je nach Empfinden, als gut oder schlecht. Wenn wir erfreut oder enttäuscht sind, übertragen wir intensive emotionale Gefühle auf Menschen und Objekte. Wir weisen ihnen unterschiedliche Abstufungen von «Gutartigkeit» und/oder «Bösartigkeit» zu, je nachdem ob unsere Bedürfnisse erfüllt wurden oder nicht.

Genau dies kann passieren, wenn die Erwartungen von PatientInnen, ob realistisch oder nicht, erfüllt, enttäuscht oder auf irgendeine Art durchkreuzt werden. Die Person, der sie die Verantwortung dafür zuschreiben, bekommt dann ihre Reaktion zu spüren. Diese Reaktion kann von einer emotionalen Heftigkeit sein, die, ob positiv oder negativ, in keinem Verhältnis zu der Situation steht.

Die PatientInnen betrachten die Pflegeperson dann als «gute» oder «schlechte» Pflegeperson. Übrigens kann es passieren, dass dieselbe Pflegeperson von ein und demselben Patienten als «gut» und als «schlecht» beurteilt wird, je nachdem ob der Patient von ihr das bekommt, was er möchte.

Worauf ich hinweisen möchte, ist, dass ein Patient intensive emotionale Gefühle entwickeln und auf die Pflegeperson projizieren kann; diese Gefühle sind aufgrund eines erfüllten beziehungsweise unerfüllten Bedürfnisses entstanden. Die Auswirkungen solcher Prozesse auf die Pflegenden können äußerst traumatisch sein, und zwar um so eher, wenn derartige Dinge nicht als schwierige und stark wirkende Aspekte des Stationslebens erkannt oder angesprochen werden.

Der Knackpunkt ist der, dass PatientInnen (und andere, auch wir selbst) dazu neigen, starke emotionale Gefühle auf Menschen und Ob-

jekte zu projizieren. Dies kann von einer Intensität sein, die in keinem Verhältnis zu dem Anlass stehen, um den es gerade geht. Wenn so etwas geschieht, dann bedeutet dies nicht, dass die Pflegeperson an sich «gut» oder «schlecht» ist, sondern dass der Patient, um weiter funktionieren zu können, diese Klassifizierung in gut und schlecht (unbewusst) als Abwehr einsetzt.

Diese «gespaltene» Sichtweise eines Menschen oder eines Objektes als «gut» oder «schlecht» ist der Versuch, mit intensiven Ängsten fertig zu werden. In diesem Fall geschieht es dadurch, dass die Gefühle nach außen projiziert werden.

6.2.7 Der Stress ist da – was bedeutet das für Sie?

Die Inhalte dieses Kapitels legen nahe, dass jede Pflegeperson mit intensiven interpersonellen dynamischen Prozessen und Spannungen effektiv und effizient umgehen muss, wenn sie als professioneller Betreuer und als Mensch effizient sein will. Solche Prozesse und Spannungen können zu Stress, körperlicher Anspannung und Müdigkeit führen. Wird dies nicht erkannt und bearbeitet, kann die Arbeitsleistung schlechter werden und die emotionale und körperliche Leistungsfähigkeit der Pflegenden abnehmen. Dies kann sich wie folgt äußern: «Krankfeiern», hoher Krankenstand, schlechte Stimmung und schlechter Zusammenhalt, Spannungen und Meinungsverschiedenheiten etc. innerhalb der Organisation.

Abbildung 6-30 führt einige Ursachen und Auslöser auf, die Stress für die Pflegenden bedeuten. Welche Ursachen würden Sie noch hinzufügen und welche haben einen Einfluss auf Sie?

In Abbildung 6-30 habe ich in erster Linie solche Ursachen von Stress und Überanstrengung aufgeführt, die mit der professionellen Betreuerrolle zusammenhängen, aber es gibt auch Ursachen, die mit Ihrer Funktion in der Organisation zu tun haben. Das Gefühl, den «richtigen» Beruf zu haben oder aber auch nicht (gemeint sind die Rolle, die Abteilung, das Spezialgebiet, die Firma etc.), hat einen immensen Einfluss auf

Abbildung 6-30: Was bei Pflegenden Stress auslöst

Ihr Wohlbefinden und Ihr Selbstwertgefühl. Die meisten Menschen versuchen, Rollen zu übernehmen, in denen sie sich wohl und sicher fühlen. Schwierigkeiten entstehen zum einen, wenn die Kluft zwischen der angestrebten Rolle und der derzeitigen Position zu groß ist, und zum anderen durch Situationen, in denen ihre Rolle sie daran hindert, so zu arbeiten, wie sie es in beruflicher Hinsicht für richtig halten. Es kommt zu Spannungen und Stress, wenn zwischen dem, was ich tun möchte und der Art und Weise, wie ich die Rolle ausüben will, keine Übereinstimmung besteht.

Des Weiteren entstehen Probleme, wenn Sie entweder nicht Sie selbst sein können oder dürfen. Was bedeutet das? Können Sie sich an Situationen erinnern (in der Schule, im College, zu Hause etc.), in denen Ihnen gesagt wurde, Sie sollten so sein wie eine bestimmte andere Person, oder dass es nicht in Ordnung ist, wenn Sie das, was Sie tun, nicht auf die Art und Weise tun wie X? Wie haben Sie sich dabei gefühlt? Wenn Sie in der Lage waren, den Leistungen/dem Verhalten von X nachzueifern und Sie diese auch noch für gut hielten, dann hatten Sie vielleicht nicht allzu viel dagegen einzuwenden.

Wenn Sie nun aber nicht so arbeiten konnten wie X, oder wenn X ein Mensch war, von dem Sie rein gar nichts hielten, dann haben Sie vermutlich beträchtliche Angst und Unbehagen empfunden.

Welche ähnlichen Situationen aus der Vergangenheit fallen Ihnen jetzt ein? Es sind Erinnerungen an Situationen, in denen Sie berufsmäßig reagieren wollten, jedoch angewiesen wurden, in einer Art und Weise zu reagieren, die Ihrem persönlichen beziehungsweise beruflichen Stil widersprach. Vielleicht waren die Anweisung, die Sie erhielten, vernünftig und angemessen, aber möglicherweise hatten Sie auch das Gefühl, Sie würden gezwungen, ihr Verständnis von sich selbst zu kompromittieren. Von Ihnen wurde verlangt, dass Sie auf eine Art und Weise arbeiten, handeln, fühlen oder sich verhalten, die im Widerspruch zu dem steht, wie Sie sind, und ohne Rücksicht auf Ihre professionelle Kompetenz und Erfahrung, die erforderliche Arbeit ausführen zu können.

Derartige Vorfälle können bewirken, dass man das Gefühl hat, vergewaltigt worden zu sein, nicht so akzeptiert zu werden, wie man ist. Vielleicht hatten Sie sogar das Gefühl, dass die andere Person, die Sie dahin bringen wollte, jemand zu sein, der Sie nicht sind, Sie schikaniert hat. So etwas löst Stress aus und führt dazu, dass Sie sich unbehaglich fühlen und vielleicht auch ein wenig unsicher werden, was Ihren Wert betrifft. Auch ansonsten fähige Menschen zweifeln an sich selbst und lassen sich lähmen. Wie Sie sicher aus dem Abschnitt über die «innere Welt» in Teil II noch wissen, haben wir alle die Neigung, an uns zu zweifeln.

Abbildung 6-31: Das «Ich-/Nicht-Ich»-Dilemma

	Beschreibung der Situation	wie ich mich verhalten wollte	wie ich mich verhalten sollte	die Konsequenzen für mich und andere
1. Beispiel				
2. Beispiel				
3. Beispiel				

So stressauslösend und beängstigend solche Vorfälle auch sein mögen, es wird nicht immer akzeptiert, wenn man seine Gefühle zeigt. Also können sie auch nicht mit KollegInnen diskutiert und bearbeitet werden, woraus folgt, dass sie häufig ignoriert werden. Möglicherweise nehmen andere überhaupt nicht wahr, dass etwas nicht gestimmt hat. Vielleicht hat man Ihnen gesagt, es gäbe keinen Grund zur Klage (oder keinen Stress) und deshalb gibt es auch keine Themen, die zu bearbeiten sind. Die Tatsache, dass Ihr Erlebnis von anderen nicht bestätigt wird, macht es noch unangenehmer.

Zwei Szenarien sind in diesem Zusammenhang möglich. Sie fühlen sich nach einem solchen Vorfall ein wenig kraftlos. Sie ermüden schneller als früher und Sie stellen erstaunt fest, dass Sie sich fragen, ob die Pflege wirklich das Richtige für Sie ist (Szenarium 1). Es kann aber auch die andere Situation (Szenarium 2) eintreten: Sie registrieren sehr bewusst, wenn Sie bei der Verrichtung Ihrer Arbeit nicht Sie selbst sein dürfen, obwohl Sie in ethischer und professioneller Hinsicht korrekt vorgehen. Sie werden sogar wütend, dass jemand es wagt, Ihnen zu sagen, was an Ihnen akzeptabel ist und was nicht, und Sie sind nicht bereit, irgendwen zu kopieren.

Wenn es nicht möglich ist beziehungsweise nicht akzeptiert wird, dass Sie Ihre Gefühle äußern und darüber sprechen – um sie zu bearbeiten – dann werden Sie diese Gefühle nicht los, und wenn Sie die Gefühle nicht äußern, dann gären sie in Ihnen. In diesem Szenarium gewinnt Wut die Oberhand, in dem ersten verhalten Sie sich passiv und stecken alles ein.

In beiden Szenarien wird von anderen nicht akzeptiert, wer Sie sind, und eine Diskussion über Ihre Gefühle abgeblockt. Vermutlich wird in beiden Fällen Ihr Selbstbild geschwächt und ein wenig förderlicher Stresszustand erzeugt. Abgesehen davon, dass Sie seelisch verletzt wurden, befinden Sie sich vielleicht sogar in einer Situation, in der von Ihnen erwartet wird, dass Sie sich nicht nur «nichts anmerken lassen», sondern auch noch «strahlend dreinblicken», und dies macht den Stress und das Gefühl, missachtet zu werden, nur noch größer. Manchmal sind Ihnen diese Belastungen vielleicht nicht bewusst. Sie passen sich einfach an, jedoch mit einem gewissen Unbehagen und dem Gefühl, dass irgendetwas nicht richtig ist beziehungsweise nicht so, wie es sein sollte.

Erinnern Sie sich an das, was Sie in der Schule über Magneten gelernt haben? Dann wissen Sie vielleicht noch, dass es magnetische Felder gibt. Diese können Sie zwar nicht sehen, aber wenn Sie einen Magneten in die Nähe von Eisenspänen bringen, dann erkennen Sie am Verhalten der Späne innerhalb des Einflussbereichs des Magneten, wie seine unsichtbaren Kräfte das Verhalten der Eisenspäne beeinflussen. Das Ganze lässt sich auf Sie und Ihren Arbeitsplatz übertragen, wo es auch verschiedene Felder mit unsichtbaren emotionalen Wirkungspotenzialen gibt, die Ihr Verhalten und Ihre Gedanken beeinflussen.

Sie müssen diese emotionalen «Felder» ausfindig machen, sich daran anpassen und mit ihnen arbeiten, denn sie sind integraler Bestandteil Ihres Arbeitsplatzes. In den meisten Fällen sind uns derartige Prozesse nicht bewusst, aber manchmal spüren wir den Zwang zur Verhaltensanpassung so stark, dass wir nicht anders können als die Belastungen wahrzunehmen. Dies passiert in Situationen, in denen einer Ihrer inneren Werte bedroht wird, beispielsweise wenn Sie auf Ungerechtigkeiten aufmerksam werden und eingreifen wollen. Ein anderes Beispiel wäre etwa, wenn Sie an eine schmerzliche Erfahrung erinnert werden und sich im Nachhinein wünschen, Sie hätten anders reagiert.

Es wird auch Situationen geben, in denen Sie die aktuelle emotionale Bedeutung von Ereignissen oder Interaktionen erkennen, durch die Institution aber daran gehindert werden, so zu reagieren, wie Sie es gerne möchten. Vielleicht wurden Sie angewiesen, dies zu unterlassen, oder es besteht die Gefahr, bestraft zu werden. Damit müssen Sie sich auseinander setzen und gleichzeitig wird von Ihnen auch noch verlangt, vor anderen Optimismus auszustrahlen. Wenn Ihnen daran liegt, auch weiterhin gut angesehen zu sein, dann müssen Sie sich selbst verleugnen und Ihre Gefühle und Emotionen unterdrücken.

Die Rede ist hier nicht von emotionalen Ausbrüchen. Mir geht es um die Gefühle, die entstehen, wenn Sie erkennen, dass Sie zu Arbeiten gedrängt werden, die Ihrem Selbstbild widersprechen, oder wenn Sie feststellen, dass Sie gefangen sind zwischen der Treue zu sich selbst und der Einhaltung institutioneller Vorgaben. All das mag ethisch und richtig sein, aber es liegt nicht auf Ihrer Linie.

Hochschild (1983) hat sich mit solchen Zwängen beschäftigt; er differenziert zwischen dem, was er als emotionale Arbeit und als emotionale Anstrengung bezeichnet. Emotionale Arbeit ist die Mühe, die wir aufwenden, um unsere innersten Gefühle so unter Kontrolle zu halten beziehungsweise zum Ausdruck zu bringen, dass die gesellschaftlichen Normen nicht verletzt werden. Im Fall der emotionalen Anstrengung wird dieses Prinzip zu kommerziellen Zwecken genutzt, etwa wenn ein Angestellter dafür «bezahlt» wird, dass er lächelt, lacht, höflich oder «fürsorglich» ist, dies aber zu Lasten seiner inneren Kräfte und Spannungen geht, die ungehindert nach außen dringen wollen. Wachsende innere Spannungen und Frustration können die Folge sein.

6.2.8 Schlussbemerkung

Sollten Sie beschließen, Ihre Situation zu verändern, dann müssen Sie wissen, was Sie wollen und Ihre Ressourcen mobilisieren, um diese Veränderung herbeizuführen. Sie werden den anderen sagen müssen, was Sie wollen und wann und wie Sie es wollen. Dies ist leichter gesagt als getan. Es ist schwierig, die richtige Balance zu finden zwischen der selbstbewussten Äußerung der eigenen Wünsche und der Notwendigkeit, nicht aggressiv zu wirken. Letzteres kann besonders dann passieren, wenn Ihre Wünsche den Status quo infrage stellen oder mit ihm in einen Wettbewerb eintreten. All dies wird in den nächsten Kapiteln diskutiert, und es wird gezeigt, dass die meisten Menschen bei diesem Vorhaben Übung, Einsicht und Beharrlichkeit brauchen.

Auch wenn Sie nicht immer alles gut finden werden, so sind Sie durch die Beschäftigung mit den Inhalten dieses Kapitels gut gerüstet, die Ursachen dafür zu erkennen. Danach können Sie geeignete und wirkungsvolle Maßnahmen planen. Die Situation auf der Station oder im privaten Bereich mag nicht immer so sein, wie Sie sie gern hätten, aber sie ist auch nicht «die Hölle auf Erden», selbst wenn sie zeitweise schwierig ist. Dies ist der Rahmen, in dem wir uns bewegen, wenn wir unseren Geschäften und unserer Arbeit nachgehen.

Da die Rolle der Pflegeperson an sich schon eine persönliche Herausforderungen darstellt, ist es wichtig, über die vielfältigen Belastungen und Stresssituationen Bescheid zu wissen, mit denen Sie als professionelle BetreuerIn konfrontiert werden. Wenn Sie Ihre beruflichen Pflichten mit Kompetenz und Mitgefühl erfüllen wollen, müssen Sie sich ausreichend um sich selbst kümmern. Es gilt, diese beiden wichtigen Dinge im Gleichgewicht und im Gedächtnis zu behalten.

Arbeitsbeispiele

Abbildung 6-32: Arbeitsbeispiel für Abbildung 6-3

Diskussion	besserem Einvernehmen
Problemlösung	Konfliktlösung
Maßnahmen	**Gespräche wegen...**	Entscheidungen
Ideen und Möglichkeiten	Planung von Strategien

Abbildung 6-33: Arbeitsbeispiel für Abbildung 6-22

Lehrer–Schüler	Patient–Pflegeperson	Vorgesetzter–Untergebener
Weiser–Anhänger	Arzt–Patient	Kollege–Kollege
Meister–Anfänger	Schauspieler–Publikum	
Herr–Sklave	Meister–Lehrling	

Abbildung 6-34: Arbeitsbeispiel für Abbildung 6-25

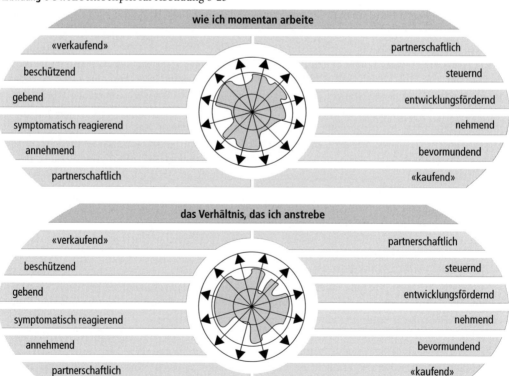

Literatur

Argyle, M. (1967) *The Psychology of Interpersonal Behaviour,* Penguin, Harmondsworth.

Fink, S. et al. (1971) Organizational crisis and change *The Journal of Applied Behavioural Science* **7.1.**

Hochschild, A. (1983) *The Managed Heart,* University of California Press, Berkeley, USA.

Hopson, B. and Hough, P. (1973) *Exercises in Personal and Career Development, Careers Research,* Cambridge.

Kübler-Ross, E. (1970) *On Death and Dying,* Tavistock Publications, London.

Menzies, I. (1970) *The Functioning of Social Systems as a Defence Against Anxiety.* Tavistock Institute of Human Relations, London.

Parkes, C. (1972) *Bereavement: Studies of Grief in Adult Life,* Tavistock Publications, London.

Weiterführende Literatur

Charles-Edwards, D. (1992) *Counselling Issues of Managers No 1: Death Bereavement and Work,* CEPEC, London.

Fineman, S. (1993) *Emotion in Organizations,* Sage Publications, London.

Madders, J. (1988) *Stress and Relaxation,* Macdonald Optima, London.

Owens, R. and Naylor, F. (1989) *Living while Dying,* Thorsons, Wellingborough.

Parkinson, F. (1993) *Post-Trauma-Stress,* Sheldon Press, London.

Shepherd, E. (1994) *Becoming Skilled,* The Law Society, London.

7. Die Arbeit mit anderen

7.1 Worauf es dabei ankommt und warum dies so schwer zu verwirklichen ist

In diesem Kapitel werden Methoden vorgestellt, die Ihnen zeigen, wie Sie andere leichter beeinflussen, eigene Interessen vertreten, die Kommunikation mit anderen verbessern und mit Konflikten am Arbeitsplatz umgehen können. Die Inhalte überschneiden sich teilweise mit Inhalten, die an anderer Stellen des Buches behandelt wurden; auf diese können Sie hin und wieder zurückgreifen.

Ich habe mich bemüht, leicht verständliche Ideen zu präsentieren, damit Sie sie gut im Gedächtnis behalten und sie anwenden können, wo es zweckdienlich ist. Wenn Sie besser verstehen, was in Ihrer Umgebung geschieht, dann haben Sie nach meiner Auffassung bessere Chancen, in Situationen die Übersicht zu behalten, in denen Sie normalerweise überfordert wären. Sicher wollen Sie nicht allzu häufig überfordert werden, denn es tut Ihnen nicht besonders gut, und Sie können sich auch nicht effektiv um andere kümmern.

Wir alle müssen mit anderen Menschen zusammenarbeiten, wenngleich dies sehr schwierig ist. Wir haben unsere eigenen Bedürfnisse und Prioritäten, und diese können sich stark von denen der Menschen in unserer Umgebung unterscheiden. Wir möchten mit anderen zusammenarbeiten und freundlich sein, aber wir haben auch das Bedürfnis, unsere Absichten für uns zu behalten und unabhängig zu sein. Wenn Sie sich manchmal fragen, warum Sie Probleme haben, mit anderen umzugehen, dann muss dies nicht unbedingt an Ihnen liegen. Es könnte sich um ein Problem handeln, das die meisten haben: Sie wollen dazugehören und gleichzeitig anders sein als die anderen.

Denken Sie an das, womit Sie sich in Teil II beschäftigt haben. Wenn Sie ein Gespür für Ihre Bedürfnisse und Ziele entwickeln, schaffen Sie die Voraussetzung für eine effektivere Arbeit mit anderen, und es fällt Ihnen leichter, die Ursachen von Meinungsverschiedenheiten ausfindig zu machen. Wenn Sie Ihre Fähigkeiten gering einschätzen und sich Ihres Potenzials nicht bewusst sind, wird es für Sie schwierig sein, auf andere Menschen Einfluss zu nehmen. Man mag Sie vielleicht, aber man nimmt Sie nicht ernst. Sie werden auf andere nicht wie ein klar denkender Mensch wirken, der an sich glaubt, der weiß, wie er seine Zukunft gestalten will und vor dem man Respekt haben kann.

Sich selbst ernst zu nehmen ist die eine Seite, aber Sie müssen Ihre Beziehungen am Arbeitsplatz auch ernst nehmen. Dies können Sie tun, wenn Sie sich mit Konzepten und Modellen beschäftigen, in denen es um interpersonelle Beziehungen geht.

Abbildung 7-1: Die Hauptmerkmale einer Interaktion

7.2 Was bei der Arbeit mit anderen zu berücksichtigen ist

Wir wollen individuelle Unterschiede im Moment außer Acht lassen und uns den Merkmalen in **Abbildung 7-1** zuwenden, die bei jeder Interaktion eine Rolle spielen und ihren Verlauf, ihre Form und ihre Ergebnisse beeinflussen. Dies sind:

- die offiziellen Themen, die zu behandeln sind
- der Ort, an dem das Gespräch oder die Besprechung stattfindet
- der Hintergrund/die Vorgeschichte, die mit dem Treffen/der Interaktion selbst zusammenhängt
- die unvorhergesehenen Themen und Probleme, die bei dem Treffen eine Rolle spielen, von denen einige bekannt sind – über diese spricht aber niemand – und einige unbewusst sind.

7.2.1 Die offiziellen Themen

Grundlage ist für alle TeilnehmerInnen das, was offiziell als der Zweck der Besprechung ausgewiesen ist, beispielsweise die Vereinbarung eines neuen Schichtplans oder Entscheidungen im Zusammenhang mit einer Pflegestrategie für einen bestimmten Patienten oder die Formulierung eines Änderungsantrags für die Bettennutzung. Aber auf der offiziellen Tagesordnung sind nicht alle relevanten Punkte aufgeführt. Manchmal werden relevante Inhalte nicht beziehungs-

weise falsch dargestellt, und manchmal können wichtige Themen nicht behandelt werden, weil niemand sie angemessen formulieren kann.

Die offiziellen Themen sind die formell ausgewiesenen Angelegenheiten aus dem Pflege – und Geschäftsbereich, die der Aufmerksamkeit bedürfen. Sie entsprechen den Punkten auf der Tagesordnung, zu denen von unserer Seite Ansichten, Daten und Meinungen erwartet werden.

7.2.2 Der Rahmen

Wo und unter welchen Bedingungen wir uns treffen, wirkt sich maßgeblich auf die Stimmung und den Stil der Interaktionen aus und kann überdies die Ergebnisse beeinflussen. Die Wahl des Ortes ist eine strategische Entscheidung, die nicht dem Zufall überlassen werden sollte. Es ist eine vollkommen andere Sache, ob das Treffen auf neutralem Boden oder im Büro des Vorgesetzten stattfindet, ob im Bezirkskrankenhaus oder in der Schule etc. Die Tageszeit ist ein weiterer wichtiger Faktor. Zeitpunkt und ausreichender Zeitraum fördern vermutlich Interaktionen und Entscheidungen.

7.2.3 Hintergrund und Vorgeschichte, die bei Kontakten eine Rolle spielen

Jeder Mensch bringt seine ganz persönliche Geschichte mit ein, das heißt, all seine Ambitionen, seine Stärken und Schwachpunkte, die allesamt auf die eine oder andere Art bei den Interaktionen mit Ihnen ins Spiel kommen. Darüber hinaus bringt jeder sowohl die Vorgeschichte aller früheren Kontakte mit Ihnen oder Ihrer Abteilung als auch seine Erwartungen mit ein, die auf der Einschätzung der Vergangenheit und auf den Hoffnungen beruhen, die er an die Begegnung mit Ihnen knüpft.

Die Vorgeschichte wird oft vernachlässigt, und doch kann sie Hinweise darauf geben, was bei dem aktuellen Treffen geschehen wird. Jeder hat vom anderen eine Sammlung von Eindrücken, die auf den direkten Kontakten miteinander basiert. Wir nutzen außerdem unsere vielfältigen Kontakte zu anderen, um uns eine Vorstellungen von den Menschen zu machen, mit denen wir jetzt zusammenarbeiten müssen. So arbeiten unsere Eindrücke mit unseren Vorstellungen Hand in Hand. Es ist unwahrscheinlich, dass wir neuen KollegInnen völlig unvoreingenommen begegnen, denn wenn sich die Möglichkeit ergibt, erkundigen wir uns vorher bei anderen über sie, vergleichen dies mit unseren Eindrücken und verhalten uns dann entsprechend.

Vieles davon hat mit Vertrauen und Achtung zu tun, und wir blicken in die Vergangenheit, um herauszufinden, was die Zukunft uns bringt.

7.2.4 Zusätzliche verborgene Themen und Erwägungen

Diese Themen, die auf einer zusätzlichen Tagesordnung stehen, spielen bei den Interaktionen durchaus eine Rolle, sind aber offiziell nicht zugelassen; sie werden oft als heimliche Tagesordnung bezeichnet. Des Weiteren gibt es verborgene dynamische Prozesse und Spannungen, die sich im Verlauf der Interaktionen aufbauen. Ein Großteil davon ist wahrscheinlich auf unbewusste Kommunikation zurückzuführen.

All diese Faktoren kommen zusammen und beeinflussen das Geschehen. Da man nicht weiß, um welche Einflüsse es sich handelt, ist der Verlauf vieler Besprechungsrunden und Interaktionen nicht genau vorhersehbar.

Sie können dies auf die Arbeit mit Ihren KollegInnen und PatientInnen sowie auf Situationen ausserhalb des Arbeitsbereichs übertragen. Denken Sie dabei an eine Interaktion, die in Kürze stattfinden wird. Benutzen Sie Abbildung 7-1 und überlegen Sie – bei jeder Person, die vermutlich anwesend sein wird – welche Ansichten sie über das Thema haben könnte. Welches sind die verborgenen Themen (unabhängig von dem offiziell angegebenen Zweck des Treffens)? Welche Auswirkungen hat der vorgeschlagene Ort auf die Besprechung und was geschah bei früheren Treffen?

Welche Vorgeschichte und welcher Hintergrund im Zusammenhang mit Krankenhäusern, Kliniken, Hausbesuchen etc. mag das Verhalten der PatientInnen gegenüber Ihnen und Ihren KollegInnen beeinflussen? Meinen die PatientInnen, man ginge nur ins Krankenhaus, wenn es gar keine andere Möglichkeit mehr gibt? Glauben sie, dass man ihnen keine Auskunft geben wird oder dass sie eingeschüchtert und zu unangenehmen Dingen gezwungen werden? Welche Geschichten – gute wie schlechte – haben sie über Ihr Krankenhaus gehört? Diese werden ihre Interaktionen mit Ihnen prägen.

Was die Umgebung betrifft, reagieren die PatientInnen ganz unterschiedlich, je nachdem, wo sie untergebracht sind. Die Unterbringung in einem kleinen Zimmer mit vier Betten anstatt auf einer großen, offenen Station mit 20 Betten führt zu völlig anderen Erfahrungen mit der Pflege, unabhängig von der tatsächlichen klinischen Pflege.

[Da das staatliche britische Gesundheitswesen unter chronischem Geldmangel leidet, sind die baulichen und räumlichen Bedingungen in den Krankenhäusern des NHS zum Teil desolat. Bei den heutigen Stationen finden wir häufig eine Mischung aus 6-Bett-, 4-Bett- und Einzelzimmern. Es gibt aber auch noch den klassischen Nightingale-Ward: ein Betten-Saal mit 20 und mehr Betten mit einem Schwesternstützpunkt in der Mitte. Anm. d. Bearb.]

Die Ausstattung hat auch einen Einfluss. Eine allzu klinische Ausstattung könnte die PatientInnen sowohl beruhigen als auch erschrecken. Manche Räumlichkeiten sind den PatientInnen vielleicht fremd und lösen Verwirrung und Sorgen aus. Andere Dinge – wie der Tagesraum – bereiten ihnen großes Vergnügen. Vielleicht ist es das erste Mal seit vielen Jahren, dass sie zu einer «Familie» gehören, die zusammen vor dem Fernseher sitzt. Für andere ist es möglicherweise etwas, das sie aufgrund von Erinnerungen an vergangene Zeiten unter allen Umständen meiden.

Man sagt, dass sich hinter jeder Frage eine Aussage verbirgt. Verbirgt sich hinter der Frage, die ein Patient Ihnen stellt (das offizielle Thema), eine andere unausgesprochene Frage oder Aussage (das verborgene Thema), die es herauszulocken und anzusprechen gilt? Dies erfordert Mühe, Aufmerksamkeit und ein Bewusstsein für Ihre eigenen Bedürfnisse und für die anderer Menschen. Wenn Sie Freundschaften und partnerschaftliche Beziehungen am Arbeitsplatz aufbauen wollen, dann müssen Sie dies wissen, aber die Umsetzung ist nicht leicht. Bei jeder Begegnung könnten beide Parteien aufgrund von Erfahrungen, die sie in der Zwischenzeit gemacht haben, gewisse Dinge anders sehen als vorher, und dies kann dazu führen, dass sie diese spezielle Beziehung auch ganz anders einschätzen.

Da wir ein Gespür für menschliche Empfindungen haben, könnten Sie bei Ihrer klinischen Arbeit auf Signale aus Ihrem Innern und von anderen achten, die darauf hindeuten, dass sich irgendetwas zwischen Ihnen verändert hat oder im Begriff ist, sich zu verändern. Wahrscheinlich kommt es nicht von ungefähr, dass man sich mit den Floskeln: «Wie gehts?» oder «was gibts Neues?» oder «alles in Ordnung?» begrüßt. Es handelt sich hier um ritualisierte Formen, die wir benutzen, um Erkundigungen über den Zustand des anderen einzuholen. Traurig ist, dass diese Begrüßungsformeln meistens rhetorische Fragen sind, auf die die Antwort «danke, gut» erwartet und auch erwünscht wird, und keine ernst gemeinte Aufforderung zu weiteren Auskünften. Es ist wie ein sinnloses Ritual, bei dem beide ein Geräusch in Richtung des anderen machen, bevor dann jeder seine Arbeit fortsetzt und an der Antwort weder interessiert noch von ihr berührt ist.

Dies ist auch der Grund, weshalb einige Menschen mit Angst und Unbehagen reagieren, wenn Sie Ihnen als Antwort auf die ritualisierte Frage wirklich erzählen, wie es Ihnen geht und welche Schwierigkeiten Sie zur Zeit haben etc. Vielleicht sollte es eine Regel geben, die besagt: «Stellen Sie mir diese Frage nur, wenn Sie es wirklich wissen wollen – denn wenn Sie mich fragen, könnte es sein, dass ich es Ihnen sage!» Warten Sie ab, was passiert, wenn Sie Ihrem Nachbarn das nächste Mal eine ausführliche Antwort geben, wenn er sagt: «Hallo, na alles klar?».

Bei Ihrer Arbeit mit PatientInnen und KollegInnen können Sie das Schema in **Abbildung 7-2** benutzen, damit Sie daran denken, den gemeinsamen Erfahrungshintergrund als Grundlage einzubeziehen, wenn es um aktuelle Prioritäten und um Ziele in der Zukunft geht, auf die Sie hinarbeiten.

Abbildung 7-2: Der Rückgriff auf die Vergangenheit zur Gestaltung der Zukunft

1	2	3
Der gemeinsame Hintergrund und die Erfahrungen, die wir in der Vergangenheit miteinander gemacht haben	Die aktuelle Situation, an der wir in der Beziehung Pflegeperson–Patient, Kollege–Kollege etc. gerade arbeiten	Die Zukunft, der wahrscheinliche Verlauf der Beziehung, ihr Zweck und ihre Entwicklung
Oft tragen wir diese «Geschichte» unbemerkt mit uns herum	Hierauf wird bei der Arbeit mit und in der Beziehung zu anderen die meiste Aufmerksamkeit gerichtet	Allzu oft wird zu wenig ausdrücklich darauf geachtet, wie die Beziehung in der Zukunft aussehen soll und wie bereits in der Gegenwart daran gearbeitet werden kann

Abbildung 7-3: Woran ich Veränderungen in meinen Beziehungen zu anderen sensibler wahrnehmen kann

der aktuelle emotionale Zustand der Beteiligten		die unausgesprochenen Bedürfnisse
Zweck der Beziehung		die geäußerten Bedürfnisse
erwartete Ergebnisse	**Faktoren**	die Vorgeschichte der Beziehung
die jeweiligen Rollen		Beschränkungen und Grenzen
frühere Erfahrungen mit ähnlichen Beziehungen		die Art von Beziehung, die angestrebt wird

7.3 Die Veränderung von Beziehungen

Meistens widmen wir den sich regelmäßig wiederholenden Interaktionen mit uns bekannten Menschen nicht genügend Aufmerksamkeit. Wir folgen dem Grundsatz: «Es wird so sein wie beim letzten Mal». Manchmal ist es durchaus nicht dasselbe, und zwar höchstwahrscheinlich dann, wenn wir auf aktuelle Geschehnisse überreagieren, sie falsch deuten oder schockiert von ihnen sind. Wir reagieren dann abwehrend, möglicherweise auch aggressiv auf unerwartete Schwierigkeiten mit Menschen, die wir zu kennen glaubten und für «sicher» hielten.

Sie erinnern sich vielleicht an Situationen, in denen das, was als ganz normale Stationsübergabe oder abendliche Medikamentenausgabe oder Bemerkung gegenüber einem Teammitglied begann, plötzlich einen unvorhersehbaren Verlauf nahm und ebenso plötzlich weitreichende Konsequenzen nach sich zog.

Man sollte stets daran denken, dass die Beziehung zu einem anderen Menschen selten auf Dauer festgelegt ist, unabhängig davon, wie sie nach außen wirkt. Sie verändert sich ständig und entwickelt sich immer weiter. Obwohl bestimmte Muster und interaktionale Sequenzen zwischen Menschen formalisiert werden und überdies auch ein wichtiger Bestandteil in jeder Beziehung sind, ist immer die Möglichkeit einer tiefgreifenden Veränderung gegeben, die den Status quo, an den Sie sich gewöhnt haben und auf den Sie sogar angewiesen sind, grundlegend verändert.

Die in **Abbildung 7-3** dargestellten Faktoren sind für den Aufbau und die Aufrechterhaltung von Beziehungen von Bedeutung. Zu einigen Faktoren werden Sie sehr viel sagen können, während Sie bei anderen auf bloße Spekulationen angewiesen sind, zum Beispiel bei den unausgesprochenen Bedürfnissen, die in einer Beziehung erfüllt werden sollen. Wenn Sie sich mit den Faktoren jedoch auseinander setzen, dann werden Sie Veränderungen in Ihren aktuellen Beziehungen sensibler wahrnehmen.

7.4 Wie wirke ich auf andere?

Bevor ich fortfahre, möchte ich Sie bitten, die nächste Übung in **Abbildung 7-4** auszufüllen. Schreiben Sie bitte ohne lange nachzudenken auf, wie Sie sich selbst sehen und wie Sie von anderen gesehen werden. Wenn Sie wollen, können Sie einen Teil Ihrer Notizen aus Teil II verwenden. Sie können aber auch jetzt ein paar wesentliche über sich notieren, ohne dass Sie all die Übungen berücksichtigen, die Sie bereits früher durchgeführt haben. Fügen Sie dieses Material bitte später ein.

Welche Ihrer Stärken und Schwächen werden anhand Ihrer Notizen deutlich und wenn Sie **Abbildung 7-5** verwenden? Benutzen Sie nun, mit Ihren Notizen im Hinterkopf, das Schema in **Abbildung 7-6**, um Ihre Aufzeichnungen zu erweitern und um klarer herauszuarbeiten, inwieweit Ihre Meinung über sich mit der Meinung Ihrer KollegInnen über Sie übereinstimmt beziehungsweise davon abweicht. Das geht am Besten, wenn Sie dabei an eine bestimmte Person denken und ohne viel nachzudenken die Ansichten niederschreiben, die diese Person vermutlich über Sie hat. Sie können dasselbe dann

Abbildung 7-4: Wie ich auf andere wirke

wie ich mich sehe

Gehen Sie bitte nach dem gleichen Schema vor und notieren Sie, was andere über Sie sagen

wie andere mich sehen

mit anderen Personen tun, so dass Sie schließlich drei oder vier Meinungen haben. Bearbeiten Sie zuerst den zweiten Teil «wie andere mich sehen», und nachdem Sie dies mit einigen KollegInnen gemacht haben, fügen Sie Ihre Ansichten über sich hinzu.

Sie können diese Übung unabhängig von allen anderen benutzen oder auch Material aus Kapitel 3 heranziehen, bei dem es um die Auseinandersetzung mit der eigenen Person ging, und schauen, welche neuen Erkenntnisse sich ergeben. Es ist sehr schwer zu sagen, wie andere Sie sehen. Sie können zwar Vermutung über deren Ansichten anstellen, aber ziemlich danebenliegen, was die oben notierten Eindrücke betrifft. Sie haben die Möglichkeit, ein paar KollegInnen zu fragen, ob sie bereit sind, Ihnen ihre Meinung über Sie mitzuteilen. Sollten Sie sich dazu entschließen, können Sie Ihren KollegInnen einige

Stichpunkte als Beispiel geben oder die Kopie eines Diagramms aus dem Buch, nach dem sie vorgehen können.

Vergleichen Sie jetzt bitte die Ansichten über sich. Schauen Sie sich zunächst an, welche Übereinstimmungen und Unterschiede es zwischen den Ansichten gibt, die Sie über sich haben und die Ihre KollegInnen über Sie haben. Sie können Ihre KollegInnen, wie bereits vorgeschlagen, befragen und/oder Vermutungen über deren Ansichten anstellen. Wie unterschiedlich – und in welcher Weise – sind die geäußerten Ansichten? Falls Sie KollegInnen gebeten haben, ihre Ansichten über Sie aufzuschreiben, inwieweit stimmen deren Angaben überein? Sieht jede(r) Sie anders? Wenn sich die Angaben stark unterscheiden, wie kommt das? Mit solchen Fragen ziehen Sie den größten Nutzen aus Ihrer Arbeit. Der Sinn des Ganzen ist, dass Sie sich ein mög-

Abbildung 7-5: Meine Stärken und meine Schwachpunkte

meine Stärken	meine Schwachpunkte

Abbildung 7-6: Ein Vergleich der Ansichten über mich

	wie ich mich sehe	wie andere mich sehen
Hauptmerkmale **was ich vertrete** **was ich mache/bin** **meine Vorzüge** **meine Nachteile**		

Zusammenfassung der einzelnen Meinungen
Worin stimmen die Beschreibungen überein und worin unterscheiden sie sich?
Gibt es Überraschungen, Übereinstimmungen, Unterschiede, Kritisches, Unklarheiten etc.?

lichst klares Bild davon verschaffen, wie Sie auf andere wirken und welchen Eindruck Sie auf sie machen.

Wenn KollegInnen Ihre Meinung über Sie geäußert haben, können Sie auch feststellen, wie exakt Sie deren Ansichten über Sie eingeschätzt haben. Dies gibt Ihren Gedanken neue Nahrung. Sie können erkennen, wie realistisch, oder vielleicht auch idealistisch Sie in Bezug auf sich selbst sind.

Es lohnt sich, wenn Sie außerdem feststellen:

- wo Ihre Ansichten mit denen der anderen übereinstimmen
- wo es Unterschiede in der Wahrnehmung gibt
- woran dies liegen könnte

- welche Eigenschaften zur Kenntnis genommen werden
- welche Eigenschaften überhaupt nicht zur Kenntnis genommen werden
- welche globalen Botschaften Sie bekommen
- ob es Botschaften sind, die Sie sich wünschen
- ob es Botschaften sind, die Sie sich nicht wünschen.

Sie können die Ergebnisse in die vier Felder von **Abbildung 7-7** eintragen.

Der Unterschied zwischen dem, was Sie hören wollen und dem, was tatsächlich über Sie gesagt wird, kann sehr groß sein. Ich bin immer noch schockiert, wenn ich feststelle, dass eine Diskrepanz besteht zwischen dem, wie ich auf andere

Abbildung 7-7: Vier wichtige Bereiche, die es zu beachten gilt

wie ich mich sehe	wie andere mich sehen
Eigenschaften, die mir gefallen	Eigenschaften, die mir nicht gefallen

zu wirken glaube und den gegenteiligen Rückmeldungen, die ich von anderen bekomme. Meine falschen Wahrnehmungen werden hinweggefegt, und ich werde mit Botschaften und Überraschungen konfrontiert, mit denen ich nicht rechne! Aber wenn ich eine Weile darüber nachdenke, habe ich wenigstens noch die Möglichkeit, zu überprüfen, was ich mache und mein Verhalten neu zu bewerten, um die Veränderungen vorzunehmen, die ich für nötig halte. Wenn ich nicht offen bin für solche Rückmeldungen und mir meine Fähigkeit, über mich selbst nachzudenken, nicht bewahre, dann besteht die Gefahr, dass ich mit der Zeit den Kontakt zu mir verliere und zu anderen auch.

7.5 Das Johari-Fenster

Die Fähigkeit, effektive Beziehungen am Arbeitsplatz aufzubauen und gegenseitiges Einvernehmen herzustellen, ist, wie Studien in den späten sechziger Jahren gezeigt haben, abhängig von der Fähigkeit, anderen Rückmeldungen zu geben und von der Bereitschaft, Informationen über die eigene Person zu überprüfen und preiszugeben. Die beiden Informationsquellen, die sich dabei als wichtig herausgestellt haben, waren:

- das, was ich über mich selbst weiß: Dies sind zum einen die Daten, die allgemein über mich bekannt sind, und zum anderen die Dinge, die ich über mich weiß, aber für mich behalten möchte.

- das, was andere über mich wissen, was ich aber nicht weiß!

Diese Erkenntnisse wurden von den beiden Sozialpsychologen Joe Ingram und Harry Luft zu einem kompakten Schema ausgearbeitet, das sie als Johari-Fenster bezeichneten (siehe **Abb. 7-8**). Die Kombination der beiden Dimensionen ergibt vier verschiedene interpersonelle Szenarien.

- *Quadrat A:* **Allgemein Bekanntes.** Dies sind Informationen über mich, die mir sehr bewusst sind, wie zum Beispiel Alter, Ausbildung, Rolle, Interessen, Akzent, körperliche Merkmale, Musikgeschmack, Meinungen zu bestimmten Dingen etc. Es handelt sich um Daten über mich, die Sie und ich schnell zu Papier bringen könnten.

- *Quadrat B:* **Blinder Fleck.** Neben den bekannten Daten gibt es Dinge, die andere Menschen an mir wahrnehmen und erkennen und von denen ich nichts weiß. Dieses Wissen könnte für mich bedeutsam und wichtig sein, aber es kann nur von anderen kommen, die sich entschließen, es mir mitzuteilen.

- *Quadrat C:* **Der Bereich des Verbergens.** Hier befindet sich alles Mögliche, angefangen von meinen persönlichsten Ansichten über Dinge, die mir außerordentlich wichtig sind und über die ich nicht sprechen möchte bis hin zu Gedanken über meine Arbeit und meine Berufsaussichten etc. Es handelt sich um Dinge, die mir bewusst sind und die ich anderen mitteilen kann, wenn ich will.

Abbildung 7-8: Das Johari-Fenster

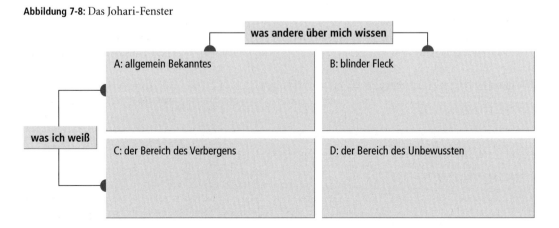

Abbildung 7-9: Die Verwendung des Johari-Fensters zur Erweiterung der interpersonellen Kommunikation und des gegenseitigen Einvernehmens

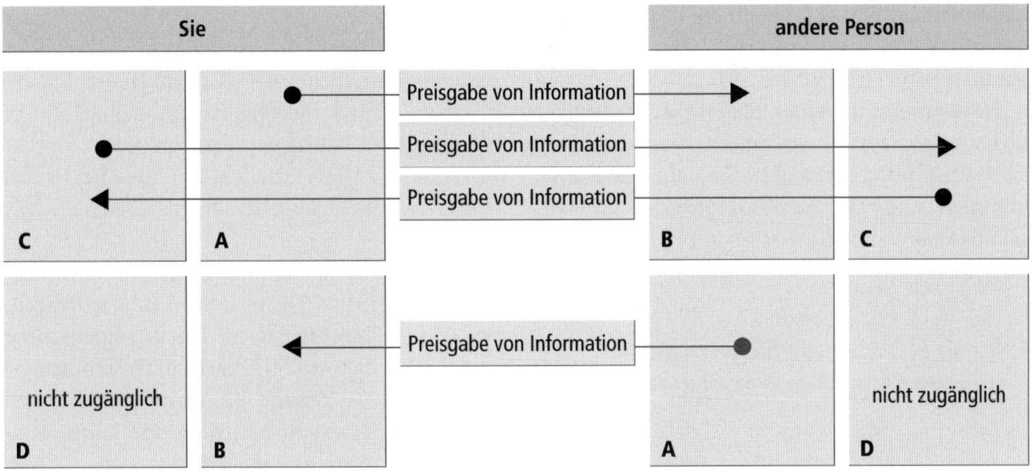

Zu guter Letzt gibt es noch einen Teil von mir, zu dem weder ich noch irgendeine andere Person Zugang hat – das Unbewusste.

- *Quadrat D*: **Der Bereich des Unbewussten.** Hier gibt es noch andere Facetten von mir, die mir nicht bewusst sind, obwohl sie sich auf mein Verhalten und auf mein Wohlbefinden auswirken.

Eine gute Zusammenarbeit mit anderen Menschen hängt im Wesentlichen von der Qualität der Kommunikation und von der Qualität des Einvernehmens zwischen ihnen ab. Gute Zusammenarbeit ist möglich, wenn die gemeinsame Grundlage der KollegInnen erweitert und vertieft wird, wodurch das gegenseitige Einvernehmen gestärkt und möglicherweise auch die Zusammenarbeit gefördert wird.

Das Johari-Fensters zeigt zwei Möglichkeiten auf, wie gegenseitiges Einvernehmen sich verbessern lässt. Als Erstes müsses Sie mehr Informationen über sich preisgeben, die für die Situationen relevant sind, in denen Sie mit anderen arbeiten. Zu diesem Zweck können Sie den Bereich von Quadrat A erweitern, indem Sie Daten aus Quadrat C offenbaren.

Dies könnte die Voraussetzung für die zweite Möglichkeit schaffen, die zum Zuge kommt, wenn KollegInnen Ihnen konstruktive Rückmeldungen geben können: Daten über Sie, die

sie haben, die Ihnen aber nicht bewusst sind (aus dem Bereich von Quadrat B). Durch Offenlegung und Rückmeldung können Sie die gemeinsame Grundlage – Quadrat A – beträchlich erweitern und die Arbeit sowie den Umgang mit anderen offener gestalten.

Abbildung 7-9 zeigt, wie der Ansatz funktioniert, wenn eine andere Person einbezogen wird. Ihr Ziel ist es, die gemeinsame Grundlage zwischen Ihnen und der anderen Person zu erweitern. Sie machen den ersten Schritt, indem Sie etwas aus dem Bereich Ihrer geheimen Gedanken offenbaren (Quadrat C) und zeigen, dass Sie willens sind, Rückmeldungen von der anderen Person entgegenzunehmen. Dadurch verkleinern Sie den Bereich der Dinge, für die Sie blind sind – Quadrat B. Sie bieten der anderen Person an, ihr Rückmeldung zu geben und hoffen, dass sie ihrerseits bereit ist, ein wenig mehr über sich aus dem Bereich der verborgenen Gedanken (Quadrat C) preiszugeben.

Mit den beiden komplementären Prozessen der Offenlegung und Rückmeldung lassen sich mit der Zeit tragfähigere und solidere Beziehungen am Arbeitsplatz aufbauen. Darüber hinaus wird die Basis des gegenseitigen Einvernehmens und Vertrauens zwischen den beteiligten Parteien breiter.

Sie können nun mit Hilfe der Informationen, die von den Menschen in Ihrer Umgebung stammen und mit Hilfe Ihrer Ansichten über sich die Botschaften herausfiltern, die in all diesen Daten enthalten sind. Dazu können Sie das Schema in **Abbildung 7-10** benutzen und sehen, was dabei herauskommt.

Notieren Sie an einer Stelle, die für andere nicht zugänglich ist, welche wichtigen Erkenntnisse und Botschaften über Sie dabei herausgekommen sind. Welche Konsequenzen ergeben sich daraus:

- für Sie als Mensch
- für Sie als Pflegeperson
- für die Menschen, die Sie betreuen
- für andere Menschen ganz allgemein?

Es kann sein, dass nicht sehr viel dabei herausgekommen ist, aber keine Sorge. Später wird sich mehr ergeben.

7.6 Nachteilige Beziehungen

Bislang lag der Schwerpunkt auf dem positiven und förderlichen Austausch mit anderen, speziell mit PatientInnen. Aber das ist nur die eine Seite. Es besteht immer die Möglichkeit, dass die negativen und ausbeuterischen Kräfte der menschlichen Natur ihren Einfluss geltend machen, besonders in Situationen, in denen Abhängigkeit in den Beziehungen eine Rolle spielt, wie im Bereich der gesundheitlichen Versorgung.

Zunächst ist es wichtig zuzugeben, dass es Einflüsse, Motive und Absichten gibt, die nicht immer von gutem Willen bestimmt sind. Dies ist eine Möglichkeit, ihrer Macht und ihrem Einfluss entgegenzuwirken. Es ist jedenfalls besser als zu behaupten, dass sie nicht existieren oder dass Sie niemals negative Gedanken etc. haben. Die Fähigkeit, Schlechtes zu tun, geht Hand in Hand mit der Fähigkeit, Gutes zu tun. Wir müssen ständig an uns arbeiten, um diese beiden im Widerstreit liegenden Kräfte im Gleichgewicht zu halten.

Dieser kurze Abschnitt soll Ihre Aufmerksamkeit auf derartige Dinge lenken und aufzeigen, wie es dazu kommen kann, dass unangemessene und nachteilige Beziehungen zu PatientInnen/ KollegInnen aufgebaut werden und wie schnell jeder von uns davon betroffen sein kann. Ausbeuterische Beziehungen können sich mit der Zeit entwickeln und zu einer Situation führen, in der das, was vorher als unakzeptabel galt, zur Norm wird. Dies ist beispielsweise der Fall:

- wenn PatientInnen körperlich und psychisch missbraucht werden
- wenn PatientInnen Vorteile verweigert werden
- wenn die Abhängigkeit der PatientInnen ausgenutzt wird, um sich sexuelle, finanzielle oder informatorische Vorteile zu verschaffen
- wenn die Medikation oder klinische Verfahren missbräuchlich beziehungsweise falsch angewandt werden
- wenn PatientInnen vernachlässigt werden
- wenn die privilegierte Rolle der Pflegeperson ausgenutzt wird.

Abbildung 7-10: Ein weiteres Bild von mir

	Welche Beweise gibt es dafür?	Welche Bedeutung hat dies für mich?
1. Was geht in mir vor?		
2. Was meide ich?		
3. Was ängstigt mich, was stört mich?		
4. Was muss verändert, was verstärkt werden?		

Obwohl es bei diesen Beispielen hauptsächlich um PatientInnen ging, können einige Formen des Missbrauchs auch auf KollegInnen und anderen Menschen gerichtet sein. Dazu müssen bestimmte Voraussetzungen erfüllt sein:

- eine Beziehung, in der die eine Partei dominanter ist als die andere (siehe die an früherer Stelle erwähnten Beispiele im Zusammenhang mit Beziehungen und Erwartungen)
- eine Gelegenheit, Macht ausspielen zu können
- ein Nutzen, den sich die dominante Person von der Ausnutzung verspricht
- ein gewisses Maß an Abgeschiedenheit oder Schutz vor den Blicken der Öffentlichkeit, um zu verbergen, was geschieht (Vertuschung).

Die Liste ist keineswegs vollständig, aber ausbeuterische Beziehungen entstehen nicht «mal eben im Vorbeigehen». Es müssen Bedingungen existieren, die dem fortgesetzten Missbrauch in irgendeiner Weise Vorschub leisten. Denkbar wäre eine Institution, die die ausnutzende Person schützt oder eine fehlende bzw. verminderte Fähigkeit der ausgenutzten Person, auf ihre missliche Lage aufmerksam zu machen.

Es ist äußerst schwierig, den Kreislauf von Fehlverhalten und Patientenmissbrauch zu durchbrechen. Dies liegt zu einem Teil daran, dass die Täter meistens Schuldgefühle haben. Sie ergreifen Maßnahmen zu Ihrem Schutz und sie fürchten den Zorn, der nach bekannt werden ihrer Taten losbricht. In der Presse wird jedoch immer öfter über die Opfer missbrauchter Machtbefugnisse durch betreuende Personen berichtet. Diese Bereiche, die früher tabu waren, finden jetzt größere Beachtung. Das ethische Verhalten von Pflegenden und Ärzten war immer schon Gegenstand von Diskussionen, aber über das Ausmaß, in dem Missbrauch stattfindet, wurde weniger berichtet.

So positiv dynamische Prozesse in Arbeitsgruppen, Ideen von Gruppenzusammenhalt und Bindung zwischen Gleichgesinnten in vielerlei Hinsicht auch sind, so schwer können sie es einem Menschen machen, Bedenken, Zweifel oder Verdachtsmomente im Zusammenhang mit dem Missbrauch von PatientInnen oder betreuenden Personen zu äußern.

In **Abbildung 7-11** werden positive, förderliche und ethisch korrekte Verhaltensweisen (linke Seite) solchen gegenübergestellt (rechte Seite), die zeigen, wie das Vertrauen von PatientInnen entweder zerstört oder durch betreuende Personen missbraucht werden kann. Vielleicht liegt es gar nicht in der Absicht eines Betreuenden, die Beziehung in ethischer Hinsicht entgleisen zu lassen, doch im Laufe der Zeit kommt es zu einer Störung der Beziehung. Dies lässt sich weitgehend verhindern, wenn man die Möglichkeit eines Vertrauensmissbrauchs zugesteht und ein Kontrollsystem installiert, um sich davor zu schützen.

Folgende dynamische Prozesse scheinen eine Rolle zu spielen:

- wachsende emotionale Abhängigkeit des Patienten vom Betreuenden
- wachsendes Gefühl des Betreuenden, Macht über den Patienten zu haben
- berufsbedingte Sicherheit des Betreuenden im Gegensatz zu der relativen Schwäche und der machtlosen Position des Patienten

Abbildung 7-11: Der Übergang von einer vertrauensvollen zu einer ausbeuterischen Beziehung

einfühlsames Zuhören	den Patienten bevormunden
aufmerksames, von Respekt und Rücksicht geprägtes Zuhören	den Patienten retten
	Überidentifikation
Schaffung eines von Vertrauen und Fürsorge geprägten Klimas	Verlust der «neutralen» Perspektive des Außenstehenden
dem Patienten Wahlmöglichkeiten bieten und ein Mitspracherecht einräumen	Vertrauensmissbrauch
	Nähren von Fantasievorstellungen
	das letzte Wort haben

- nachlassender Glaube an die Proteste des Patienten angesichts der geäußerten oder als selbstverständlich vorausgesetzten beruflichen Integrität des Betreuenden.

7.7 Differenzen, Meinungsunterschiede und Selbstbehauptung

Eine der anstrengendsten Aufgaben im Leben besteht in der Notwendigkeit, mit anderen Menschen zurechtzukommen. Zwar können wir nicht ohne andere Menschen leben, aber wir können auch nicht gut mit ihnen leben. Zugleich ist es oberstes Gebot für jeden, effektive Kooperation zu gewährleisten. Dies ist eine unserer wichtigsten Aufgaben.

Bei der Arbeit mit anderen geht es immer auch um folgende Belange:

- Rivalität
- Wettstreit
- Zusammenarbeit
- Hoffnung
- Angst
- Neid
- Eifersucht
- Fantasie
- Verführung
- Bestätigung
- Gier
- Vergnügen
- Wut
- Zorn
- Begeisterung
- Liebe
- Hass
- Furcht.

Die Liste mag ein wenig düster erscheinen, aber sie enthält die puren menschlichen Emotionen, die in unsere Arbeit mit anderen einfließen. Manche dieser Emotionen kommen nur selten zum Vorschein, aber sie gehören zu unserer Ausstattung und werden bei der Arbeit von Zeit zu Zeit entfesselt. Es kann sein, dass wir uns

in einer Konkurrenzsituation befinden, bei der es um gewinnen oder verlieren geht und aus der wir nicht unbedingt als Verlierer hervorgehen wollen. Einige dieser intensiven Emotionen von unserer Liste werden ausgelöst durch das Gefühl, im Wettkampf zu stehen oder frustriert zu sein, weil unsere Wünsche durchkreuzt werden. In solchen Situationen wird das Bedürfnis, nicht zu verlieren, leicht zu einer fixen Idee und wir ertappen uns dabei, dass wir nur noch dem Sieg nachjagen. Das Ausblenden der Konsequenzen lässt uns vergessen, dass es andere Lösungsmöglichkeiten gibt, bei denen alle Beteiligten ein positives oder ausreichendes Ergebnis erzielen können.

Abhilfe kann geschaffen werden, wenn man nach anderen Möglichkeiten sucht, doch zuallererst gilt es zu klären, warum solche Schwierigkeiten entstehen, wenn wir versuchen, mit anderen zu arbeiten. Worum geht es bei den Differenzen und Meinungsverschiedenheiten? Warum treten Ihrer Ansicht nach Schwierigkeiten auf, wenn Menschen miteinander arbeiten? Welche Hindernisse tun sich dabei auf? Denken Sie an entsprechende Beispiele aus der letzen Zeit und notieren Sie kurz aus Ihrer Sicht, warum es zu Schwierigkeiten kam (siehe **Abb. 7-12**).

Überprüfen Sie nun, ob Ihre Beispiele gemeinsame Themen oder Muster aufweisen. Vielleicht haben Sie herausgefunden, dass die Probleme durch Rivalität entstanden sind, die sich dann als Hindernis erwiesen hat, aber worum ging es bei dieser Rivalität? Es könnte Macht, das Ansehen Ihrer Person in den Augen anderer oder auch ein anderer Grund gewesen sein. Möglicherweise wurden die Schwierigkeiten aber auch durch eine berufliche Konkurrenzsituation ausgelöst, bei der Mangel an Vertrauen oder unterschiedliche Auffassungen über die richtige Pflegephilosophie eine Rolle gespielt haben. Finden Sie heraus, womit sich Ihre Beispiele untermauern und erklären lassen.

Einige der Gründe, die nach meiner Auffassung zu Schwierigkeiten im Umgang mit anderen führen, sind in **Abbildung 7-13** aufgeführt. Die Liste ist nicht vollständig, weshalb Sie wahrscheinlich noch eigene Punkte hinzufügen werden.

Abbildung 7-12: Dinge, die eine effektive Zusammenarbeit behindern

Erinnerungen an Erfahrungen aus der letzten Zeit
1.
2.
3.
4.
...

Gelegentlich gibt es Probleme aufgrund eines einfachen Missverständnisses, zum Beispiel wenn es in einer Organisation als unangemessen angesehen wird, Fragen zu stellen oder, sei es auf konstruktive Art, eine Entscheidung anzuzweifeln, welche die meisten für falsch halten, gegen die aber niemand Einspruch erheben will. Manchmal entstehen Probleme, weil man aneinander vorbei redet, ohne es zu merken, oder die Schwierigkeiten haben ihre Ursache in den neurotischen Störungen, an denen einer der Beteiligten leidet.

7.8 Aneinander vorbeireden

Schwierigkeiten können dadurch entstehen, dass wir nicht auf der gleichen Wellenlänge kommunizieren, zum Beispiel, wenn wir dem Gesprächspartner nicht aufmerksam genug zuhören. Wir deuten seine fehlende Zustimmung als Ablehnung, während er vielleicht nur zu verstehen versucht, worüber wir reden. Dieses leidige Reden über verschiedene Dinge lässt sich vermeiden, wenn man sein Gegenüber bittet, genau zu erklären, was er meint. Ein Beispiel: Wird darüber gesprochen, wie etwas getan werden soll oder wann es getan werden soll? Geht es um die anzuwendende Strategie oder um die Reihenfolge der einzelnen Schritte? Einfache Missverständnisse, die aber schwer aufzudecken sind, wenn die Parteien sich nur darauf konzentrieren, ihre Argumente anzubringen. Ihnen geht es um Zustimmung für ihre Sichtweise, nicht um nähere Ausführungen oder Erklärungen!

So kann es sein, dass Dinge, die auf den ersten Blick wie gegensätzliche Standpunkte aussehen, nur verschiedene Blickwinkel sind. So werden wir uns wahrscheinlich nicht einigen können, wenn Sie die Gesamtstrategie erörtern wollen und ich über die einzelnen Schritte sprechen möchte, die erforderlich sind! Wir müssen uns klarmachen, dass wir über verschiedene Aspekte

Abbildung 7-13: Verschiedene Gründe, weshalb es zu Differenzen kommt

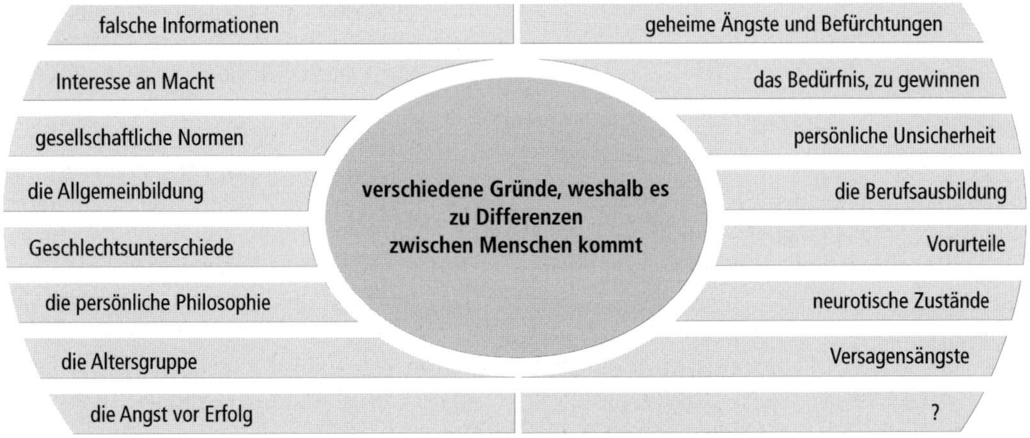

falsche Informationen	geheime Ängste und Befürchtungen
Interesse an Macht	das Bedürfnis, zu gewinnen
gesellschaftliche Normen	persönliche Unsicherheit
die Allgemeinbildung	**verschiedene Gründe, weshalb es zu Differenzen zwischen Menschen kommt**	die Berufsausbildung
Geschlechtsunterschiede	Vorurteile
die persönliche Philosophie	neurotische Zustände
die Altersgruppe	Versagensängste
die Angst vor Erfolg	?

ein und desselben Themas reden, die beide Aufmerksamkeit erfordern.

Wenn feststeht, dass so etwas geschieht, dann lässt sich Abhilfe schaffen, indem man die einzelnen Diskussionspunkte festlegt und anschließend sämtliche Aspekte beleuchtet. Ich war schon in Teams des oberen Managements, wo es hauptsächlich wegen eklatanter Meinungsverschiedenheiten zu Spannungen kam. Anschließend wurde dann, nicht ohne Verlegenheit, eingeräumt, dass man sich eigentlich einig über die Vorgehensweise war, aber von verschiedenen Dingen redete. Es wurde über verschiedene Aspekte ein und derselben Sache gesprochen! Als die Mitglieder dann nicht mehr versuchten, sich durchzusetzen, merkten sie, dass es keine gravierenden Meinungsunterschiede zwischen ihnen gab.

In Abbildung 7-14 werden sechs verschiedene Dimensionen als Beispiel aufgeführt, von denen jede wichtig ist und beachtet werden muss, wenn es darum geht, Maßnahmen oder Vorschläge zu erörtern und zu diskutieren. Wird nicht jede Ebene berücksichtigt, werden die Entscheidungen wahrscheinlich nicht so fundiert sein wie sie sollten. Folglich können in der Zukunft Probleme auftreten, weil ein oder mehrere Ebe-

nen außer Acht gelassen wurden. Es ist allerdings nicht nötig, bei jeder Besprechung auf alle Ebenen zu achten – solange sie in irgendeinem Stadium diskutiert werden.

Ich habe die Ebenen aus zwei Gründen hierarchisch angeordnet. Erstens, um darauf hinzuweisen, dass Sie sich bei Ihrem Tun über die Philosophie im Klaren sein müssen. Danach können Sie über andere Ebenen wie die Strategie und den zeitlichen Rahmen entscheiden. In meiner Hierarchie steht die philosophische Grundlage an oberster Stelle und der Rest folgt in der angegebenen Reihenfolge. Zweitens können sie anhand des Diagramms deutlich machen, worüber gesprochen wird, welche Differenzen es gibt und welche Aspekte übergangen wurden.

Anhand der Abbildung können Sie und ein/e KollegIn erkennen, welche Ebene Sie gerade im Blick haben, wenn Sie über ein Thema diskutieren.

Können Sie sich an eine Situation aus der letzten Zeit erinnern, in der es schwierig war, zu einer Einigung oder einem Einvernehmen zu gelangen? Hätten Sie anhand des Schemas feststellen können, auf welcher Ebene die anstehenden Themen diskutiert wurden? Sind die Probleme oder Spannungen, die Sie erlebt oder

Abbildung 7-14: Verschiedene Ebenen, die der Diskussion und Planung dienen

worüber **ich** spreche!		worüber **Sie** sprechen!
	die **Philosophie** des Ganzen	
	die **Strategie**, die zu befolgen ist	
	die **Vorgehensweise**, die gewählt wird	
	die **Ressourcen**, die benötigt werden	
	der **zeitliche Rahmen**, der einzuhalten ist	
	die **Reihenfolge**, die es zu beachten gilt	

beobachtet haben, aufgrund von «Fehlschaltungen» entstanden, wie sie oben beschrieben wurden? Haben sich die DiskussionsteilnehmerInnen durchaus ernsthaft, aber auf verschiedenen Hierarchieebenen unterhalten, so dass die einzelnen Beiträge einfach «nicht angekommen» sind? Wenn ja, dann haben Sie jetzt ein Mittel, mit dem Sie so etwas in Zukunft vermeiden können.

7.9 Konflikte am Arbeitsplatz

Manchmal geraten Sie trotz aller Bemühungen in Konfliktsituationen. Dann müssen Sie entscheiden, wie Sie reagieren wollen. Vielleicht denken Sie an die beiden elementarsten Reaktionen, zu kämpfen und sich der Situation zu stellen oder vor ihr zu fliehen (die Kampf-Flucht-Reaktion). In einigen Fällen können Sie sich vielleicht nur für eine dieser Möglichkeiten entscheiden. In anderen Fällen ist es am klügsten und konstruktivsten, sich aus der Situation herauszuhalten, nämlich dann, wenn abzusehen ist, dass Sie kaum etwas gewinnen können, wenn Sie bleiben und kämpfen. Es gibt allerdings noch andere Möglichkeiten, die sich nicht so krass gegenseitig ausschließen und auch nicht so riskant für die Beteiligten sind.

Der erste Schritt ist festzustellen, was denn überhaupt die Ursache des Konfliktes ist. Denken Sie an drei Beispiele aus der letzten Zeit und schreiben Sie in **Abbildung 7-15** auf, was Ihrer Meinung nach die Ursache der Schwierigkeiten war? Worum ging es bei diesen Konflikten? Nachstehend sind einige Beispiele aufgeführt, die nach meiner Erfahrung als Gründe für Konflikte am Arbeitsplatz infrage kommen:

- Kampf um Macht und Einfluss
- eine Kultur, in der nur gewinnen oder verlieren möglich ist
- Aufeinanderprallen verschiedener Persönlichkeiten
- Aufeinanderprallen verschiedener Wertvorstellungen
- zu unterschiedliche Sichtweisen in Bezug auf das zu lösende Problem
- Richtlinien
- Rivalitäten
- Wahrung des «Gesichts» und der Glaubwürdigkeit
- Meinungsverschiedenheiten über die Vorgehensweise
- fehlende gemeinsame Ziele
- unterschiedliche und ungleiche Informationen der MitarbeiterInnen
- Misstrauen
- Selbstschutz und Vertuschung.

Dies sind nur einige Gründe, zu denen Sie zweifellos noch andere hinzufügen können. Versuchen Sie, hinter den Konflikt zu schauen und zu erkennen, warum er da ist und worum es dabei geht. Wenn Sie dies schaffen, dann gelingt es Ihnen vielleicht, die Dinge entweder auf eine konstruktivere Grundlage zu stellen, oder wenigstens nach Möglichkeiten zu suchen, wie die vorhandenen Animositäten abgebaut werden können.

Bei Konflikten gilt es, zwei wichtige Dinge zu berücksichtigen. Erstens müssen Sie so weit kommen, dass Sie Ihre Ziele umsetzen können. Zweitens müssen Sie vermeiden, die Beziehungen zu denjenigen zu zerstören, mit denen Sie

Abbildung 7-15: Konflikte aus der letzten Zeit und ihre Ursachen

Beispiele für Konfliktsituationen aus der letzten Zeit	Was waren die Ursachen der Schwierigkeiten?

Abbildung 7-16: Fünf Konfliktmanagementstile

Kampf	Es geht um gewinnen oder verlieren; aber verlieren Sie ja nicht!
Kompromiss	Schauen wir mal, wo wir übereinstimmen, und dann kommen wir uns auf halbem Weg entgegen.
Zusammenarbeit	Jeder soll gewinnen; es wird nach Lösungen gesucht, von denen beide Parteien profitieren.
Vermeidung	sich entziehen, entweder um weiteren Verlusten und Schäden vorzubeugen oder als Strategie
Anpassung	mal sehen, was wir tun können, und wir wollen doch alles ganz freundschaftlich regeln, oder?

den Konflikt haben. Der gesunde Menschenverstand sagt uns, dass Sie nichts davon haben, wenn Sie die Schlacht gewinnen, aber gleichzeitig Ihre Beziehung zu wichtigen KollegInnen aufs Spiel setzen.

Thomas (1976) hat fünf Hauptstile beim Konfliktmanagement herausgearbeitet und zu einem sehr brauchbaren Modell weiterentwickelt. Die **Abbildungen 7-16** und **7-17** basieren auf seiner Arbeit. Um Konflikte zu lösen und Ergebnisse auszuhandeln postuliert Thomas fünf Hauptstile, von denen jeder seine Vorzüge und Grenzen hat. Jeder Stil entspricht einem anderen Verhältnis zwischen Durchsetzungswillen und Kooperationsbereitschaft.

Die einzelnen Stile haben vermutlich eine unterschiedliche Wirkung auf Sie. Wahrscheinlich werden Sie einige ganz brauchbar finden und die anderen fallen lassen beziehungsweise für unbrauchbar halten. Jeder einzelne Stil erfüllt jedoch seine Funktion, und je flexibler Sie mit Konflikten und Herausforderungen umgehen können, desto eher wird es Ihnen gelingen, produktive Beziehungen am Arbeitsplatz aufrechtzuerhalten und einige, wenn nicht alle, Ziele zu erreichen. Es ist von Nachteil, wenn Sie nur mit einem oder zwei Stilen arbeiten, denn dann könnte es passieren, dass Sie sie in Situationen anwenden, für die sie ungeeignet sind, was sich ungünstig auf Ihre Effektivität und Ihr Wohlbefinden auswirkt.

Abbildung 7-17 stellt die verschiedenen Stile in Abhängigkeit von der Durchsetzungs- und Kooperationsbereitschaft dar. Wenn Sie über Abbildung 7-17 und die Beschreibung der fünf Stile nachdenken, versuchen Sie sich zu erinnern,

Abbildung 7-17: Konfliktmanagementmodell (nach Thomas, 1976)

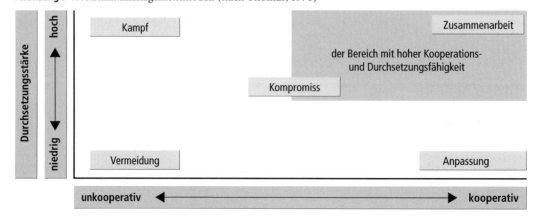

wie Sie in Konfliktsituationen mit KollegInnen, PatientInnen, Angehörigen, FreundInnen etc. reagieren. Markieren Sie, an welcher Stelle in der Abbildung Ihr Platz ist, damit deutlich wird, wie Sie im Allgemeinen arbeiten. Sie können auch andere Personen dort platzieren und vor dem Hintergrund Ihrer Erfahrungen mit ihnen feststellen, ob Ihnen das Diagramm Hinweise darauf gibt, wie sie mit Konflikten umgehen. Das dunkler gerasterte Feld oben rechts in der Abbildung markiert den Bereich, in dem sowohl die Durchsetzungs- als auch die Kooperationsbereitschaft hoch sind. Wenn Sie beides bei der Lösung von Problemen kombinieren, dann haben Sie ein positiveres Gefühl, nicht nur was das Ziel betrifft, sondern auch wegen der Art und Weise, in der Sie es verwirklicht haben. Partnerschaftliche Zusammenarbeit bietet jeder Seite mehr Chancen, einen Teil ihrer Ziele durchzusetzen, und sie bereitet den Boden für eine konstruktivere Zusammenarbeit in der Zukunft.

Wenn Ihnen das Konzept sinnvoll erscheint, dann können Sie es für die Vorbereitung auf Situationen benutzen, in denen mit Meinungsverschiedenheiten zu rechnen ist. Sie können sich die fünf Stile ins Gedächtnis rufen und entscheiden, welche(r) am geeignetsten sind (ist).

Werfen Sie nun einen Blick auf Abbildung 7-18. Wie häufig benutzen Sie die einzelnen Stile, um Konfliktsituationen zu bewältigen – oder wenigstens zu überstehen? Wenn Sie **Abbildung 7-18** bearbeiten, sehen Sie, wie oft oder wie selten Sie die fünf Strategien einsetzen. Aber Vorsicht,

auch wenn «Zusammenarbeit» einen hohen Stellenwert hat, sind die anderen Stile manchmal besser.

Sie können sich auch zwei KollegInnen aussuchen, eine, die nach Ihrer Meinung sehr gut mit Konfliktsituationen fertig wird, und eine, die dies nicht kann. Notieren Sie, wie häufig diese KollegInnen die einzelnen Stile benutzen und schauen Sie sich dann die sich daraus ergebenden Profile an. Dann erhalten Sie Aufschluss über die Gründe für ihren Erfolg beziehungsweise Misserfolg!

Aus Ihren Antworten können Sie ablesen, welche Stile Sie häufiger benutzen und welche weniger. Vielleicht verwenden Sie einige selten oder gar nicht. Ist dies der Fall, bewältigen Sie Konflikte vielleicht nicht so gut wie Sie es eigentlich könnten, und Sie sollten sich überlegen, ob Sie Ihre Möglichkeiten nicht durch entsprechendes Training, praktische Anweisung durch KollegInnen und entsprechende Übungen erweitern sollten, um in Zukunft flexibler reagieren zu können.

Wenn sich herausstellt, dass Sie vorwiegend mit einem oder zwei dieser Stile arbeiten, haben Sie sich sehr wahrscheinlich in einigen Fällen unangemessen verhalten und wären mit einem der von Ihnen gemiedenen Stile weiter gekommen. Es kann auch gut sein, dass Sie dazu neigen, Situationen falsch einzuschätzen, um sie einem bevorzugten Stil «anzupassen» anstatt auf die Konfliktsituation zu reagieren, mit der Sie sich auseinander setzen müssen. Die Situation

Abbildung 7-18: Wie ich die Konfliktmanagementstile einsetze

	selten	manchmal	regelmäßig	häufig	immer
Kampf					
Kompromiss					
Zusammenarbeit					
Vermeidung					
Anpassung					

ist vergleichbar mit der in dem alten Sprichwort: Wenn ein Hammer das einzige Werkzeug ist, das man hat, dann betrachtet man alles, was einem begegnet, als etwas, worauf man einschlagen kann!

Neben dem Gewinnen um jeden Preis existieren noch andere lohnende Lösungsmöglichkeiten. Es gibt nämlich ein Problem bei einem ausschließlich gewinnorientierten Kurs: die Verlierer. Bei ihnen wird sich wahrscheinlich Unmut anstauen, und sie werden nach Wegen suchen, es Ihnen heimzuzahlen und Sie beim nächsten Mal auszustechen. Eine wirkungsvolle Intervention bei einer Auseinandersetzung oder Konfliktsituation ist der Versuch, eine Gewinner-Verlierer-Situation in eine Gewinner-Gewinner-Situation umzuwandeln, in der jede Partei etwas gewinnen oder erreichen kann, was ihr wichtig ist.

Wirklich gefährlich bei einem absoluten «Sieg» ist das tiefe Gefühl von Verlust und Demütigung auf Seiten der Verlierer. In einem solchen Fall werden diese vermutlich alles daransetzen, es Ihnen heimzuzahlen. Damit rückt nicht nur dieser Wunsch bei den Verlierern an die erste Stelle, sondern auch Sie müssen, nachdem Ihnen die Konsequenzen klar geworden sind, Ihre Energie und Ihre Aufmerksamkeit darauf verwenden, sich vor ihnen zu schützen.

So etwas kann in einen ziemlichen Kampf ausarten und die Effektivität der Station oder Klinik beeinträchtigen und sich auch negativ auf die Patientenversorgung auswirken. Die Energie und Intensität von MitarbeiterInnen, die das Gefühl haben, verloren zu haben, betrogen oder in irgendeiner Weise ungerecht behandelt worden zu sein, wird sehr leicht unterschätzt. Dieses Gefühl, ungerecht behandelt worden zu sein, besteht vielleicht schon viele Jahre, wird aber durch die Gegenwart so aufgefrischt, als wäre der Vorfall erst gestern geschehen. Hier zeigt sich wieder, wie wichtig es ist, die Vorgeschichte einer Beziehung zu kennen, denn sie beeinflusst die gegenwärtigen Beziehungen und wirkt sich auf die Definition der aktuellen Probleme aus, die es zu lösen gilt.

Vielleicht sollten Sie einmal darüber nachdenken, wie Sie den KollegInnen, auf der Station und bei der direkten Zusammenarbeit, An-weisungen im Zusammenhang mit den zu erledigenden Aufgaben geben. Überprüfen Sie, wie Sie mit PatientInnen sprechen und sich ihnen gegenüber verhalten, besonders dann, wenn Sie sie als «schwierig» empfinden, was ein häufig verwendetes Kürzel ist und bedeutet, sie tun nicht umgehend das, was man ihnen sagt. Es kann dazu kommen, dass Sie, ohne es zu wollen, Probleme für die Zukunft horten. Dies gilt besonders dann, wenn Sie feststellen, dass Sie auch dann auf Gewinn aus sind, wenn es andere, partnerschaftlichere Möglichkeiten gibt.

Denken Sie daran:

- dass es häufig leichter ist, abzulehnen als zuzustimmen
- dass wir oft nach Schwierigkeiten und Fehlern suchen
- welchen Einfluss die Kultur einer Organisation auf den Managementstil hat
- dass Sie bei einem Konflikt zwischen den beteiligten Menschen und den Problemen unterscheiden müssen
- dass Sie die Interessen aller Parteien berücksichtigen statt eilige Lösungen zu produzieren.

7.10 Schikanen und Einschüchterungen am Arbeitsplatz

Belästigungen und Schikanen am Arbeitsplatz werden in stärkerem Maße als gewichtige Probleme erkannt, die größerer Aufmerksamkeit und Kontrolle bedürfen. Sexuelle Belästigungen finden seit einigen Jahren stärkere Beachtung, nachdem sie jahrzehntelang vernachlässigt wurden. Schikanöse Verhaltensweisen und Einschüchterungen sind erst in den letzten Jahren in den Brennpunkt des Interesses gerückt.

Schikanen und Belästigungen haben verheerende und langfristige Auswirkungen auf unser psychisches und möglicherweise auch auf unser körperliches Wohlbefinden. Wir haben durchaus beängstigende Erinnerungen, was Schikanen anbelangt, sei es, dass wir selbst schikaniert wurden, dass wir andere schikaniert haben oder beobachten konnten, wie andere schikaniert wurden. Wurden wir selbst schikaniert, glauben wir vielleicht, dass es eigentlich unsere Schuld war und dass wir dieses Verhalten wohl irgendwie herausgefordert haben. Wir hätten vehementer für uns eintreten sollen, oder wir hätten unsere Arbeit wirklich besser machen können. Vielleicht erinnern wir uns daran, wie wir öffentlich verspottet und lächerlich gemacht wurden oder daran, dass wir nicht fähig waren, uns zu wehren.

Was geschieht, wenn Ihnen beim Lesen plötzlich klar wird, dass Sie andere schikaniert und ihnen durch Ihr Verhalten oder durch Ihre Behandlung großes Leid zugefügt haben? Was empfinden Sie jetzt dabei? Vergnügen, Reue, oder denken Sie, dass es schon so lange her ist, dass man es am besten vergisst?

Was geschieht, wenn wir alle das Potenzial zum Schinder und zum Schikanierten in uns haben? Wenn dies so ist, wovon hängt es dann ab, wie wir uns verhalten? Was würde uns veranlassen, uns genau anders zu verhalten? Gibt es eine Kettenreaktion nach dem Muster: Wir werden schikaniert und schikanieren anschließend selbst einen anderen? Wenn ja, wie kann die Kettenreaktion gestoppt werden?

Vor vielen Jahren gab es eine beliebte Fernsehserie, in der folgendes Schlagwort vorkam «Ich bin nicht durch … dorthin gekommen, wo ich heute bin.» Es deutet an, dass unser gegenwärtiges Verhalten beeinflusst wird von früheren Erfahrungen, von dem, was wir gesehen haben oder was uns andere zu tun empfohlen haben, um weiterzukommen und Erfolg zu haben. Wenn Sie Ihre Kompetenz dadurch beweisen, dass Sie einem anderen Ihre Meinung aufzwingen, dann hat dies Züge eines böswilligen Verhaltens. Dies macht uns zwar durchaus nicht zu Schindern, aber es bewirkt, dass wir mit einem beinahe aggressiven Verhalten Erfolg haben. Um Ihre Sache gut zu machen, behandeln Sie andere bei der Arbeit vielleicht auf eine penetrante und böswillige Art, die Sie vermutlich beibehalten, wenn sie damit Erfolg haben. Sie könnten sich sagen, es funktioniert ja – und überhaupt sollte jeder selbst für seine Interessen eintreten.

Das Problem ist jedoch, dass böswilliges Verhalten oft stattfindet, wenn keine Zeugen dabei sind oder wenn die anderen Anwesenden ebenfalls an dem böswilligen Verhalten beteiligt sind. Schikane kann auch als «Aufnahmeprüfung» dargestellt werden, die verlangt, dass die betreffende Person sich ein bestimmtes Ausmaß gefallen lassen muss. Sich dem zu widersetzen, es laut und deutlich auszusprechen oder «auszuposaunen» würde beweisen, dass die Person nicht geeignet und nicht fähig ist, den Job oder die Rolle zu übernehmen. Im Zusammenhang mit Schikanen und Einschüchterungen am Arbeitsplatz lässt sich ein Netz aus Mittäterschaft und Pseudo-Rationalisierungen spinnen, das es den Betroffenen umso schwerer macht, sich zu wehren, sich Gehör zu verschaffen und andere einzuweihen.

Es ist für einen Manager in leitender Position peinlich und unangenehm zuzugeben, dass in seiner Organisation so etwas passiert. Wann immer die Möglichkeit besteht, wird er es lieber sehen, dass derartige Dinge unter den Teppich gekehrt und inoffiziell unterbunden werden. Dies hilft jedoch nicht der betroffenen Person (oder Gruppe), die sich dadurch, dass sie Bedenken angemeldet und geäußert hat, sehr angreifbar gemacht hat. Möglicherweise muss sie sich gefallen lassen, dass sie weiter angegriffen und in fachlicher Hinsicht überprüft wird und dass man Druck auf sie ausübt. Entweder sie geht oder sie nimmt ihre Anschuldigungen zurück. Was können Sie tun, wenn das Potenzial für böswilliges Verhalten an Ihrem Arbeitsplatz vorhanden ist, Sie andere aber nur schwer dazu bringen können, Ihnen zuzuhören und sich mit Ihren Beanstandungen auseinander zu setzen? Nach meiner Auffassung gibt es Einiges, was Sie tun können, und dies besteht darin, dass Sie nach dem Muster von **Abbildung 7-19** Informationen sammeln und Beweise vorlegen, und zwar auf professioneller, institutioneller und persönlicher Ebene.

Es ist wichtig, entsprechendes Beweismaterial zu sammeln und Informationen zusammenzutragen, die von anderen bestätigt werden. Es ist wahrscheinlich sicherer und klüger, wenn Sie sich Rat, Unterstützung und Anleitung bei

Abbildung 7-19: Taktisches Vorgehen bei schikanösem Verhalten am Arbeitsplatz

	Vorfall	Maßnahmen	Vorgehen	Ziel
fachlich	Einschüchterung während der Ausbildung	Sammeln Sie Einzelfälle, suchen Sie nach Belegen	durch Daten gesicherte Konfrontation	Auseinandersetzung mit dem Problem
institutionell	Stil des Managements, der Organisation	dito	dito	dito
persönlich	Schikane	Überprüfen Sie Ihre Erfahrungen	Konfrontieren Sie sich, behaupten Sie Ihre Position	Neudefinition der Beziehung in der Realität

Ihrer Gewerkschaft oder Ihrem Berufsverband holen – vorausgesetzt die Sache wird in diesem Stadium vertraulich behandelt. Können Sie sich auf die Unterstützung des Personals oder einer für den Gesundheitsschutz am Arbeitsplatz zuständigen Stelle verlassen, können Sie diese ab einem bestimmten Zeitpunkt ebenfalls einschalten.

Auch wenn Sie schikaniert und eingeschüchtert werden, sind Sie stärker und können entschlossener Widerstand leisten, wenn Sie einen starken Glauben an sich selbst und an das haben, wofür Sie eintreten. Dies stärkt nicht nur Ihre Bereitschaft, die Dinge anzusprechen und sie überprüfen zu lassen, sondern Sie haben auch mehr Vertrauen in Ihre tägliche Arbeit. Wenn Sie sich, Ihre Kenntnisse, Ihre Werte und Überzeugungen also positiv einschätzen, besitzen Sie die notwendigen Voraussetzungen, um sich gegen Schikanen und Belästigungen zur Wehr zu setzen.

Des Weiteren müssen Sie das von Ihnen gesammelte Beweismaterial objektiv und nüchtern prüfen, um festzustellen, wie es auf eine neutrale dritte Partei wirkt. Letztendlich werden Sie Ihre Ansichten und Erfahrungen im Zusammenhang mit böswilligen Verhalten zu verteidigen haben und Sie werden bereit sein müssen, Ihren Standpunkt zu behaupten, wenn er angezweifelt werden sollte. Kurzum, Sie werden einen glaubhaften und sicheren Eindruck machen müssen, und zu diesem Zweck brauchen Sie ein Modell, auf das Sie Ihr Vorhaben stützen können.

7.11 Verhaltensweisen und Strategien zur Beeinflussung anderer

Nachfolgend geht es um Vorschläge im Zusammenhang mit effektiver Einflussnahme. Die Vorschläge sind wirksam und leicht zu behalten. Sie werden in der Praxis nicht immer angewandt, weil den meisten Menschen beigebracht wurde, dass man andere beeinflusst, indem man ihnen seine Meinung aufzwingt. Das in **Abbildung 7-20** dargestellt Modell basiert nicht auf diesem Prinzip.

Gemäß diesem Ansatz gibt es zwei wesentliche Dinge, die berücksichtigt werden müssen, wenn man effizienter mit anderen arbeiten und sie positiv beeinflussen will.

Erstens: Sagen Sie deutlich, was Sie wollen und untermauern Sie es durch logische Überlegungen und entsprechende Begründungen. Zweitens: Hören Sie sich den Standpunkt der anderen aufmerksam und respektvoll an, damit Sie deren Position verstehen und anfangen können, informierter mit ihnen zu arbeiten.

7.12 Ein monologisch-dialogisches Modell zur effektiven Beeinflussung anderer

Wie Abbildung 7-20 zeigt, beinhaltet das Modell verschiedene Verhaltensweisen, die auf Selbstbehauptung (monologisch) und auf Verständnis (dialogisch) basieren. Erst durch die Kombination dieser beiden Strategien gelingt es Ihnen, besser mit anderen zu arbeiten und Ihrem Einfluss mehr Geltung zu verschaffen anstatt bloß etwas durchzusetzen, das Sie wollen.

Die Abbildung zeigt ein Modell, das sowohl auf Selbstbehauptung setzt als auch auf echte Offenheit und Aufgeschlossenheit gegenüber den Bedürfnissen derer, die Sie beeinflussen wollen. Auf der linken Seite stehen die drei monologischen Verhaltensweisen, die der Darstellung Ihres Anliegen und Ihrer Ziele dienen. Hier geht es darum, Ihr Programm durchzusetzen.

Auf der rechten Seite steht die Beachtung der Ansichten und Einstellungen der anderen Person im Vordergrund. Es geht darum, so gut wie möglich zu verstehen, wie die andere Person die Dinge sieht und was sie will. Sie beschäftigen sich mit ihr und gehen auf sie ein, indem Sie ihr sehr viel Aufmerksamkeit schenken. Beachtung der anderen Person und die Berücksichtigung ihres Programms haben Vorrang.

Die beiden Vorgehensweisen zusammen zeigen Ihnen Wege auf, wie Sie Ihre Arbeit mit anderen strukturieren können. Unterhalb der dicken Linie erscheint Passivität als ungeeignetes Verhalten. Dazu kann es kommen, wenn man zu sehr auf die Bedürfnisse des anderen eingeht. Aggression entspricht dem ungeeigneten Verhalten auf der anderen Seite. Es tritt auf, wenn man bei der Durchsetzung der eigenen Vorstellungen zu weit geht und versucht, den anderen zu unterdrücken.

7.12.1 Die monologischen Verhaltensweisen – erklären und überzeugen

Auf der linken Seite sind die monologischen Verhaltensweisen aufgeführt, durch die Sie anderen klarmachen:

- was Sie wollen
- welche Maßnahmen dazu nötig sind
- warum Sie es für wichtig halten
- welche Fakten, logische Überlegungen und Begründungen Sie zur Erhärtung Ihrer Position anführen können.

Abbildung 7-20: Modell für die Beeinflussung anderer (konkrete und konstruktive Maßnahmen für den praktischen Gebrauch)

Selbstbehauptung Arbeitsgrundlage ist das eigene Programm		Verständnis Arbeitsgrundlage ist das Programm des anderen	
Einflussnahme durch monologische Verhaltensweisen		Einflussnahme durch dialogische Verhaltensweisen	
behaupten und überzeugen seinen Standpunkt darlegen Maßnahmen vorschlagen eine Vorstellungen äußern	monologisch	auf den anderen eingehen und sich mit ihm auseinandersetzen volle Aufmerksamkeit schenken aufmerksam zuhören prüfen	dialogisch
Aggression		Passivität	

Mit diesem Vorgehen wollen Sie die anderen dazu bringen, Ihren Vorschlägen, Ideen und Absichten zuzustimmen. Auf dieser Seite des Modells geht es vorrangig darum, Ihren durch Fakten und Gründe untermauerten Zielen zum Durchbruch zu verhelfen, wobei Sie nach Ihrem Programm vorgehen. Sie bringen dies dadurch zum Ausdruck, dass Sie genau sagen, was Sie wollen (nebenbei bemerkt ist das etwas, das die meisten Menschen nur unter größten Schwierigkeiten fertig bringen). Wenn Ihnen dies schwer fällt, hilft es, wenn Sie laut zu sich selbst sagen: «Ich möchte…». Das hört sich vielleicht etwas merkwürdig an, aber erstaunlicherweise wird es dadurch für Sie leichter, dies auch vor anderen zu sagen.

Bei der Darstellung Ihres Anliegens können Sie sich an dem folgenden Schema orientieren und sich so vorbereiten, dass die andere Person nicht bedroht oder verletzt wird:

- *Darstellung des eigenen Standpunktes.* Sie erklären der anderen Person unter Einbeziehung relevanter Informationen, Fakten und Zahlen etc. wie Sie zu dem Thema stehen und warum.
- *Maßnahmen vorschlagen.* Aufbauend auf dem ersten Schritt können Sie nun Vorschläge im Zusammenhang mit geeigneten Maßnahmen unterbreiten, die Sie angesichts der verfügbaren Informationen für realistisch und durchführbar halten.
- *Klarmachen, was Sie erreichen wollen.* Wenn das anvisierte Ziel noch nicht genannt wurde, erklären Sie auf eine feste und bestimmte Art, aber nicht aggressiv oder bedrohlich, was Sie erreichen wollen. Dies wird schon durch die Analyse der Situation, die Sie vor dem Hintergrund verfügbaren Information vorgenommen haben, deutlich geworden sein.
- *Wiederholen und erneut bekräftigen.* Manchmal ist es nötig, die Schritte 1 bis 3 noch einmal zusammenzufassen. Damit können Sie zeigen, wie gut durchdacht Ihre Darstellung ist und wie klar strukturiert Ihre Zielvorstellungen sind.

Natürlich ist die Einhaltung dieses Schemas keine Garantie dafür, dass Sie Ihre Ziele auch durchsetzen. Aber es gibt Ihnen ein Muster und eine Vorgehensweise vor, mit der Sie Ihr Anliegen zusammenhängend und Schritt für Schritt darstellen können und die Sie zwingt zu sagen, was Sie von der anderen Person oder von der Situation erwarten. Damit haben Sie wahrscheinlich weitaus mehr Erfolg als wenn Sie nicht genau wissen, was Sie eigentlich sagen wollen. Wenn Sie klarmachen, was Sie wollen, müssen Sie sich nicht darauf verlassen, dass die emotionale Kraft Ihrer Darstellung den Sieg davonträgt.

Allerdings reicht dies nicht aus, um positive Beziehungen am Arbeitsplatz aufzubauen. Vielleicht gelingt es Ihnen, Ihre Ziele zu verwirklichen, aber wenn Sie sich immer nur auf diese Art und Weise Geltung verschaffen, werden Sie am Arbeitsplatz nicht viele partnerschaftliche Beziehungen aufbauen können. Die Menschen in Ihrer Umgebung würden nur sehen, dass Sie sich meistens durchsetzen und kaum Interesse an ihnen zeigen. Die monologischen Anteile müssen folglich dadurch ergänzt werden, dass Sie versuchen zu verstehen und zu berücksichtigen, welche Bedürfnisse Ihre KollegInnen haben und wie sie die Dinge von ihrem Standpunkt aus betrachten. An dieser Stelle kommt die rechte Seite des Modells ins Spiel.

7.12.2 Die dialogischen Verhaltensweisen – auf den anderen eingehen und sich mit ihm auseinander setzen

Auf der rechten Seite des Modells geht es im Wesentlichen darum, dass Sie versuchen, die andere Person zu verstehen und sich mit ihr über ihre Sicht der Dinge und Probleme auseinander zu setzen. Mit anderen Worten, Sie arbeiten auf der Basis des Programms der anderen Person und nicht nach Ihrem eigenen. Dies bedeutet, dass Sie sehr genau und aufmerksam zuhören müssen, welche Meinungen und Sichtweisen sie vertritt. Sie müssen eigene Bedürfnisse und Wünsche vorübergehend in den Hintergrund stellen, wenn Sie andere Sichtweisen verstehen wollen.

Bei dieser Vorgehensweise können Sie feststellen, ob es Übereinstimmungen gibt, wo und warum Meinungsverschiedenheiten zwischen Ihnen bestehen und ob es möglich ist, sie zu überbrücken. Dies ist die dialogische Seite des Modells, welche die monologische ausgleichen soll.

Unter der Voraussetzung, dass Sie alles richtig machen, zeichnet sich diese Seite dadurch aus, dass sie ein gutes Verhältnis und gegenseitige Wertschätzung nach sich zieht. Der Grund liegt darin, dass Sie sich auf die andere Person konzentrieren und nicht nur darum bemüht sind, den von Ihnen favorisierten Standpunkt durchzusetzen. Auch hier muss eine bestimmte Reihenfolge eingehalten werden:

- *Volle Aufmerksamkeit schenken.* Hier steht die andere Person und ihre Situation im Mittelpunkt. Sie stellen Ihre eigenen Probleme und Ziele bewusst in den Hintergrund.
- *Aufmerksam zuhören.* Dies eine der wichtigsten Verhaltensweisen. Sie arbeiten ausschließlich mit den Informationen, die Sie bekommen, also mit Fakten und Gefühlen, und zeigen durch Aufgreifen und Interpretation der Äußerungen, dass Sie die Sichtweise der anderen Person wirklich verstehen.
- *Prüfen.* Die vorausgegangenen Schritte befähigen Sie, mit Feingefühl und Behutsamkeit näher auf die Informationen einzugehen und dafür zu sorgen, dass das Verständnis auf beiden Seiten größer wird, was nicht unbedingt gleichbedeutend mit Übereinstimmung ist.

Die Struktur des Modells ist einfach. Sie müssen genau wissen, was Sie erreichen wollen, und Sie müssen in der Lage sein, es so zu begründen, dass andere es verstehen. Sie müssen fähig sein, Ihre Ziele mit Nachdruck zu äußern und gleichzeitig offen für die Ansichten anderer sein und echte Bereitschaft zeigen, konzentriert und respektvoll zuzuhören. Dann sind Sie in der Lage, den Standpunkt der anderen Menschen umfassend zu verstehen.

Erst die Kombination dieser komplementären Strategien führt zu einer ausgewogenen und effizienten Vorgehensweise, die belegt, dass Sie Verständnis und Gespür für die Bedürfnisse der anderen Person haben. Gleichzeitig machen Sie aber auch deutlich, was Sie erreichen möchten. Um Ihren Einfluss geltend zu machen, sind Sie weder darauf angewiesen, Ihre Vorstellungen durchzusetzen, noch müssen Sie völlig auf die Bedürfnisse der anderen Person eingehen. Es ist die kombinierte Anwendung beider Strategien, die den Unterschied ausmacht.

Es ist zwar produktiv und konstruktiv, wenn Sie in der Lage sind, für sich einzutreten und Ihre Ziele durchzusetzen, doch es kann sich durchaus als kontraproduktiv erweisen, wenn Sie Ihre eigenen Bedürfnisse so in den Vordergrund stellen, dass für andere kein Platz bleibt. Dies hat zur Folge, dass man Sie eher als aggressiven denn als selbstbewussten Menschen einschätzt und empfindet, dem es nur darum geht, anderen ihre Wünsche aufzuzwingen.

Es ist auch sehr konstruktiv, wenn Sie auf die Bedürfnisse anderer eingehen und deren Position umfassend verstehen. Doch auch hier lauern Gefahren, die es zu beachten gilt. Wenn Sie zu sehr auf die Bedürfnisse anderer eingehen, kann es passieren, dass Sie Ihre eigenen Bedürfnisse aus den Augen verlieren. Hier liegt die Gefahr in der Passivität. Sie sind wie Wachs und können Ihre Form und Integrität in der Auseinandersetzung mit anderen nicht aufrechterhalten.

In **Abbildung 7-21** werden die positiven und produktiven Möglichkeiten der Einflussnahme (oberhalb der waagerechten Linie) den unproduktiven beziehungsweise destruktiven (unterhalb der Linie) gegenübergestellt.

Selbstbehauptung heißt, seine Wünsche nachdrücklich zum Ausdruck zu bringen. Dies muss so geschehen, dass Ihr Gegenüber auf keinen Fall herabgewürdigt wird, sich bedroht oder in seinen Rechten eingeschränkt fühlt. Es geht vielmehr darum, dass Sie, auch wenn Sie kritisiert werden, Ihre Wünsche selbstsicher äußern, ohne ein aggressives oder negatives Verhalten an den Tag zu legen.

Um diesem Ziel gerecht zu werden, müssen Sie sich über das Was und Warum im Klaren sein; was Sie anstreben ist wichtig für Sie, aber Sie müssen auch ein gutes und sicheres Gefühl haben, was Ihre eigene Person betrifft. Selbst-

Abbildung 7-21: Gegenüberstellung positiver und negativer Möglichkeiten der Einflussnahme

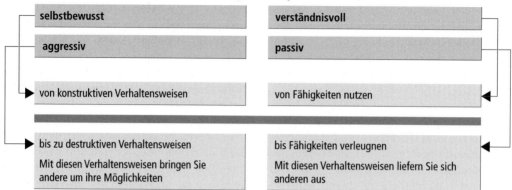

bewusst auftreten heißt nicht, dass man auf eine großspurige, laute und emotionale Art verkündet, was man möchte. Es entspricht vielmehr einem gezielten, besonnenen Vorgehen und einer geschickten Arbeitsweise. Wie effektiv Sie andere beeinflussen können, hängt zu einem großen Teil davon ab, wie andere Sie sehen und wie Sie auf andere wirken.

7.13 Die «Worte», die «Musik» und der «Tanz»

Selbstsicherheit spielt zwar eine Rolle, wenn es darum geht, Ihre Wünsche zu äußern, aber sie ist eben nur ein Teil des Ganzen. Es ist ebenfalls wichtig, wie Sie kommunizieren, genauer gesagt: wie Sie Ihren Körper bei der Kommunikation einsetzen. Wir werden zu einem großen Teil von dem beeinflusst, was wir vor uns sehen. Wenn Sie selbstsicher sind, zeigt sich Ihre Entschlossenheit vor allem in der Art und Weise, wie Sie Ihre Haltung, Pose, Gestik einsetzen. All dies wird von Ihrem Gegenüber registriert und scharf beobachtet. Natürlich sind auch Ihre Worte wichtig, denn sie müssen so überzeugend sein, dass man glaubt, was Sie sagen. Allerdings wird der Gesamteindruck in hohem Maße von der Körperhaltung, der Pose und den Körperbewegungen bestimmt. Wir sind in vielerlei Hinsicht das, was unser Verhalten über uns aussagt.

Die Wirkung einer Botschaft wird von drei Komponenten bestimmt:

- von dem was Sie sagen
- von dem wie Sie es sagen
- von dem wie Sie Ihren Körper bei der Kommunikation einsetzen.

Sie müssen auf die Worte, auf die Musik und auf den Tanz achten (womit die Körperbewegungen gemeint sind). Welche dieser drei Komponenten ist nach Ihrer Erfahrung die wichtigste und welche die unwichtigste? Denken Sie an ein Gespräch, das Sie hatten und verteilen Sie dann die Wirkung, die das Gespräch auf Sie hatte, entsprechend den einzelnen Komponenten. Arbeiten Sie zunächst allein mit Hilfe von **Abbildung 7-22.** Anschließend können Sie KollegInnen bitten, das Gleiche zu tun; dann vermerken Sie deren Antworten, um anschließend darüber zu diskutieren.

Wenn Sie Ihre KollegInnen dazu bewegen konnten, Vorschläge zu machen, haben Sie wahrscheinlich große Unterschiede festgestellt, was die Gewichtung der drei Komponenten anbelangt. Vermutlich liegen die Worte ganz weit vorn. Schließlich wird während der Ausbildung und in der Schule großer Wert auf diese Komponente gelegt, nämlich darauf, wie ein logischer Gedankengang aufgebaut wird, wie Fakten dargestellt werden und wie ein Bericht aussehen muss, damit er klar und verständlich ist.

Außerdem wird noch auf eine abwechslungsreiche Ausdrucksweise geachtet, um die Worte lebendiger und interessanter zu machen. Damit sind die Tonlage, der Rhythmus, der Nachdruck, die Geschwindigkeit und die Pausen sowie die

Betonung einer Äußerung gemeint. Folglich wird man Ihnen beigebracht haben, dass Sie gelegentlich auf die Musik achten müssen, wobei der logische Gedankengang aber vermutlich weiterhin im Vordergrund stand.

Beim Tanz dreht sich alles um Ihr körperliches Erscheinungsbild und wie Sie Ihren Körper bei der Kommunikation einsetzen, also die Art und Weise, wie Sie stehen, sitzen und umhergehen, Ihre Gestik. Dazu gehören auch die Nutzung des Raumes, Blickkontakte und Berührungen sowie Ausdrucksformen, Mimik und Haltung.

Die größte Wirkung wird erzielt, wenn alle drei Komponenten in Einklang miteinander stehen. Dann ist die Art und Weise Ihrer Präsentation kohärent und übereinstimmend. Tempo, Pausen und Bedeutung Ihrer Botschaft sind perfekt auf die Gestik, die Bewegungen und die Haltung während der Kommunikation abgestimmt.

In Studien wurde untersucht, in welcher Weise sich Worte, Musik und Tanz bei der Kommunikation auf die Empfänger auswirken. Demnach hat der Tanz von allen drei Komponenten den größten Einfluss. Folglich haben die Gesten, die Haltung, die körperliche «Präsenz» während der Kommunikation einen entscheidenden Einfluss darauf, wie die Gesprächspartner auf unsere Äußerungen reagieren. Zwar muss das, was wir sagen, glaubwürdig sein, doch ist es vermutlich nicht die Botschaft selbst (die Wörter), die darüber entscheidet, ob die Menschen sich nach dem richten, was wir sagen, sondern es ist die Art und Weise wie wir die Botschaft mit Hilfe des Tanzes übermitteln.

Nur zirka zehn Prozent der Wirkung geht von den Worten aus, zirka 35 Prozent von der Musik und die restlichen 55 Prozent von dem Tanz. Diese Prozentzahlen sind als Hinweis auf die relative Wirkung zu verstehen. Klammern Sie sich nicht an die exakten Zahlen, sondern schauen Sie sich die Botschaft hinter diesen Zahlen an. Sie beinhaltet, dass die Art und Weise, wie wir uns darstellen und welche körperliche Ausstrahlung wir haben von größter Bedeutung ist, wenn es darum geht, andere zu beeinflussen. Sie hat eine weitaus größere Wirkung als die eigentliche, perfekt ausgearbeitete und wunderschön formulierte Botschaft. Man könnte sagen, dass wir den eloquent vorgetragenen Gedankengang zwar bewundern, ihn aber wahrscheinlich erst dann akzeptieren, wenn er eindrucksvoll und überzeugend vorgebracht wird.

Dies steht in krassem Gegensatz zu der Ausbildung der meisten Fachleute, bei der es hauptsächlich um nüchterne Daten und Fakten geht. Abgesehen davon, dass diese Befunde klare Fakten etc. liefern, legen sie nahe, dass es möglich wäre, durch ein Verhaltenstraining mit entsprechenden Anleitungen und Rückmeldungen unseren Einfluss auf andere zu vergrößern.

Erscheint Ihnen all dies vor dem Hintergrund Ihrer eigenen Erfahrungen plausibel? Denken Sie an Menschen in Ihrer Umgebung, die großen Einfluss haben. Was sagen sie, wie sagen sie es und wie stellen sie sich bei ihrer Arbeit mit anderen dar? Es wäre sinnvoll für Sie herauszufinden, wie Sie die Wörter, die Musik und den Tanz gewichten. Beobachten und registrieren Sie bei der Arbeit mit anderen, was die anderen wirklich tun, und versuchen Sie festzustellen, inwieweit sie dadurch auf Sie einwirken und Sie beeinflussen können.

Abbildung 7-22: Was macht die Wirkung aus?

| 1. Welche Komponente hat die stärkste Wirkung bei der Übermittlung einer Botschaft? |

| die Worte | + | die Musik | + | der Tanz | = | 100 Punkte |

| 2. Wenn Sie 100 Punkte zu vergeben hätten, die für den Gesamteindruck maßgebend sind, wie würden Sie diese auf die drei Komponenten verteilen? |

| Punkte | + | Punkte | + | Punkte | = | 100 Punkte |

7.14 Schlussbemerkung

In diesem Kapitel wurden die Schwierigkeiten thematisiert, die die Arbeit mit anderen begleiten, und es wurden verschiedene Modelle und Bezugssysteme vorgestellt, die Ihnen helfen zu erkennen, was in bestimmten Situationen geschieht. Aus einer informierteren Position heraus können Sie dann entsprechende Schritte einleiten. Unstimmigkeiten und Differenzen wird es immer geben. Es geht nicht darum, wie wir es anstellen können, dass wir alle einer Meinung sind und uns einander angleichen, sondern wie wir es schaffen können, die Differenzen und Schwierigkeiten anzuerkennen und auf eine produktive und ethisch vertretbare Art damit zu arbeiten.

7.14.1 Literatur

Thomas, K. (1976) Conflict and conflict management in *Handbook of Industrial and Organizational Psychology*, M. Dunnette (ed), Rand McNally, Skokie, IL.

Weiterführende Literatur

Adams, A. (1992) *Bullying at Work*, Virago Press, London.

Berbe, E. (1964) *Games People Play*, Penguin Books, Harmondsworth.

Fisher, R. and Ury, W. (1983) *Getting to Yes*, Penguin Books, Harmondsworth.

Hamilton, J. and Kiefer, M. (1986) *Survival Skills for the New Nurse*, JB Lippincott, Philadelphia.

Hase, S. and Douglas, A. (1986) *Human Dynamics and Nursing*, Churchill Livingstone, Edinburgh.

Honey, P. (1992) *Problem People … and How to Manage Them*, Institute of Personnel Management, London.

Horne, E. and Cowan, T. (1992) *Effective Communication: Some Nursing Perspectives*, Wolfe Publishing Co, London.

Jongeward, D. and James, M. (1981) *Winning Ways in Health Care*, Addison-Wesley, Reading, Ma.

Kennedy, E. (1975) *If You Really Knew Me, Would You Still Like Me?* Argus Communications, Niles, IL.

King, N. (1987) *The First Five Minutes*, Simon and Schuster, London.

Luft, J. (1963) *Group Processes*, The National Press, Palo Alto.

McKenna, E. (1994) *Business Psychology and Organisational Behaviour*, Lawrence Erlbaum Associates, Hove.

Nelson-Jones, R. (1993) *You Can Help!*, Cassell, London.

O'Leary, J., Wendelgass, S. and Zimmerman, H. (1986) *Winning Strategies for Nursing Managers*, JB Lippincott, Philadelphia.

Priestly, P. *et al.* (1978) *Social Skills and Personal Problem Solving*, Tavistock Publications, London.

Rutter, P. (1990) *Sex in the Forbidden Zone*, Unwin Hyman, London.

Spinelli, E. (1994) *Demystifying Therapy*, Constable, London.

8. Besprechungsrunden, Gruppen und Teams

8.1 Einführung

Die beiden nächsten Kapitel beschäftigen sich damit, was passiert, wenn Menschen in Gruppen arbeiten, sei es als Mitglied eines Spezialteams oder als TeilnehmerIn an einem ganz normalen Treffen. Dabei habe ich die Begriffe ziemlich flexibel verwendet, denn es handelt sich um durchaus verschiedene Arbeitsgruppierungen, und um solche geht es in den beiden Kapiteln. Ich wollte mich nicht allzu sehr damit aufhalten, die Unterschiede zwischen den Begriffen immer wieder zu definieren. Sie können aber davon ausgehen, dass die Diskussion und die angesprochenen Themen sich auf alle drei beziehen, auch wenn im Text zum Beispiel nur von einem Team die Rede ist.

In diesem Kapitel wird ein «Sechs-R-Schema» vorgestellt, mit dem Gruppen, Teams und Besprechungsrunden näher betrachtet werden können. Sie können es benutzen, um die Effektivität einer Gruppe zu überprüfen, um eine Gruppe zusammenzustellen, um Besprechungsrunden effektiv zu planen oder um die Leistungen eines Teams daran auszurichten. Kapitel 9 geht ausführlich auf die dynamischen Prozesse, Rollen und Interaktionen ein, die Menschen in Gruppen so interessant, unberechenbar und manchmal so unzugänglich machen.

Es wird viel über Gruppen, Besprechungsrunden und Teams geschrieben, denn sie sind ein Bestandteil unseres Lebens, dem man sich nicht entziehen kann. Es ist egal, ob sie offiziell eingesetzt werden, wie etwa ein Komitee, oder ob es sich um eine zwanglose, inoffizielle Plauderei zwischen drei oder vier Leuten handelt. Die dynamischen Prozesse, die sich ergeben, wenn Menschen zusammenkommen, beeinflussen maßgeblich das Verhalten des Einzelnen, sowohl im positiven als auch im negativen Sinn, und sie wirken sich auf die Entwicklung von Ideen, auf Entscheidungen, auf das Selbstwertgefühl, auf die Motivation etc. aus.

Bestimmt können Sie sich daran erinnern, dass Sie nach manchen Besprechungsrunden optimistisch gestimmt waren, das Gefühl hatten, wichtig zu sein und entschlossen waren, Ihre Sache gut zu machen. Zu anderen Gelegenheiten war es das genaue Gegenteil. Sie fühlten sich entmutigt, frustriert, abgewertet und deprimiert. Zweifellos gab es Teams und Gruppen, denen Sie gerne angehört haben, während Sie die Mitgliedschaft in anderen möglichst geheim gehalten haben, oder es gab Gruppen, wo es so unerfreulich zuging, dass Sie es nicht erwarten konnten, wegzukommen.

Die beiden folgenden Kapitel zeigen Ihnen Möglichkeiten auf, wie Sie sich mit bestimmten Ereignissen in Besprechungsrunden, Teams und Gruppen auseinander setzen können, damit Sie in Zukunft die im Verborgenen ablaufenden Prozesse entschlüsseln können. Wenn es Ihnen gelingt, das Geschehen eingehender unter die Lupe zu nehmen, dann haben Sie größere Chancen, konstruktiv zu intervenieren und so Einfluss auf den Gang der Ereignisse zu nehmen. Zu guter Letzt wird es Ihnen besser gelingen, die Dinge, für die Sie verantwortlich sind, und auch Ihre eigenen Interessen zu vertreten.

Denken Sie bei der Beschäftigung mit den beiden folgenden Kapiteln daran, meine Ausführungen mit Ihren eigenen Erfahrungen und mit den Berichten anderer über ihre Erfahrungen zu vergleichen. Sie haben bestimmt schon sehr viele Erfahrungen und Kenntnisse im Zusammenhang mit Gruppenverhalten sammeln können, aber vermutlich haben Sie sie bislang noch nie einer systematischen Betrachtung unterzogen, um festzustellen, wieviel Sie wirklich wissen.

Die Inhalte dieses Kapitels haben den praktischen Vorteil, dass Sie sie auf Situationen anwenden können, in denen Sie mit anderen KollegInnen zusammenarbeiten. Dies kann in einem Team sein, das eine Aufgabe durchführen und zum Abschluss bringen muss, bei einer Visite oder bei einer Fallbesprechung.

Wenn man Gruppenverhalten verstehen will, muss man beobachten und deuten, was die Mitglieder der Gruppe tun, welche Reaktionen sie Außenstehenden gegenüber zeigen usw. Die Einzelheiten sind wichtig, aber auch die Abläufe und Strukturen der Arbeitsweise insgesamt. Versuchen Sie nicht, alle Geschehnisse zu erfassen, denn dann verheddern Sie sich in einer Unmenge von Details und werden davon schlicht erdrückt. Versuchen Sie statt dessen, ein ausgewogenes Verhältnis zwischen den Details einerseits sowie dem Gesamtbild und der Arbeitsweise der Gruppe andererseits herzustellen.

Zu Anfang bekommen Sie vielleicht einen ganz guten Einblick, wenn Sie sich auf die Muster und Abläufe insgesamt sowie auf wichtige dynamische Prozesse und Geschehnisse konzentrieren. Wenn Sie dann sicherer werden, können Sie sich auch verstärkt den einzelnen Interaktionen zuwenden. Vermutlich werden Sie immer etwas von beiden Dimensionen erfassen, so dass sich die Frage stellt, wo und wann der Schwerpunkt zu setzen ist.

Also, gehen Sie die Sache langsam an und versuchen Sie nicht, alles mitzubekommen, was

geschieht, sondern konzentrieren Sie sich lieber auf das Gesamtmuster und verfolgen Sie das Verhalten und die Interventionen der maßgebenden Personen. Wenn Sie regelmäßigen Gebrauch von den nachfolgenden Vorschlägen machen, dann werden Sie immer mehr Dimensionen ausfindig machen. Die Beschäftigung mit Gruppen ist faszinierend, interessant, produktiv und fördert Erkenntnisse über Sie und andere zu Tage. Hören Sie zu, wann immer Sie die Gelegenheit dazu haben, und versuchen Sie, Ihre Erfahrungen mit Hilfe der Vorschläge in einem anderen Licht zu sehen. Wo immer Sie sich befinden, versuchen Sie, ob Sie die hier vorgestellten Inhalte anwenden können.

Bevor wir weitergehen, denken Sie bitte an eine Gruppe, ein Team oder eine Besprechungsrunde, der Sie angehören. Sie sollten in dieser Konstellation mindestens drei oder vier Mal zusammengearbeitet haben. Bearbeiten Sie vor diesem Hintergrund den Fragebogen in **Abbildung 8-1**. Benutzen Sie dazu die Bewertungsskala, deren Extrempunkte große Zustimmung bzw. große Ablehnung signalisieren. Die mittlere Position ist nur für Notfälle gedacht.

Wie ist Ihre Bewertung ausgefallen? Überprüfen Sie bitte noch einmal Ihre Antworten auf verborgene Themen, die Ihnen interessant beziehungsweise bemerkenswert erscheinen. Ein Beispiel: Sind die Ziele klar definiert? Haben die TeilnehmerInnen feste Rollen oder handelt es sich eher um eine kurzlebige Sache? Haben Sie (und andere) das Gefühl, dass Ihre Beiträge erwünscht sind und geschätzt werden oder dass sie überflüssig und lästig sind? Die 20 Fragen sollten Sie zum Nachdenken über diese Dinge anregen, bevor wir uns weiter hinten im Kapitel näher damit befassen.

Auch wenn ich in diesen beiden Kapiteln die Begriffe Gruppe, Team und Besprechungsrunde so verwenden werde als wären sie mehr oder weniger austauschbar und als gäbe es keinen Unterschied zwischen ihnen, möchte ich doch Folgendes anmerken:

- Ein Team ist entweder eine hoch spezialisierte Gruppe von ausgesuchten Leuten, die unter ganz bestimmten Bedingungen zusammen-

Abbildung 8-1: Gesundheits-Check: 20 Fragen zu Besprechungsrunden/zur Arbeitsweise von Gruppen

	sg	s	wn	sn	sk
1. Ich weiß, was wir hier tun.					
2. Mir ist klar, was von mir erwartet wird.					
3. Ich kann ungehindert mitarbeiten.					
4. Es scheint, als ob wir gegeneinander kämpfen.					
5. Es herrscht Konkurrenzdenken vor.					
6. Wir schaffen unsere Arbeit.					
7. Ich weiß, wer für die Leitung des Teams zuständig ist.					
8. Wir wissen im Voraus, worüber diskutiert werden soll.					
9. Unsere Beschlüsse werden anschließend schriftlich bestätigt.					
10. Ich fühle mich zur Mitarbeit ermutigt.					
11. Es scheint, als würden viele Dinge außerhalb der Besprechung vereinbart.					
12. Die Besprechungsrunden ziehen sich hin und dauern zu lange.					
13. Die Rollen sind klar verteilt.					
14. Es gibt Gruppierungen, die «in» sind und solche, die «out» sind.					
15. Das Erscheinen der Mitglieder ist spärlich.					
16. Die Mitglieder erscheinen rechtzeitig und bleiben im Allgemeinen da.					
17. Die Zeit wird gut genutzt.					
18. Es werden regelmäßig alle Tagesordnungspunkte behandelt.					
19. Bei den Besprechungen werden oft Meldungen und Skripte zur Diskussion gestellt.					
20. Ich nehme gern an den Meetings teil.					

sg: stimmt genau
s: stimmt
wn: weiß nicht
sn: stimmt nicht
sk: stimmt keinesfalls

gebracht wurden, um ein klar definierte Aufgabe durchzuführen. Oder es handelt sich um ein normales Team von KollegInnen, die verantwortlich dafür sind, in Zusammenarbeit bestimmte Aufgaben durchzuführen.

- Der Begriff Gruppe kann synonym für «Team» verwendet werden, aber er kann auch eine Gruppierung von Menschen bezeichnen, zwischen denen zwar keine so deutliche Beziehung besteht, die aber eine genau bezeichnete, wenn auch eher lose Arbeitsgemeinschaft bilden, die sie hin und wieder zusammenführt.

- Eine Besprechungsrunden kann aus Menschen aus völlig verschiedenen Gruppen und Organisationen bestehen, die zu einem ganz bestimmten Zweck für diese Besprechung zusammengezogen oder von einem größeren Team beziehungsweise von einer bestehenden Gruppe abgezogen werden.

Jedes Mal, wenn sich eine Gruppe von Menschen trifft, stellen sich diese beiden sehr wichtigen Fragen: Zu welchem Zweck sind wir hier? Wie soll die anstehende Arbeit durchgeführt werden?

Diese Fragen sind von so zentraler Bedeutung für alles, was in Gruppen geschieht, dass es schon erstaunlich ist, wie oft eine oder beide Fragen nicht geklärt bzw. bei der Diskussion nicht angesprochen werden. Diese Unterlassung führt dazu, dass die Gruppen ihre Anliegen und Ziele etc. aus dem Auge verlieren und könnte einer der Hauptgründe sein, weshalb Besprechungsrunden von so vielen TeilnehmerInnen als ineffizient, ineffektiv und als «Zeitverschwendung» angesehen werden. Vielleicht wird über diese Punkte häufig nicht gesprochen, weil sie so offensichtlich und selbstverständlich sind. Anscheinend glaubt jeder, die anderen wüssten über diese beiden zentralen Fragen Bescheid und wären sich darüber einig. Wie Sie sich sicher erinnern werden, hat das letzte Kapitel bewiesen, dass dies keineswegs so ist.

Meiner Ansicht nach kann eine ganze Menge getan werden, um die Leistung und Produktivität von Gruppen, Teams und Besprechungsrunden zu verbessern. An oberster Stelle stehen in diesem Zusammenhang die Klärung des Zwecks und die ständige Konzentration darauf, welches die angestrebten Ziele sind und wie sie realisiert werden können.

Es kann sein, dass Sie andere Erfahrungen haben als ich, und ich möchte Sie bitten, auf Ihre Erfahrungen zurückzugreifen. Denken Sie zunächst an Besprechungsrunden, an denen Sie teilgenommen haben. Schreiben sie zwei oder drei auf, die sehr produktiv waren, und weitere zwei oder drei, bei denen Ihrer Einschätzung nach sehr wenig herausgekommen ist und die Sie einfach grässlich fanden. Geben Sie jetzt bitte genau an, was vorgefallen ist. Sie können sich zuerst auf eine positive und auf eine unproduktive Besprechungsrunden konzentrieren. Was hat sich günstig beziehungsweise nachteilig auf eine effektive Gruppenarbeit ausgewirkt? Es ist nicht schlimm, wenn Ihre Erinnerungen völlig ungeordnet sind – notieren Sie einfach nur Ihre Gedanken. Abschließend überlegen Sie mit Hilfe Ihrer Notizen, wodurch die Probleme in den Besprechungsrunden eventuell verursacht wurden und was sich positiv ausgewirkt hat. Dann tragen Sie Ihre Überlegungen in **Abbildung 8-2** ein.

Ich möchte, dass Sie beim Durcharbeiten des Kapitels auf diese Notizen zurückgreifen. Möglicherweise ergeben sich noch andere Erkenntnisse und Ansichten, die Sie diesen ersten Eindrücken später noch hinzufügen möchten. Ich hoffe auch, dass Sie auf dieses Material zurückgreifen, wenn Sie sich damit auseinander setzen, was bei den Besprechungsrunden geschieht, an denen Sie teilnehmen, und in den Arbeitsgruppen vor sich geht, deren Mitglied Sie sind.

Der Rest dieses Kapitels befasst sich mit einem Modell, das aus sechs Dimensionen besteht. Mit Hilfe dieses Modells können Sie sich einen Eindruck von jeder Gruppe, jedem Team und jeder Besprechung verschaffen, an der Sie teilnehmen. Dann wird Ihnen klarer, um welche Aufgaben es geht und wie produktiv gearbeitet wird.

Abbildung 8-2: Erinnerungen an produktive und unproduktive Besprechungsrunden

	Was geschah?	Was verursachte die Probleme?
Erinnerungen an *konstruktive* **Besprechungsrunden**		
Erinnerungen an *unproduktive* **Besprechungsrunden**		

8.2 Das Sechs-«R»-Modell* zur Einschätzung von Gruppen, Teams und Besprechungsrunden

Mit diesem Modell können Sie Ihre Aufmerksam gezielt auf sechs Dimensionen konzentrieren, die für die Arbeit von Gruppen relevant sind. Die Dimensionen sind in **Abbildung 8-3** beschrieben.

Voraussetzung für eine effektive Arbeit sind klare Ziele, die allen bekannt sein müssen. Sie werden sich erinnern, dass dies der zentrale Punkt des Modells von Galbraith ist (Kapitel 2), und auf diesen kommt es auch bei Gruppen, Teams und Besprechungsrunden an. Ich bin immer wieder erstaunt, wie oft es passiert, dass die TeilnehmerInnen einer Besprechungsrunden sich in die Arbeit stürzen, häufig ohne Tagesordnung und ohne klare Vorstellungen, was sie eigentlich tun sollen. Ich habe die «Arbeit», die es zu erledigen gilt, in den Mittelpunkt von **Abbildung 8-4** gesetzt.

---

* Der Name des Modells leitet sich aus der Tatsache ab, dass seine sechs Dimensionen im Englischen alle mit einem «R» beginnen. Anm. d. Bearb.

Die sechs Bereiche in Abbildung 8-4 müssen überprüft und bearbeiten werden, wenn ein Team, eine Gruppe oder eine Besprechungsrunden auf eine gezielte, produktive und für alle lohnende Art und Weise arbeiten soll. Es wird

Abbildung 8-3: Das Sechs-«R»-Modell im Überblick

1. das **Sitzungsprogramm**, das bearbeitet werden muss; die angestrebten Ziele der Gruppe

2. die offiziellen und inoffiziellen **Rollen**, die verteilt werden müssen

3. die **Regeln** und Vorgehensweisen, die beachtet werden müssen

4. die verschiedenen Arten von **Beziehungen**, die gern gesehen (und die missbilligt) werden

5. die Kultur und die Atmosphäre, der **Respekt** und die **Rücksichtnahme** in der Gruppe

Durch die Beachtung dieser Dimensionen müsste eine effektive und produktive Gruppe…

6. die angestrebten **Ergebnisse** auf eine Art und Weise erreichen, die sich positiv auf die Beziehungen und auf die Arbeitseinstellung auswirkt, sowohl was die einzelnen Gruppenmitglieder als auch die Gruppe insgesamt anbelangt.

Abbildung 8-4: Abklärung der Ziele: Zu welchem Zweck sind wir hier?

immer abweichende Meinungen und Überzeugungen geben. Es werden unweigerlich Irrtümer und Fehler gemacht. Manchmal stellt sich später heraus, dass man besser andere Entscheidungen getroffen hätte und dass die Einschätzung einer Situation in mancher Hinsicht ungenau und inadäquat war. Wenn es Ihnen jedoch gelingt, diese sechs Dimensionen sorgfältig zu überprüfen und sie mit den anderen TeilnehmerInnen zu bearbeiten, dann können sie einen Großteil der Frustrationen abbauen, die Ihnen die Arbeit in Teams, Gruppen und Besprechungsrunden derzeit bereitet.

Diese Aspekte der Gruppenarbeit sind noch nicht alles, denn es gibt noch andere: persönliche Differenzen, interaktionale Dimensionen, geschichtliche Faktoren und unbewusste Einflüsse, die die Situation noch komplexer machen. Dennoch bewirkt die Beachtung dieser sechs Dimensionen, dass die Zufriedenheit und die Leistungen der einzelnen Mitglieder und der Gruppe steigen.

8.2.1 Das Sitzungsprogramm

Diese Dimension ist von allen die elementarste, denn wenn es kein richtiges Ziel beziehungsweise keine bestimmten Aufgaben gibt, die erledigt werden müssen, dann ist die Gruppe, das Team oder die Besprechungsrunde überflüssig! Folgende Fragen müssen geklärt werden:

- Welch es Ziel hat die Besprechung?
- Welche Leistungen sind zu erbringen?
- Geht es bei der Besprechung darum:
  - etwas zu entscheiden

- verschiedene Möglichkeiten zu diskutieren
- die Übereinstimmung mit Blick auf ein Thema oder Problem zu vergrößern
- etwas zu planen
- die Anwesenden mit weiteren Informationen und Neuigkeiten bekannt zu machen?
- Verfolgt die Besprechungsrunden ein symbolisches Ziel?
- Soll eine Arbeit, die andere inzwischen vollendet haben, nachträglich gebilligt oder anerkannt werden?

Diese einzelnen Ziele geben einen Hinweis auf die Arbeit, die es zu erledigen gilt. Wenn die Anwesenden Wert darauf legen, dass alles so produktiv wie möglich geschieht, werden sie dies für selbstverständlich halten und begrüßen.

Es kann zu ernsthaften Störungen kommen, wenn ein eklatantes Missverhältnis zwischen dem besteht, was die TeilnehmerInnen für den Zweck der Besprechung halten und was tatsächlich geschieht.

Denken Sie an weitere wirklich gute Besprechungsrunden, an denen Sie teilgenommen haben und dann an misslungene, an denen rein gar nichts gut war. Orientieren Sie sich an den folgenden Fragen und notieren Sie Ihre Erinnerungen; schreiben Sie auch auf, wo nach Ihrer Meinung die Probleme lagen:

- Wusste ich über den Zweck der Besprechung Bescheid?
- War mir vor, während oder nach der Besprechung klar, was von mir erwartet wurde?
- Entsprachen der Ort, die Räumlichkeiten, die Zahlen und Materialien, die Tagesordnung, die Unterlagen etc. dem angegebenen Ziel?

Abbildung 8-5: Kommentare zu vier verschiedenen Besprechungsrunden

S1: «Ich komme zu dieser Besprechung mit vielen Ideen und wir werden neunzig Minuten platt geredet. Anschließend ist der Chef gegangen!»

S2: «Ich weiß nicht, was sie erwarten; wir sollten Sparvorschläge machen; ich habe über die zeitliche Planung und bessere Übergabebesprechungen gesprochen – die anderen wollten über Belieferungs- und Bestellverfahren sprechen.»

S3: «Es war hervorragend. Alle hatten die Unterlagen, damit sie sich schon vorher damit beschäftigen und erste Lösungsansätze vorstellen konnten – das haben wir dann ausdiskutiert und uns darauf geeinigt, was unternommen werden soll.»

S4: «Wir haben die Themen sicherlich angesprochen – ungefähr drei Mal – aber es hat ewig gedauert, bis wir diese umständlichen Diskussionen hinter uns gebracht hatten, und wir sind nie vor dem Ende zu einer Entscheidung gelangt, das passiert in letzter Zeit häufig!»

Wie würden Sie die Situationen in **Abbildung 8-5** beschreiben und mit welchen Konsequenzen hätte die Person Ihrer Ansicht nach zu rechnen, die sich dazu äußert?

Diese Situationen habe ich selbst erlebt. Ich habe bestimmte Vorstellungen, was in jedem der Fälle passiert ist und was gegebenenfalls geändert werden müsste, damit es beim nächsten Mal besser läuft. Haben Sie ähnliche Erfahrungen gemacht? Bitte äußern Sie sich zu vier oder fünf Bcsprechungsrunden aus der letzten Zeit:

- Beschreiben Sie kurz, was passiert ist
- Notieren Sie, wie Sie über den Vorfall dachten.
- Welches waren Ihre Beiträge?
- Welchen Eindruck haben Sie hinterlassen?

- Was sollte gegebenenfalls nach Ihrer Ansicht beim nächsten Mal anders sein?

Am Ende dieses Kapitels werden Sie diese Vorfälle überprüfen können und Sie werden besser wissen, was Sie tun oder anderen vorschlagen können, um die von Ihnen festgestellten Mängel zu beheben.

Es ist äußerst produktiv, wenn Sie es sich zur Gewohnheit machen, sich mit den Besprechungsrunden zu beschäftigen, indem Sie Ihre Eindrücke von den Geschehnissen aufschreiben oder sich gedanklich damit auseinander setzen. Dadurch ist gewährleistet, dass Sie sich regelmäßig bewusst mit Ihren Erfahrungen befassen und sich Gedanken darüber machen, was beim nächsten Mal gegebenenfalls geändert werden

Abbildung 8-6: Überprüfung einiger Besprechungsrunden aus der letzten Zeit

	Besprechung A	Besprechung B	Besprechung C	Besprechung D
was geschah				
meine Meinung über die Besprechung				
meine Beiträge				
der Eindruck, den sie hinterlassen haben				
was beim nächsten Mal besser sein könnte				

muss. Es ist auch von Vorteil, wenn Sie sich angewöhnen, Ihre Wahrnehmungen zusammen mit KollegInnen auszuwerten, die ebenfalls an der Besprechung teilgenommen haben, denn dann bekommen Sie vollständigere Eindrücke und Einschätzungen. Aber gehen Sie dabei zügig und unkompliziert vor und machen Sie sich diese Form des «Auseinandersetzens und Nachdenkens» zur Gewohnheit.

Diese «flotte» Auswertung kann Ihnen zum Bewusstsein bringen, welche Arbeitsweise Sie gewöhnlich bevorzugen. Daran ist nichts falsch, solange sie nicht unproduktiv ist. Darüber hinaus zeigen Ihnen diese schnellen Auswertungen, von welchen Rollen oder Situationen Sie in Gruppen und Besprechungsrunden immer wieder angezogen werden. Wie bereits gesagt, wenn Sie sie mögen und produktiv finden, ist alles in Ordnung. Sind Sie aber nicht glücklich damit, dann sollten Sie darüber nachdenken, wie Sie diese in Zukunft stärker meiden beziehungsweise ganz umgehen können.

Es ist wichtig, das Ziel einer Besprechung klar zu definieren. Disharmonie, Zeitverschwendung und Frustrationen folgen, wenn dies nicht allen TeilnehmerInnen bekannt ist. Leiten Sie eine Besprechungsrunde, dann äußern Sie sich klar und deutlich über den Zweck, die Aufgaben und die notwendigen Ergebnisse. Soll bei der Besprechung beispielsweise über die Situation auf der Station gesprochen werden ohne dass spezielle Aufgaben zu erledigen sind, dann geben Sie als Zweck der Besprechung die freie und offene Diskussion an. Indem Sie den Zweck noch einmal offiziell verkünden, bestätigen Sie ihn für die TeilnehmerInnen erneut und weisen gleichzeitig darauf hin, was von ihnen erwartet wird.

Eine Besprechung kann verschiedene Ziele haben, je nachdem, welche Punkte auf der Tagesordnung stehen. Es kann sinnvoll sein, für jeden Tagesordnungspunkt anzugeben, was erwartet wird (siehe **Abb. 8-7**).

Achten Sie darauf, dass die Ziele nicht vermischt werden. Was zu tun ist, sollte als schriftliche Kurzinformation oder als formalisierte Richtlinie dargestellt werden, insbesondere bei Projektgruppen. Es handelt sich hier um ein wichtiges Papier, nach dem entschieden wird, wer einbezogen werden soll. Es gibt auch Aufschluss darüber, welche Fähigkeiten benötigt werden, in welchen Abständen Besprechungsrunden abzuhalten sind und welche Kriterien zur Messung des Fortschritts und Leistung als relevant angesehen werden.

Vor einigen Jahren führte ich Untersuchungen über die Struktur von Kommissionen in einer Gesundheitsbehörde durch. In fast keiner der von mir untersuchten Kommissionen gab es offizielle Richtlinien. Da überrascht es nicht, dass die Kommissionen nicht gerade glücklich waren, als dies herauskam, denn dadurch wurden sie als Gruppen entlarvt, die ihre Ziele nicht

Abbildung 8-7: Stationsbesprechung: Nightingale Station – 15.5.95

Tagesordnung
1. Bericht über die Bettenbelegung, aktuell und zukünftig (Diskussion)
2. Verteilung der frei verfügbaren Geldmittel (Entscheidung über die geeignete Vorgehensweise)
3. Sitzungsprotokoll der Personalversammlung (zur Kenntnisnahme)
4. Überprüfung von Abläufen auf Antrag des klinischen Direktors (Einigung über die nächsten Schritte)
5. Neueste Informationen vom Geschäftsführer (Diskussion und Revision)
…

gcnau kennen. Ich fand außerdem heraus, dass die meisten Gruppen unproduktive Quasselbuden waren, in denen die Mitgliedschaft in diesem oder jenem Komitee offenbar mehr galt als die Lösung geschäftlicher Probleme. Die eigentlichen Entscheidungen wurden von maßgebenden Personen außerhalb der Kommissionen getroffen. Die Rolle der offiziellen Kommissionen beschränkte sich folglich meistens auf die routinemäßige Genehmigung dieser informellen, außerhalb der Kommissionen getroffenen Entscheidungen.

Ein klares Anliegen ist wichtig, wenn es darum geht, die Leistung zu steigern und die Fähigkeiten und die Erfahrung der Mitglieder vorteilhaft zu nutzen. Die Mitglieder von Gruppen und Teams und die TeilnehmerInnen von Besprechungsrunden wissen dann besser, wie sie sich einbringen können, und sie werden ihre Mitarbeit schätzen und Freude daran haben.

8.2.2 Offizielle und inoffizielle Rollen

Entsprechend den von Gruppen und in Besprechungsrunden anvisierten Zielen und Ergebnissen gibt es diverse Aufgaben zu verteilen, um die Arbeit zum Abschluss zu bringen. Hier bieten sich verschiedene Möglichkeiten an, wobei die Art der zu erledigenden Arbeit sowie die Kultur einer Abteilung oder Einheit eine Rolle spielt. Ich bin oft erstaunt, wenn ich sehe, dass sich Gruppen an verschiedenen Orten auf ganz unterschiedliche Art und Weise organisieren, um die gleiche oder sehr ähnliche Arbeit zu tun. In diesen Unterschieden spiegeln sich die Kultur der jeweiligen Organisation und die unterschiedlichen Arbeitssituationen wider. Auch Sie müssten dies festgestellt haben, wenn Sie in verschiedenen Einrichtungen des Gesundheitswesens tätig waren. Rollen wie die des Vorsitzenden oder Schriftführers etc. können:

- offiziell bestimmt werden
- inoffiziell zugeteilt werden
- sich von selbst ergeben, während die Gruppenmitglieder zusammen arbeiten und sich aufeinander einstellen.

Oft bestimmt die Hierarchie innerhalb des Fachgebietes oder innerhalb der Organisation, wer aufgrund seines Ranges die Gruppe leitet und die Verantwortung für ihre Arbeit übernimmt. Dies ist nicht immer die beste Wahl, es sei denn, die Arbeit gehört zum Spezialgebiet der betreffenden Person. Ist dies nicht der Fall, steht sie unnötigerweise unter dem Druck, eine Kompetenz beweisen zu müssen, die sie nicht hat. Sie gerät möglicherweise in Versuchung, sich herauszureden, damit sie nicht ihr Gesicht verliert, oder sich selbst zu «beweisen».

Es ist besser, sich Gedanken darüber machen, wessen Mitarbeit gebraucht wird. Diese Entscheidung kann davon abhängig gemacht werden, wieviel Können, Erfahrung und Format erforderlich sind, um die Arbeit zu einem erfolgreichen Abschluss zu bringen. Lassen Sie den Rang der betreffenden Personen außer Acht und überlegen Sie, wer am Besten für die offiziellen und inoffiziellen Rollen geeignet ist. Zu guter Letzt können Sie den Rang und berufliche Aspekte wieder in Ihre Überlegungen einbeziehen und endgültig entscheiden, ob es der Gruppe gelingen wird, sachlich zusammenzuarbeiten.

Die Rollen in Besprechungsrunden oder in Gruppen können entweder vorher festgelegt werden oder sie werden der Reihe nach von verschiedenen Personen übernommen. Manchmal wird es ganz bewusst so gehandhabt, dass der Vorsitz in regelmäßigen Abständen von einer anderen Person übernommen wird. Dahinter kann sowohl internes Kalkül stehen als auch die Absicht, die persönliche Entwicklung der einzelnen Personen zu fördern.

Bedenken Sie, dass hier von multidisziplinären Gruppen und Besprechungsrunden außerhalb der offiziellen Berichterstattungshierarchie die Rede ist, bei denen zu erwarten ist, dass die anwesende Person mit dem höchsten Rang in der Regel die Rolle des Vorsitzenden übernimmt. Auch hier gilt, dass diese Person nicht unbedingt am besten für diese Aufgabe geeignet ist. Es ist jammerschade, dass allgemein angenommen wird, die Person mit dem höchsten Rang müsse den Vorsitz übernehmen. Es tut der höheren Position durchaus keinen Abbruch – und steigert das berufliche Ansehen sogar noch – wenn man rangniedrigeren KollegInnen die Leitung überlässt, wenn diese geeignet sind, und seine Unterstützung und Zustimmung gewährt.

Welche Rollen müssen übernommen werden? Es gibt bestimmte Rollen, die in erster Linie dafür sorgen, dass «etwas geschieht» (für die Aufgabendurchführung). Andere Rollen tragen dazu bei, dass die Gruppe effektiver zusammenarbeitet (für die Gruppeneffizienz oder unterstützende Funktionen). Beide sind äußerst wichtig. Die für die unterstützenden Rollen werden manchmal zwar offiziell festgelegt, aber es kommt häufiger vor, dass sie inoffiziell und abwechselnd von den Mitgliedern übernommen werden. Es gibt Gefahren und Probleme, wenn unterstützende Rollen offiziell vergeben werden, denn dann besteht die Möglichkeit, dass diese Vorgehensweise:

- als nicht ganz korrekt empfunden wird
- suggeriert, dass diejenigen ohne solche Rollen nicht so viel dazu beitragen müssen, dass die Gruppe gut zusammenarbeitet
- bewirkt, dass diejenigen, die keine solche Rolle haben, sich denen widersetzen, die sie haben
- Personen entmutigt, denen keine solche Rolle übertragen wurde, da die meisten Leute sich in diesem Bereich für fähig halten.

Es ist wichtig, dass in Besprechungsrunden und in Teams beide Arten von Rollen vertreten sein müssen. Entsprechende Beispiele sind in **Abbildung 8-8** aufgeführt.

Mehrere Autoren und Forscher haben aufgrund ihrer Untersuchungen und Beobachtungen von Gruppen ermittelt, welche Rollen speziell die Effizienz von Teams fördern (siehe Kapitel 9). Im Moment genügt aber die grobe Unterscheidung von Rollen und Verhaltensweisen, die zum einen der Aufgabendurchführung dienen und zum anderen das Arbeiten in der Gruppe oder der Besprechung unterstützen, indem sie sich um die interaktionalen Prozesse kümmern.

8.2.3 Verbindliche Regeln und Verfahrensweisen

Wenn die Ziele feststehen und die Rollen so verteilt sind, dass die Ziele auch verwirklich werden können, dann muss über die «Spielregeln» diskutiert werden. Diese Regeln bestimmen das Verhalten und stecken den Rahmen für die Arbeit ab. So ist zu überlegen:

- wie Entscheidungen getroffen werden sollen
- wie Meinungsverschiedenheiten beigelegt werden sollen
- wofür wir bekannt sein wollen
- wie Rollen und Aufgaben verteilt werden sollen
- wie mit Konflikten umgegangen werden soll
- wie wir miteinander umgehen wollen
- ob wir ehrlich zueinander sein können.

Welche «Regeln» würden Sie außerdem noch aufführen?

Diese Dinge entscheiden darüber, ob wir das Gefühl haben, vertrauensvoll mit KollegInnen zusammenarbeiten zu können. Allerdings habe ich selten erlebt, dass offen darüber gesprochen wird. Unabhängig von den anstehenden Aufgaben muss Übereinstimmung in diesen Berei-

Abbildung 8-8: Rollen für die Aufgabendurchführung und für die Unterstützung

Rollen für die Aufgabendurchführung	Rollen für die Unterstützung
<ul><li>Ziele festsetzen</li><li>relevante Daten bereitstellen</li><li>Lösungen vorschlagen</li><li>Ressourcen benennen</li><li>Hindernisse benennen</li><li>Entscheidungen vorantreiben</li></ul>	<ul><li>Gruppenprozesse diagnostizieren</li><li>Meinungsverschiedenheiten zusammenfassen</li><li>klärend wirken</li><li>TeilnehmerInnen motivieren</li><li>Spannungen abbauen</li></ul>

Abb. 8-9: Die offiziell und inoffiziell gültigen Regeln und Richtlinien kenntlich machen

_____

_____

_____

_____

_____ etc.

chen herrschen; zum Beispiel dass Sie partnerschaftlich miteinander und füreinander arbeiten, dass Sie sich gegenseitig respektieren und vertrauen und sicher sein können, dass Sie sich gegenseitig unterstützen werden. Dies bedeutet nicht, dass es keine Schwierigkeiten und keine Unterschiede geben wird, was Meinungen und praktische Dinge anbelangt, aber Sie wissen, dass Sie alle auf der gleichen Seite stehen.

Eine solche Übereinstimmung drückt sich oft unausgesprochen in der Art aus, in der wir mit KollegInnen arbeiten. Sie entwickelt sich meistens im Laufe der Zeit. Wenn die Grundregeln nicht explizit festgelegt werden, können unnötige Ängste und Spannungen entstehen, die verhindern, dass andere schnell in ein Team integriert werden. Wenn Sie klar zum Ausdruck bringen, auf welcher Basis Sie zusammenarbeiten müssen, werden diese wichtigen Aspekte des Gruppenlebens wiederholt, verfestigt und lebendig gehalten.

Welche Regeln fallen Ihnen auf, wenn Sie an die von Ihnen besuchten Besprechungsrunden denken (und an die Gruppen, deren Mitglied Sie sind)? Damit sind sowohl die offiziell festgelegten Regeln gemeint als auch die, die befolgt, aber nicht explizit erwähnt werden. Schreiben Sie sie alle auf (siehe **Abb. 8-9**), denn Sie geben Ihnen Aufschluss darüber, wie eine Besprechungsrunden (oder eine Gruppe) organisiert und die Arbeitsweise strukturiert ist.

Wenn Sie die bereits bestehenden Regeln und Richtlinien aufschreiben, können Sie erkennen, wo mehr Klarheit nötig ist. Möglicherweise gibt es Probleme, die bislang nicht angesprochen beziehungsweise beschönigt wurden, aber eigentlich offen diskutiert werden müssten. Es ist wichtig, dass Sie deutlich sagen, wie Sie die ungeschriebenen Regeln und Richtlinien verstehen, die von allen befolgt werden, denn dann werden die verdeckten Methoden offenbart, welche die Gruppe zur Aufrechterhaltung von Disziplin und Kontrolle benutzt.

Wie sieht es in Ihrer Arbeitsgruppe aus? Welche «Spielregeln» gelten für die Beziehungen an Ihrem Arbeitsplatz? Bilden sie ein System, das Ihre Interaktionen strukturiert und organisiert? Bitte notieren Sie in **Abbildung 8-10**, was Ihnen dazu einfällt.

Durch solche Regeln wird ein verbindliches System etabliert, auf das die KollegInnen sich beziehen und das sie als gültig anerkennen. Die

Abbildung 8-10: Regeln und Richtlinien von Gruppen/Teams, die wir befolgen

_____

_____

_____

_____

_____ etc.

Regeln geben ein gewisses Maß an Sicherheit, wodurch der Umgang miteinander entspannter und kalkulierbarer wird. Andererseits können sich die Regeln aber auch negativ auswirken und funktionslos werden:

- wenn sie eingehalten werden, ohne dass ein Zusammenhang mit aktuell behandelten Themen besteht
- wenn sie zu Ritualen werden und um ihrer selbst willen befolgt werden (Bürokratie)
- wenn sie die Durchführung der Arbeit eher erschweren
- wenn sie Menschen verletzen und verhindern, dass sich am Arbeitsplatz effiziente Beziehungen bilden und entwickeln.

In **Abbildung 8-11** finden Sie Beispiele für solche «Spielregeln». Haben sie Ähnlichkeit mit denen, die Sie aufgeschrieben oder in der Vergangenheit kennen gelernt haben?

Eine der konstruktivsten Arbeiten, die eine Gruppe leisten kann, ist, sich Zeit für die Frage zu nehmen, wie sie ihre gemeinsame Arbeit gestalten will. Sie muss dann ein Regelsystem ausarbeiten, das ihren speziellen Bedürfnissen und Besonderheiten Rechnung trägt. Dies stärkt den Zusammenhalt der Mitglieder, was sich dahingehend auswirkt, dass sie sich bei der Arbeit respektieren, unterstützen und besser verstehen.

Im Bereich des Gesundheitswesens haben Faktoren wie Unterstützung, Respekt und Verständnis einen besonders hohen Stellenwert, weil die Pflegenden starken Belastungen und emotionalem Stress ausgesetzt sind. Dies ist wichtig für das gesamte Personal, nicht nur für Pflegende. Auch das medizinische Personal, das Assistenzpersonal, die Mitarbeiter anderer betreuender Berufsgruppen sowie das Personal in Management und Verwaltung müssen um diese Dinge wissen.

8.2.4 Förderungswürdige Beziehungen

Bis hierher ist klar, was zu tun ist. Rollen und Aufgaben sind verteilt, die Art und Weise der Zusammenarbeit ist geklärt. Es wurde eine Einigung erzielt, was gegenseitige Unterstützung, Entwicklung und Lernen angeht. So weit, so gut. Wir wollen uns jetzt einem Aspekt zuwenden, der selten Beachtung findet, aber über Erfolg oder Misserfolg von Gruppen entscheiden und Besprechungsrunden scheitern lassen kann.

In Gruppen und bei Besprechungsrunden wird viel zu wenig darauf geachtet, dass eine konstruktive und positive Stimmung aufgebaut und aufrechterhalten wird. Oft kehren sich die Leute den Rücken zu, halten den Kopf gesenkt oder sind damit beschäftigt, einen guten Eindruck zu machen und andere zu übertreffen. Dinge von entscheidender Bedeutung werden oft nicht zur Sprache gebracht, weil die betreffende Person dadurch in ein ungünstiges Licht gerückt wird. Rivalität, Eifersucht oder Apathie verhindern oft, dass gute Ideen weiter verfolgt werden. Mitglieder beziehungsweise TeilnehmerInnen haben Angst vor Repressalien, wenn

Abbildung 8-11: Spielregeln: die Grundlage der Zusammenarbeit

sehr produktive Regeln	weniger produktive Regeln
• Wir greifen uns nicht gegenseitig an. • erst zuhören, dann prüfen • Der/die Vorsitzende ist neutral. • Die Rollen sind festgelegt. • keine Entscheidung über Tagesordnungspunkte, für die kein schriftliches Material vorliegt • Wir arbeiten füreinander. • Es ist in Ordnung, wenn jemand «ich weiß es nicht» sagt. • Wir unterstützen uns gegenseitig.	• erst schießen, dann fragen • Der/die Vorsitzende entscheidet. • Keiner äußert ungefragt seine Meinung. • Mach's richtig, sonst passiert was. • Kümmere dich selbst um dich, sonst tut es keiner. • Mich interessieren Ihre Gedanken nicht, ich will Fakten hören.

Abbildung 8-12: Arbeitsbeziehung, die ich in meiner Gruppe fördern würde

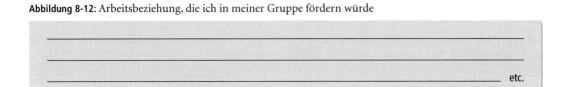

etc.

sie Vorschläge von KollegInnen in höheren Positionen kritisieren, auch wenn dies auf konstruktive Art geschieht. Sollten Sie Zweifel haben, denken Sie an Ihre eigenen Erfahrungen zurück oder schauen Sie in Geschichtsbüchern nach. Denken Sie an Katastrophen, die ausgelöst wurden, weil Berater zu große Angst davor hatten, ihrer Leitung die Wahrheit über die Lage mitzuteilen, oder an Situationen, in denen Höflinge aufgrund politischer Rivalität gegeneinander kämpften anstatt gegen den gemeinsamen Feind.

Auch wenn das hier gezeichnete Bild keinen Anspruch auf Allgemeingültigkeit erhebt, wird Ihnen zu jeder der von mir erwähnten unproduktiven Verhaltensweisen sicher mehr als ein Beispiel einfallen. Vielleicht waren Sie in der einen oder anderen Situationen sogar persönlich betroffen. Wir alle erinnern uns an Situationen, in denen wir mit Eifersucht auf den Erfolg anderer reagiert haben, besonders dann, wenn wir das Gefühl hatten, dass dieser Erfolg auf unsere Kosten ging (Teilnahme an einem Projekt, Finanzierung eines Kurses, Freizeit, Überstundenlohn, Versetzung). Es gibt jedoch einen Punkt, an dem sich das Gefühl der Unterlegenheit oder Eifersucht in Rachsucht und Besessenheit verwandelt. Und diese Schwelle sollten wir, so meine ich, im Auge behalten. Kennzeichnend dafür ist, dass die oben beschriebenen destruktiven Verhaltensweisen zum Dauerzustand werden.

Warum geschieht so etwas und was bringt uns dazu, so negativ und destruktiv zu sein? Warum kritisieren wir Menschen in unserer Umgebung, die besser sind als wir? Sind Erfolg und Leistung limitierte Güter in dem Sinn, dass, wenn ich erfolgreich bin, für Sie weniger übrig bleibt? Oder gibt es eine Möglichkeit, bei der wir alle unser Bestes geben können?

Ich glaube, dass Letzteres richtig ist. Erfolge, Leistungen, gute Ideen, Einfluss, Macht etc. sind keine feststehenden Mengen. Wir können mehr tun, um Menschen zu ermutigen, sich hervorzutun, ohne dass unser Potenzial oder Ansehen geringer wird. Bedenken Sie, dass der Erfolg anderer ein Anreiz für uns sein und bewirken kann, dass wir uns mehr auf dem Laufenden halten und fähiger werden, mit entsprechenden Herausforderungen fertig zu werden. Wahrscheinlich sind Herausforderungen dieser Art der Grund dafür, dass wir uns dabei ertappen, wie wir uns negativ, kämpferisch und ablehnend anderen gegenüber verhalten. Möglicherweise fassen wir jede Herausforderung instinktiv als Bedrohung auf, die eine (für das eigene Überleben wichtige) Kampf-Flucht-Reaktion auslöst. Ohne es zu merken, verhalten wir uns erst einmal negativ gegenüber anderen, um unsere Angst vor der eigenen Inkompetenz abzuwehren.

Es gibt jedoch zwei Möglichkeiten, dieses Abdriften in negatives Verhalten einzudämmen:

- Wir müssen entscheiden, welche Art von Arbeitsbeziehungen wir wollen und dann überlegen, wie wir diese aufbauen können.
- Wir müssen genau wissen, welche Art von Arbeitsbeziehung und welche Arbeitsweisen wir nicht wollen (und dann überlegen, wie wir dem einen Riegel vorschieben können).

Sie können sich selbst etwas ausdenken und dabei an Ihre jetzige Gruppe denken beziehungsweise an eine, in der Sie einmal Mitglied waren. Wenn Sie diese Gruppe aufbauen müssten, welche Arbeitsbeziehungen würden Sie fördern (siehe **Abb. 8-12**)?

Sie können dabei auch mit KollegInnen zusammenarbeiten und versuchen, zu einer übereinstimmenden Meinung zu kommen, was eine Ihrer Gruppen betrifft. Sie können auch eine Übung daraus machen und sich überlegen, welche Verhaltensweisen Sie in einer neuen Gruppe unterstützen würden.

Welche Beziehungen würden Sie nicht fördern? Suchen Sie sich eine Gruppe aus, in der Sie Mitglied sind oder waren, und notieren Sie, was Sie nicht wollen. Sie können auch in einer kleinen Gruppe zusammenarbeiten und Ihre gemeinsamen Erfahrungen heranziehen (siehe **Abb. 8-13**).

Zu den Beziehungsmustern, die Sie nicht unterstützen wollen, gehören solche, die folgendes Verhalten zeigen:

- übertriebenes Konkurrenzverhalten (nach dem Muster gewinnen–verlieren)
- übertriebenes Selbstschutzverhalten
- geheime Absprachen bei der Arbeit
- kämpferisch-destruktives Verhalten
- Selbstidealisierung
- Idealisierung des Berufsstandes oder der Organisation.

Alle aufgeführten Punkte haben gemeinsam, dass sie zu Verhaltensweisen führen, die den offenen Umgang von Menschen miteinander behindern. Es handelt sich hier im Wesentlichen um defensive Kommunikationsstrategien, die diejenigen, die sich ihrer bedienen, vor den Gefahren, die sie sehen oder antizipieren, schützen sollen. Ganz gleich ob die Ängste real oder eingebildet sind, die Auswirkungen machen sich bemerkbar bei denen, die davon betroffen sind.

Sollten Sie merken, dass sich die Anzeichen für derartige Verhaltensweisen in Ihrer Gruppe mehren, dann müssen Sie herausfinden, was diese Reaktionen hervorruft, überprüfen, ob nur Sie diesen Eindruck haben und dann entscheiden, was Sie dagegen unternehmen wollen.

Umgekehrt entstehen produktive Arbeitsbeziehungen dort, wo die Bedingungen völlig anders sind, nämlich:

- wo ein Klima herrscht, das abweichende Meinungen zulässt und damit arbeitet

- wo jeder Einzelne als wertvoll angesehen und zur Mitarbeit ermutigt wird
- wo die Umgebung, in der gearbeitet wird, als wichtig gilt
- wo die KollegInnen miteinander und füreinander arbeiten
- wo es Zusammenhalt und gemeinsame Überzeugungen gibt
- wo Lernen durch Erfahrung geschätzt wird
- wo Mangel an Perfektion nicht bestraft wird.

Die Kriterien, welche die Beziehungen überwiegend prägen, können das Arbeitsklima und die Kultur der Gruppe, des Teams oder der Besprechungsrunden erheblich beeinflussen. Die Beziehungen bestimmen also die Arbeitsatmosphäre der Gruppe und die Qualität, die sie als Ganzes hat.

8.2.5 Die Entwicklung einer von Respekt und Rücksichtnahme geprägten Kultur

Die Art und Weise, in der Sie mich behandeln, wirkt sich unmittelbar auf meine Gefühle Ihnen gegenüber aus und darauf, ob ich bereitwillig für Sie arbeite oder nicht. Wie wir miteinander umgehen hat einen Einfluss auf unser psychisches Wohlbefinden und auf unsere Arbeitsleistung. Nicht alle vertreten diesen Standpunkt, aber wenn ich das Gefühl habe, von Ihnen schlecht behandelt oder ignoriert zu werden, dann kann ich nicht anders als mich von Ihrem Verhalten betroffen zu fühlen. So sehr ich mich auch bemühe, es aus meinem Bewusstsein zu streichen, es wird immer irgendwo lauern und Einfluss auf unsere zukünftige Beziehung nehmen.

Dies heißt nicht, dass ich vorsichtig behandelt werden muss oder übersensibel bin. Ich meine vielmehr, dass ich ein Recht darauf habe, von

Abbildung 8-13: Arbeitsbeziehungen, die wir nicht fördern wollen

Abbildung 8-14: Die patientenbezogene Arbeit

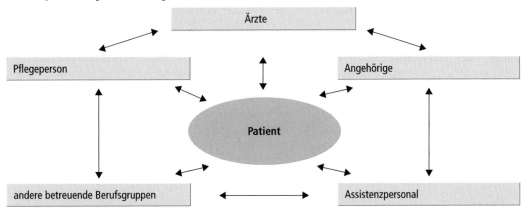

anderen anerkannt und mit der gebotenen Achtung und Wertschätzung behandelt zu werden. Im Gegenzug bemühe auch ich mich darum, mit anderen auf dieselbe Art umzugehen.

Heute wird allgemein stärker anerkannt, wie wichtig es ist, effektive und konstruktive Beziehungen am Arbeitsplatz aufzubauen und aufrechtzuerhalten. Man erkennt immer mehr, dass Fachwissen allein, egal auf welchem Gebiet, nicht ausreicht, um bei der Arbeit erfolgreich zu sein.

Nirgendwo ist dies wichtiger als in Situationen, in denen die Arbeit sich um Menschen dreht, die versorgungsbedürftig und vielleicht sogar schwer verletzt sind. Der Beziehung zwischen Behandlungsvorschlag und medizinischer Intervention, zwischen Betreuten und Betreuenden, kommt eine immense Bedeutung zu. Gesundheitseinrichtungen sind Bereiche, in denen die schwierigsten Arbeitsbedingungen herrschen. Die stark emotionsgeladene Pflegeperson-Patient-Beziehung bestimmt in hohem Maße die Wahrnehmungen von PatientInnen, Angehörigen und Betreuenden. Vieles hängt in diesem Zusammenhang davon ab, wie gut oder schlecht es gelingt, eine von gegenseitigem Respekt und Rücksichtnahme geprägte Kultur aufzubauen und aufrechtzuerhalten. Die Auffassung, dass wir selbst unter schwierigen, traumatisierenden und nervenaufreibenden Umständen da sind, um unser Bestes zu geben, spielt auch eine große Rolle.

Bei Hausbesuchen, in der Fachambulanz und auf der Station steht die Behandlung der Pati-entInnen oder KlientInnen klar im Mittelpunkt. Damit kommen die professionelle Zusammenarbeit der Betreuenden sowie die Aufrechterhaltung von Respekt und Rücksichtnahme im Umgang miteinander unweigerlich mit ins Spiel (siehe Abb. 8-14).

Abbildung 8-14 zeigt den Patienten als Hauptperson im Mittelpunkt, auf den sich die Aufmerksamkeit der anderen richtet. Damit ist sowohl die Beziehung untereinander als auch die Beziehung zu dem Patienten wiedergegeben. Die auf den Patienten ausgerichtete Zusammenarbeit, die anerkennt, dass jeder seinen Beitrag leistet, bewirkt, dass eine von gegenseitigem Respekt geprägte Kultur aufrechterhalten wird. Geht diese auf den Patienten gerichtete Aufmerksamkeit verloren oder steht sie nicht mehr im Mittelpunkt, kann sich das in Abbildung 8-14 dargestellten Gefüge auflösen.

Das gleiche Zusammenwirken von professioneller Zusammenarbeit, Wissen und Fähigkeiten, das die auf Vertrauen und Rücksichtnahme gegründete klinische Arbeit bestimmt, ist auch gefordert, wenn Teams im Sitzungsraum zusammenkommen. Nur allzu selten habe ich jedoch erlebt, dass die im Klinikalltag übliche Zusammenarbeit, die Nutzung kollektiven Wissens und die gemeinsame Lösung von Problemen auch in den Verwaltungs- und Geschäftsbereichen der Pflege praktiziert wird. [Der berufsgruppenübergreifende Austausch zwischen Ärzten und Mitarbeitern der Pflege und anderer betreuender Berufsgruppen hat im britischen Klinikalltag einen deutlich höheren Stellenwert, als es bisher in deutschen Krankenhäusern üblich ist. Anm. d. Bearb.]

Es mag sein, dass die Kombination von Sensibilität und Können, die bei der direkten Patientenversorgung eine so große Rolle spielt, in anderen Situationen als nicht notwendig erachtet wird. Wenn dies so ist, geht sehr viel verloren, und es ist zu vermuten, dass Besprechungsrunden, bei denen es um berufliche und geschäftliche Dinge geht, schlechter durchgeführt werden als sie sollten. Der Korpsgeist, der bei der direkten patientenbezogenen Arbeit entsteht, entsteht offenbar nicht so leicht in Gruppen und bei geschäftlichen Besprechungsrunden.

Wenn die Fähigkeiten und die Kompetenz, die jeder beim Umgang mit anderen mitbringt und einsetzt, anerkannt werden, kann eine von Respekt und Rücksichtnahme geprägte Kultur geschaffen und aufrechterhalten werden. Wird von diesen Fähigkeiten und besonderen Qualitäten aus irgendeinem Grund kein Gebrauch gemacht, lässt sich die erforderliche produktive und partnerschaftliche Arbeitskultur nur schwer entwickeln. Da die Aufgabendurchführung als die «eigentliche» Arbeit einen übermäßig hohen Stellenwert hat, wird im Gesundheitsbereich gewöhnlich weniger Wert auf die Entwicklung von Beziehungen gelegt.

Die Bedeutung, den der Umgang miteinander bei der Arbeit hat, kann gar nicht genug betont werden. Er wirkt sich auf alle Lebensbereiche aus. Wie wir uns gegenüber unseren PatientInnen und KollegInnen verhalten und wie sich diese im Gegenzug uns gegenüber verhalten ist immens wichtig. Denn davon hängt es ab, was wir zusammen erreichen können und wie wir zu uns und unseren Fähigkeiten stehen.

Für die Pflegeperson steht die direkte klinische Arbeit normalerweise unverrückbar im Vordergrund. Doch die PatientInnen beziehen genauso viel Kraft und Unterstützung aus der Art und Weise, wie ein Verband angelegt und gewechselt wird. Möglicherweise hilft ihnen eine Pflege von hoher Qualität genauso über den nächsten Tag wie eine besondere klinische Maßnahme.

Es ist wunderbar, kompetent, professionell, tatkräftig zu sein und gut denken zu können,

doch ein Großteil Ihres Erfolgs und Ihrer Professionalität basiert auf Ihrer Haltung gegenüber anderen. Wenn Sie andere Menschen trotz bestehender Meinungsunterschiede mit Respekt behandeln und ihnen mit unbedingter Achtung begegnen, sorgen Sie für eine solide Grundlage, auf der Entwicklung in der Zukunft möglich ist.

8.2.6 Die Verwirklichung der angestrebten Ergebnisse

Die anderen fünf Komponenten laufen alle auf eines hinaus: auf die anvisierten Ergebnisse. Hier vereinigen sich alle Komponenten und tragen Früchte. Wurden die anderen Komponenten berücksichtigt, müssten Ihre Bemühungen Sie zu den entsprechenden Zielen führen. Wenn nicht, müssen Sie auf Ihrem Weg dorthin mit Problemen und Schwierigkeiten rechnen.

Die Ergebnisse stehen im Mittelpunkt von **Abbildung 8-15**. Alle anderen Komponenten sind darauf ausgerichtet, die ursprünglich formulierten Ziele zu verwirklichen.

Dieses Modell (die sechs «R») kann in Gruppen, Teams oder in Besprechungsrunden eingesetzt werden, um die Aufmerksamkeit auf sechs äußerst entscheidende und bedenkenswerte Bereiche zu lenken. Wenn Sie eine neue Arbeitsgruppe gründen, eine Besprechung planen oder die Leistungen eines bestehenden Teams überprüfen müssen, können Sie diese Stichwörter als Ausgangsbasis für Ihre Überprüfung benutzen. Sollten Sie jedoch bereits über andere Möglichkeiten zur Einschätzung von Gruppen verfügen, können Sie mit diesen Stichwörtern entweder Ihre eigenen Ideen ergänzen oder ein eigenes System aufbauen, in dem Sie alle Ideen unterbringen, die in Ihrem Sinne funktionieren.

Literatur

Dixon, N. (1979) *On the Psychology of Military Incompetence*, Futura, London.

Harvey, J. (1988) *The Abilene Paradox*, Lexington Books, Lexington, MA.

Janis, I. (1982) *Groupthink*, Houghton Mifflin Co, Boston, MA.

Abbildung 8-15: Das Sechs-«R»-Modell für Gruppenarbeit

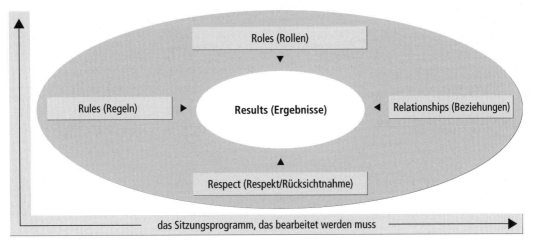

9. Gruppen und gruppendynamische Prozesse

In diesem Kapitel geht es um gruppendynamische Prozesse und um die verschiedenen Möglichkeiten der Gesamtentwicklung der Gruppe. Im letzten Teil dieses Kapitels werden noch einmal die formalisierten Rollen in Gruppen den allgemeinen Rollen gegenübergestellt, die bereits in Kapitel 8 thematisiert wurden.

Auch wenn Sie alle in Kapitel 8 diskutierten Punkte bedacht haben, gibt es keine Garantie, dass eine Gruppe, ein Team oder eine Besprechungsrunde produktiv arbeitet. Sie können sich noch so sehr darum bemühen, dass die Gruppenmitglieder auf gegenseitige Rücksichtnahme und inneren Zusammenhalt achten. Es kann passieren, dass die Gruppe Ihnen aus den Händen gleitet und Sie es nicht schaffen, all die dynamischen Prozesse unter Kontrolle zu bringen, die ins Spiel kommen, wenn eine Gruppe sich formiert. Ein Beispiel: Sobald Sie sich dieser Gruppe anschließen, bringen Sie all Ihre Erfahrungen mit ein, die Sie zu einem großen Teil in Gruppen oder Versammlungen der einen oder anderen Art gesammelt haben. Sofort werden kollektive dynamische Prozesse in Gang gesetzt, die darauf zurückzuführen sind, dass gerade diese Personen sich zu einer Gruppe zusammengeschlossen haben.

Sie nehmen Ähnlichkeiten und Unterschiede zwischen diesen Gruppenmitgliedern und den Menschen wahr, mit denen Sie in der Vergangenheit zusammengearbeitet haben. Dies verleitet Sie zu Mutmaßungen über die Zusammenarbeit mit einzelnen Gruppenmitgliedern, obwohl Sie praktisch keine Informationen haben. Sie beurteilen jedes Gruppenmitglied, bewusst oder unbewusst, auf diese Art und Weise. Zu einigen Gruppenmitgliedern fühlen Sie sich hingezogen, andere meiden Sie beziehungsweise distanzieren sich von ihnen. Sie akzeptieren bereitwillig das, was einige sagen, während Sie anderen nicht zustimmen können. Solche Reaktionen werden durch ihre inneren dynamischen Prozesse ausgelöst, die auf Erfahrungen beruhen, die Sie früher an einem anderen Ort mit ähnlichen Menschen gemacht haben. Es handelt sich hier um individuelle dynamische Prozesse.

Wenn die Gruppe ihre Arbeit aufnimmt, entstehen Szenarien, die Erinnerungen an vergangene Ereignisse wachrufen. Worte werden auf eine Art und Weise gesagt, die eine zutiefst persönliche Bedeutung haben. Dies kann bewirken, dass Sie überreagieren, Widerstände aufbauen oder auf die eine oder andere Art weniger produktiv mit der Gruppe arbeiten als ursprünglich beabsichtigt. Sie haben diese Gefühle und Reaktionen nicht unbedingt völlig unter Kontrolle. Sie wallen unvermutet in Ihnen auf und beeinflussen Ihr Verhalten und Ihre Wahrnehmung des Geschehens. Hier ist die Rede von gruppendynamischen Prozessen.

Beim Betrachten von Gruppensituationen sollten Sie, falls Sie dies nicht ohnehin schon tun, multidimensional vorgehen, um einen vollständigeren Eindruck von den Geschehnissen zu bekommen. Dies gilt für klinische Situationen, Fachtagungen, soziale Situationen etc. Das soll jedoch nicht heißen, dass Sie jede Gruppierung so detailliert betrachten sollen wie Sie es mit Hilfe dieses Kapitels könnten. Erstens wären Sie überfordert; zweitens wären Sie zu angespannt; und drittens würden Sie daran gehindert, sich voll auf Ihre Arbeit zu konzentrieren. Sie sollten sich die Vorschläge, die sich auf Gruppen, Teams und Besprechungsrunden beziehen, immer nur einzeln und nicht alle auf einmal vornehmen.

Eine Gruppe so weit zu bringen, dass sie gut und effektiv arbeitet, ist eine schwierige Aufgabe. Folgende Schwerpunkte und Interaktionen sind zu beachten:

- *Schwerpunkt 1:* offizielle Aufgaben, die die Gruppe/die Besprechungsrunden zu bearbeiten haben
- *Schwerpunkt 2:* Integration der verschiedenen, beteiligten Persönlichkeiten
- *Schwerpunkt 3:* Strukturierung der Arbeit der Gruppe durch den Einsatz von Sitzungs-Verfahrensweisen und -Praktiken
- *Schwerpunkt 4:* Sensibilität und Einblick in gruppendynamische Prozesse.

In diesem Kapitel werden wir uns hauptsächlich mit Schwerpunkt 4 auseinandersetzen, also mit den dynamischen Prozessen in Gruppen, die sowohl kollektiv als auch individuell gesteuert sein können. Das Problem ist, dass man einen Großteil dessen, was auf der Ebene der dynamischen Prozesse geschieht, nicht sehen, berühren oder beweisen kann. Da die Dinge auf dieser Ebene emotionsgeladen sind, werden sie höchst selten offen zugegeben oder angesprochen. Es ist lediglich bekannt, dass die Auswirkungen dieser gruppendynamischen Prozesse sehr real und äußerst wirksam sind. Ich hoffe, dass die nächsten Seiten Ihnen ein paar Anhaltspunkte geben werden, damit Sie einige davon in den Griff bekommen!

9.1 Bereiche und Ebenen des Gruppenverhaltens

Als Mitglied einer Gruppe sollten Sie bedenken, dass Sie nicht alles sehen können, was geschieht.

Sie und die anderen Mitglieder reagieren unterschiedlich – und von einem Moment zum nächsten – je nachdem, ob Ihre Bedürfnisse erfüllt werden und wie Sie in der Gruppe behandelt werden.

In einer Gruppe laufen die Aktivitäten gleichzeitig auf verschiedenen Ebenen ab:

- Verhaltensweisen, die von individuellen und kollektiven Motivationen gesteuert werden
- individuelle Verhaltensweisen, die mit der Aufgabe oder mit der Person selbst zusammenhängen
- die Beschäftigung mit Material, das nicht immer allen Anwesenden vorliegt.

Es ist eine komplizierte, netzartige Situation. Diese drei Verhaltens- und Interaktionsdimensionen innerhalb einer Gruppe schaffen einen höchst komplexen Schauplatz, wo gearbeitet werden muss und Effizienz gefordert ist.

In **Abbildung 9-1**, die besser dreidimensional sein sollte, sind diese Dimensionen idealerweise zusammen dargestellt. Die vertikale Achse verzeichnet Dinge, die von der Gruppe zur Kenntnis genommen, diskutiert und untersucht werden sollen (die sichtbare Arbeit der Gruppe); Dinge, die nur einigen bekannt sind und den anderen vorenthalten werden (die verborgene Arbeit der Gruppe) und schließlich Dinge, die uns nicht bewusst sind, aber Einfluss auf die Geschehnisse nehmen (die unbewussten Gruppenprozesse).

Die horizontale Achse zeigt den Bereich zwischen individuellen und kollektiven, von der Gruppe ausgehenden, Aktivitäten. Sie können sich bestimmt an Situationen erinnern, in denen ein Mitglied der Gruppe versucht, seine Idee oder Meinung durchzusetzen, von allen anderen jedoch auf unterschiedliche Art blockiert wird. Die Idee dieses Mitglieds kann relevant, realistisch und sinnvoll sein, doch die Mehrheit hat sich für eine andere, vielleicht törichte Alternative entschieden. Sicher wissen Sie auch, wie grundlegend anders die Sache aussieht, wenn im umgekehrten Fall die ganze Gruppe von einer Idee überzeugt ist und sich dafür stark macht. So etwas kann ziemlich beängstigend sein, denn die Gruppe kann auf ihrem kollek-

Abbildung 9-1: Modell der dynamischen Prozesse in Gruppen

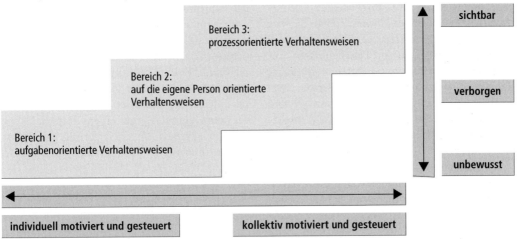

tiven Höhenflug außer Kontrolle geraten, den Kontakt zur Wirklichkeit verlieren und in dieser Situation Entscheidungen treffen, die katastrophale Folgen haben.

Bei all dem bewegen sich alle Mitglieder in ihrem Denken und Verhalten zwischen den drei unterschiedlichen Verhaltensweisen, die in der Mitte von Abbildung 9-1 dargestellt sind. Sie befinden sich in der Mitte, weil sie den eben beschriebenen vertikalen und horizontalen Einflüssen ausgesetzt sind. In der Mitte können wir:

- arbeiten, um die offiziellen Aufgaben zu erledigen
- uns darauf konzentrieren, unsere Position und unser Ansehen zu festigen
- auf eine Art und Weise arbeiten, die der Gruppe hilft, effektiv zu funktionieren.

Wahrscheinlich werden wir uns während der Besprechung zwischen diesen drei Möglichkeiten, die unser Denken steuern und unser Verhalten beeinflussen, hin und her bewegen.

Abbildung 9-1 zeigt mehrere Möglichkeiten auf, wie die Funktionsweise von Besprechungsrunden betrachtet werden kann. Wir können nicht erwarten, alle Interaktionen und Einflüsse, die zu jedem gegebenen Zeitpunkt ablaufen, erfassen zu können, aber wir können uns einen guten Überblick darüber verschaffen, was sich abspielt, auch wenn wir nicht alle Einzelheiten mitbekommen.

Ich möchte in diesem Zusammenhang auf zwei Punkte hinweisen, die mir wichtig erscheinen. Erstens besteht die Möglichkeit, dass Sie sich in kollektiven gruppendynamischen Prozessen verfangen, etwa dann, wenn Sie sich dabei ertappen, dass Sie mit dem Strom schwimmen, obwohl Sie deutlich wahrnehmen, dass Sie zögern, zweifeln und Widerstände haben. Zweitens sind die unmittelbar sichtbaren Dinge nicht die ganze Geschichte. Es sind immer auch noch andere Einflüsse am Werk, die Sie nicht kennen, entweder weil Sie es vorziehen, sie nicht zur Kenntnis zu nehmen, oder weil sie auf der unbewussten Ebene wirken.

Denken Sie bitte an Besprechungsrunden aus der letzten Zeit zurück und versuchen Sie, mit Hilfe von Abbildung 9-1 herauszufinden, was während der Besprechung geschah. Wichtig ist, dass Sie darüber nachdenken, inwiefern sich Ihr Verhalten verändert hat und was Sie veranlasst hat, sich bei derselben Besprechung zu verschiedenen Zeiten anders zu verhalten.

9.2 Hält die Gruppe Sie im Griff?

Was würden Sie als erfahrener und gut ausgebildeter erwachsener Mensch denken, wenn ich behaupten würde, dass Sie sich manchmal von der Gruppe vereinnahmen lassen, in der Sie arbeiten? Dass Sie, auch wenn Sie sich noch so große Mühe geben, Ihre Fähigkeiten und Kenntnisse nicht frei entfalten können, indem Sie Ihre Ansichten darlegen? Dass Sie irgendwie davon abgehalten werden, an den Geschehnissen teilzunehmen? Dass Sie, im Gegenteil, vom Strom der Ereignisse gefangen und mitgezogen werden, die Ihnen in einer Hinsicht sinnvoll und produktiv erscheinen, Sie aber mit dem nagenden Zweifel zurücklassen, ob alles so ist, wie es sein sollte.

Ich kann mich an Zeiten erinnern, als ich solche Gefühle hatte und ein wenig erschrocken war, als ich später darüber nachdachte. Ich war enttäuscht von mir, dass ich mich nicht anders verhalten habe. Ich tat es deshalb nicht, weil es so viel Mühe gemacht hätte und – weil es zu dem Zeitpunkt leichter war, mit dem Strom zu schwimmen.

Es ist anzunehmen, dass die Gruppe anfing, auf emotionaler Basis zu arbeiten, was alle Anwesenden unbewusst dazu gebracht hat, sich einer Arbeitsweise anzupassen, die zum damaligen Zeitpunkt den unausgesprochenen Bedürfnissen der Gruppe entgegenkam. Diese Möglichkeit hörte sich beängstigend an, als sie mir vor einigen Jahren zum ersten Mal in den Sinn kam. Nachdem ich jedoch Gruppen bei der Arbeit beobachtet hatte, dachte ich über mein eigenes Verhalten in Gruppen (Teams oder Besprechungsrunden) nach und stellte fest, dass unerwartete Dinge geschehen. Ich erinnere mich noch lebhaft an meine langjährigen Erfahrungen mit einem Managementteam, in dem wir in einer Hinsicht scheinbar sehr hart gearbeitet haben. Wir waren engagiert mit der Aufgabe beschäftigt, die Bezirksstelle des staatlichen Gesundheitsdienstes zu leiten, doch wir erreichten eigentlich kaum etwas. Vieles wurde mit später klar, als ich von Bion (1961) und seinen Ideen erfuhr und sein Modell der unbewussten Gruppenprozesse kennen lernte.

Bion war ein Psychoanalytiker, der aufgrund seiner Erfahrungen mit Therapiegruppen beim Militär zu revolutionären Ideen über Gruppenprozesse gelangte. Er beobachtete, dass es in Gruppen, in denen gearbeitet werden soll, unbewusste emotionale Störungen und Hindernisse

gibt, die die Durchführung der offiziellen Aufgaben behindern.

Er kannte nicht den Grund dafür, nahm jedoch an, dass unbewusste, den Gruppenzusammenhalt fördernde Muster ausgebildet werden, die dann der Durchführung der Aufgaben und der Verwirklichung der Ziele im Wege stehen. Er brachte den Auslöser, der dieses Abwehrverhalten aktiviert, mit einem innerhalb der Gruppe wahrgenommenen Gefühl der Angst oder Bedrohung in Zusammenhang, das dann für eine Weile die dynamischen Prozesse der Gruppe dominiert.

Das eigentlich Interessante ist, dass sich solche unbewussten Muster ausbilden und sich als scheinbar akzeptable und realisierbare Formen der Zusammenarbeit darstellen. An der Oberfläche sieht es dann so aus, als würde die Gruppe effektiv arbeiten, obwohl die das Verhalten steuernden und wirklich kontraproduktiven Dinge im Dunkeln bleiben. Bion machte drei verschiedene Muster ausfindig: Abhängigkeit, Paarbildung und Kampf-Flucht. Diese Muster verleiten eine Gruppe zu der Annahme, sie arbeite produktiv und alles wäre wunderbar. Es ist, «als ob» alle Anwesenden von einer gemeinsamen, aber unausgesprochenen Annahme ausgingen, was die Arbeit betrifft, die sie als Gruppe tun sollten.

Bion unterscheidet zwischen Gruppen, die die Talente Ihrer Mitglieder frei nutzen (kluge Arbeitsgruppen), und solchen, die sich von diesen unbewussten dynamischen Prozessen ablenken lassen, welche er als Grundannahmen-Gruppen bezeichnet. Nach Bion neigt jede Gruppe zeitweise dazu, mit solchen «Grundannahmen» zu arbeiten, und das Beste, was man tun kann, ist, solche Episoden zu minimieren und die «kluge Arbeit» der Gruppe zu maximieren.

Aufgrund seiner Beobachtungen und Erfahrungen unterscheidet er drei Grundannahmen, die regelmäßig das Verhalten von Gruppen bestimmen:

- «Abhängigkeit»
- «Paarbildung»
- «Kampf-Flucht».

Die Grundannahme der Abhängigkeit ist in Gruppen zu finden, die sich um einen Führer versammeln, von dem sie Nahrung und Schutz erwarten. Der dynamische Prozess besteht in einer Art kollektiver Verrücktheit, die darin zum Ausdruck kommt, dass jedes Mitglied mitspielt und eigenständige Ideen oder partnerschaftliches Arbeiten unterdrückt. Es ist, als sei der Chef die einzige Person, der es sich lohnt zuzuhören.

Bei der Grundannahme der Paarbildung handelt es sich um etwas völlig anderes. Den Mittelpunkt dieser Annahme bildet die fast mystische Überzeugung, dass durch die Zusammenarbeit zwischen zwei (beliebigen) Gruppenmitgliedern eine Lösung der anstehenden Fragen, Probleme und Belange der Gruppe herbeigeführt werden kann. Die übrigen Gruppenmitglieder fühlen sich zur Mitarbeit nicht in der Lage und lassen das Paar alles erledigen.

Die Kampf-Flucht-Annahme stützt die Auffassung, dass die Gruppe bei ihrer Arbeit zwei Möglichkeiten hat: entweder sich mutig zu stellen und zu kämpfen (gegen die Probleme und Belastungen, die auf die Gruppe einwirken), oder zu versuchen, so schnell wie möglich vor den Dingen zu fliehen, die ein Problem oder eine Bedrohung darstellen. Bei diesem Muster ist der «Leiter» die Person, die Mittel und Wege aufzeigt, wie man diesen Abwehrimpulsen entsprechend reagiert und das Kampf- beziehungsweise Fluchtverhalten der Gruppe lenkt.

Wenn eine Gruppe von diesen Grundannahmen ausgeht, wird sie kaum konstruktiv arbeiten können, auch wenn es in dem Moment den Anschein hat, es würde viel geleistet. Es sieht so aus, als ob die Gruppe wirklich zusammenarbeitet und Fortschritte macht, allerdings fragt man sich hinterher, was denn im Endeffekt wirklich dabei herausgekommen ist. Genau darin liegt der Reiz und die Verführung, die von diesen Formen der Gruppenarbeit ausgehen. Nach außen macht die Gruppe einen sehr positiven, tatkräftigen und geschäftigen Eindruck, aber die «Geschäftigkeit» überdeckt die eigentlichen Probleme und Aufgaben, die es zu lösen gilt. Die Energie wird dafür verwendet, Aufgaben abzuwehren oder zu verleugnen, denen sich die Gruppe stellen sollte und mit denen sie sich auseinander setzen müsste.

Auf den ersten Blick mag dies alles etwas weit hergeholt und wirklichkeitsfremd wirken. Aber Sie können es mit Ihren eigenen Erfahrungen vergleichen. Denken Sie an eine oder zwei Gruppen, entweder innerhalb oder außerhalb des Gesundheitsbereichs, deren Mitglieder sich regelmäßig treffen und in denen Sie mitarbeiten. Achten Sie dabei auf folgende Punkte:

- Können Sie sich an Sitzungen erinnern, bei denen Sie das Gefühl hatten, nicht mitarbeiten zu können beziehungsweise sich als Zuschauer gefühlt haben? Sie konnten bloß zuhören, wie zwei Ihrer KollegInnen intensiv diskutierten und der Rest der Gruppe ließ es zu, dass diese beiden Mitglieder die Lösung präsentierten (Paarbildung).
- Gab es Situationen, bei denen es lediglich darum ging, die Verwaltung daran zu hindern, den Personalbestand zu reduzieren (Kampf-Flucht)?
- Gab es Situationen, in denen alle von der Gruppenleitung die Lösung erwartet haben, nach dem Motto, sie wird sich schon darum kümmern, wenn wir nur respektvoll und hilfsbereit genug sind (Abhängigkeit)?

Diese Grundannahmen sind kontraproduktiv, weil sie die Gruppe zu der Annahme verleiten, sie leiste gute Arbeit und nutze ihre kollektiven Fähigkeiten durchaus zu ihrem Vorteil. Doch genau das Gegenteil ist der Fall. Bei allen drei Mustern werden die Fähigkeiten der Gruppenmitglieder nicht in gleicher Weise in Anspruch genommen. Die meisten haben den Eindruck, sie arbeiten aus irgendeinem Grund nicht so mit, wie sie es eigentlich könnten. Sie spüren, dass unsichtbare Blockaden und Barrieren errichtet sind und dass die Gruppe zu ihrem eigenen Vorteil zu sehr nach innen gerichtet ist. Doch das Problem ist, dass sie sich als Einzelne nicht in der Lage fühlen einzugreifen, weil der unausgesprochene und unbewusste Gruppenzwang ihnen gebietet, sich dem jeweiligen Muster anzupassen.

Diese Muster sind weder unüblich noch irrational. Für Bion gehören sie zwangsläufig zum Gruppenleben, in diesem Sinne sind sie normal und es muss mit wiederholtem Auftreten gerechnet werden. Eine effektive Gruppe zeichnet sich durch die Art und Weise aus, in der sie sich mit diesen Aspekten ihrer Arbeit auseinander setzt und sie bewältigt, und wie sie es schafft, das Verhalten einer Grundannahmen-Gruppe und das einer effektiven Arbeitsgruppe auf produktive Art auszugleichen, um dann die Fähigkeiten aller Gruppenmitglieder nutzbringend für die anstehenden Aufgaben einsetzen zu können.

Sie müssen sich darüber im Klaren sein, dass es solche Prozesse wirklich gibt und dass sie, zumindest vorübergehend, Sie und Ihre Gruppe im Griff haben können. Sie bewirken, dass die Energien der Gruppe von den Aufgaben abgezogen und statt dessen auf diese Abwehrmechanismen konzentriert werden.

9.3 Gruppendenken

Wie die Darstellung der vom Unterbewusstsein gesteuerten Grundannahmen gezeigt hat, ist es manchmal äußerst schwierig, sich so zu verhalten, wie man es gerne möchte. Manchmal ist es sehr schwer, eine andere Auffassung zu vertreten als die anderen, selbst wenn alle mitarbeiten und ihre Meinung äußern können. Dies kann solche Ausmaße annehmen, dass der bloße Gedanke, man könnte Zweifel anmelden oder eine andere Strategie vorschlagen, schon als Treuebruch gegenüber den KollegInnen und als Beweis für eine eklatante Fehleinschätzung angesehen wird.

Im Laufe der Zeit kann eine eng verwobene Gruppe leicht zu der Annahme verleitet werden: «Wir wissen am besten Bescheid, wir sind die Besten und der Rest der Welt hat schlicht und einfach Unrecht!». Stolz auf die Arbeit der Gruppe oder auf positive Veränderungen sind natürlich angebracht, aber es kann zu Situationen kommen, die es beinahe unmöglich machen, den Wert oder die Angemessenheit dessen, was die Gruppe vorhat, in Frage zu stellen. An diesem Punkt wird es gefährlich und die Dinge können übel daneben gehen.

Beispiele für eine solche Entwicklung auf höchster Ebene liefert Irving Janis (1982), der für diese Art von nach innen gerichtetem Denken den Begriff «Groupthink», (Gruppenden-

ken) prägte. Er zieht die Fehlentscheidung von Präsident Kennedy, im Jahre 1962 in Kuba einzumarschieren (die Invasion in der Schweinebucht) als Beispiel heran und schreibt:

> Je mehr freundschaftliche Verbundenheit und Korpsgeist zwischen den Mitgliedern einer In-Group herrscht, die politische Entscheidungen trifft, desto größer ist die Gefahr, dass unabhängiges kritisches Denken durch Gruppendenken ersetzt wird, was mit großer Wahrscheinlichkeit irrationale und unmenschliche Aktionen gegen Out-Groups zur Folge hat.

Janis sagt nicht, dass es bei allen Gruppen mit einem ausgeprägten Bewusstsein für Zusammenarbeit und gegenseitige Unterstützung so etwas wie ein «Gruppendenken» gibt, aber er weist darauf hin, dass Vorsicht geboten ist, um Entwicklungen in diese Richtung zu minimieren. Es ist schwer, einem Plan die Zustimmung zu verweigern, wenn KollegInnen, die die gleichen Ansichten, Werte und Ziele haben wie Sie, entsprechenden Druck ausüben. Aber dies kann (zumindest zeitweilig) zu einer nach innen gerichteten Konformität führen, die die Verbindung zu der Realität verliert. In der Folge kann es dazu kommen, dass Entscheidungen getroffen werden, die katastrophale Konsequenzen nach sich ziehen.

Janis hat Fälle untersucht, die zu einem historischen Fiasko wurden, und dabei acht Hauptmerkmale ausfindig gemacht, die sich durch all diese Fälle ziehen.

9.3.1 Typ 1: Überschätzung der Gruppe, ihrer Macht und ihrer ethischen Grundsätze

1. Eine von den meisten Mitgliedern geteilte Illusion, unangreifbar zu sein, was zu übertriebenem Optimismus führt und dazu verleitet, außergewöhnliche Risiken einzugehen.
2. Ein vorbehaltloser Glaube an die ethische Gesinnung der Gruppe (wir haben Recht, die anderen müssen sich irren), der die Mitglieder veranlasst, die ethischen oder moralischen Konsequenzen ihrer Entscheidungen zu ignorieren.

9.3.2 Typ 2: Engstirnigkeit

3. Kollektive Rationalisierungsbestrebungen, die dazu dienen, Warnungen oder andere Informationen zu diskreditieren, die die Mitglieder veranlassen könnten, ihre Annahmen noch einmal zu überdenken, bevor sie zu der alten Verfahrensweise zurückkehren.
4. Stereotype Ansichten über gegnerische LeiterInnen, die diese entweder als zu schlecht hinstellen, um echte Verhandlungsbemühungen zu verdienen, oder als zu schwach oder zu dumm, um sich mutigen Versuchen der Vereitelung ihrer Ziele zu widersetzen.

9.3.3 Typ 3: Konformitätszwänge

5. Selbstzensur bei Abweichungen vom bekannten Gruppenkonsens; es wird geprüft, inwieweit die Mitglieder bereit sind, die Relevanz ihrer Zweifel und Gegenargumente zu bagatellisieren.
6. Eine von allen Mitgliedern geteilte Illusion der Einmütigkeit, was Entscheidungen und ihre Übereinstimmung mit der Meinung der Mehrheit anbelangt (zum Teil bedingt durch die Selbstzensur bei Meinungsunterschieden und verstärkt durch die falsche Annahme, dass Schweigen Zustimmung bedeutet).

7. Direkter Druck, der auf jedes Mitglied ausgeübt wird, das starke Argumente gegen die verschiedenen Stereotypen, Illusionen oder Verpflichtungen vorbringt; damit wird klargemacht, dass diese Art von Dissens im Widerspruch zu dem steht, was von allen loyalen Mitgliedern erwartet wird.
8. Die Existenz selbsternannter «Gedankenkontrolleure» – Mitglieder, die die Gruppe vor nachteiligen Informationen schützen, welche die Zufriedenheit der Gruppe über die Effektivität und die ethische Grundlage ihrer Entscheidungen zunichte machen könnten. (siehe Janis 1982: 174 f.).

Wie oft haben Sie die von Janis beschriebenen Aktivitäten bemerkt bzw. selbst initiiert? Denken Sie an Ihre Erfahrungen zurück und notieren Sie mit Hilfe von **Abbildung 9-2** Ihre Erinnerungen. Sie werden in den Gruppen, in denen Sie arbeiten, Vorkehrungen gegen diese nachteiligen Verhaltensweisen treffen müssen.

Wenn die Arbeit von Janis zutreffend ist, dann müssten Sie in der Lage sein, diese «Symptome» ausfindig zu machen und festzustellen, wie oft sie in Zusammenhang mit Ihren Erfahrungen auftreten.

Solche Prozesse, die die Gruppenmitglieder fast völlig vereinnahmen, sind sehr real ebenso wie die Fälle, in denen Unklarheiten in Bezug

Abbildung 9-2: Symptome, die auf ein «Gruppendenken» hindeuten

	selten	manchmal	häufig	immer
Typ 1: Überschätzung der Gruppe Illusion der Unangreifbarkeit, nicht hinterfragte moralische Überzeugungen				
Typ 2: Engstirnigkeit kollektive Rationalisierung, negative Klischeevorstellungen				
Typ 3: Konformitätszwänge Selbstzensur bei Meinungsunterschieden, von allen Mitgliedern geteilte Illusion der Einmütigkeit, Druck auf anders Denkende, sich anzupassen, Herausfiltern unliebsamer Information von außen				

auf die Maßnahmen dazu führen können, dass Ressourcen auf nutzlose und kostspielige Art und Weise verschlissen werden. In seinem Buch The Abilene Paradox (mit dem Untertitel «Compassionate insights into the craziness of organistional life») zeigt Jerry Harvey (1988) anhand einer Reihe von kurzen benutzerfreundlichen Essays auf, dass «Organisation und Management sich in Theorie und Praxis häufig durch gewundene Gedankengänge auszeichnen und dass die Mitglieder Gefahr laufen, ihr Dasein in stiller Verzweiflung zu fristen, gefangen in Organisationen, die dem Zerfall entgegengehen». Starker Tobak, aber wahrscheinlich sind Ihnen die Erfahrungen, von denen er berichtet, von Ihrer Arbeit vertraut.

Harvey weist darauf hin, wie tagtägliche Erfahrungen bei der Arbeit an Boden gewinnen und ein Eigenleben führen können, und dies, obwohl nur wenige Menschen, wenn überhaupt, solche Erfahrungen machen wollen. Harvey hat sich in seiner Untersuchung mit einem breiten Spektrum von Organisationen beschäftigt. Er bezeichnet diese Störung als das «Abilene Paradox», welches besagt, dass «die einzelnen Mitglieder häufig das Gefühl haben, die Organisation übe auf sie einen Zwang zur Konformität aus, wenn sie in Wirklichkeit auf die dynamischen Prozesse einer schlecht organisierten Verständigung reagieren».

In seinem Buch berichtet Harvey über eine Familie, die eine Reise unternimmt – nach Abilene an einem heißen, staubigen Sonntag – auf die eigentlich niemand so recht Lust hat, aber jeder glaubt, dass alle anderen Lust haben. Am Ende einer langen, langweiligen und sinnlosen Reise unter unangenehmen Bedingungen stellt sich heraus, dass sie alle lieber zu Hause geblieben wären. Doch keiner war bereit gewesen zu sagen, was er will oder sich mit den Reaktionen der anderen auseinander zu setzen. Jeder ging davon aus, dass die Reaktionen unfreundlich gewesen wären. Am Ende war alles vergebens und keiner war zufrieden. Kennen Sie ähnliche Vorfälle?

Solche Situationen entstehen, wenn niemand sagt, wie er wirklich über ein Problem oder einen Vorschlag denkt. Nach Harvey ist ein Groß-

teil des Verhaltens in Organisationen, das zuvor als Ausdruck für Konformitätszwänge angesehen wurde, in Wirklichkeit ein Ausdruck kollektiver Angst. Ein solches Verhalten schützt davor, die Initiative zu ergreifen oder Stellung zu beziehen. Es kann dazu führen, dass die Gruppe sich unproduktiv verhält, dass Zeit und Mühen verschwendet, Ressourcen unüberlegt eingesetzt werden und dass die Moral sinkt. Nach Harvey entscheiden wir uns lieber für weniger riskante Möglichkeiten, die zu unbefriedigenden Ergebnissen führen, anstatt uns den Problemen zu stellen.

9.4 Verschiedene Modelle der Gruppenentwicklung

Bestimmte Verhaltensweisen von Gruppen entsprechen ihrem Entwicklungsstadium. Liegt die Gründung der Gruppe noch nicht lange zurück, dann wird sie sich mit anderen Dingen beschäftigen als eine Gruppe, die schon seit Monaten oder gar Jahren zusammenarbeitet. Ebenso wie wir uns verändern, wenn wir älter werden, verändern sich auch Gruppen. Dies erklärt, weshalb eine neu gebildete Gruppe die Ideen oder Arbeitsweisen einer Kommission manchmal nicht übernehmen kann, sie einige Zusammenkünfte später jedoch akzeptabel findet. Ich will damit nicht sagen, dass eine solche Gruppe keine gute Arbeit leisten kann, sondern dass sie Zeit braucht und sich entwickeln muss, um ihre Leistungsfähigkeit zu verbessern.

Meistens entwickelt eine Gruppe im Laufe der Zeit mehr Selbstvertrauen. Sie kann Ergebnisse vorweisen, die in qualitativer Hinsicht mehr sind als die Summe der Fähigkeiten der einzelnen Mitglieder zusammen. Dieses «Zusammenwachsen» braucht Zeit. Offenbar gibt es Entwicklungsstadien, die Gruppen (Teams, Besprechungsrunden) durchlaufen müssen, bevor sie wirklich produktiv und funktionstüchtig sind.

9.5 Das Vier-Stufen-Modell von Tuckman

Eines der bekanntesten Modelle der Gruppenentwicklung entstand aufgrund der von Bruck Tuckman (1965) durchgeführten Untersuchung über die verschiedenen Entwicklungsstufen von Kleingruppen. Er postuliert vier Hauptentwicklungsstadien, die von Gruppen durchlaufen werden. Ähnlich wie das Modell von Erikson (siehe Kapitel 4) birgt jedes Stadium bestimmte Schwierigkeiten in sich, mit denen eine Gruppe sich auseinander zu setzen hat und die sie weitgehend lösen muss, bevor sie zum nächsten Stadium der funktionalen Entwicklung übergehen kann. Das heißt nicht, dass eine Gruppe keine Leistungen erbringen kann, wenn sie nicht alle Probleme gelöst hat, sondern dass die Effizienz und Qualität ihrer Arbeit nicht so gut ist, wie sie sein sollte, wenn diese Probleme noch nicht in Angriff genommen wurden.

Nach Tuckman gibt es vier Stufen der Gruppenentwicklung: Gründung, Auseinandersetzung, Normierung, Leistung. Sie zeichnen die Entwicklung von einer Gruppe zusammengewürfelter Individuen bis hin zu einem produktiven und integrierten Team nach. Die wesentlichen Aspekte sind in **Abbildung 9-3** dargestellt.

Abbildung 9-3: Überblick über das Modell der Gruppenentwicklung von Tuckman

Stufe 1 – Die Phase der Gründung

Die Gründung von Gruppen – dies gilt auch für zwanglose Zusammenkünfte von vier oder fünf Leuten – ist unweigerlich mit Ängsten und Unklarheiten verbunden, was die Gestaltung der Zusammenarbeit in der Gruppe betrifft. Dies gilt besonders dann, wenn neue Mitglieder in eine Gruppe kommen, die vorher schon zusammengearbeitet und ihre Form der Zusammenarbeit entwickelt hat und von der angenommen werden kann, dass sie trotz der neuen Mitglieder beibehalten will. Angst, Unklarheit und Unsicherheit begleiten die Mitglieder bei der Entscheidung über ihre Form der Zusammenarbeit und über die Struktur, nach der sie sich organisieren wollen. Es geht um Fragen wie: «Wo ist mein Platz?», «Wer sind die anderen?» und «Was wird hier als Nächstes passieren?». Anfängliche Höflichkeit und Nachsicht verändern sich in dem Maße wie die Mitglieder beginnen auszutesten, was akzeptabel ist und was nicht und sich eingewöhnen. Angebote für die Übernahme von Rollen werden zunächst höflich vorgebracht.

Stufe 2 – Die Phase der Auseinandersetzung

Diese Stufe ist erreicht, wenn die Gruppe geklärt hat, was zu tun ist und wie die Arbeit durchgeführt werden soll. Die Situation ist dadurch gekennzeichnet, dass von den Mitgliedern in zunehmendem Maße offene Attacken und Kampfansagen kommen, die sich darum drehen, wer was und warum tut, und dass Einwände gegen die Leitung erhoben werden; es gibt Meinungsverschiedenheiten und Konflikte innerhalb des Teams. Es kommt zu Spannungen, Auseinandersetzungen und Disharmonie. Kennzeichnend für diese Phase ist das Austesten der etablierten Normen und das «Mitmischen» – vieles ist Gefahren und Herausforderungen ausgesetzt. Die Mitglieder verzichten auf Höflichkeit. Die Art und Weise wie sie mit Spannungen, Interessenkonflikten und Meinungsverschiedenheiten umgehen und sie einer Lösung zuführen, hat einen entscheidenden Einfluss auf die Arbeitskultur der Gruppe und sie prägt das weitere Verhalten der Mitglieder untereinander.

Stufe 3 – Die Phase der Normierung

Auf dieser Stufe ist es bereits zu einer Einigung gekommen, was die vielfältigen Aufgaben und verfahrenstechnischen Dinge angeht, so dass feststeht, was zu tun ist und wie die Zusammenarbeit aussieht. Das Klima ist von Kooperation und nicht mehr von Konkurrenz- oder Konfliktverhalten geprägt, auch wenn es immer noch Schwierigkeiten gibt. Es existieren Verhaltensnormen für die Aufgabendurchführung, und die Gruppe hat mehr Gespür für die Bedürfnisse einzelner Mitglieder entwickelt. Es treten immer noch Schwierigkeiten auf, die gelöst werden müssen, aber die Gruppe hat insofern Fortschritte gemacht als sie fähig ist, sich darüber zu einigen, wie sie effektiver zusammenarbeiten kann. Durch ungelöste Dinge aus der Auseinandersetzungsphase können plötzlich Probleme auftauchen, die Mitglieder daran hindern, ihre Fähigkeiten voll zu entfalten. Deshalb ist es sinnvoll, noch nicht thematisierte Fragen, Probleme und Gefühle aus früheren Phasen anzusprechen und zu bearbeiten, während die Gruppe dabei ist, Formen des Umgangs und der Arbeit miteinander zu entwickeln.

Stufe 4 – Die Phase der Leistung

Bis diese Stufe erreicht ist, vergeht einige Zeit. -Die Gruppe arbeitet aufgabenorientiert und hat auch ein Gespür für die individuellen Wünsche und Bedürfnisse ihrer Mitglieder entwickelt. Die Kultur der Gruppe ist gekennzeichnet von Offenheit, und die Mitglieder sind fähig, sich Meinungsverschiedenheiten und Problemen zu stellen – und konstruktiv mit ihnen umzugehen – um effektiver arbeiten zu können. Die Mitglieder sind vollständig integriert und engagiert, können anfallende Probleme lösen und sind realistisch, was ihre Leistung und Bildung angeht.

Abbildung 9-4: Die Phasen der Gruppenentwicklung nach Tuckman

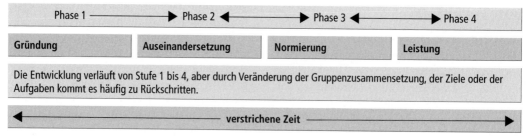

Abbildung 9-5: Die Übertragung des Modells von Tuckman auf eigene Erfahrungen

	Gründung	Auseinandersetzung	Normierung	Leistung
Gruppe A				
Gruppe B				
Gruppe C				

Es braucht Zeit, die einzelnen Stufen zu durchlaufen. Der Prozess verläuft bei jeder Gruppe anders, und es kann passieren, dass die Gruppe durch eine Krise (z. B. Verlust eines wichtigen Mitglieds oder Wechsel zu den eigentlichen Aufgaben) auf eine frühere Stufe zurückfällt. In diesem Fall muss sie sich erneut mit Dingen beschäftigen, die bereits gelöst wurden. In **Abbildung 9-4** sind Aspekte dieser Gruppenentwicklung dargestellt.

Gemäß diesem Modell muss eine Gruppe nicht bis zur dritten oder vierten Stufe warten, um produktiv arbeiten zu können. Wenn sie jedoch optimal funktionieren soll, dann muss sie die in Abbildung 9-3 angesprochenen Belange thematisiert und gelöst haben. Das Modell macht deutlich, dass die Gruppenarbeit durch diese Belange absorbiert und behindert werden kann, wenn sie nicht zur Sprache gebracht und bearbeitet werden.

Auf welcher Stufe des Modells befinden sich gemäß dieser kurzen Beschreibung Ihrer Ansicht nach die Gruppen, mit denen Sie arbeiten? Sie können mit Hilfe von Abbildung 9-3 feststellen, womit die Gruppenmitglieder in erster Linie beschäftigt sind. So erhalten Sie Hinweise, auf welcher Entwicklungsstufe sich die Gruppe befindet (siehe **Abb. 9-5**).

Sie können die Entwicklung Ihrer Gruppen in den nächsten Monaten weiter verfolgen. Achten Sie darauf, was in der Gruppe passiert, wenn der Status quo irgendwie aus dem Gleichgewicht gerät, zum Beispiel durch Veränderungen, die die Mitglieder oder den Auftrag der Gruppe betreffen, durch Anpassung der Leistungskriterien oder durch den Umfang der Aufgaben (mehr oder weniger).

Es sollte bedacht werden, dass alle Gruppen ähnliche Entwicklungsstadien wie die von Tuckman beschriebenen durchlaufen. Deshalb ist das Mindeste, was Sie tun können, sich auf die wechselnden Schwerpunkte vorzubereiten, die nach Tuckman zu erwarten sind. Lassen Sie sich also nicht von den Begleiterscheinung der Auseinandersetzungsphase quälen oder von denen der Gründungsphase allzu sehr einlullen.

All diesen Entwicklungsprozessen liegt die Arbeit zugrunde, die die Gruppe oder das Team zu bewältigen hat, und diese – und nicht bloß der Zusammenhalt – sollte die Triebfeder für die

Entwicklung und für den Erhalt der Gruppe sein. Größe, Struktur, Prioritäten und Kontinuität einer Gruppe müssen sich nach den Aufgaben richten, die zu bewältigen sind.

9.6 Das Modell von Gibb – Merkmale, die die Atmosphäre in der Gruppe anzeigen

In diesem Modell der Gruppenentwicklung geht es um die Anliegen der einzelnen Mitglieder, die sich maßgeblich auf die Leistungen Einzelner und damit auf das ganze Team auswirken (siehe Gibb, 1971). Nach Gibb sind bei allen Gruppeninteraktionen vier «primäre soziale Bedürfnisse» präsent, die das Verhalten des Einzelnen bestimmen. Werden sie nicht in ausreichendem Maße erfüllt, entstehen andere, weniger günstige Verhaltensweisen, die eine effektive Gruppenarbeit verhindern.

In Abbildung 9-6 sind die wesentlichen Bestandteile dieses Ansatzes dargestellt. Brauchbar an diesem Ansatz ist die Art und Weise, in der die Grundbedürfnisse der Teammitglieder dargestellt werden. Dabei handelt es sich um Anliegen oder Motive, die die Ängste widerspiegeln, die Menschen in die Gruppe mitbringen. Wenn dies so ist, weshalb schenkt man diesen Dingen nicht von Anfang an mehr Aufmerksamkeit, um die mit den Grundbedürfnissen zusammenhängenden Ängste zu verrringern. Die vier Grundbedürfnisse sind:

- Akzeptanz
- Kommunikation
- Klare Ziele
- Kontrolle.

Die Folge einer stärkeren Beachtung dieser Anliegen wäre die, dass die KollegInnen offener, produktiver und vertrauensvoller zusammenarbeiten könnten. **Abbildung 9-6** zeigt das Modell.

Diese Dimensionen zeigen, was Sie brauchen, um sich als Teil einer Gruppe zu fühlen. Aus der Tabelle geht hervor, mit welchen Folgen eine Gruppe zu rechnen hat, wenn die Bedürfnisse nach Akzeptanz, Kommunikation, klaren Zielen und Kontrolle nicht erfüllt werden.

Oft nehmen wir die positiven und die destruktiven Verhaltensweisen unserer KollegInnen wahr, ohne uns jedoch Gedanken darüber zu machen, warum sie sich so verhalten. Das Modell von Gibb führt Grundbedürfnisse auf, die wir in die Gruppe mitbringen. Die Erfüllung beziehungsweise Nichterfüllung dieser Bedürfnisse ist der Grund, weshalb wir uns auf eine bestimmte Art und Weise verhalten. Ein Beispiel: Wenn ich mich in der Gruppe nicht konstruktiv verhalte, bedeutet dies nicht unbedingt, dass ich Schwierigkeiten mache, um zu stören. Mein Verhalten kann darauf hindeuten, dass meine Bedürfnisse nicht erfüllt beziehungsweise abge-

Abbildung 9-6: Übersicht über das Modell der Gruppenentwicklung von Gibb

Grundbedürfnisse der Gruppenmitglieder	Motivation	Verhalten bei Bedürfniserfüllung	Verhalten bei Nichterfüllung des Bedürfnisses
Akzeptanz	Zugehörigkeit	Akzeptanz, Vertrauen, Zuversicht	Argwohn, Misstrauen, Angst
Kommunikation	Mitbestimmung	Spontaneität, Offenheit	Vorsicht, höfliche Fassade
klare Ziele	Produktivität	kreative Arbeit, Zusammenarbeit, Engagement	Apathie, Konkurrenzverhalten
Kontrolle	Organisation	gemeinsame Problemlösung, flexible Rollen, aufeinander abgestimmtes Arbeiten	gegenseitige Abhängigkeit, Rivalität

Abbildung 9-7: Die Einschätzung meiner Situation in der Gruppe nach dem Modell von Gibb

	Akzeptanz	Kommunikation	klare Ziele	Kontrolle
Gruppe 1				
Gruppe 2				
Gruppe 3				

lehnt werden und dass ich auf diese Art darauf aufmerksam mache.

Deshalb ist es nicht sinnvoll, mich zu bestrafen oder zu zwingen, mich so zu verhalten, wie Sie es wollen. Vielmehr gilt es herauszufinden, warum ich mich nicht konstruktiv verhalte beziehungsweise Schwierigkeiten mache. Denken Sie an das monologisch-dialogische Modell. Vielleicht entdecken Sie ein Bedürfnis, das noch erfüllt werden muss. Wenn es aufgedeckt wird, besteht die Möglichkeit, gemeinsam daran zu arbeiten.

Wählen Sie zwei oder drei Gruppen aus, in denen Sie Mitglied sind, und notieren Sie Belange und Probleme, von denen Sie als Mitglied betroffen sind. Übertragen Sie diese dann auf das Modell von Gibb und stellen Sie fest, was Ihnen in der Gruppe fehlt, zum Beispiel Akzeptanz, Kommunikation, klare Ziele und/oder Kontrolle? Benutzen Sie für Ihre Einschätzung bitte **Abbildung 9-7.**

Wahrscheinlich wird Ihnen dann klarer, welches Ihre Position in der Gruppe ist und ob Sie etwas vermissen. Sie können das, wonach Sie in der Gruppe suchen, vielleicht erreichen oder sich mit Ihrer Lage abfinden. Außerdem werden Sie erkennen, welche Möglichkeiten Sie haben, Ihre Situation zu verbessern.

Darüber hinaus können Sie anhand des Modells feststellen, wie die anderen Mitglieder zu der Gruppe stehen. Zu diesem Zweck vergegenwärtigen Sie sich das Verhalten von KollegInnen in der Gruppe und überlegen, ob ein durchgängiges Muster erkennbar ist und ob dies mit dem Modell von Gibb übereinstimmt. Vielleicht bemerken Sie, dass einige KollegInnen immer mit den gleichen Dingen Probleme ha-

ben, beispielsweise mit der Kommunikation. Dies kann ein Hinweis darauf sein, dass ein oder zwei ihrer Grundbedürfnisse noch nicht so weit erfüllt sind, dass sie in vollem Umfang in der Gruppe mitarbeiten können. Möglicherweise kommen sie, was ihre Beziehungen in der Gruppe anbelangt, über eine bestimmte Entwicklungsstufe nicht hinaus, wissen aber nicht, was ihnen Probleme macht und ihre Leistungen beeinträchtigt.

Sie können ihnen das Modell erläutern und ihnen so helfen, Probleme im Zusammenhang mit der Gruppe ausfindig zu machen, beispielsweise unerfüllte Bedürfnisse im Bereich der Akzeptanz oder Kommunikation. Dies könnte sie befähigen, ihre Probleme zu lösen und besser in der Gruppe mitzuarbeiten.

Danach können Sie dasselbe für sich tun. Auch Sie sind möglicherweise auf die eine oder andere Art auf einer Stufe «stecken geblieben», was Sie veranlasst, sich zurückzunehmen und sich weniger zu engagieren etc. Bestimmen Sie mit Hilfe des Modells von Gibb:

- welche Probleme Sie derzeit im Umgang mit der Gruppe haben
- was geändert werden muss, damit Sie besser mitarbeiten und sich mehr engagieren können
- ob sie möchten, dass sich etwas ändert oder ob alles so bleiben soll, wie es ist.

Wozu auch immer Sie sich entschließen, Sie haben jetzt noch ein Mittel, mit dem Sie die Situation und Ihre Position analysieren können. Dies versetzt Sie in die Lage, mit mehr Sachverstand über Ihr gegenwärtiges und zukünftiges Verhalten zu entscheiden.

9.7 Die Rollen in Gruppen, Teams und Besprechungsrunden

Die Bildung eines gut funktionierenden Teams bleibt ein schwer erreichbares Ziel. Die Suche nach Möglichkeiten, dieses Ziel zu verwirklichen, hat eine riesige Industrie hervorgebracht, die Fragebögen, Bücher, Kassetten und Trainingskurse etc. anbietet, bei denen es häufig darum geht, wie «das effektive Team» gebildet werden kann. Wie aber kommt man zu einem perfekten Team? Ein Ergebnis all dieser Bemühungen ist ein gesteigertes Interesse an Teamrollen: «Wenn wir dieses Problem gut in den Griff kriegen, dann haben wir mit Sicherheit ein Hochleistungsteam, oder?».

Bei den Rollen innerhalb von Gruppen und Teams lassen sich zwei Typen unterscheiden. Da sind zum einen die allgemeinen Rollen und Verhaltensweisen, die ein Team braucht, um gute Arbeit zu leisten, und zum anderen seine spezifischen Rollen. Diesen Kriterien muss bei der Zusammenstellung eines Teams Rechnung getragen werden.

Bislang wurde viel Aufmerksamkeit darauf verwendet, die wichtigen Rollen zu definieren und dann die richtige Mischung zu finden, so als ob man die Zutaten für einen Kuchen mischt. Die Rollen werden zu institutionalisierten und offiziell akzeptierten Kanälen für wirksame dynamische Prozesse innerhalb einer Gruppe. Sie verkörpern rechtmäßige Macht und Status. Die Rolle des Vorsitzenden beispielsweise ist auf einer Ebene klar definiert und allgemein bekannt, die mit einer solchen Rolle verbunden Aufgaben sind beschrieben. Nicht bekannt ist dagegen, wie diese Rolle unter dem Aspekt dynamischer Prozesse ausgeführt wird. Diese Dimension von Rollen wird normalerweise nicht thematisiert, obgleich die Ausübung einer Rolle weit mehr bedeutet als lediglich bestimmte, mit dem Titel verbundene Aufgaben zu erfüllen. Eine formalisierte Rolle ist mit Einfluss verbunden und wirkt auf die in der Gruppe vorhandenen Spannungen und die Emotionalität ein. Weder im Zusammenhang mit den allgemeinen noch mit den spezifischen Rollen werden diese Dimensionen ausreichend erfasst.

9.7.1 Die allgemeinen Rollen in einem Team

Hier geht es um Rollen und Verhaltensweisen, die jedes Team, jede Gruppe und jede Besprechungsrunde braucht, um arbeiten zu können. Ich setze voraus, dass die Gruppe über die geeigneten Leute mit entsprechendem Fachwissen und Erfahrung verfügt, die benötigt werden, damit die Arbeit zu einem erfolgreichen Abschluss gebracht werden kann.

Hat die Gruppe die richtigen Leute, muss sie drei verschiedene, aber komplementäre funktionale Aspekte beachten, wenn sie optimale Ergebnisse erzielen will. Diese Aspekte sind in **Abbildung 9-8** aufgeführt.

In **Abbildung 9-9** sind Beispiele für diese drei Bereiche aufgeführt. Trotz gewisser Überschneidungen im Aufgaben- und Prozessbereich werden die verschiedenen Aspekte der Funktion von Gruppen deutlich.

Wo würden Sie aufgrund Ihrer Erfahrungen mit Gruppen und Besprechungsrunden den Schwerpunkt bei diesen drei Aspekten setzen? Stellen Sie sich wieder vor, Sie hätten 90 Punkte zu vergeben. Wie würden Sie diese auf die drei

Abbildung 9-8: Drei für die Funktion der Gruppe wichtige Bereiche

Aufgabenbezogener Bereich:	Der Schwerpunkt liegt auf der anstehenden Arbeit.
Prozessbezogener Bereich:	Der Schwerpunkt liegt auf der Unterstützung der Gruppe, um eine wirkliche Zusammenarbeit zu ermöglichen (Emotionen und dynamische Prozesse).
Verfahrenstechnischer Bereich:	Auswahl und Anwendung geeigneter Methoden und Techniken, die die Gruppe für ihre Arbeit benötigt.

Abbildung 9-9: Beispiele für Aufgaben, Prozesse und verfahrenstechnische Dinge

Aufgabenbereich	Prozessbereich	Verfahrenstechnischer Bereich
• Ziele festlegen • zusammenfassen • aufzeichnen • informieren • Ideen integrieren • bewerten • Entscheidungen treffen • diagnostizieren • Informationen beschaffen	• ermuntern • Auswahl der für die Arbeit benötigten Methoden • diagnostizieren • andere integrieren • zusammenfassen • eine gemeinsame Grundlage herstellen • für eine konstruktive Atmosphäre sorgen • Beziehungen aufbauen • Zusammenarbeit fördern	• Arbeitsablauf anspornen • Auswahl der für die Entscheidungsfindung und Problemlösung relevanten Vorgehensweise • Management der Gruppe

Aspekte verteilen, so dass erkennbar wird, wo für Sie der Schwerpunkt liegt und wo deutlich wird, wo Ihrer Ansicht nach die meisten Probleme und Schwierigkeiten in Gruppen und bei Besprechungsrunden auftreten (siehe **Abb. 9-10**).

Die meisten Gruppen stellen die Aufgabendurchführung in den Vordergrund und achten ein wenig auch auf verfahrenstechnische Dinge. Ich stelle nur selten fest, dass eine Gruppe ausdrücklich großen Wert auf die prozessbezogene Seite ihrer Arbeit legt (die dynamischen und emotionalen Aspekte). Doch ist es meiner Erfahrung nach in der Regel gerade diese Nichtbeachtung der dynamischen Prozesse, die einer herausragenden Gruppenarbeit am meisten im Wege steht.

Sie können die nächsten Besprechungsrunden beobachten und dann feststellen, worauf das Augenmerk gerichtet ist und ermitteln, wo die Probleme entstehen. Vielleicht erkennen Sie, dass zu wenig darauf geachtet wird, Entscheidungen schriftlich zu fixieren, oder dass die Gruppe sich noch einig werden muss, wie sie ihre begrenzte Zeit nutzen will etc. Dann können Sie nach Möglichkeiten suchen, wie man mit diesen verfahrenstechnischen Dingen besser umgehen kann. Es könnte auch sein, dass nicht die Entscheidungen die Probleme in der Gruppe verursachen, sondern vielmehr die Art und Weise, wie diese herbeigeführt werden. Eine eingehendere Beschäftigung mit den in der Gruppe ablaufenden Prozessen ist dann der geeignete Weg zur Verbesserung der Gruppenleistung.

Nachfolgend sind beispielhaft Probleme aufgeführt, die entstehen können, wenn zu wenig darauf geachtet wird, die Gruppe so zu unterstützen, dass sie besser funktioniert (die prozessbezogene Seite):

• wenig förderliches Konkurrenzverhalten Einzelner

• Verstimmung darüber, dass ein anderes Mitglied eine Rolle übernimmt, die man selber gern übernommen hätte

Abbildung 9-10: Wo liegt der Schwerpunkt? Wo entstehen Probleme?

Wo nach meinen Erfahrungen mit Gruppen der Schwerpunkt liegt		Wo nach meinen Erfahrungen mit Gruppen Probleme entstehen	
bei den Aufgaben	Punkte	im Bereich der Aufgaben	Punkte
bei den Prozessen	Punkte	im Bereich der Prozesse	Punkte
bei den verfahrenstechnischen Dingen	Punkte	im Bereich der verfahrenstechnischen Dinge	Punkte
	= 100 Punkte		= 100 Punkte

- es wird lieber gestritten als um Unterstützung gebeten
- diejenigen, die sich am lautesten bemerkbar machen, bekommen Aufmerksamkeit
- ruhige und nachdenkliche Mitglieder gehen unter und werden vergessen
- es bilden sich kleinere Gruppen und die große Gruppe bricht auseinander.

Wenn man darauf vorbereitet ist, sich um Probleme dieser Art zu kümmern, dann leistet man einen Beitrag zur Verwirklichung der Ziele. Eine Verleugnung oder Vernachlässigung dieser Probleme gefährdet die Gruppe insgesamt. Werden die prozessbezogenen Probleme der Gruppe nicht beachtet, kann die Arbeit völlig zum Erliegen kommen oder es wird bestenfalls ein mittelmäßiges Ergebnis erzielt.

In unserer Ausbildung und in Gruppenrichtlinien liegt der Schwerpunkt nach wie vor auf der Aufgabenabwicklung. Nur selten wird darauf hingewiesen, wie wichtig es ist, eine auf Partnerschaft basierende Gruppenkultur auszubilden, die eine entscheidende Voraussetzung dafür ist, dass die Arbeit bewältigt werden kann. Und genau dies ist oft der Grund, dass Gruppen ihre angestrebten Ziele nicht erreichen.

Ich weiß nicht, wie Ihre relative Gewichtung der drei Dimensionen in Abbildung 9-10 ausgefallen ist, aber wahrscheinlich haben Sie die meisten Punkte für die Aufgaben, ein paar für die verfahrenstechnischen Dinge und noch weniger für die Prozesse vergeben. Was die Problementstehung betrifft, haben Sie vermutlich etliche Punkte für den Bereich der Prozesse und die meisten Punkte für den Bereich der Aufga-

ben vergeben. Sie können meine Einschätzung in **Abbildung 9-11** als Vergleich und gegebenenfalls als Grundlage für eine Diskussion mit KollegInnen verwenden.

Nach meiner Einschätzung werden die prozessbezogenen (interaktive und emotionale) Aspekte der Gruppenarbeit weitgehend vernachlässigt, obwohl gerade diese Aspekte die Arbeit einer Gruppe vollständig zum Erliegen bringen und zunichte machen können. Es ist wichtig, die tiefer liegenden Probleme anzugehen, die einer produktiven Arbeit der Gruppe im Wege stehen.

Prozessbezogene Aufgaben sind nicht festgelegt. Dabei ist es leicht, sie zu ignorieren.

Im Normalfall wird erwartet, dass irgendjemand die Rolle übernimmt, die Gruppe bei der Durchführung ihrer Aufgaben anzuleiten (entweder als Vorsitzender oder Unterstützer bei der Aufgabenorientierung) oder sich um die verfahrenstechnischen Dinge (Zeitplanung, Protokoll, Projektplanung etc.) kümmert. Es ist aber durchaus nicht üblich, dass jemand offiziell die Rolle übernimmt, sich mit den prozessbezogenen Aspekten der Gruppenarbeit zu beschäftigen. Entweder weil man dies nicht für nötig hält oder weil man davon ausgeht, dass die Mitglieder sich von selbst inoffiziell darum kümmern, dass die Gruppe zusammenarbeitet. Meiner Erfahrung nach geschieht dies nicht. Es kommt viel häufiger zu Schwierigkeiten, wenn es niemanden gibt, der die Gruppe so beeinflussen kann, dass sie funktioniert. Der Nachteil ist, dass es keine Garantie dafür gibt, dass diese wichtigen Aspekte der Gruppenarbeit konsequent beachtet werden. Dies kann eine Gruppe anfällig machen. Die entscheidende Botschaft dieses Abschnitts

Abbildung 9-11: Die Einschätzung des Autors

Wo nach meinen Erfahrungen mit Gruppen der Schwerpunkt liegt		Wo nach meinen Erfahrungen mit Gruppen Probleme entstehen	
bei den Aufgaben	80 Punkte	im Bereich der Aufgaben	25 Punkte
bei den Prozessen	5 Punkte	im Bereich der Prozesse	55 Punkte
bei den verfahrenstechnischen Dingen	15 Punkte	im Bereich der verfahrenstechnischen Dinge	20 Punkte
	= 100 Punkte		= 100 Punkte

lautet, dass allen drei Aspekten Aufmerksamkeit geschenkt werden muss, wenn eine Gruppe erfolgreich sein soll. Wird ein Aspekt vernachlässigt, leidet die Produktivität der Gruppe.

9.7.2 Die spezifischen Rollen in einem Team

Die Suche nach dem, was ein Team erfolgreich macht, fasziniert die Menschen schon seit Jahren. Für manche hängt alles davon ab, wie ein Team arbeitet und inwieweit es ihm gelingt, das richtige Gleichgewicht zwischen Aufgaben, Prozessen und verfahrenstechnischen Dingen zu finden. Für andere steht und fällt alles mit der Zusammensetzung eines Teams, die so beschaffen sein muss, dass die speziellen Fähigkeiten jedes Einzelnen im Gesamten ein herausragendes Team ergeben.

Die Arbeit von Belbin (1981; 1993) ist weithin bekannt und wird oft zitiert, wenn von Rollen in Teams die Rede ist. Sie basiert auf einer eingehenden Untersuchung des Verhaltens von Teams im Rahmen von Kursen für Führungskräfte am «Henley Management College». Das Modell von Belbin stützt sich auf Beobachtungen und Studien von Teams und Gruppen. Nach Belbin bedarf es neben fachlicher und funktionaler Fähigkeiten auch noch spezieller Talente/Orientierungen, wenn fundierte, realistische und praktikable Ergebnisse erzielt und die Ressourcen der Gruppe optimal genutzt werden sollen. Er weist darauf hin, dass die Mitglieder erfolgreich arbeitender Teams über verschiedene Qualitäten verfügen, von denen das Team jede einzelne braucht, um effektiv zu sein. Nach Belbin müssen die Teammitglieder sehr sorgfältig ausgewählt werden, wobei es auf eine ausgewogene Kombination von verschiedenen Fähigkeiten und Anschauungen ankommt, die nach seiner Beobachtung ein Team erfolgreich macht.

Belbin stellt acht spezielle Rollen vor, die in **Abbildung 9-12** im Überblick dargestellt sind.

Ziel ist die Bildung eines ausgewogenen Teams und die Vermeidung sinnloser Rollendopplungen. Dies kommt vor, wenn zu viele Personen um die Rolle des «Chairman» oder «Shapers» wetteifern, oder wenn zu wenige sich für die «Completer-Finisher»-Rolle interessieren. Das Modell kann bei der Überprüfung der Leistungsfähigkeit eines bestehenden Teams verwendet werden, um festzustellen, welche Rollen von den einzelnen Mitgliedern bevorzugt werden. Mit Hilfe des Modells lässt sich auch klären, welche Rollen noch benötigt werden, damit Personen mit den entsprechenden Fähigkeiten ins Team aufgenommen werden können.

Mit Hilfe des Modells bekommt man einen Einblick in die Besonderheiten der Rollen, die in einem Team gebraucht werden, und man kann exakter angeben, was von dem Team erwartet wird. Allerdings kann es auch Nachteile haben: wenn Rollenbezeichnungen dazu benutzt werden, um Menschen zu etikettieren und sie mit der Rolle zu identifizieren. Die Rollenbezeichnungen sind nicht neutral, und wahrscheinlich ist die Bezeichnung «Chairman» oder «Shaper» weitaus attraktiver als «Company Worker» oder «Plant». Verstimmungen und Eifersucht können die Folge sein.

Ein wichtiger Kritikpunkt, der gegen die Arbeit von Belbin vorgebracht werden kann, ist die Tatsache, dass diese Arbeit auf der Beobachtung von Teams basiert, die für die Durchführung verschiedener Aufgaben ausgewählt wurden und die gleichzeitig auch an einem der Kurse für Führungskräfte teilgenommen haben. Die Arbeit basiert also nicht auf der Beobachtung echter Teams. Es bleibt die Frage, wie brauchbar Belbins Ideen in der Praxis sind. Seine Arbeit ist derzeit jedoch eins der herausragendsten Modelle, wenn es darum geht, Gruppen zusammenzustellen.

9.8 Das Engagement einzelner Mitglieder für die Gruppe

Ich habe jahrelang geglaubt, dass die Begeisterung und das Engagement für die Arbeit der Gruppe bei allen Mitgliedern gleich ist. Heute weiß ich, dass dies eine ziemlich idealistische Annahme ist. Nicht jeder zeigt Engagement. Interesse und Aufmerksamkeit der Mitglieder schwanken während einer Besprechung. Ich

Abbildung 9-12: Außen- und innengerichtete Rollen

nach außen gerichtete Rollen	nach innen gerichtete Rollen
Chairman	**Company Worker**
eine Rolle, die für den Erfolg des Teams insgesamt von entscheidender Bedeutung ist; ruhige Führung; selbstsicher und mit durchschnittlichem Intellekt; unvoreingenommen; bereit und fähig, zuzuhören; optimistisch; relativ extrovertiert [heutige Bezeichnung Coordinator]	geht praktisch, realistisch und diszipliniert an die Aufgaben heran; gewissenhaft; [heutige Bezeichnung: Implementer]
Plant	**Monitor-Evaluator**
die «Leute mit den Ideen»; individualistisch; mit ernsthaften Absichten; theoretisch veranlagt; intellektuell; unorthodox; manchmal Einzelgänger – kann Probleme machen, wenn zu viele im Team sind; kreatives Genie	wertet Vorschläge aus; bei ihm laufen die Fäden zusammen; objektiv; klar denkend; geht nüchtern an die Dinge heran; klug und scharfsinnig; schätzt die Arbeit des Teams, unvoreingenommen ein
Ressource Investigator	**Team Worker**
kreativ; holt Ideen von außen ins Team; umgänglich; extrovertiert; soziale Kompetenz; neugierig	sorgt dafür, dass das Team gut funktioniert und dass interne Reibereien abgebaut werden; hat ein Gespür für die dynamischen Prozesse innerhalb des Teams; eher ausgleichend als bestimmend
Shaper	**Completer/Finisher**
Die Rolle hat Ähnlichkeit mit der des Chairman; stark leistungsorientiert; ungeduldig; anregend; provozierend und manchmal auch destruktiv; streitlustig; ein vorwärts drängender, tatkräftiger Führer	sorgt dafür, dass die «guten Ideen» des Teams praktisch umgesetzt werden; achtet auf Details; verfolgt eine Sache unbeirrt bis zum Schluss; besorgt; ruhig und beständig

weiß dies aus eigener Erfahrung, und nachdem ich es erst einmal akzeptiert hatte, fing ich an, aus einem anderen Blickwinkel zu beobachten, wie Teams und Gruppen arbeiten. Vielleicht haben auch Sie Lust dazu.

Wählen Sie zuerst eine Gruppe, eine Abteilung oder ein Team aus, auf das Sie sich konzentrieren wollen. Denken Sie an die Ziele und geltenden Richtlinien und vergegenwärtigen Sie sich, was in der Gruppe eigentlich geschieht, und dann überlegen Sie:

- wie sehr sich die einzelnen Mitglieder für die Arbeit der Gruppe engagieren (das können Sie feststellen, indem Sie das Verhalten beobachten)

- in welchem Ausmaß zusammengearbeitet wird und wie viele Untergruppen es innerhalb der Gruppe gibt
- ob Ihre Beobachtungen den Schluss zulassen, dass einige KollegInnen offenbar nicht gern in der Gruppe sind beziehungsweise die Arbeit nicht gern tun.

Tragen Sie Ihre Erkenntnisse nun in die **Abbildung 9-13** ein, und zwar in die Figur, die den Arbeitsbereich innerhalb der Gruppe darstellen soll. «W» steht für die Hauptstoßrichtung und das offizielle Anliegen dieser Gruppe. Zeichnen Sie die Mitglieder (und auch sich selbst) in die Figur ein. Platzieren Sie diejenigen, die sehr engagiert sind und mit dem Anliegen der Gruppe

Abbildung 9-13: Die Platzierung der Mitglieder entsprechend ihrem Engagement für die Gruppe

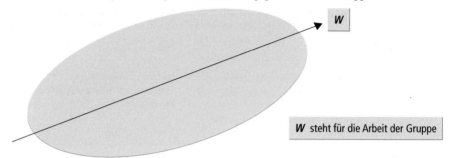

übereinstimmen, in der Mitte, und die weniger engagierten nahe der Begrenzung.

Vielleicht haben Sie das Gefühl, dass einige Mitglieder der Gruppe sich teilweise innerhalb und teilweise außerhalb der Figur befinden, weil sie offenbar nicht gerne dort sind oder meinen, dass sie keine wichtige Aufgabe zu erfüllen haben. Vielleicht gibt es auch Mitglieder, die fast überhaupt nicht zur Gruppe gehören und wenn dies der Fall ist, platzieren Sie sie entsprechend.

Nachdem Sie die Mitglieder Ihrer Gruppe in die Figur eingezeichnet haben, schauen Sie sich bitte das Beispiel in **Abbildung 9-14** an. «A» steht für die Gruppenleitung. Bevor Sie weiterlesen, machen Sie ein paar Notizen zu diesem Team. Was können Sie aus der Figur ablesen? Wie inte-

griert ist diese Gruppe? Um welche Probleme muss sich die Gruppenleitung vorrangig kümmern?

Das Beispiel macht deutlich, dass sich nicht alle in gleicher Weise für die Arbeit der Gruppe (W) einsetzen. Manche wollen eigentlich gar nicht dabei sein und sind an dem Geschehen nicht interessiert. Drei Mitglieder haben sich wahrscheinlich aus Opposition gegen die Gruppenleitung zusammengetan. Zwei Mitglieder fühlen sich ziemlich isoliert und wissen wahrscheinlich nicht so recht, weshalb sie überhaupt dabei sind. Vermutlich haben Sie noch andere Beobachtungen anzubieten.

Sie können bei Ihren eigenen Gruppen genauso vorgehen und für jede Gruppe, in der Sie

Abbildung 9-14: Ein fiktives Beispiel

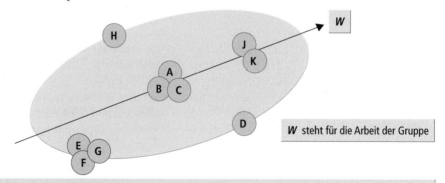

A steht für die Gruppenleitung

A, B und C treiben zusammen mit J und K die Arbeit der Gruppe voran.

E, F und G unterstützen sich offenbar gegenseitig und kritisieren A und die anderen.

H und D sind offensichtlich isoliert und verstehen sich nicht mit dem Rest der Gruppe.

mitarbeiten, eine solche Figur zeichnen. Platzieren Sie die Mitglieder darin und schauen Sie, was Sie aus den Figuren ableiten können. Dabei kann es einige Überraschungen geben. Als nächstes sollten Sie Ihre Einschätzung überprüfen und feststellen, ob es Beweise dafür gibt. Beobachten Sie bei den folgenden Zusammenkünften das Geschehen sehr genau.

Die Dinge so zu betrachten, war eine Offenbarung für mich. Ich war weniger verwirrt, wenn in der Gruppe oder im Team in bestimmten Situationen nicht alles nach Plan verlief. Ich ärgerte mich nicht mehr über andere Mitglieder, die anscheinend nicht so engagiert bei der Arbeit waren wie ich. Ich war in der Lage, die Dinge aus einem anderen Blickwinkel zu betrachten. Außerdem hatte ich weniger Schuldgefühle, wenn ich das Interesse an einem Tagesordnungspunkt verlor.

Mit diesem Modell können Sie die Stimmung und die Einstellung der Gruppenmitglieder gegenüber den anderen Mitgliedern und den zur Diskussion stehenden Punkten einschätzen. Es ist schwierig, das Interesse wach zu halten, wenn eine Besprechung sehr lange dauert. In der Regel ist es auch nicht so, dass alle sich in gleicher Weise für die Diskussion interessieren. Folglich gibt es zu jedem Zeitpunkt Mitglieder in der Gruppe, die weniger aufmerksam sind, die sich eine Ruhepause gönnen und über Ihre Freizeitpläne nachdenken, die sich gedanklich mit einem Patienten beschäftigen, den sie zu betreuen haben, oder die mit offenen Augen «schlafen». Es kann auch sein, dass bestimmte Punkte nur für einige der Anwesenden von Belang sind. Infolgedessen haben die anderen, was diese Punkte betrifft, weniger Interesse daran, Einfluss auf die Ergebnisse der Debatte zu nehmen.

Wenn Sie eine Gruppe auf diese Art und Weise betrachten, können Sie leichter vorhersagen, wo Bindungen entstehen und wo es Antipathien gibt. Sie merken, welche Mitglieder eine Distanz zu den anderen aufbauen und wo es Nähe zwischen ihnen gibt. Des Weiteren können Sie sich einen Eindruck von den Spannungen und dynamischen Prozessen verschaffen, die es zwischen einzelnen Mitgliedern und zwischen Untergruppen bzw. innerhalb der Gruppe gibt.

Wenn Sie Gruppen sorgfältig und mit sachkundigem Blick beobachten, können Sie sehr viel über die Geschehnisse aussagen. Möglicherweise sind Sie dann in der Lage, effektiver und effizienter zu arbeiten, weil es Ihnen gelingt, bewusster und sachkundiger mit Ihren KollegInnen in einer Besprechung umzugehen. Das kann sogar so weit gehen, dass Sie sie nötigenfalls in die Besprechung hineinmanövrieren. Sie können das Modell darüber hinaus auch zu Planungszwecken benutzen. Sie stellen Vermutungen über die Einstellung einer Person gegenüber einem bestimmten Punkt an und entscheiden dann, ob Sie vor der nächsten Besprechung andere zur Unterstützung brauchen. Für mich war das Modell immer ein unkompliziertes und erstaunlich nützliches Hilfsmittel.

Literatur

Belbin, M. (1981) *Management Teams,* Heinemann, London.

Belbin, M. (1993) *Team Roles at Work,* Butterworth Heinemann, Oxford.

Bion, W.R. (1961) *Bion and Group Psychotherapy,* Experiences in Groups, Tavistock Publications, London.

Gibb, J.R. (1971) The effects of human relations training in: *Handbook of Psychotherapy and Behaviour Change* (Eds. A. Bergin and S. Garfield), Wiley, New York.

Harvey, J. (1987) *The Abilene Paradox,* Lexington Books, Lexington, MA.

Janis, I. (1982) *Groupthink,* 2nd edn, Houghton Mifflin Co, Boston, MA.

Tuckman, B. (1965) Developmental sequence in small groups. *Psychological Bulletin,* 63, 6.

Weiterführende Literatur

Dixon, N. (1979) *On the Psychology of Military Incompetence,* Macdonald, London.

Douglas, T. (1976) *Groupwork Practice, Tavistock Publications,* London.

Dyer, W. (1977) *Team Building,* Addison-Wesley, Reading, MA.

Hinshelwood, R. (1987) *What happens in Groups,* Free Association Press, London.

Huczynski, A. and Buchanan, D. (1985) *Organizational Behaviour,* Prentice-Hall, London.

Morgan, G. (1986) *Images of Organization,* Sage Publications, London.

Pines, M. (1985) Routledge and Kegan Paul, London.

Rackham, N. and Morgan, T. (1977) *Behaviour Analysis in Training,* McGraw-Hill, Maidenhead.

Smith, P. (1973) *Groups within Organizations,* Harper and Row, London.

Sampson, E. and Marthas, M. (1977) *Group Process for the Health Professions,* Wiley, New York.

Williams, A. (1991) *Forbidden Agendas,* Routledge and Kegan Paul, London.

Weisbord, M. (1989) *Productive Workplaces,* Jossey-Bass Publishers, San Francisco.

10. Führung und Management

Als professionell Betreuende im Gesundheitsbereich sind Sie, ob Sie es wollen oder nicht, immer in einer Führungsrolle, ganz gleich, welche Rolle Sie offiziell ausüben. Die PatientInnen erwarten von Ihnen, dass Sie sie anleiten und beraten und ihnen Vertrauen, Bestätigung und Unterstützung gewähren. Sie möchten außerdem von Ihnen wissen, wie, wann, ob, warum und wo und was passiert. Auch hier erwarten sie von Ihnen, dass Sie mit dem Verlauf ihrer Fortschritte vertraut sind, dass Sie die Bedeutung der Werte (und Begriffe) kennen und wissen, wie es ihnen geht.

Die Erwartungen an Sie sind hoch, aber Sie können die Herausforderung zumindest annehmen und sich ein wenig damit beschäftigen, wie Sie auf die nicht-klinischen Aspekte der oben genannten Bedürfnisse reagieren können.

In diesem Kapitel geht es um zwei herausragende Bereiche von Organisationen: Führung und Management. Bestimmte Aspekte dieser Bereiche haben sehr viel Ähnlichkeit mit den oben beschriebenen Bedürfnissen. Über die beiden Begriffe wird oft so gesprochen, als hätten sie dieselbe Bedeutung, und sie werden regelmäßig auch so verwendet. Dabei beinhalten sie sehr unterschiedliche Verhaltensweisen. Die Unterschiede werden in diesem Kapitel dargelegt und es werden Theorien über Führung und Management vorgestellt, die Sie für Ihre Arbeit gebrauchen können.

Im Gesundheitsbereich sind Ihre wichtigsten MitarbeiterInnen Ihre PatientInnen, deren Angehörige, das Personal aus klinikfremden Fachgebieten und Ihre KollegInnen mit unterschiedlichem Wissensstand. Ziehen Sie aus der Tatsache, dass Sie keinen offiziellen, Ihre Führungsrolle anzeigenden Titel tragen, nicht den Schluss, dass Sie keine entsprechenden Verpflichtungen haben – Sie haben sie, und nicht nur gegenüber sich selbst, sondern auch gegenüber anderen.

Die Arbeit in einer formalisierten Organisation – zum Beispiel im Gesundheitswesen – in der es viele verschiedene Berufe und Dienstgrade gibt, kann Sie dazu verleiten, Führung mit einer Rolle innerhalb einer Hierarchie oder mit einer bestimmten Berufsbezeichnung gleichzusetzen. Sie werden jedoch aus eigener Erfahrung wissen, dass dies so nicht ist. Wir alle führen, und durch unser Beispiel beeinflussen wir das Verhalten anderer. Wir beeinflussen sie vielleicht nicht immer in unserem Sinn, aber der Einfluss ist dennoch da.

Auch wenn von den Menschen und Situationen in Ihrer Umgebung ein Einfluss ausgeht, letztendlich sind Sie Ihre eigene Führerin, und keine andere kann diese Aufgabe für Sie übernehmen.

10.1 Die Bedeutung der Begriffe «Führung» und «Management»

Management ist der Umgang mit der Komplexität großer Organisationen (Kotter, 1982). Nach Ansicht Kotters wären Organisationen ohne die entsprechenden Managementpraktiken und -strategien so chaotisch, dass sogar ihre Existenz bedroht wäre. Im Gegensatz dazu versteht Kotter unter Führung den Umgang mit Veränderungen. Dies ist eine Fähigkeit, die infolge der immer schneller aufeinanderfolgenden Veränderungen, des Wettbewerbs und der Turbulenzen im modernen Wirtschaftsleben eine stetig wachsende Bedeutung erlangt hat. Für ihn hat Management mit dem Systematisieren und Ordnen komplexer Dinge zu tun (ein mehr nach innen gerichteter Mikroaspekt). Bei der Führung jedoch geht es um die Bewältigung sich wandelnder Situationen (ein mehr nach außen gerichteter Makroaspekt).

Beide Aspekte sind wichtig und überschneiden sich. Management hat mit Ordnung und effektiver Kontrolle zu tun, während Führung als Reaktion auf sich wandelnde Gegebenheiten die allgemeine Richtung bestimmt, wie in **Abbildung 10-1** dargestellt.

Der Hauptunterschied zwischen Führung und Management lässt sich mit der Grundlage des Einflusses erklären. Beim Management ist es eher die Position, deren Einfluss die Rolle prägt. Dazu gehört:

- Pläne machen
- Fortschritte überwachen
- die Dinge in Gang halten
- sich um die anstehenden Schwierigkeiten und Probleme kümmern
- in speziellen Situationen gute und konstruktive Unterstützung gewähren.

All dies kann inspirierend und beflügelnd, oder streng methodisch und verwaltungsmäßig ablaufen.

Der Einfluss, der für eine effektive Führung relevant ist, hat einen anderen Ursprung. Er ist in der Person konzentriert. Hier sind es insbesondere die persönlichen Merkmale, die den Unterschied ausmachen. Diese sind in der Lage, andere so zu fesseln, zu inspirieren, zu bestärken und zu befähigen, dass sie herausragende Arbeit leisten (siehe **Abb. 10-2**).

Welchen dieser beiden zusammenhängenden, aber grundlegend verschiedenen Organisationsaspekte halten Sie für wichtiger? Vielleicht erscheinen Ihnen die oben beschriebenen Unterschiede ziemlich künstlich und Sie finden, dass

Abbildung 10-1: Führung und Management

Management [Macht und Einfluss gehen mehr von der Position aus]
• überwacht zielorientiert Leistungen
• wickelt Dinge korrekt ab
• stellt professionelle/kompetente Anweisungen bereit
• sichert Einzelergebnisse
• sorgt für fortlaufende Entwicklung und Wachstum im personellen Bereich

Führung [Macht und Einfluss gehen mehr von der Person aus]
• entwirft Visionen
• tut das «Richtige»
• konzentriert sich auf das Gesamtbild
• inspiriert andere
• sorgt für bahnbrechende Fortschritte

Abbildung 10-2: Führung und Management: die Grundlagen des Einflusses

Management	Führung
Macht geht von der Position aus Ressourcen kontrollieren, einsetzen, dirigieren, managen	Effektivität, Energie, Beispiele, Kommunikation, Engagement, Visionen

Pläne, Budgets, Berichte, Anordnungen, Überwachung, Effizienz	**Macht geht von der Person aus** Menschen anleiten, inspirieren, überzeugen, verpflichten

es eigentlich gar keinen Unterschied gibt, sondern dass alles entweder mit dem «Management» oder mit der «Führung» zu tun hat.

Ihre Meinung hierzu ist wichtig, denn von ihr hängt ab:

- was Sie von anderen erwarten, wenn über die Führung in einem Pflegeteam oder über das Management einer Klinik gesprochen wird
- nach welchen Kriterien Sie die Leistungen anderer bewerten (z. B. könnte ich ein schlechter Führer, aber ein hervorragender Manager sein und umgekehrt)
- wie Sie reagieren, wenn Sie gebeten werden, die nächste Sitzung zu «übernehmen» oder zu leiten, oder was Sie auf die Frage: «Wollen Sie das Management/die Führung übernehmen?» antworten
- wie Sie Ihre Handlungen einschätzen und welche Bedeutung Sie Ihren Zielen sowie der Quelle, aus der Sie Ihren Einfluss beziehen (Position oder Person), beimessen.

Diese Fragen, und auch Ihre Antworten, sind wichtig, denn mit ihrer Hilfe können Sie klären, was Sie für sich selbst von Ihrer Arbeit erwarten. Es ist ein gewaltiger Unterschied, ob man in einer Organisation in erster Linie mit dem Management oder in erster Linie mit der Führung betraut ist. Ich sage «in erster Linie», weil das eine immer auch ein Element des anderen enthält, aber es kommt darauf an, was im Vordergrund steht.

Sie müssen entscheiden, was Ihnen zusagt und was Sie von der Zukunft erwarten. Derartige Fragen werden kaum berücksichtigt oder näher

untersucht, wenn man damit beschäftigt ist, schnell in eine höhere Position/Rolle aufzusteigen. Das heißt nicht, dass Ihre Antworten auf solche Fragen für immer Gültigkeit haben müssen, doch wenn Sie sich Zeit nehmen und über diese Dinge nachdenken, können Sie Ihre Fähigkeiten und Bemühungen in den nächsten Jahren sinnvoller bündeln und einsetzen.

Wie sieht es mit dem Begriff «Verwaltung» aus? Sind «Führung» und «Management» lediglich andere Bezeichnungen für Verwaltung? Verbirgt sich dahinter eine bürokratische, mit viel Schreibarbeit verbundene Schreibtischtätigkeit? Oder ist es die herkömmliche Bezeichnung für Leute, die Managementaufgaben ausführen? Ist die Tätigkeit eines leitenden Verwaltungsangestellten wirklich gleichzusetzen mit der eines Managers oder einer Führungskraft – oder mit beidem? Was sich hinter einer Berufsbezeichnung verbirgt, sehen Sie nur, wenn Sie herausfinden, was die betreffende Person tut. Dann erhalten Sie Aufschluss darüber, ob es mehr um Führung und/oder mehr um Management geht.

10.2 Was effektive Führungskräfte und Manager auszeichnet

Wir wollen die Frage Führung oder Management zunächst zurückstellen. Ich werde weiter hinten in diesem Kapitel auf die Arbeit von Mintzberg (Management) und auf die von Kouzes und Posner (Führung) Bezug nehmen, wenn ich näher auf diese unterschiedlichen Rollen eingehe.

Ich möchte Sie zuerst einmal bitten, sich zu überlegen, was Sie sehen, wenn Sie effektiven Führungskräften und Managern bei der Arbeit zuschauen und zwar unabhängig von ihrer Berufsbezeichnung. Was macht sie so besonders und wie äußert sich ihre Effizienz in der Praxis? Denken Sie zurück an Personen, die Sie kennen und mit denen Sie vielleicht zusammengearbeitet haben, die ihre Rolle als Führungskraft oder Manager höchst effizient ausgeübt haben. Schreiben Sie drei oder vier auf, die Sie am Arbeitsplatz, während Ihrer Berufsausbildung, im Alltag, in der Schule, im Sportverein etc. kennen gelernt haben. Was haben diese Personen getan, dass der Einfluss auf Sie und andere so positiv war? Je präziser Ihre Angaben hierzu sind, desto besser. Erstens ist es wichtig für Sie zu wissen, was Sie schätzen und worauf Sie positiv reagieren, und zweitens können Sie von diesen Personen lernen und deren gute Praktiken übernehmen.

Stellen Sie Ihre Antworten zu einer Übersicht zusammen (siehe Abb. 10-3), in der Sie auflisten, wodurch sich Ihrer Meinung nach effektive

und produktive Verhaltensweisen von Führungskräften und Managern auszeichnen. Sie können ebenfalls nachteilige und unproduktive Erlebnisse auflisten. Anschließend können Sie die Informationen vergleichend gegenüberstellen und schauen, ob Sie daraus Erkenntnisse über sich und Ihre Arbeitsweise ableiten können. Zu guter Letzt können Sie Ihre bisherigen Erfahrungen mit Arbeiten über effektive Verhaltensweisen von Führungskräften und Managern vergleichen. Sie werden dann auf den folgenden Seiten sehen, wie Ihre Erfahrungen und Sie im Vergleich mit den Befunden dieser Arbeiten abschneiden.

10.3 Die Praktiken effektiver Führungskräfte – Kouzes und Posner

Bitte vergegenwärtigen Sie sich bei der Lektüre der folgenden Seiten Ihre Aufzeichnungen in **Abbildung 10-3.**

Kouzes und Posner (1989) haben bei ihren Untersuchungen Einstellungen und Verhaltens-

Abbildung 10-3: Verhaltensweisen von erfolgreichen Führungskräften und Managern – Angaben, die auf eigenen Erfahrungen beruhen

Bitte beziehen Sie sich auf zwei oder drei der von Ihnen ausgewählten Personen
Was haben diese Personen getan, um als Führungskräfte oder Manager so viel Erfolg bzw. Einfluss zu haben?
Was haben sie in ihrer Rolle als Führungskraft oder Manager vermieden?
Inwiefern hat sich das Verhalten dieser Personen als Führungskraft bzw. Manager auf Sie ausgewirkt?
Wie haben diese Personen in ihrer Rolle auf KollegInnen gewirkt?

weisen festgestellt, die bei allen herausragenden Führungskräften zu finden sind. Nach Auffassung von Kouzes und Posner kann sich jeder, der dies wirklich will, durch entsprechendes Training und Übung auch diese Verhaltensweisen und Einstellungen aneignen.

Die Autoren sind nicht der Auffassung, dass man zur Leitperson geboren und nicht gemacht wird. Sie behaupten nachdrücklich, dass effektive Führungsqualitäten nichts Mystisches oder Magisches an sich haben: Wir haben alle das Zeug dazu, wenn wir nur wollen. Es mag sein, dass jeder eine bestimmte (genetische) Prädisposition hat, aber ich glaube auch, dass Sie es in der Hand haben, Ihre Vorstellungen Wirklichkeit werden zu lassen.

In **Abbildung 10-4** sind die Verhaltensweisen aufgelistet, die Kouzes und Posner bei ihren Untersuchungen über Führungskräfte festgestellt und in Form von fünf Maximen und zehn Regeln zusammengefasst haben.

Diese Maximen begünstigen es, KollegInnen so zu fesseln, zu befähigen und zu unterstützen, dass sie beachtliche Ergebnisse erzielen und sie zu fördern, diese Verhaltensweisen selbst umzusetzen. Jede dieser Maximen ist vermittelbar und überprüfbar, damit Sie herausfinden können, inwieweit Sie schon danach handeln und wo Sie noch mehr tun müssen.

Die Botschaft von Kouzes und Posner lautet, dass herausragende Führungsqualitäten auf ganz

speziellen Verhaltensweisen beruhen, die jeder lernen und praktisch anwenden kann. Vergegenwärtigen Sie sich die fünf Maximen aus Abbildung 10-4 und überlegen Sie, inwieweit die von Ihnen hoch geschätzten Führungskräfte oder Manager diese umgesetzt haben. Sie können auch die Menschen in Ihrer Umgebung betrachten und prüfen, ob Ihre KollegInnen in höheren Positionen nach diesen Maximen handeln.

10.4 Adair und die aktionszentrierte Führung

Der Ansatz von John Adair (1983) leitet sich aus seiner Arbeit mit dem Militär ab. Er stellte einen engen Zusammenhang zwischen effektiver Führung und der Integration dreier miteinander verknüpfter Gruppen von Bedürfnissen fest:

- *Bedürfnisse, die mit der Aufgabe zusammenhängen:* Klarheit, was das globale Ziel und die zu seiner Verwirklichung erforderlichen Massnahmen und Verhaltensweisen anbelangt
- *Bedürfnisse der beteiligten Personen:* Dinge, die dazu beitragen, dass der Einzelne sich als wertvolles Mitglied des Teams empfindet und die ihn befähigen, sein Bestes zu geben
- *Bedürfnisse, die den Gruppenzusammenhalt stärken:* Dinge, die dazu beitragen, dass der Zusammenhalt der Gruppe, ihre Motivation

Abbildung 10-4: Die Praktiken vorbildlicher Führungskräfte

Stellen Sie die Vorgehensweise in Frage.
Suchen Sie nach Möglichkeiten, experimentieren Sie und gehen Sie Risiken ein.

Sorgen Sie für eine gemeinsame Vision.
Zeichnen Sie ein Bild von der Zukunft, gewinnen Sie andere für die Mitarbeit.

Machen Sie andere handlungsfähig.
Fördern Sie die Zusammenarbeit, machen Sie anderen Mut.

Zeigen Sie den Weg auf.
Geben Sie ein Beispiel vor, planen Sie kleine Erfolge ein.

Geben Sie der Seele Streicheleinheiten.
Erkennen Sie Mitarbeit an, feiern Sie Erfolge.

Abbildung 10-5: Die aktionszentrierte Führung nach Adair

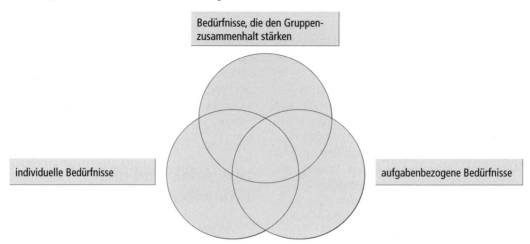

und ihre grundsätzliche Bereitschaft zur Durchführung der Aufgabe gewahrt bleiben.

Nach Adair ist es die Aufgabe der Führungskraft, auf all diese Bedürfnisse gleichzeitig zu achten und dafür zu sorgen, dass sie während der Durchführung der Arbeit im Gleichgewicht bleiben. Er stellt die verschiedenen Bedürfnisse als drei miteinander verbundene Kreise dar, von denen jeder eine Gruppe der zu beachtenden Bedürfnisse repräsentiert (**Abb. 10-5**).

Das Modell ist einfach, aber prägnant, und es lenkt die Aufmerksamkeit auf die möglichen Konsequenzen, die zu erwarten sind, wenn diese drei Gruppen von Bedürfnissen nicht genügend beachtet oder im Gleichgewicht gehalten werden. In Abbildung 10-6 habe ich drei Situationen vorgegeben, in denen jeweils eine der drei Bedürfnisgruppen nicht berücksichtigt wird. Es kann auch Fälle geben, in denen zwei der drei Gruppen nicht beachtet werden, was große

Schwierigkeiten bei der Durchführung der Arbeit nach sich zieht.

Welche Konsequenzen würden sich Ihrer Meinung nach für jede der in **Abbildung 10-6** vorgegebenen Situationen ergeben? Was geschieht in jeder einzelnen Situation? Möglicherweise haben Sie selbst schon einmal eine Situation erlebt, die einer der vorgegebenen Situationen ähnlich war. In diesem Fall können Sie auf eigene Erfahrungen zurückgreifen.

Ich habe in **Abbildung 10-7** aufgeführt, was nach meiner Einschätzung in jeder einzelnen Situation geschieht. Damit haben Sie für den Anfang eine Vorstellung, wie Sie mit Hilfe des Ansatzes von Adair Probleme antizipieren können, die durch Nichtbeachtung und ungleiche Gewichtung dieser drei Bedürfnisgruppen bei der Zusammenarbeit von Teams, Gruppen und Besprechungsrunden entstehen. Die aktionszentrierte Führung ist ein bewährter und erprobter Ansatz, wenn es darum geht, sich einen

Abbildung 10-6: Das Gleichgewicht zwischen den einzelnen Bedürfnisgruppen

	aufgabenbezogene Bedürfnisse	individuelle Bedürfnisse	Gruppenzusammenhalt stärkende Bedürfnisse	Konsequenzen
Fall 1	erfüllt	erfüllt	nicht erfüllt	?
Fall 2	erfüllt	nicht erfüllt	erfüllt	?
Fall 3	nicht erfüllt	erfüllt	erfüllt	?

Abbildung 10-7: Die möglichen Konsequenzen eines Ungleichgewichts zwischen den einzelnen Bedürfnisgruppen

Situationsbeschreibung	mögliche Konsequenzen
Fall 1: Die den Gruppenzusammenhalt stärkenden Bedürfnisse werden nicht erfüllt	Schwerpunkt ist die Aufgabendurchführung; die Leistung des Einzelnen zählt; wenig gegenseitige Unterstützung; Wetteifern zwischen Gruppen; Spaltung der Gruppe noch vor Beendigung der eigentlichen Aufgabe möglich; es wird immer nach einem Sündenbock gesucht; etc.
Fall 2: Die individuellen Bedürfnisse werden nicht erfüllt	Harmonie; alle setzen sich für die gemeinsame Sache ein; kein Raum für Individualität; Konformität und Konsens werden geschätzt; es gilt die Maxime «Sei einer von uns und mache es wie wir»; Rebellion und Widerstand könnten die Folge sein; Gefühl, vereinnahmt/erstickt zu werden; etc.
Fall 3: Die aufgabenbezogenen Bedürfnisse werden nicht erfüllt	Es macht großen Spaß, in einer Gruppe zu sein, in der jeder für den anderen da ist und jeder so sein darf, wie er ist; Aufgabendurchführung ist unwichtig; Auflösung ist ziemlich wahrscheinlich; man macht sich vor, dass man das Richtige tut und dass niemand in der Gruppe daran zweifelt; etc.

Einblick in das Thema «Führung» zu verschaffen. Er ermöglicht einen unmittelbaren Blick auf das Geschehen und macht die Führung darauf aufmerksam, dass die Gruppe wieder auf den richtigen Kurs gebracht werden muss.

10.5 Situative Führungstheorie

Hierbei handelt es sich um einen anderen, sehr praxisnahen Ansatz, der bei Managern großen Anklang findet. Er ist fundiert und leicht zu verstehen oder anzuwenden. In diesem Ansatz werden zwei Dimensionen kombiniert, die zuvor der Charakterisierung verschiedener Managementstile dienten, in diesem Modell aber als verschiedene Dimensionen desselben Stils verstanden werden. Diese sind:

- das Ausmaß, in dem die Führung Anweisungen für die zu erledigenden Aufgaben gibt
- das Ausmaß, in dem sie die Entwicklung einer kollegialen Beziehung zu den MitarbeiterInnen fördert.

Untersuchungen der Ohio State University, in denen dieser Entweder-Oder-Ansatz nicht weiter verfolgt wurde, haben ergeben, dass ein Großteil der Verhaltensweisen von Führungskräften in aufgaben- und beziehungsorientierte Verhaltensweisen eingeteilt werden kann. Auch wurden die beiden Dimensionen durchaus nicht als konkurrierende Theorien über Führungsstile betrachtet, sondern als gleichzeitig existierende Phänomene. Das Ergebnis war eine zweidimensionale Theorie über Führungsstile und ein Ansatz, der schließlich «Situative Führungstheorie» genannt wurde (Hersey und Blanchard, 1988).

Das Modell besagt, dass man als Führungskraft seinen MitarbeiterInnen immer Anweisungen für die zu erledigenden Aufgaben geben muss; man muss auch eine Beziehung zu ihnen aufbauen, um sie bei ihrer Arbeit zu unterstützen. In welchem Ausmaß Sie sich auf die beiden Dimensionen konzentrieren, hängt davon ab, wie geeignet der Einzelne für die Durchführung einer bestimmten Aufgabe ist.

Sie müssen also jeden Mitarbeiter in Abhängigkeit von seiner Persönlichkeitsstruktur und von der jeweiligen Tätigkeit anders behandeln. Ihre MitarbeiterInnen können äußerst kompetent und erfahren in bestimmten Aspekten ihrer Arbeit sein, in anderen dagegen weniger. Nach Hersey und Blanchard gibt es nicht den einen

Abbildung 10-8: Modell des situativen Führens

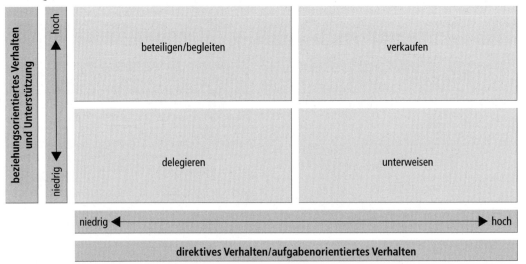

richtigen Weg für einen Manager oder eine Führungskraft, sondern Sie müssen Ihren Führungsstil immer wieder an die Bedürfnisse und die jeweilige Aufgabe der Person anpassen, woraus sich auch der Begriff situative Führung ableitet.

Hersey und Blanchard bildeten durch Kombination der aufgabenorientierten und der beziehungsorientierten Dimension das in **Abbildung 10-8** dargestellte Modell. Es entstand aufgrund der Arbeit von Paul Hersey und ist eine Weiterentwicklung der früheren Arbeit beider Autoren. Das Modell zeigt vier Führungsstile, die sich in Abhängigkeit von der Gewichtung des direktiven bzw. beziehungsorientierten Führungsstils ergeben.

Bei den Führungsstilen ist eine Entwicklung erkennbar:

- *Unterweisen:* Es muss sichergestellt sein, dass der Mitarbeiter weiß, was er tun muss, dass er die nötigen Anweisungen erhält und sich die erforderlichen Fähigkeiten aneignet etc.
- *«Verkaufen»:* Hier liegt die Verantwortung immer noch bei der Führung, der Mitarbeiter wird aber stärker eingebunden; ab dieser Stufe geht die Aktivität nicht mehr von der Führung aus.
- *Beteiligen und Begleiten:* In diesem Stadium liegt die Verantwortung für die Tätigkeit in erster Linie bei dem Mitarbeiter, der jetzt vor

allem beraten werden muss; die Führung muss kaum noch Anweisungen geben, weil sie jetzt einen Mitarbeiter mit größerer Erfahrung hat.
- *Delegieren:* Dies geschieht, wenn die Führung den Mitarbeiter für so kompetent hält, dass sie ihm die volle Verantwortung für die Arbeit überträgt. Sie erkennt, dass man den Mitarbeiter am besten seine Arbeit allein tun lässt, und unterstützt ihn dabei.

Denken Sie daran, dass Ihr Führungsstil auf die Person abgestimmt sein muss, die einen bestimmten Teil einer Tätigkeit zu erledigen hat. Es stimmt nicht unbedingt, dass ein Mitarbeiter, der bei Aufgabe «A» sehr viel Anweisung und Anleitung braucht, diese deshalb auch bei Aufgabe «B» braucht. Auch wenn Sie eine sehr erfahrene Pflegefachkraft einstellen, müssen Sie in der Anfangsphase auf den unterweisenden Stil zurückgreifen, denn sie braucht Zeit, um sich in der neuen Umgebung zurechtzufinden und herauszufinden, was von ihr verlangt wird. Helfen Sie ihr, sich einzugewöhnen und sich mit den üblichen Arbeitsabläufen vertraut zu machen. Dann können Sie viel eher die Dinge aus der Hand geben und sie schneller mit einem delegierenden Stil führen, als wenn Sie sie einfach ins kalte Wasser stoßen und sich selbst überlassen.

Das Modell ist äußerst flexibel, und es zeigt, dass jeder in einigen Bereichen seines Berufes sehr kompetent, in anderen dagegen weniger kompetent sein kann. Ich weiß aus eigener Erfahrung, wie beängstigend es sein kann, wenn vorausgesetzt wird, dass Sie, nur weil Sie bestimmte Dinge können, auch in der Lage sind, ohne richtige Anleitung andere, ähnlich gelagerte Aufgaben zu übernehmen, mit denen Sie vorher noch nie konfrontiert wurden. In einer solchen Situation kann ein wenig «Unterweisen» Ihnen die Richtung aufzeigen und die Sicherheit geben, die Sie brauchen, um Ihre Aufgaben zu erfüllen. Falls erforderlich können Sie dann schnell das Stadium des «delegierenden» Stils erreichen.

Die vorgestellten Modelle sind sehr interessant und praktikabel. Ich hoffe, dass Ihr Interesse geweckt ist und Sie mehr darüber wissen wollen. Für Kouzes und Posner (1989) und das situative Führungsmodell stehen Fragebogen zur Verfügung, mit denen Sie Ihren derzeitigen Arbeitsstil ermitteln und gleichzeitig herausfinden können, wo sich durch den Einsatz anderer Stile noch etwas verbessern lässt.

10.6 Mintzberg: Die Arbeit eines Managers

Grundlage der hier vorgestellten Thesen sind Beobachtungen der tatsächlichen Arbeit von Managern im Vergleich zu dem, was sie zu tun vorgeben. Mintzberg (1980) beobachtete, dass der Tag eines Managers ziemlich hektisch ist. Es gab, wenn überhaupt, nur wenig Zeit zum Nachdenken, und er oder sie war fast ausschließlich damit beschäftigt, sich entweder direkt oder per Telefon eilig mit irgendwelchen Leuten auseinander zu setzen.

Mintzberg achtete systematisch darauf, was Manager tun, wodurch ihre Arbeit gekennzeichnet ist und welche Eigenschaften sie haben müssen, um in den verschiedenen Organisationen arbeiten zu können. Er bat Manager, sehr genau Tagebuch zu führen, und er und seine Mitarbeiter folgten ihnen auf Schritt und Tritt. Die Manager äußerten sich sehr detailliert über ihre tägliche Arbeit. Die folgenden zehn Rollen, die

Abbildung 10-9: Zehn Rollen eines Managers

Beziehungsrollen
• Repräsentant
• Führer
• Koordinator

Informationsrollen
• als Informationssammler
• als Informationsverteiler
• als Sprecher

Entscheidungsrollen
• Unternehmer
• «Krisenmanager»
• Ressourcenzuteiler
• Verhandlungsführer

aufgrund von Feldstudien ermittelt wurden, lassen sich in drei Gruppen unterteilen (siehe **Abb. 10-9**).

Mintzberg fand heraus, dass Manager im Tagesverlauf abwechselnd diese zehn Rollen übernehmen. **Abbildung 10-10** stellt die zehn Rollen den verschieden Funktionen gegenüber, die ein Manager zu erfüllen hat, wenn er erfolgreich bleiben will.

Schauen Sie sich diese beiden Listen an und stellen Sie vor dem Hintergrund Ihrer Erfahrungen fest, welche dieser Rollen Sie kennen. Auf den ersten Blick scheinen einige im Gesundheitsbereich nicht relevant zu sein, doch im Hinblick auf Veränderungen des Binnenmarktes werden einige Rollen, die eigentlich aus der Marktwirtschaft stammen, in zunehmendem Maße auch für bestimmte Aspekte der Managerrollen im Gesundheitswesen infrage kommen. Sie können in **Abbildung 10-11** aufschreiben, für welche Funktionen und Rollen Sie sich interessieren. Vielleicht werden Ihnen dadurch neue

Abbildung 10-10: Gegenüberstellung der Funktionen und Rollen eines Managers

Funktionen eines Managers	Schlüsselrollen
Koordinator	Sprecher, Repräsentant
politischer Manager	Sprecher, Verhandlungsführer
Unternehmer	Unternehmer, Ressourcenzuteiler
Insider	Krisenmanager
Echtzeitmanager	Führer
Teammanager	Informationssammler, Sprecher
Experte	Koordinator
Wissensmanager	Informationssammler

Möglichkeiten für Ihre berufliche Weiterentwicklung aufgezeigt.

Mintzberg (1980) hat einige seiner wissenschaftlichen Kollegen in Aufruhr versetzt, weil er sich mit dem beschäftigt hat, was Manager tatsächlich tun, anstatt großartige Theorien darüber aufzustellen, was Topmanager tun sollten. Aber er hat das Management etwas vom Nimbus des Mystischen befreit und es wieder auf den Boden der Tatsachen zurückgebracht.

Wenn Sie sich mit der Arbeit von Mintzberg beschäftigen, beantworten Sie bitte zwei einfache Fragen:

- Möchte ich diese Art von Tätigkeit zu einem späteren Zeitpunkt in meiner beruflichen Laufbahn ausüben?
- Bin ich fähig, eine solche Tätigkeit zu einem späteren Zeitpunkt in meiner beruflichen Laufbahn auszuüben?

Je nachdem, wie Ihre Antworten ausfallen, haben Sie etwas, worauf Sie Ihre Bemühungen und Ambitionen in den nächsten Jahren konzentrieren können.

Es könnte sein, dass Ihre Meinung über Manager und über Möglichkeiten, andere zu motivieren, von anderer Seite beeinflusst wurden, beispielsweise von den richtungweisenden Ideen des amerikanischen Sozialpsychologen Douglas McGregor (1960).

10.7 Die Theorie X und die Theorie Y von McGregor

Hierbei handelt es sich um die vielleicht bekannteste Theorie über Management und Motivation. McGregor hat in seiner Arbeit den Kontrast zwischen zwei höchst unterschiedlichen Auffassungen über das Arbeitsverhalten von Menschen sehr krass herausgearbeitet. Er postuliert zwei grundverschiedene Menschenbilder und stellt diese einander gegenüber. Jedes dieser Bilder hat weitreichende Konsequenzen, wenn es darum geht zu definieren, was mit Management gemeint ist und wie das Management seine Mitarbeiter motivieren sollte. Ich glaube, dass sein Modell nach wie vor viele der gängigen Vorstellungen über das Management in der Geschäftswelt prägt. Folglich müssen Sie seine Theorien kennen, auch wenn Sie in einigen Punkten nicht mit ihm übereinstimmen.

Abbildung 10-11: Meine Erfahrungen und Interessen im Zusammenhang mit den von Mintzberg ermittelten Rollen

Funktionen eines Managers		Schlüsselrollen	
Erfahrung in:	interessiert an:	Erfahrung in:	interessiert an:

McGregor stellt zwei gegensätzliche Thesen über Menschen am Arbeitsplatz auf:

- Arbeitnehmer müssen geführt und kontrolliert werden (Theorie X).
- Arbeitnehmer sind intrinsisch motiviert und selbstbestimmt (Theorie Y).

Bei diesen Theorien handelt es sich um Konzepte, die tief im Denken des Managements verwurzelt sind und sich prägend auf unseren Umgang mit folgenden Aspekten auswirken:

- Leistungsmanagement
- Personalbeurteilung
- Personalentwicklung
- Belohnungsstrategien
- Umstrukturierung von Arbeitsprozessen
- Motivation bei der Arbeit
- erfolgreiche Managementpraktiken.

10.7.1 Die Annahmen, die Theorie X zugrunde liegen

- Der Mensch hat generell eine angeborene Abneigung gegen Arbeit und meidet sie, wenn er kann.
- Aufgrund dieser Abneigung gegen Arbeit müssen die meisten Menschen gezwungen, kontrolliert, angewiesen oder mit Strafen bedroht werden, damit sie sich bemühen, die von der Organisation vorgegebenen Ziele zu erreichen.
- Der Mensch an sich will geführt werden, möchte Verantwortung vermeiden, hat relativ wenig Ehrgeiz und wünscht vor allen Dingen Sicherheit.

Diese Theorie beinhaltet eine grundsätzlich pessimistische und restriktive Sichtweise des Menschen. Menschen müssen gedrängt, überredet und angewiesen werden, um das zu tun, was getan werden muss. Man muss sie ständig beobachten, sonst arbeiten sie schlampig, und wenn man nicht hinschaut, vermeiden sie es, ihre Arbeit zu tun. Man kann ihnen nicht trauen, sie haben von sich aus kein Interesse an der Arbeit, sie wollen bloß das Geld und schauen ständig auf die Uhr, bis es Zeit ist, nach Hause zu gehen.

Die Theorie reduziert jeden auf den niedrigsten gemeinsamen Nenner. Diejenigen, die nicht in dieses Bild passen, werden außer Acht gelassen; sie stehen wahrscheinlich im Verdacht, das Management irgendwie reinlegen zu wollen und «müssen beobachtet werden»!

10.7.2 Die Annahmen, die Theorie Y zugrunde liegen

- Körperliche und geistige Anstrengungen in die Arbeit zu investieren, ist ebenso selbstverständlich wie Spielen oder Ausruhen.
- Kontrolle von außen und Strafandrohung sind nicht die einzigen Mittel, um zu erreichen, dass Menschen sich bemühen, die von der Organisation vorgegebenen Ziele zu erreichen.
- Menschen bemühen sich von selbst und kontrollieren sich selbst, wenn es darum geht, lohnenswerte Ziele zu erreichen.
- Engagement für Ziele ist davon abhängig, wie die Bemühungen belohnt werden.
- Der Mensch lernt unter geeigneten Bedingungen nicht nur, Verantwortung zu übernehmen, sondern er strebt sogar danach.
- Die Fähigkeit, mit einem relativ hohem Maß an Fantasie, Erfindungsgabe und Kreativität die Probleme der Organisation zu lösen, ist in der Bevölkerung nicht gering, sondern stark verbreitet.
- Unter den im heutigen Geschäftsleben herrschenden Bedingungen wird das intellektuelle Potenzial des Menschen nur zu einem Teil genutzt.

Diese Annahmen haben deutlich andere Implikationen für Managementstrategien als die, welche Theorie X zugrunde liegen. Sie sind eher dynamisch als statisch. Sie gehen von der Möglichkeit aus, dass ein Mensch wachsen und sich entwickeln kann. Sie lassen mehr Möglichkeiten zu als nur die einer absolut direktiven Kontrolle, wenn es darum geht, Menschen zu interessieren und zu motivieren. Theorie Y stellt den Menschen und seine Fähigkeiten als kreativ und optimistisch dar.

Theorie X liefert dem Management rationale Erklärungen für ineffektive Leistungen der Organisation. Sie postuliert als Ursache die Natur der Ressource Mensch (die an sich nicht vertrauenswürdig ist), mit der wir arbeiten müssen. Theorie Y weist operationale Probleme dagegen klar dem Management zu, das nicht in der Lage ist, die erforderlichen Fähigkeiten und Talente hervorzubringen.

Die Zusammenfassungen von Theorie X und Theorie Y wirken ziemlich extrem, aber sie bringen zwei äußerst gegensätzliche Auffassungen über das Wesen der Arbeit, über Managementziele und über die Natur des Menschen zum Ausdruck. Vielleicht haben Sie Lust, sich ein paar Gedanken über Ihre Managementphilosophie und über die der ManagerInnen und KollegInnen zu machen, mit denen Sie zu tun haben. Beschäftigen Sie sich mit Theorie X und mit Theorie Y und überlegen Sie dann, wo Sie sich auf einer Skala, die von 1 bis 10 reicht, einordnen würden (siehe **Abb. 10-12**).

Sie können hier bestenfalls Vermutungen anstellen, welche Überlegungen den Entscheidungen des Managements in Ihrer Organisation zugrunde liegen. Vielleicht sind Sie schockiert, weil Sie einen Unterschied feststellen zwischen der nach außen vertretenen Philosophie und der Realität in der Praxis. Spüren Sie solche Diskrepanzen auf, denn sie stehen in Zusammenhang mit den Inhalten von Kapitel 2 über Organisationen.

McGregor geht davon aus, dass jeder Entscheidung oder Aktion des Managements bestimmte Annahmen über die menschliche Natur und das menschliche Verhalten zugrunde liegen. Die Aufdeckung dieser Annahmen könnte viel dazu beitragen, den Stil einzelner Manager sowie die Arbeitsweise der Organisation transparent zu machen. Solche Erkenntnisse könnten dazu führen, dass wir umfassend und konstruktiv überprüfen, was wir von anderen erwarten und damit die Grundlage erkennen, auf der unsere Erwartungen entstehen.

10.8 Schlussbemerkung

Die Inhalte in Teil III sollten Ihnen verschiedene Möglichkeiten aufzeigen, wie Sie die an Ihrem Arbeitsplatz üblichen Praktiken und Prozesse untersuchen können. In Teil II standen Sie als Person im Mittelpunkt, in Teil III ging es um Beziehungen am Arbeitsplatz und um die vielen anderen Aspekte, die es zu beachten gilt.

Die Inhalte von Teil III sollten Sie nicht etwa dazu bewegen, jeden einzelnen Ansatz zu befolgen. Vielmehr sind sie als Aufforderung gedacht, die Geschehnisse in Ihrer Umgebung, die nicht alle dem Bewusstsein zugänglich sind, zu hinterfragen und den mit der Gesundheitsversorgung verbundenen dynamischen Prozessen mehr Aufmerksamkeit zu schenken. Sie sollten sie außerdem zur Auseinandersetzung mit verschiedenen

Abbildung 10-12: Überlegungen zur Übereinstimmung mit Theorie X und Theorie Y

Übereinstimmung mit Theorie X und Y		1 (niedrig) bis 10 (hoch)
meine Managementphilosophie	Theorie X Theorie Y	
die Philosophie der KollegInnen	Theorie X Theorie Y	
die Philosophie der ManagerInnen	Theorie X Theorie Y	
die Philosophie der Organisation	Theorie X Theorie Y	

Denkansätzen ermuntern, um dann zu entscheiden, welcher Ihnen am sinnvollsten erscheint.

Mit der Erweiterung Ihres Wissens und Bewusstseins haben Sie jedoch noch nichts gewonnen, wenn Sie unumgängliche Veränderungen nicht auch in die Wege leiten. Es ist allerdings sehr schwierig, in einer Organisation den Weg für Veränderungen zu bereiten, doch genau darum geht es in Teil IV. Er ist eine direkte Fortsetzung der Inhalte der ersten drei Teile und stellt einige bewährte und erprobte Ansätze vor, die Ihnen gegebenenfalls gute Dienste leisten werden, wenn es darum geht, konstruktive Veränderungen zu realisieren.

Literatur

Adair, J. (1983) *Effective Leadership,* Gower Publishing, Aldershot.

Hersey, P. and Blanchard, K. (1988) *Management of Human Resources,* Prentice-Hall, Englewood Cliffs, NJ.

Kotter, J. (1982) *The General Manager,* Free Press, New York.

Kouzes, J. and Posner, B. (1989) *The Leadership Challenge,* Jossey-Bass, San Francisco.

McGregor, D. (1960) *The Human Side of Enterprise,* McGraw-Hill, New York.

Mintzberg, H. (1980) *The Nature of Managerial Work,* Prentice-Hall, Englewood Cliffs, NJ.

Weiterführende Literatur

Ackoff, R. (1986) Management in Small Doses, Wiley, New York.

Bennis, W. and Nanus, B. (1985) *Leaders,* Harper and Row, New York.

Bowman, M. (1986) *Nursing Management,* Croom Helm, Beckenham.

Clutterbuck, D. and Crainer, S. (1990) *Makers of Mana-gement,* MacMillan, London.

Fulghum, R. (1990) *All I Need to Know I Learned in Kindergarten,* Grafton Books, London.

Handy, C. (1990) *Inside Organizations,* BBC Books, London.

Harvey-Jones, J. (1990) *Trouble Shooter,* BBC Books, London.

Heider, J. (1986) *The Tao of Leadership,* Gower, Aldershot.

Levinson, H. and Rosenthal, S. (1984) *CEO Corporate Leadership in Action,* Basic Books, New York.

O'Leary, J. *et al.* (1986) *Winning Strategies for Nursing Managers,* JB Lippincott Co, Philadelphia.

McKenna, E. (1994) *Business Psychology and Organisational Behaviour,* Lawrence Erlbaum Associates Ltd, Hove.

Morgan, G. (1993) *Imaginization: The Art of Creative Management,* Sage, London.

Peters, T. and Waterman, R. (1982) *In Search of Excellence,* Harper and Row, New York.

Quick, T. (1985) *The Manager's Motivation Desk Book,* Wiley, New York.

Stewart, R. (1982) *Choices for the Manager,* McGraw-Hill, Maidenhead.

Stewart, R. (1989) *Leading in the NHS,* Macmillan, Basingstoke.

Torrington, D., Weightman, J. and Johns, K. (1989) *Effective Management,* Prentice-Hall, Hemel Hempstead.

Vaill, P. (1989) *Managing as a Performing Art,* Jossey-Bass, San Francisco.

Video Arts (1984) *So You Think You Can Manage?* Methuen, London.

Teil IV:
Wandel und Veränderung

Teil IV legt auf praktische Art und Weise dar, wie man mit der Dynamik von Veränderungen umgeht und beleuchtet die Rolle der Pflegeperson als Motor von Veränderungen. Veränderungen lassen sich nicht detailliert und planmäßig «managen», aber die damit verbundenen Prozesse sind in hohem Maße steuerbar und beeinflussbar. Die Kapitel in diesem Teil untersuchen die Schwierigkeiten, die bei der Einleitung von Veränderungen zu erwarten sind (11), skizzieren fundierte und bewährte Möglichkeiten der Vorbereitung und Einflussnahme auf Veränderungsprozesse und (12) befassen sich mit der Pflegeperson als «change agent» (13).

Wenn ich 100 Personen bitten würde, Rolle und Aufgaben einer Pflegeperson zu beschreiben, dann fürchte ich, dass sich die meisten Antworten auf den pflegerischen oder kurativen Aspekt der Arbeit konzentrieren würden. Nur wenige würden die Unterstützung von PatientInnen bei der Bewältigung von Veränderungen und bei der Anpassung an neue Situationen mit der Rolle der Pflegeperson in Verbindung bringen. Doch genau dies ist ein ganz wesentlicher Aspekt dieser Rolle. Pflegende sind ständig damit beschäftigt, PatientInnen bei der Anpassung an veränderte gesundheitliche und soziale Bedingungen zu helfen: eine Veränderung der Einstellung gegenüber dem zukünftigen Leben, eine Umstellung auf neue und andere Therapieschemata und Veränderungen, die mit dem Stationsalltag und -management zusammenhängen. Für mich hat die Rolle der Pflegeperson als Wegbereiter von Veränderungen im persönlichen Bereich sowie innerhalb von Gruppen und Organisationen einen hohen Stellenwert, der oft nicht anerkannt wird.

Ein Großteil des Alltags in Kliniken und Krankenhäusern wird von Entscheidungen bestimmt, die von Pflegenden getroffen werden. Wie die Pflegenden Anordnungen, die sie von erfahreneren KollegInnen erhalten, interpretieren und wie sie darauf reagieren, kann die Atmosphäre und die Stimmung, die auf einer Station, in einer Abteilung oder Klinik herrschen, stark beeinflussen. Dieser Aspekt, der zu der Rolle und zu den Aufgaben einer jeden Pflegeperson gehört, wird nicht in ausreichendem Maße hervorgehoben beziehungsweise beachtet.

11. Warum ist es so schwierig, Veränderungen in Organisationen herbeizuführen?

Bislang gibt es kaum Untersuchungen darüber, wie man Veränderungen wirklich herbeiführt. Es wird viel über «das Management von Veränderungen» und über Diagnosemöglichkeiten theoretisiert, aber es wird kaum erforscht, woran geplante Veränderungen in der Realität scheitern! Dies liegt zum Teil daran, dass man mit Veränderungsprozessen umgeht, als wären sie logisch oder rational und in einem Maße vorhersagbar und planbar, das nicht der Realität entspricht.

Es ist sehr wichtig zu entscheiden, was geändert werden muss und warum. Dennoch hat es nicht selten den Anschein, als ob die Entscheidung für Veränderungen der eigentlich schwierige Teil ist. Die Herbeiführung von Veränderungen ist offenbar weniger problematisch. Die Erfahrung zeigt, dass es so einfach nicht ist. Unweigerlich auftretende Schwierigkeiten führen häufig dazu, dass Reaktionen auf die Durchführung von Veränderungen mit stärkerem Druck beantwortet werden – durch mehr Fakten und Zahlen, oder dadurch, dass Druck auf diejenigen ausgeübt wird, die sich den Vorschlägen widersetzen.

Es herrscht die Auffassung, dass Menschen, wenn sie die rationalen Gründe für Veränderungen einsehen können, sich veranlasst fühlen, die so plausibel begründeten Veränderungen auch umzusetzen. Nichts ist weiter von der Wahrheit entfernt. Sicher spielen Logik, präzise Daten und Rationalität bei Veränderungsvorschlägen eine große Rolle, aber dies sind nicht die einzigen Dinge, die es zu beachten gilt, wenn Veränderungen in die Wege geleitet werden sollen.

In diesem Kapitel wird aufgezeigt, wie die Durchführung von Veränderungen in Organisationen durch Blockaden und Hemmnisse verhindert und durchkreuzt wird; Veränderungen, die richtig, wohlbegründet und nötig sind. Das Problem ist, dass jeder die Dinge immer aus *seiner* Perspektive betrachtet. Manchmal sehen wir Dinge in der Tat sehr unterschiedlich, aber nicht aus Gründen der Logik, sondern aufgrund persönlicher Zwistigkeiten.

Dies macht es noch schwieriger, notwendige Veränderungen nach logischen und rationalen Gesichtspunkten zu bewerten. Darüber hinaus müssen die Auswirkungen berücksichtigt werden, die die geplanten Veränderungen auf die betroffenen Menschen haben.

11.1 Die Komplexität von Veränderungen in Organisationen

Seit den siebziger Jahren befindet sich der britische staatliche Gesundheitsdienst (NHS) in einem beinahe kontinuierlichen Wandel durch von außen verordnete strukturelle Veränderungen, die:

- die Infrastruktur des Managements tiefgreifend verändert haben
- für Konkurrenz auf dem Binnenmarkt gesorgt haben
- die Philosophie einer medizinischen Versorgung, die sich an dem medizinisch Notwendigen anstatt an der Verfügbarkeit von Ressourcen orientiert, auf die Probe – einige würden sagen Zerreißprobe – gestellt haben.

All dies hat Veränderungen in großem Stil zur Folge, die den NHS mit Hilfe von Ministerien und regionalen Einrichtungen und auf der Grundlage umfangreicher Überlegungen und Planungen vorangetrieben hat.

Doch nicht alle verordneten Veränderungen sind nach Plan verlaufen und es gibt immer noch Pannen. Die Menschen leisten Widerstand oder machen «unpassende Bemerkungen», und viele leiden immer noch unter dem Stress und den Anstrengungen, die die Umsetzung der verordneten Veränderungen mit sich bringt. Darüber hinaus besteht ein gewaltiger Unterschied zwischen der Planung und der praktischen Umsetzung solch umfangreicher Veränderungen, und es kann sein, dass die Planer und Gestalter solcher Veränderungen diese Schwierigkeiten nicht immer wahrnehmen.

Wie kommt das? Objektiv und rational betrachtet sind Dinge wie «Versorgung in der Gemeinde» und die Einführung der Philosophie eines Generalmanagements (The Griffith Report, 1983) in sich verständlich und machen «Sinn». Doch sie wurden von vielen bekämpft, uminterpretiert und abgelehnt, und viele waren verärgert darüber. Im Gegenzug wurden diese Konzepte ständig neu propagiert und dem sich in großen Teilen widersetzenden NHS verordnet und aufgezwungen. Dennoch sind die dahinter stehenden Ideen und damit verfolgten Absichten wertvoll.

Wo also liegt das Problem? Sind es die neuen Ideen *an sich,* oder ist es die Anpassung an neue Ideen? Fürchtet man sich vor dem Loslassen vertrauter Dinge oder vor Machtverlust?

Die Liste ließe sich endlos fortsetzen. Es gibt viele Dinge, die zu beachten sind, wenn der *Status quo* verändert werden soll. Gewöhnlich werden aber nur die logischen und rationalen Aspekte von Veränderungsvorschlägen in Betracht gezogen. Meiner Ansicht nach ist dies nur die eine Seite der Medaille, die gänzlich ungeeignet ist, wenn es um die Implementation geht.

Es ist schwer, in einer Organisation Veränderungen nach seinen eigenen Vorstellungen herbeizuführen. Die Beendigung des *Status quo* ist nicht das eigentlich Schwierige. Die Kunst besteht vielmehr darin, die durch die Veränderung ausgelöste Angst im Zaum zu halten *und* mit ihr zu arbeiten und sie im Sinn der angestrebten Ergebnisse zu verändern. Denken Sie daran, wie vorsichtig und zögernd Sie sich verhalten, wenn Sie sich mit etwas Neuem auseinander setzen sollen. Dies wird Ihnen vor Augen führen, wie schwierig der Umgang mit Veränderungen sein kann. Wenn Sie das Ganze dann um ein Vielfaches vergrößern, bekommen Sie einen Eindruck davon, wie schwierig es ist, Veränderungen in einer Organisation herbeizuführen. Die Vorstellung, dies im gesamten Gesundheitssystem tun zu müssen zeigt, wie schwer so etwas zu planen, zu kontrollieren, zu beherrschen und zu verwirklichen ist.

Die Lage wird noch komplizierter, weil diejenigen, die die Veränderungen planen, selten zu denen gehören, die die vorgeschlagenen Pläne und Ideen umsetzen. Bei Veränderungen besteht oft eine große Kluft zwischen der Theorie (sehr gefällig und elegant) und der Praxis (durcheinander, verworren und problematisch). Manchmal sind Probleme darauf zurückzuführen, dass Veränderungen so diskutiert werden, als wäre die Organisation (Abteilung, Team, Funktion, Ort) etwas Passives, das die eingeführten Veränderungen «im Vorbeigehen» integriert. Manchmal legen diejenigen, die Veränderungen in Organisationen initiieren, einen unangebrachten Optimismus und eine Arroganz an den Tag, so als könnten sie genau sagen, wo die Probleme liegen und wüssten deshalb auch, was zu tun ist. Dies kann so weit gehen, dass sie das Wissen und die Erfahrung der MitarbeiterInnen in den Bereichen ignorieren.

Vor einigen Jahren arbeitete ich mit dem Vorstand eines Unternehmens (nicht im Gesundheitswesen), das versuchte, die Auswirkungen seines zusammenbrechenden Marktes in den Griff zu bekommen. In vielerlei Hinsicht war man zu selbstzufrieden geworden und hatte versucht, die Dinge aus der Entfernung zu managen, anstatt wieder hinauszugehen und zu sehen, wie es «an der Front» aussieht. Ich fragte die Mitglieder zunächst, welche Art von Generälen sie seien. Nachdem sich die erste Verwirrung gelegt hatte, sprachen wir über den Unterschied zwischen «Schreibtischgenerälen» (der Vorstand) und Feldgenerälen (was sie werden sollten!). Das wirkte wie ein Schock. Der Vorstand war durchaus am Wohl des Unternehmens interessiert und verfügte über ein großes intellektuelles Potenzial, hatte jedoch den Kontakt zum Personal und zu den Märkten verloren. Infolgedessen hatte man Probleme mit den neuen Bedingungen, die entstanden waren.

Die Einleitung von Veränderungen löst bei den Betroffenen Reaktionen aus, mit denen sie austesten und überprüfen wollen, was es mit den anstehenden Veränderungen auf sich hat, wie sie sich auf die gängige Praxis, die Sicherheit des Arbeitsplatzes, den Aufstieg in höhere Positionen, die berufliche Laufbahn etc. auswirken. Auch wenn es sich bei den Vorschlägen um eine wichtige und notwendige Alternative zur gängigen Praxis handelt, empfinden andere sie möglicherweise als eine provozierende und ungerechtfertigte Anklage gegen ihre früheren Leistungen und ihre zukünftige Tauglichkeit. Dies gilt besonders dann, wenn sie das Gefühl haben, es ginge ihnen schlechter als vorher. Dies kann Widerstand und Angst erzeugen.

Wir bringen Vorurteile, frühere Erfahrungen und intuitive Einschätzungen in jede Situation mit. In einer Organisation und in Gruppen sind die Prozesse des Austestens noch komplizierter und es ist noch schwieriger, damit umzugehen. Es treten Phänomene wie «Gruppendenken» (Janis, 1972) und das «Abilene Paradox» (Harvey, 1988) auf. In einigen Fälle wurde ein Phänomen mit der Bezeichnung «risky-shift-effect» (Wallach et al., 1968) beobachtet. Dieser Effekt besagt, dass die von der Gruppe getroffenen Entscheidungen risikoreicher und fragwürdiger sind als Entscheidungen, die von einem Mitglied allein getroffen werden. Dies bedeutet, dass durch die Kombination von kollektiven Erfahrungen und kollektivem Wissen weniger fundierte Ergebnisse erzielt werden können, als wenn einzelne Mitglieder nach ihrem eigenen Ermessen entscheiden. Wie der Einzelne eine Situation einschätzt und beurteilt, hängt von der Kultur einer Gruppe und der Kultur einer Organisation ab.

Ein anderer entscheidender Faktor für die Qualität von Entscheidungen ist zum einen die emotionale Stärke einer Gruppe zum Zeitpunkt der Entscheidungsfindung und zum anderen die Problematik der zur Entscheidung anstehenden Punkte. Klar ist, dass Veränderungsprozesse bei Einzelnen und in Organisationen nicht allein von Rationalität oder Logik bestimmt werden, sondern es kommen noch andere entscheidende Prozesse ins Spiel.

Zusammenfassung:

- Logisch und rational begründete Initiativen stoßen oft auf Widerstand, wenn eine Veränderung der bestehenden Situation damit verbunden ist.
- Wirkliche Meinungen und Gefühle werden nicht immer ausgedrückt.
- In einem kollektiven Rahmen kann kollektives Wissen zu kollektiver Dummheit führen.
- Oft kann man nach einem Vorfall nicht mehr sagen, warum man sich so verhalten hat wie man sich verhalten hat.
- Veränderung bedeutet für viele einen Einschnitt und Kritik an ihren früheren Leistungen.

Veränderungen in Organisationen sind wegen der damit verbundenen Implikationen für die Sicherheit, Kompetenz und den Wert der Betroffenen eine chaotische und komplizierte Angelegenheit. Der Grund ist Angst, die bei denen ausgelöst wird, die von den Veränderungen betroffen sind. So vorsichtig, klug und weitsichtig die Initiatoren der Veränderungen auch sein mögen, wenn sie sich nicht mit den beschriebenen, abseits der Organisation liegenden Aspekten von Veränderungen auseinander setzen, dann könnten ihre gut gemeinten Bemühungen vereitelt und missverstanden werden und Widerstand hervorrufen.

11.2 Was geschieht in meiner Umgebung?

Es ist viel geschrieben worden über die Verpflichtung der Organisationen, ihren Aufgaben beziehungsweise Zielen gerecht zu werden. Diese Aufgaben und Ziele sind gewöhnlich in entsprechenden Erklärungen definiert. Worüber meistens nicht geredet wird, ist die Tatsache, dass Organisationen auch dazu da sind, die individuellen und kollektiven Bedürfnisse derer, die dort arbeiten, zu berücksichtigen und zu erfüllen. In der Regel kümmern sich einzelne Mitglieder, die ihre offiziellen Aufgaben «auf ihre Art» erledigen (oder sich ihnen widersetzen), um diese Bedürfnisse ebenso wie die inoffizielle Organisation, die neben der der offiziellen Hierarchie arbeitet.

Organisationen versuchen nicht nur, ihre formal definierten geschäftlichen Ziele zu verwirklichen, sondern sie versuchen auch, auf die kollektiven dynamischen Prozesse zu reagieren, die zwischen ihren Mitgliedern ablaufen. Wird die Existenz solcher Prozesse anerkannt, beobachten wir mit anderen Augen, wie der Einzelne der Organisation begegnet und sich in der Organisation verhält. Diese *individuell-dynamische* Dimension wirkt sich auf das individuelle und kollektive Denken und Verhalten aus. Für einige ist die Organisation der eigentliche Sinn in ihrem Leben. Für andere ist sie eine Gelegenheit, sich vor Unwägbarkeiten und Verletzungen im Leben zu schützen. Die Mitglieder einer Organisation investieren auf psychologisch ganz unterschiedliche Art Anteile ihres Selbst in diese Organisation, und jeder Versuch, den *Status quo* zu verändern, berührt sie stark und auf eine ganz persönlich Art. Daher überrascht es nicht, dass Veränderungen nicht leicht herbeizuführen sind, besonders dann nicht, wenn dadurch ein Aspekt der persönlichen Sicherheit im Leben untergraben wird.

Organisationen bringen nicht nur Menschen zusammen, um vorgegebene Aufgaben zu erfüllen (z. B. um gesundheitsbezogene Leistungen zu erbringen), sondern sie sind auch hochgradig sozial-dynamische Einheiten, die auf verschiedenen Interaktionsebenen arbeiten. Im Bereich der Gesundheitsversorgung ist die Situation aufgrund der wechselnden Patienten- und Angehörigenzusammensetzung noch komplexer. Ein an sich schon kompliziertes Gebilde (die Organisation) wird noch komplizierter.

Dies bedeutet, das die Geschehnisse in einer Organisation durch die bloße Anwendung gängiger Konzepte aus dem Geschäftsleben nicht voll erfasst werden können. Innerhalb einer Organisation gibt es starke emotionale Bindungen, die sowohl positiv als auch negativ sein können. Diese Bindungen zwischen den Menschen machen aus einer Gruppe miteinander verbundener Kästen auf einem Organisationsplan einen stark emotionsgeladenen und dynamischen Arbeitsplatz.

Die emotionalen dynamischen Prozesse innerhalb von Organisationen sind weder ungewöhnliche Phänomene noch treten sie unerwartet auf. Da sie in der Regel nicht thematisiert werden, ist es schwierig und heikel, sie offen anzusprechen. Es ist weitaus leichter, über Erfolgszahlen oder Zukunftspläne zu sprechen. Wirklich konstruktiv wäre es, die emotionalen dynamischen Prozesse zu kategorisieren und sie damit als diskussionswürdig anzuerkennen und anschließend zu beobachten, welche Auswirkungen sie auf die Gruppenleistung haben. Durch mehr Bewusstheit und Mut zur Diskussion dieser Aspekte des Organisationslebens wäre es für Einzelne und auch für die Organisation leichter, mit Veränderungen umzugehen.

Die verschiedenen Ebenen bei den dynamischen Prozessen lassen sich unterscheiden, wenn man vergleicht, in welchem Umfang die ablaufenden Interaktionen allgemein bewusst sind. Aus **Abbildung 11-1** geht hervor, dass es um drei Interaktionsebenen geht: das Sichtbare, das Verborgene und das Unbewusste. Die erste Ebene beinhaltet alles, was laut ausgesprochen und als selbstverständlich angesehen wird. Auf der zweiten Ebene sind bestimmte Informationen

Abbildung 11-1: Die dynamischen Prozesse in Organisationen und ihre drei Ebenen

Ebenen innerhalb der dynamischen Prozesse	Art der Einflussnahme auf dieser Ebene	Beschreibung des Verhaltens
1. Ebene Was alle sehen können	explizite Absichten, implizite Absichten (alle haben Zugang)	**das sichtbare Verhalten**
2. Ebene Was nur einige sehen können	geheime Absichten (Zugang verborgen, nur auf einige wenige beschränkt)	**das verborgene Verhalten**
3. Ebene Es ist da, wird aber von niemandem bewusst wahrgenommen.	psycho-dynamische und unbewusste Absichten, Neigungen und Spannungen	**unbewusste Botschaften**

nur einigen aus der Gruppe bekannt und werden anderen absichtlich vorenthalten. Hier liegt das Potenzial für böswillige Machenschaften, Falschinformationen oder geheime Aktionen. Die dritte Ebene, die der unbewussten und unbekannten Kräfte und dynamischen Prozesse, beeinflusst das Verhalten in der Organisation.

Während meiner Berufsausbildung ging es anfangs fast nur um die Interaktionen und dynamischen Prozesse, die auf der ersten Ebene stattfinden. Häufig reagierten Menschen auf Hinweise im Zusammenhang mit den verborgenen Verhaltensweisen in Organisationen ablehnend. Aber nach meinen Erfahrungen ist es die dritte Ebene, die immer verleugnet oder mit einem Scherz als nicht existent abgetan wird. Ich vermute, dass ein Großteil dessen, was sich unter der Oberfläche abspielt, einen Einfluss darauf hat, was wir bei der Arbeit tun, sehen, fühlen und hören.

Das Problem ist, dass wir diese Einflüsse, die uns ja nicht bewusst sind, nicht ohne weiteres direkt beschreiben, definieren oder erfassen können. Aber wir können auf die verkleideten und verdeckten Formen achten, in denen sie auftreten, und aus diesen flüchtigen Einblicken in das Unbewusste schließen, was los ist. Eine Folge davon, dass wir die Wirkung solcher «außerhalb des Bewusstseins» liegenden Einflüsse nicht zur Kenntnis nehmen ist die, dass wir uns mehr Mühe geben müssen, unlogische oder seltsame Verhaltensweisen zu erklären, die im Hinblick auf die betroffene Person oder Gruppe wie aus dem Zusammenhang gerissen erscheinen.

Wir versuchen dennoch, sie logisch zu erklären. Wenn wir die Möglichkeit von unbewussten Einflüssen jedoch anerkennen, dann eröffnen sich neue Wege, über unser Verhalten am Arbeitsplatz nachzudenken, und wir könnten ungewöhnliches, seltsames oder unerwartetes Verhalten besser verstehen.

Wir konzentrieren uns auf die verfahrenstechnischen, mechanistischen und operationalen Aspekte der Arbeit. Dies ist einer der Gründe, weshalb die Arbeit unter organisierten Rahmenbedingungen solche Schwierigkeiten bereiten kann. Wir werden dazu angehalten, die «menschliche» Seite der Arbeit zu verleugnen, hintanzustellen, auszuklammern oder herunterzuspielen. Doch erst durch Beziehungen, Zusammenarbeit, Rivalität etc. wird es möglich, die anstehenden geschäftlichen Probleme zu lösen. Durch Verleugnung der irrationalen (oder zumindest der nicht-logischen/nicht-rationalen) Seite in uns blenden wir einen wichtigen Teil des Gesamtbildes aus.

Methodenwahl und Leistungskontrolle sind wichtig, wenn es darum geht, eine effiziente Gesundheitsversorgung anzubieten, aber sie sind nicht alles. Die Tatsache, dass wir uns in einer Organisation mehr oder weniger selbst verleugnen, kann dazu führen, dass das Personal als eine von vielen Ressourcen betrachtet wird, die es zu managen und zu kontrollieren gilt. Des Weiteren wird auch der Ansicht bzw. Erwartung Vorschub geleistet, dass Organisationen lediglich aufgrund einer logischen und rationalen Bewertung der nackten Tatsachen aufgebaut werden und funktionieren können. Erfahrungen mit der Arbeit in Organisationen bestätigen diese Erwartungen nicht unbedingt.

11.3 Die Dynamik des Wandels: Veränderungs- management?

In Anbetracht der starken psychischen Bindungen dürfte die Erkenntnis, dass Veränderungen in einer Organisation schwierig sind, nicht überraschen. Dies gilt besonders dann, wenn die Aufmerksamkeit nur auf die offiziellen geschäftlichen Tagesordnungspunkte gerichtet ist.

Wandel in einer Organisation erzeugt starke Angst und eine Furcht vor dem Verlust von vertrauten Dingen. Daher werden Veränderungsbestrebungen eher als destabilisierend empfunden, was Widerstand hervorruft. Veränderungsbestrebungen sind *unweigerlich* mit einer Umstrukturierung der gewohnten Verhaltens- und Beziehungsmuster in einer Organisation verbunden. Wird nicht das ganze System von Problemen, dynamischen Prozessen und Begleitumständen berücksichtigt, werden Veränderungsbestrebungen vermutlich auf Dauer blockiert.

Meistens wird nicht genügend beachtet oder berücksichtigt, dass in Organisationen viele Einzelentscheidungen zentraler Bestandteil erfolgreich durchgeführter Veränderungen sind. Diese sollen die neue Situation mittragen. Lässt sich dies zusammen mit dem betroffenen Personal nicht bewerkstelligen, ist es unwahrscheinlich, dass die herbeigeführten Veränderungen Erfolg oder Bestand haben werden. Dies ist einer der Gründe, weshalb eine erfolgreiche Durchführung von Veränderungen in Organisation so schwierig ist.

Nach Levinson (1970) basiert die Angst, die in Zeiten eines Umbruchs erzeugt wird, auf vier Formen des Verlusts:

- Verlust von Zuneigung
- Verlust von Unterstützung
- Verlust von sensorischem Input
- Verlust der Handlungsfähigkeit.

Nach Levinson werden Menschen von einem Verlust sehr tief berührt (z. B. bei der Zusammenlegung von zwei Organisationseinheiten, oder beim Zusammenschluss zweier getrennter Gesundheitskommissionen). Unsere Fähigkeit, Vertrauen zu entwickeln, wird untergraben, wenn nicht mit großer Vorsicht und Sensibilität vorgegangen wird. Vielleicht erinnern Sie sich, dass Vertrauen ein zentrales Element des in Teil II vorgestellten psycho-sozialen Modells der menschlichen Entwicklung von Erik Erikson ist (Erikson, 1982). Für Erikson ist Vertrauen eine Tugend, die die Grundlage aller anderen psychischen Kräfte darstellt.

Gilkey (1991) hat diese These auf Fusionierungsvorgänge übertragen und folgende Beobachtung gemacht:

> Wird die Fähigkeit der Mitarbeiter, Vertrauen, Autonomie und Initiative zu entwickeln, nicht wieder hergestellt, geraten diese Unternehmen oft ins Schwimmen. Sie sind nicht in der Lage, die regressiven Auswirkungen solch einschneidender Umstrukturierungen zu überwinden und die Einsatzkraft und das Engagement ihrer Mitarbeiter zurückzugewinnen.

Gilkey verweist darauf, dass Zusammenschlüsse und Übernahmen häufig scheitern, weil die psychologischen Faktoren solcher Entscheidungen nicht in ausreichenden Maße wahrgenommen, verstanden und bearbeitet werden. Zusammenschlüsse und Übernahmen bringen, wie jede tiefgreifende Veränderung, Einzelne und die Organisation aus dem Gleichgewicht. Alte psychische Bindungen werden aufgelöst, loyale Verbindungen und informelle Netzwerke werden zerstört und die ehemals vorhandene Ziel- und Richtungsbewusstheit geht oft verloren. In einer Zeit des ständigen Wandels sollten diese Erkenntnisse auch bei Fusionierungen innerhalb des staatlichen Gesundheitsdienstes Berücksichtigung finden.

Mit dem Modell von Erikson lassen sich die Probleme von Menschen, die von Veränderungen betroffen sind, beschreiben und antizipieren. Es kann neben den formalisierten, in der Geschäftswelt üblichen Ansätzen auch als Vorbereitung für das Management von Veränderungsprozessen dienen.

11.4 Warum wurden diese Überlegungen nicht in stärkerem Maße aufgegriffen?

Seit der Jahrhundertwende wissen wir durch die Erkenntnisse, die Freud in seinen ersten Schriften über das Unbewusste verbreitet hat (Freud, 1900), dass unsichtbare psychologische Kräfte einen starken Einfluss auf unser Denken, unsere Überzeugungen und unser Handeln haben. Elton Mayo hat bahnbrechende sozialpsychologische Untersuchungen über das Verhalten von Arbeitsgruppen durchgeführt (Mayo, 1945). Er und andere haben dokumentiert, dass die Motivation und das Verhalten von ArbeitnehmerInnen nicht allein durch instrumentelle Aufgabenerfüllung gesteuert werden, sondern durch andere Einflüsse, die primär sozialer Natur sind. Sowohl die Psychoanalyse, die sich mit dem Individuum beschäftigt, als auch die Arbeitspsychologie haben die Existenz und die beträchtlichen Auswirkungen der nicht-logischen oder «sichtbaren» Einflüsse auf das individuelle und das kollektive Verhalten anerkannt.

Heute wird zunehmend anerkannt, dass Verhaltensweisen in Organisationen wie bei Individuen durch unbewusste beziehungsweise außerhalb des Bewusstseins liegende Prozesse und durch psychologische, von der Situation am Arbeitsplatz erzeugte Ängste verändert werden können. Damit ist die Möglichkeit gegeben, dass die so genannte logische Entscheidungsfindung und effektive Managementpraktiken von zusätzlichen, nicht-rationalen Bestrebungen und Prozessen beeinflusst sein können. Dies sind Bestrebungen und Prozesse, die sich schwer beschreiben und bestimmen lassen.

Die klinische Prämisse, dass direkt beobachtbare Dinge nicht als gegeben anzusehen sind, gilt auch für Organisationen. Vielleicht werfen Sie einmal einen Blick hinter die sichtbaren Verhaltensweisen und Praktiken und versuchen herauszufinden, ob ein Teil dessen, was Sie sehen und erleben, mit den verborgenen und tiefer liegenden Motiven und Bedürfnissen der Organisation übereinstimmt.

Es ist schon erstaunlich, dass sozio-psychodynamische Erkenntnisse über Organisationen und Gruppen trotz Anerkennung ihrer Bedeutung nicht häufiger berücksichtigt werden. Einige Gründe hierfür sind weiter unten in **Abbildung 11-2** aufgelistet. Unterbleibt eine Auseinandersetzung mit diesen Gründen, könnte es sein, dass Erkenntnisse, die Ihnen bei Ihrer Arbeit helfen könnten, weiterhin ignoriert, falsch interpretiert oder geleugnet werden.

Die potenziellen Hindernisse lassen darauf schließen, dass die Untersuchung der Auswirkungen unbewusster innerer Prozesse auf die Verhaltensweisen in Organisationen Spannungen und Nervosität erzeugt. Wenn diese Annahmen richtig sind, dann vielleicht:

- weil nicht hinreichend bekannt ist, was dies für die Praxis bedeutet
- weil inakzeptable Dinge an die Oberfläche kommen könnten
- weil es zu schwierig wäre, sich mit solch persönlichen Dingen auseinander zu setzen und sie zu bearbeiten
- weil man meint, dass so etwas nicht zur Managerrolle gehört.

Organisationen, die um ein ausgewogenes Gleichgewicht zwischen den Ansprüchen der Organisation und den psychologischen Bedürfnissen ihrer MitarbeiterInnen bemüht sind, müssen nach Möglichkeiten suchen, wie sie geschäftlichen Erfordernissen und individuellen Bedürfnissen ihrer MitarbeiterInnen gerecht werden und wie sie diese integrieren können. Dadurch würde ein weitgehend vernachlässigter Bereich des Organisationslebens anerkannt und als wichtig eingeschätzt. Die zu erwartenden Auswirkungen sind enorm, wenn es darum geht, Veränderungsprozesse bei Einzelnen und in Organisationen zu ermöglichen und zu verstehen.

Die Erfahrungen, die Menschen in Organisationen machen, müssen stärkere Beachtung finden. Dann werden wir merken, dass wir den gleichen Ängsten, Zwängen und Schwierigkeiten ausgesetzt sind, wie jeder andere auch. Ganz gleich wie zwingend die Logik unserer Argumente ist, die wir zu einem Thema vorbringen,

Abbildung 11-2: Potenzielle Blockaden und Hemmnisse der Arbeit mit den dynamischen Prozessen in einer Organisation

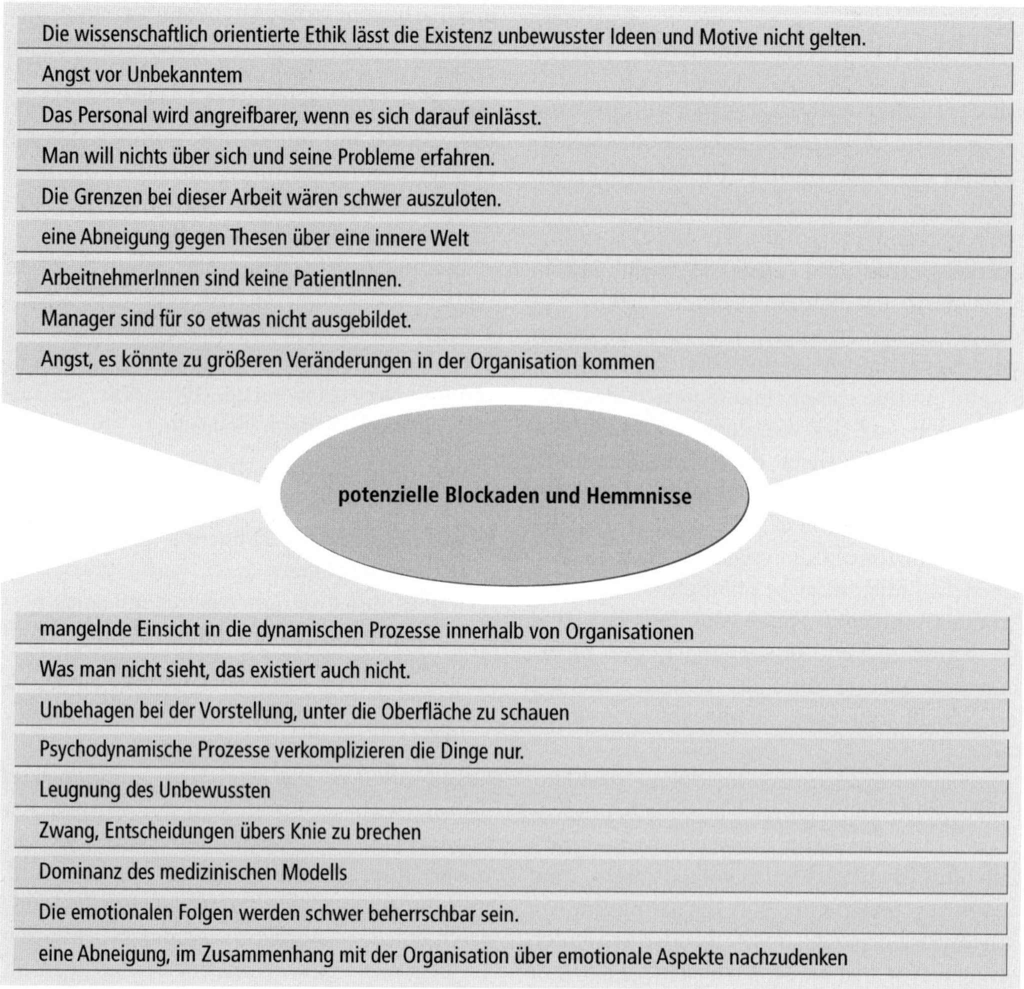

Die wissenschaftlich orientierte Ethik lässt die Existenz unbewusster Ideen und Motive nicht gelten.

Angst vor Unbekanntem

Das Personal wird angreifbarer, wenn es sich darauf einlässt.

Man will nichts über sich und seine Probleme erfahren.

Die Grenzen bei dieser Arbeit wären schwer auszuloten.

eine Abneigung gegen Thesen über eine innere Welt

ArbeitnehmerInnen sind keine PatientInnen.

Manager sind für so etwas nicht ausgebildet.

Angst, es könnte zu größeren Veränderungen in der Organisation kommen

potenzielle Blockaden und Hemmnisse

mangelnde Einsicht in die dynamischen Prozesse innerhalb von Organisationen

Was man nicht sieht, das existiert auch nicht.

Unbehagen bei der Vorstellung, unter die Oberfläche zu schauen

Psychodynamische Prozesse verkomplizieren die Dinge nur.

Leugnung des Unbewussten

Zwang, Entscheidungen übers Knie zu brechen

Dominanz des medizinischen Modells

Die emotionalen Folgen werden schwer beherrschbar sein.

eine Abneigung, im Zusammenhang mit der Organisation über emotionale Aspekte nachzudenken

wir müssen uns zu unseren unbewussten Wünschen und Abwehrmechanismen bekennen, unabhängig davon, ob es sich um den Chef, den klinischen Direktor, die leitende Pflegeperson oder Pflegeperson in der Ausbildung handelt. Dies anzuerkennen und zu akzeptieren mag unangenehm sein.

Wenn Veränderungen derartig komplexe Reaktionen auslösen, dann müssen sie mit einer Ernsthaftigkeit und Umsicht behandelt werden, die der Umgang mit den dynamischen Aspekten vermissen lässt. Veränderungsinitiativen sollten gut durchdacht und so weit wie möglich geplant werden, wobei den psychischen Bindungen der MitarbeiterInnen an ihre Arbeitsgruppen und ihre Organisation als Ganzes stärker Rechnung getragen werden muss. Veränderungen berühren die MitarbeiterInnen ganz tief auf der persönlichen Ebene.

Bei Veränderungen in Organisationen geht es nicht darum, großartige Ideen auf dem Papier zu entwickeln und dann zu erwarten, dass diese prompt in die Praxis umgesetzt werden. In Wirklichkeit sind Veränderungen für viele verwirrend. Sie verursachen Durcheinander, und es ist mit unerwarteten und unerwünschten Auswirkungen zu rechnen. Sie nehmen außerdem Zeit in Anspruch, häufig länger als erwartet. Die

Ideen werden in der Praxis *nicht* wie geplant funktionieren. Die Menschen werden Angst haben; es wird Blockaden, Hemmnisse, Falschinformationen etc. geben.

Wandel ist nichts Neutrales; er ist immer mit Schmerz, Verletzungen, Leid und Freude verbunden. Es gilt, all diese Reaktionen zu akzeptieren und sich damit auseinander zu setzen, wenn der Prozess und die Ergebnisse sich als lohnend und effektiv erweisen sollen. Die beste Vorbereitung besteht darin, die Probleme und Spannungen zu akzeptieren und zu versuchen, zusammen mit den Betroffenen eine Lösung herbeizuführen.

In Kapitel 12 werden Ideen und Möglichkeiten zur Strukturierung des Veränderungsprozesses vorgestellt. In Kapitel 13 geht es um die Rolle der Pflegeperson als Sponsor, Initiator und «change agent».

Literatur

Erikson, E. (1982) *The Life Cycle Completed,* W.W. Norton, New York.

Freud, S. (1900) *The Interpretation of Dreams,* Standard Edition, Hogarth Press, London.

Gilkey, R. (1991) The psychodynamics of upheaval, in Kets de Vries (ed.) *Organizations on the Couch,* Jossey-Bass, San Francisco.

Harvey, J. (1988) *The Abilene Paradox,* Lexington Books, Lexington, MA.

Janis, J. (1972) *Victims of Groupthink,* Houghton Mifflin Co, Boston, MA.

Levinson, H. (1970) A psychologist diagnoses merger failures. *Harvard Business Review,* **48**, 2.

Mayo, E. (1945) *The Social Problems of an Industrial Civilization,* Harvard University Press.

NHS Management Inquiry (1983) The Griffiths Report, DHSS, London.

Wallach, M. *et al.* (1968) Group influence on individual risk-taking, in D. Cartwright and A. Zander *Group Dynamics: Research and Theory,* Harper and Row, London.

12. Vorbereitung auf den Wandel

Da schon viel über «Veränderungsmanagement» geschrieben wurde, möchte ich dieses Kapitel kurz halten und die wichtigsten Ideen zu diesem Thema skizzieren. Ich glaube nicht daran, dass Wandel als solcher planmäßig geleitet werden kann, denn es gibt zu viele Variablen, die zur gleichen Zeit auftreten, und gerade wenn man meint, man hätte alles beachtet, dreht man sich um und rutscht auf der sprichwörtlichen Bananenschale aus. Allerdings lässt sich einiges tun, um die mit dem Wandel einhergehenden Spannungen, Unklarheiten und Unsicherheiten abzubauen. Ich glaube aber nicht, dass Veränderungen jemals geführt werden können in dem Sinn, dass alles fein säuberlich geplant und geordnet abläuft. Und man kann auch nicht im Voraus sagen, wie sich die geplanten Veränderungen in der Praxis auswirken.

Es hat jedoch eine sehr beruhigende Wirkung, wenn ein Teil der Unwägbarkeiten und der persönlichen Ängste gemindert wird, denn dann ist man wieder fähig, den Verlauf des Geschehens in den Griff zu bekommen und auf die Ergebnisse Einfluss zu nehmen.

12.1 Warum ist Wandel so schwierig?

Wir müssen tagtäglich mit Situationen zurechtkommen, die sich verändern. Es gibt so viele Dinge im Leben, die uns zwingen, auf Veränderungen zu reagieren, dass wir aus diesem Grund eigentlich perfekt im Umgang mit Veränderungen sein müssten. Das Leben so zu sehen wirkt vielleicht wie eine Überraschung. Die Erkenntnis, dass wir trotz lebenslanger Übung immer noch Probleme im Umgang mit Veränderungen haben, wirkt dagegen wie ein Schock!

Ständig mit Veränderungen umgehen zu müssen, kann eine Belastung sein, aber wir haben anscheinend keine Wahl. Eine Möglichkeit, mit Veränderungen zu leben, besteht darin, vertraute Muster zu stabilisieren, um die wir unser Leben organisieren.

Arbeit ist eine wichtige Möglichkeit, Struktur und Ordnung in eine sich wandelnde Welt zu bringen. Sie setzt Grenzen, die uns eine Grundlage geben, auf der wir unser Leben organisieren und unsere Beziehungen zu anderen definieren können. Die vorgegebenen Wege, auf denen wir unserer Arbeit nachgehen, vermitteln uns ein Gefühl von Regelmäßigkeit und Vorhersagbarkeit. Doch dies ist bloß eine Illusion, weil alles in Bewegung ist.

Im Endeffekt werden wir alle von regelmäßigen Abläufen bestimmt, ja sogar dominiert, und mit diesen kommen wir die meiste Zeit gut zurecht. Wir etablieren vorhersagbare und realistische Verhaltensmuster und bauen Erwartungen im Umgang mit anderen auf. Dies gibt uns ein angenehmes Gefühl von Kontinuität, das es uns ermöglicht, in unserem Leben eine gewisse Ordnung aufrechtzuerhalten.

Wenn wir dazu beitragen wollen, dass Veränderungen in Organisation so herbeigeführt werden, dass Menschen sich nicht verletzt, ignoriert, enteignet etc. fühlen, dann müssen wir ihre Probleme im Zusammenhang mit Veränderungen ernst nehmen. Wir müssen bedenken, dass die Regeln und Verfahrensweisen, an denen sie sich orientieren, in psychologischer Hinsicht insofern von Bedeutung sind, als sie ihnen den Eindruck von Beständigkeit und Ordnung vermitteln.

Die Einhaltung von routinierten Verfahrensweisen sorgt für ein Gefühl von Sicherheit und Kontinuität. Sind diese in Gefahr – durch anstehende Veränderungen – dann geht es um viel mehr als um verfahrenstechnische Dinge oder um die Beziehung zu einem/einer Vorgesetzten.

Abbildung 12-1 führt einige der Gründe auf, weshalb Veränderungen Widerstand hervorrufen. Sie können noch weitere Gründe hinzufügen, die Ihren Erfahrungen entsprechen. Wenn Sie besser verstehen, was bei Ihnen und bei anderen Widerstand gegen notwendige und konstruktive Veränderungen hervorruft, dann können Sie entsprechende Ängste und Vorbehalte in der Phase der Planung und Beratung berücksichtigen.

Diese Reaktionen enthalten Hinweise darauf, wie ihnen zu begegnen ist. Der Initiator der Veränderungen muss sie nur aufgreifen. Ein Beispiel: Verstehen die Betroffenen nicht, worum es bei den Vorschlägen geht, oder fürchten sie um die Sicherheit ihres Arbeitsplatzes, dann besteht der erste Schritt darin, die geäußerten Vorbehalte anzuerkennen. Anschließend werden die Vorschläge entweder genauer erläutert und/oder es wird über die «Sicherheit des Arbeitsplatzes» diskutiert. Wichtig ist, dass Sie versuchen zu verstehen, wo die Probleme liegen, ganz gleich wie trivial oder «albern» sie oberflächlich betrachtet auch erscheinen mögen. Dann gehen Sie mit Respekt und mit der gebührenden Sorgfalt auf die Probleme ein.

Stehen die Betroffenen unter Stress oder sind verängstigt, dann müssen die Probleme mit noch mehr Sorgfalt erklärt und besprochen werden. Vielleicht geht es um einen Patienten, der überwiesen werden muss oder dessen Behand-

Abbildung 12-1: Gründe, weshalb Veränderungen blockiert werden

Blockaden und Hemmnisse, die Veränderungen verhindern

Angst, mit der neuen Situation nicht zurechtzukommen

Gefühl, die eigene Sicherheit sei bedroht

zu viele Kosten und Mühen

Verlust einer angenehmen Situation

Angst vor Veränderung

unklare oder wenig überzeugende Begründung

negative Reaktion auf die Art und Weise, wie die Vorschläge unterbreitet wurden

Mangel an Vertrauen

Verwirrung

Ich verstehe es nicht.

Ich fühl mich wohl so, wie es ist...

Ich weiß nicht, wie das funktionieren soll.

?

?

lung verändert wird. Die Auflösung einer seit Jahren existierenden Trainingsgruppe oder Ihr ausbildungsbedingter Wechsel zu einem anderen Fachgebiet könnten ein Problem sein. Was immer es ist, es muss ausreichend diskutiert und bearbeitet werden, wenn die Veränderung eine Chance auf Erfolg haben soll.

Wenn Sie anderen und sich selbst helfen wollen, Veränderungen zu bewältigen, dann sollten Sie sich überlegen, was die Veränderungsvorschläge für Sie bedeuten würden, wenn Sie an Stelle der anderen wären. Dann bekommen Sie einen Eindruck davon, wie andere die Dinge betrachten und warum sie sich so verhalten, wie sie es tun. Eine erfolgreiche Veränderung beruht auf der Entscheidung, unter neuen Bedingungen vertrauensvoll an der Verwirklichung konkreter Ziele zu arbeiten. Manchmal hat man keine andere Wahl als bei den Veränderungsvorschlägen einfach mitzumachen. Wenn dann die Frustrationen und Spannungen nicht bearbeitet werden, bleiben der aufgestaute Ärger, das Gefühl «den Kürzeren gezogen zu haben» sowie die Bereitschaft zur Sabotage der Veränderungen latent erhalten.

Wenn Blockaden gegenüber Veränderungen beseitigt werden sollen, dann wäre es wichtig, sich die Frage zu stellen: «Was muss ich tun oder worüber muss ich nachdenken, um den anderen bei der Verwirklichung der notwendigen Veränderungen zu helfen?» Es kommt vor, dass KollegInnen sich anstehenden Veränderungen widersetzen. Aber dadurch, dass Sie wenigstens ihren Widerstand würdigen und ihre Vorbehalte akzeptieren, erkennen Sie ihr Recht auf Protest an, auch wenn die Veränderungen trotzdem weitergehen. Es ist kaum möglich, den Bedürfnissen aller gerecht zu werden. Doch es *ist* immerhin möglich, sich anzuhören, was jeder zu sagen hat und alle Meinungen in Betracht zu ziehen.

Für den Fall, dass ich entweder Veränderungen am Arbeitsplatz in die Wege leiten muss oder selbst von Veränderungen betroffen bin, wären dies die Bedingungen, die erfüllt sein müssten, und die Fragen, die ich beantwortet haben möchte bzw. beantworten muss.

12.1.1 Einsicht in die Notwendigkeit der Veränderungen

- die Möglichkeit, die Vorschläge zu hinterfragen und zu testen
- Klarheit darüber, was ich beeinflussen kann und was nicht
- die Möglichkeit, auf Wunsch mitarbeiten zu können
- Klarheit über die persönlichen Konsequenzen für mich
- Klarheit über die Auswirkungen auf andere
- eine Begründung, warum der *Status quo* nicht bestehen bleiben kann
- Klarheit über die Vor- und Nachteile der Veränderungen.

12.1.2 Ausblick auf die Zukunft

- verschiedene Möglichkeiten ausloten
- ein Zukunftsbild entwerfen
- Was kann bestenfalls und schlimmstenfalls passieren?
- Wie lange wird alles dauern?
- Wie sehen die Prognosen aus?

12.1.3 Klarheit in Bezug auf die Aufgaben

- Was wird von mir erwartet?
- Wann wird mit den Veränderungen begonnen?
- Wer soll was tun und für wen?
- Wie sieht der Projektplan aus?
- Welches sind die unmittelbar bevorstehenden Schritte?

Welche Fragen fallen Ihnen sonst noch ein?

12.2 Die Planung des Veränderungsprozesses

Nachdem nun klar ist, worauf es ankommt, wird nachfolgend ein Modell zur Initiierung von Veränderungen vorgestellt, und anschließend werden Sie mit ein paar brauchbaren Modellen vertraut gemacht, mit denen Sie Ihre Situation einschätzen können, bevor Sie den Veränderungsprozess in die Wege leiten. Die Modelle können sowohl für die Vorbereitung als auch für die Durchführung des Veränderungsprozesses verwendet werden. Sie können sie aber auch benutzen, um herauszufinden, was in Ihrer Organisation oder anderswo geschieht.

12.2.1 Ein Modell zur Überprüfung der Situation

Für die Vorbereitung von Veränderungen ist eine bestimmte Vorgehensweise erforderlich. Erstens gilt es zu klären, ob eine Veränderung nötig ist. Zweitens muss festgestellt werden, ob eine Veränderung ein gangbarer und realisierbarer Weg ist. Beide Bedingungen müssen erfüllt sein. Auf Veränderungen zu drängen, wenn die Organisation ihnen nicht gewachsen ist, wäre abenteuerlich. Solche zu initiieren, wenn kein Bedarf besteht, wäre ausbeuterisch und etwas narzisstisch. Es muss innerhalb einer Organisation beides gegeben sein: die Notwendigkeit für Veränderungen und die Möglichkeit, sie durchzuführen.

Ist eine dieser Voraussetzungen nicht gegeben, lassen Sie erst einmal alles so, wie es ist. Sind Veränderungen erforderlich, aber Sie halten die Organisation nicht für fähig, sie zu bewältigen, dann müssen Sie die Organisation tauglich machen, d. h. Fähigkeiten, Systeme, Erfahrungen etc. so weit entwickeln, dass die erforderlichen Veränderungen in die Wege geleitet werden können.

Wenn der Punkt erreicht ist, an dem eine Weiterentwicklung sinnvoll und möglich ist, dann müssen Sie den Veränderungsprozess planen, und zwar bevor Sie handeln. Sie können das in **Abbildung 12-2** dargestellte Modell benutzen, um Ihre Vorstellungen zu strukturieren. Damit verschaffen Sie sich nicht nur ein umfassenderes Bild von Ihrer Situation, sondern Sie kommen auch nicht umhin, einen Aktionsplan aufzustellen und sich zu überlegen, wie die veränderte Situation aufrechtzuerhalten ist.

Dieses Planungsmodell umfasst fünf Stadien, die allesamt Aufmerksamkeit erfordern. Für den Erfolg von Veränderungen ist es nicht nur wichtig festzustellen, ob Veränderungen nötig sind, zu entscheiden, was zu tun ist und dies dann so schnell wie möglich umzusetzen. Ebenso entscheidend ist die Frage, wie der Prozess am besten abgewickelt werden kann, wie die Unterstützung für die betroffenen MitarbeiterInnen aussehen soll, was getan werden muss, damit die neuen Bedingungen nach dem Veränderungsprozess auch eingehalten werden.

In Abbildung 12-2 gruppieren sich die fünf Hauptstadien um das Ziel des Modells: die Initiierung erfolgreicher und beständiger Veränderungen. Jede dieser Stadien wird nachfolgend kurz skizziert:

- Kritische Betrachtung der aktuellen Situation (Intervention zur Klärung der Lage)
  - wie ist die aktuelle Lage?
  - wo ist meine Position darin?
  - der geschichtliche Hintergrund
  - aktuelle Fragen und Probleme
  - alle Dinge, die vorrangig behandelt werden müssen.
- Entscheidung über die Maßnahmen (Feststellung der Probleme und Möglichkeiten)

Abbildung 12-2: Modell zur erfolgreichen Planung von Veränderungen

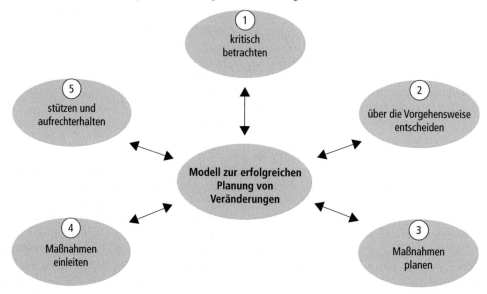

- Darstellung der ersten Einschätzung
- Darstellung der Probleme und alternativen Lösungen
- Auswahl der Maßnahmen, die notwendig, praktikabel und ethisch vertretbar sind
- Antizipieren der Probleme und Schwierigkeiten
- Abwägen der Blockaden und Hindernisse
- Einschätzung von Unterstützung und Widerstand.

- Planung der Maßnahmen (Angleichung von Maßnahmen und Erfordernissen)
  - Entscheidung über die Vorgehensweise
  - Identifizierung der Ressourcen
  - Definition der benötigten Erfolgsergebnisse
  - Aufbau eines unterstützenden Teams
  - Zustimmung/politische Unterstützung sichern.

- Durchführung der Maßnahmen (minimale Interventionen)
  - die Notwendigkeit der Veränderungen bekannt geben
  - erklären, informieren, interessieren und unterstützen
  - kleinstmögliche Schritte einleiten
  - Probleme und unerwartete Schwierigkeiten einkalkulieren und antizipieren
  - MitarbeiterInnen ständig beteiligen und informieren.

- Unterstützung und Aufrechterhaltung (Kontinuitätssicherung)
  - Nachdenken über die Stabilisierung und Aufrechterhaltung der Veränderungen
  - Aufrechterhaltung der neuen Situation durch Beteiligung vieler MitarbeiterInnen
  - regelmäßige Überprüfung der Zielerfüllung sicherstellen.

Dies ist eine Skizze des Planungsmodells einschließlich der auf die verschiedenen Phasen des Prozesses abgestimmten Fragen und Erwägungen. Sie werden merken, dass besonderer Wert darauf gelegt wird, die Notwendigkeit von Veränderungen festzustellen und dann die Maßnahmen zu planen. Damit wären die Punkte, *was* zu tun ist und *wie* in einer bestimmten Situation am besten vorzugehen ist, abgedeckt.

Erfolg bei der Durchführung von Veränderungen ist oft von der Qualität der Arbeit abhängig, die in den Phasen der Diagnose und Planung großangelegter Veränderungsinitiativen geleistet wird. Doch dies wird häufig nicht wahrgenommen bzw. berücksichtigt. Es ist jedoch von allergrößter Wichtigkeit, dass diejenigen, die die Diagnose und die Planung durchführen, engen Kontakt zu der aktuellen Situation haben und nicht isoliert arbeiten (sie müssen Feldgeneräle sein). Sie müssen erkennen, was nötig ist, und sie müssen genau wissen, was möglich und aufrechtzuerhalten ist. Überlegen Sie sich bitte bei jedem einzelnen Stadium, ob es noch Fragen gibt, die Sie stellen würden oder Punkte, die Sie berücksichtigt sehen möchten. Sie können ein eigenes Modell entwickeln, indem Sie dieses erweitern und es dann benutzen, wenn Sie mit Veränderungen zu tun haben.

12.2.2 Nützliche Modelle und Ideen

Irgendwann in Ihrer beruflichen Laufbahn werden Sie für die Durchführung von Veränderungen verantwortlich sein, vielleicht weil Sie von sich aus eine solche Initiative gestartet haben oder weil es zu Ihrer Tätigkeit gehört und Sie darum gebeten wurden. Möglicherweise stehen organisatorische Veränderung in der Klinik an oder es geht um die Umgestaltung von Dienstplänen des Personals. Es könnte auch sein, dass Sie die Verantwortung für das Stationsmanagement übernehmen sollen mit dem Auftrag, die Leistung zu steigern.

Sie haben mehrere Möglichkeiten, wie Sie sich denen gegenüber verhalten, die von den Veränderungen betroffen sind. Sie können sie damit konfrontieren, sich mit ihnen beraten oder einfach handeln. Sie könnten ihnen mitteilen, dass Sie den Auftrag haben, bestimmte Dinge zu verändern und Ihren KollegInnen sagen, was sie zu tun haben, oder Sie können sie nach ihren Vorstellungen fragen, wie man dies in Angriff nehmen sollte. Es stehen Ihnen mehrere Möglichkeiten offen, und jede zieht bestimmte Konsequenzen nach sind, sowohl positive als auch negative. Oft hängt es von den

Gegebenheiten ab, für welche Möglichkeit Sie sich entscheiden. Faktoren wie die Geschichte der Gruppe, Ihr Managementstil, Ihre Selbstwahrnehmung und Ihre Vorstellungen von der richtigen Methode werden Ihre Entscheidung über die Vorgehensweise beeinflussen.

Wie immer Ihre Entscheidung ausfällt, es gibt ein paar einfache und leicht anzuwendende diagnostische Modelle, die Sie zu Ihrer Unterstützung heranziehen können, und zwar in jeder Situation, in der es um Veränderungen geht. Sie können sicher sein, dass Sie immer davon profitieren werden. Sie können sich entweder genau an die Modelle halten oder sich mit ihrer Hilfe einen schnellen Überblick über eine Situation verschaffen und eine gründliche Diagnose auf einen späteren Zeitpunkt verschieben. Die Modelle werden nachfolgend vorgestellt.

12.3 Das Kompensationsmodell

Hierbei handelt es sich um einen Grundbaustein, mit dem Veränderungen sich auf plausible, angenehme, realistische und zumutbare Art und Weise herbeiführen lassen. Die Anwendung dieses Modells macht Sie auf Lücken in Ihren Veränderungsplänen aufmerksam und zeigt Ihnen, wo Sie noch sorgfältiger arbeiten müssen, wenn Ihre Vorschläge Aussicht auf Erfolg haben sollen.

Das Kompensationsmodell basiert auf drei Bedingungen, die erfüllt sein müssen, wenn die Veränderungsvorschläge Aussicht auf Erfolg haben sollen:

- Die von den Veränderungen betroffenen Personen müssen so unzufrieden mit der aktuellen Situation sein, dass sie die Notwendigkeit für Veränderungen einsehen.
- Es muss hinreichend klar sein, was nach Durchführung der Veränderungen anders und vorteilhafter sein wird.
- Sind die erste und die zweite Bedingung erfüllt, müssen Pläne vorliegen, welche einzelnen Schritte zu ergreifen sind, um voranzukommen.

Selbst wenn die drei Bedingungen so weit erfüllt sind, dass die Veränderungsvorschläge durchführbar, interessant und relevant erscheinen, ist zu prüfen, welcher Preis für diese Veränderungen in finanzieller, psychologischer und politischer Hinsicht gezahlt werden muss, bevor die Entscheidung zum Weitermachen getroffen wird.

Das Kompensationsmodell ist in **Abbildung 12-3** dargestellt. Sie können damit auf einfache Art Klarheit in Ihre Vorstellungen bringen, und zwar bevor Sie sie anderen mitteilen. Das Modell hilft auch anderen, in Bezug auf ihre Pläne und Vorschläge klarer zu sehen. Es gilt zu prüfen, ob der Aufwand für die Veränderung des *Status quo* die damit verbundenen Kosten kompensiert, Kosten im Sinne von Geld, Zeit, Ressourcen, Unterbrechung der Dienstleistungen etc., aber auch die Kosten und Implikationen im psychologischen Sinn.

Wie Sie sehen, habe ich die Worte *gemeinsam/allgemein* in die drei Kästen eingefügt. Wenn Sie Veränderungen erfolgreich herbeiführen wollen, müssen Sie andere mitziehen. Dann sind die Unzufriedenheit, die Vorstellungen von einer

Abbildung 12-3: Das Kompensationsmodell

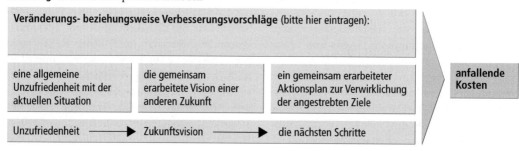

Abbildung 12-4: Die Nutzung des Kompensationsmodells zur Antizipierung von Problemen

	allgemeine Unzufriedenheit	gemeinsame Zukunftsvision	gemeinsamer Aktionsplan
Fall 4	gegeben	gegeben	**nicht gegeben**
Fall 5	gegeben	**nicht gegeben**	gegeben
Fall 6	**nicht gegeben**	gegeben	gegeben

anderen Zukunft und der Aktionsplan als Voraussetzungen der Gemeinschaft für einen erfolgreichen Wandel zu verstehen.

Bedenken Sie bitte auch, dass jede dieser drei Komponenten ein integraler Bestandteil des Gesamtbildes darstellt. Sie können Probleme bekommen, wenn Sie weitermachen, ohne dass alle drei Voraussetzungen erfüllt sind. Ich habe beschrieben, was passieren kann, wenn nur eine Voraussetzung erfüllt ist, und die Konsequenzen aufgezeigt:

- *Es ist nur die Voraussetzung der allgemeinen Unzufriedenheit erfüllt.* Enttäuschung und Frustration über die aktuelle Situation nehmen zu, weil kein Einvernehmen über die Alternative besteht oder weil keiner weiß, was zu tun ist, um die notwendigen Veränderungen einzuleiten.
- *Es ist nur die Voraussetzung der gemeinsamen Zukunftsvision erfüllt.* Es gibt eine verlockende Alternative zu der aktuellen Situation, aber es besteht keine Veranlassung für eine Veränderung. Auch wenn Veränderungen erwünscht wären, wüsste sowieso keiner, wo man anfangen soll.
- *Es ist nur die Voraussetzung des gemeinsamen Aktionsplanes erfüllt.* Man weiß, wie die Situation zu ändern wäre, aber der Anlass fehlt. Die Situation ist angenehm, und man hat keine klaren Vorstellungen, was man statt dessen will.

Können Sie sich vorstellen, in einer der in **Abbildung 12-4** dargestellten Situationen zu sein? Nehmen Sie zum Beispiel Fall 4. Die Leute sind unzufrieden mit der aktuellen Situation und

sie wissen, was sie wollen. Dennoch könnte es zu starken Frustrationen kommen, weil sie sich nicht einig sind, was sie *tun* sollen, um Veränderungen in die Wege zu leiten. Es gibt weder einen genauen Plan noch eine geordnete Vorgehensweise. Es wäre sehr unklug, es zu einer solchen instabilen Situation kommen zu lassen, es sei denn, Sie wollen eine Revolution anzetteln.

Machen Sie sich Gedanken über die dargestellten Situationen und schreiben Sie Ihre Meinung dazu auf. Vielleicht haben Sie Ähnliches schon einmal an Ihrem Arbeitsplatz erlebt. Mit dem Kompensationsmodell können Sie auf einfache Art und Weise noch vor der Einleitung entsprechender Maßnahmen überprüfen, ob die drei Voraussetzungen für eine Veränderung gegeben sind.

Sind die drei Voraussetzungen nicht erfüllt, sorgen Sie in der Organisation für Verwirrung und Chaos, wenn Sie Ihre Veränderungsvorschläge in die Tat umsetzen. Dies wiederum kann sich negativ auf die Arbeitseinstellung der MitarbeiterInnen auswirken und die Qualität der pflegerischen Betreuung beeinträchtigen. Darüber hinaus könnten richtige und wertvolle Ideen und Veränderungsvorschläge in Misskredit geraten.

Es lohnt sich, Ihre Ideen mit Hilfe dieses Modells zu überprüfen, bevor Sie Ihre Veränderungsplanungen abschließen und bekannt geben. Vielleicht stellen Sie dann fest, dass Ihre Überlegungen Lücken aufweisen, die gründlicher überarbeitet werden müssen. Das Modell gibt Ihnen auch Hinweise darauf, wie Sie bei der Bekanntgabe Ihrer Vorschläge vorgehen sollten.

12.4 Die Kräftefeldanalyse von Lewin

Dieser klassische Ansatz existiert schon seit vielen Jahren (Lewin, 1948). Ich finde ihn noch genauso aktuell, nützlich und zweckmäßig wie damals, als ich mich zum ersten Mal damit beschäftigte. Nach Lewin kann jede Situation so betrachtet werden, als wäre sie das Ergebnis eines Gleichgewichts zwischen vielen im Widerstreit liegenden Kräften und Gegebenheiten. Bestimmte Einflüsse und Situationen streben eine Veränderung des Gleichgewichts an, andere Kräfte und Einflüsse wollen dagegen die Dinge so lassen, wie sie sind. Das Ergebnis ist ein kurzfristiges Gleichgewicht, das zu der scheinbar stabilen Situation führt, die wir dann vorfinden. Doch diese Stabilität ist eine Illusion. Die Situation ist nämlich alles andere als stabil, und der Zustand der Ausgewogenheit ist in Wirklichkeit ein dynamisches Gleichgewicht zwischen entgegengesetzt wirkenden Einflüssen.

Situationen – besonders solche, in denen es um interpersonelle Aspekte geht – werden durch die Betrachtung verändert. Sie werden nicht als stabil und dauerhaft, sondern als flexibel und variabel angesehen.

Wenn Sie Beziehungen und Situationen als das Resultat entgegengesetzter, im Gleichgewicht befindlicher Einflüsse betrachten, dann wird Ihnen klar, dass das Potenzial für Veränderungen in einer neuen Abgleichung der wirkenden Einflüsse und Kräfte liegt. Das Gleiche gilt für Organisationen. Organisationen entwickeln sich, wenn auch in einem anderen Umfang, durch eine Vielzahl von Einflüssen und aufgrund ihrer Geschichte zu dem, was sie gegenwärtig sind. Wenn Sie die Verhältnisse, das heißt die Kräfte beziehungsweise die vielen verschiedenen Einflüsse, verändern, denen die Organisation ausgesetzt ist, dann können Sie die aktuelle Situation verändern.

Diese Methode zeigt einen anderen Weg auf, wie Veränderungen in Organisationen vorbereitet werden können. Sie können eine Situation am Arbeitsplatz untersuchen, wenn Sie sorgfältig alle Faktoren und Einflüsse registrieren, die aktiv an der Schaffung der aktuellen Situation mitgewirkt haben. Wenn Sie Situationen als das Werk von vielen «Einflussfeldern» betrachten, dann haben Sie die Möglichkeit, die Dinge neu zu ordnen und den Boden für Veränderungen zu bereiten. **Abbildung 12-5** zeigt die Schritte, die zur Analyse der Kraftfelder nötig sind.

Abbildung 12-5: Der Aufbau eines Kraftfeldes

Schritt 1: Was soll verändert werden
Beschreiben Sie genau, was Sie vorhaben (personelle Ausstattung überprüfen; das System für die Dienstpläne ändern; Beziehungen innerhalb des Teams verbessern; dafür sorgen, dass nicht mehr geraucht wird etc.).

Schritt 2: Die Pro-Kräfte
Listen Sie alle wirksamen Faktoren auf, welche die angestrebten Veränderungen unterstützen (dies können offizielle Richtlinien; informelle Dinge; soziale Zwänge; ethische Gründe; persönliche Gründe; geheime Sitzungsprogramme etc. sein) – gehen Sie so gründlich wie möglich vor.

Schritt 3: Die Kontra-Kräfte
Notieren Sie, was den angestrebten Veränderungen im Wege steht (formelle Dinge; die Annahmen der anderen; Furcht und nicht geäußerte Ängste; persönlich Gründe; vermeintlicher Machtverlust; Angst um die Sicherheit des Arbeitsplatzes etc.). Gehen Sie auch hier wieder so gründlich wie möglich vor.

Schritt 4: Gegenüberstellung der Daten
Stellen Sie die Daten so zusammen, dass die Pro-Kräfte den Kontra-Kräften gegenübergestellt werden. Sie können sich dann einen ersten prägnanten Überblick darüber verschaffen, was auf die Situation einwirkt. Es zeigt sich häufig, dass eine Vielzahl von Faktoren und Kräften im Spiel ist, die ihre Wirkung gleichzeitig auf mehreren Ebenen entfalten (z. B. auf der offiziellen, inoffiziellen, verborgenen und unbewussten etc.). (Fortsetzung in Abb. 12.7)

Abbildung 12-6: Muster einer Kraftfeldanalyse (die Pfeile und Buchstaben stehen für die verschiedenen Kräfte und Einflüsse)

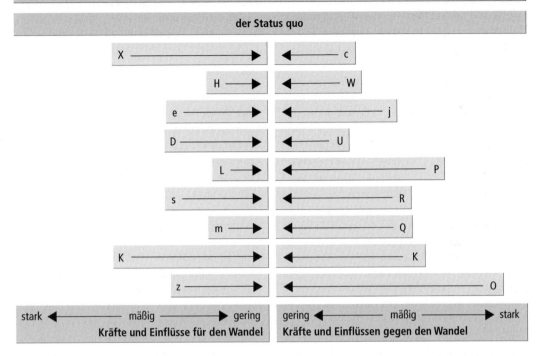

Das Muster in **Abbildung 12-6** wird häufig zur Gegenüberstellung der Pro-Kräfte und der Kontra-Kräfte verwendet. Eine solche Darstellung der Kräfte zeigt Ihnen, welchen Anteil die verschiedenen Einflussfaktoren an der Schaffung des *Status quo* haben.

In Abbildung 12-6 habe ich die verschiedenen Einflüsse dargestellt, die auf die Situation einwirken, die verändert werden soll. Wie man sieht, üben einige dieser Einflüsse einen stärkeren Einfluss aus als andere. Zur Zeit sind beide Seiten im Gleichgewicht, was die gegenwärtige Situation bedingt. Will ich diese verändern, habe ich grundsätzlich zwei Möglichkeiten. Ich kann entweder die *Pro*-Seite stärken und/oder versuchen, die *Kontra*-Seite zu schwächen, die sich den Veränderungsvorschlägen *widersetzt*. Beide Strategien beeinflussen das Gleichgewicht zwischen den beiden Seiten und führen zu einem neuen *Status quo* (Gleichgewichtspunkt).

Die übliche Reaktion auf Widerstand gegen die vorgeschlagenen Ideen sieht so aus, dass die logischen und emotionalen Gründe für den Wandel erneut und mit mehr Nachdruck vorgebracht werden. Mit anderen Worten, es wird versucht, die Ideen durchzupauken. Dies funktioniert in der Regel nicht. Es kann zu dem ärgerlichen Effekt kommen, dass die anderen dadurch veranlasst werden, sich den Veränderungsvorschlägen noch stärker zu widersetzen als zuvor und dass es noch schwieriger wird, etwas für die Zukunft zu retten. Ich habe schon Situationen miterlebt, in denen es in kurzer Zeit zu einer dramatischen Eskalation kam, die um ein Haar in körperliche Gewalt ausgeartet wäre. Manchmal konnte die Situation dann nur durch Einschreiten entschärft werden.

Wenn Sie etwas durchboxen wollen, und sei es noch so gut vorgebracht und durch Fakten untermauert, führt dies nicht unbedingt immer zum Erfolg. Nach dem Kraftfelddiagramm in Abbildung 12-6 ist es das Ungleichgewicht durch eine der Pro-Kräfte, das dann wie in einer Kettenreaktion Widerstand hervorruft. Auch

wenn es sich möglicherweise um eine Schutzreaktion handelt, werden die Kontra-Kräfte gestärkt, und die Pattsituation, die dann entsteht,
kann schlimmer sein als vorher. Je mehr auf dem
Spiel steht (sowohl in professioneller als auch in
persönlicher Hinsicht) desto geringer ist die
Möglichkeit, einen «Rückzieher» zu machen.

Durch eine Kraftfeldanalyse werden Sie jedoch veranlasst, sich eine komplementäre Strategie für die Herbeiführung von Veränderungen
zu überlegen. Veränderungen lassen sich auch
herbeiführen, wenn Sie, anstatt die Pro-Kräfte
zu stärken, die Kontra-Kräfte abschwächen. Dies
ist für mich das Großartige an der Theorie
von Lewin. Es geht eben nicht darum, eine Sache
durch vermehrte Anstrengungen durchzuboxen.
Vielmehr geht es darum, die Situation umfassender wahrzunehmen und zu versuchen, die
Widerstände und Blockaden, die ein Handeln
verhindern, teilweise zu reduzieren oder sogar
zu beseitigen. Dadurch kann das Gleichgewicht
der Situation neu eingependelt werden und
der Wandel liegt wieder im Bereich des Möglichen.

Die Kunst besteht darin, nach Widerständen
Ausschau zu halten. Versuchen Sie herauszufinden, warum die KollegInnen sich so verhalten und was Sie tun können, um deren Befürchtungen zu zerstreuen oder um ihnen die
Gründe besser zu erklären. Ein Beispiel: Sie
stellen fest, dass Ihre Veränderungsvorschläge
große Ängste hervorrufen, für die es folgende
Gründe gibt:

- Angst, für die neue Situation nicht kompetent
  genug zu sein
- Versagensängste
- Angst um die Sicherheit des Arbeitsplatzes
  und die Position
- Misstrauen gegenüber dem Management
  (oder gegenüber den Pflegenden, Ärzten, Psy-
  chologen)

und vieles mehr.

Sind diese Befürchtungen und Ängste unbegründet, dann müssen sie öffentlich diskutiert
werden, um die Betroffenen über diese Seite der
Veränderungsvorschläge zu informieren und ihnen ihre Sorgen zu nehmen. Wenn Ihnen dies
gelingt, werden Sie merken, dass der Widerstand
abnimmt und das Interesse an den Vorschlägen
wächst.

Es wird niemals möglich sein, Widerstände
völlig zu eliminieren. Wenn Sie sich aber an den
Ansatz von Lewin halten, dann müssen Sie unter
Umständen nur zwei oder drei der Kontra- Kräfte abschwächen, um zu erreichen, dass die notwendigen Veränderungen eingeleitet werden
können. Damit sind wir bei der Fortsetzung von
Abbildung 12-5, deren nächste Schritte in **Abbildung 12-7** beschrieben werden.

Die Kräftefeldtheorie kann zur Diagnose von
Situationen, zur Planung von Veränderungen
sowie zur Umsetzung entsprechender Strategien
und Programme herangezogen werden. In **Abbildung 12-8** finden Sie ein Beispiel, das Ihnen
zeigt, wie so eine Analyse aussehen kann.

Abbildung 12-7: Fortsetzung von Abbildung 12-5

Schritt 5: Planen und organisieren
Schauen Sie sich Ihre Daten an und fassen Sie ähnliche Punkte zusammen, damit Sie besser mit den in den Schritten 2 und 3 zusammengetragenen Daten arbeiten können. Vermutlich werden Sie Bündel und Gruppen ähnlicher Daten aus-machen. Fügen Sie noch Punkte hinzu, die Sie anfangs ausgelassen haben. Jetzt haben Sie ein Gesamtbild, so wie Sie es sehen, das Ihnen zeigt, was innerhalb und außerhalb der Situation geschieht, die Sie verändern wollen.

Schritt 6: Maßnahmen
Versuchen Sie nun herauszufinden, welche der Kontra-Kräfte reduziert werden können, vielleicht dadurch, dass Sie Ihre Vorschläge genauer erklären, die Angst vor dem Verlust des Arbeitsplatzes abbauen, die Teilnahme an einer Steuerungsgruppe für Veränderungsprozesse zulassen etc. Wählen Sie drei oder vier der Kontra-Kräfte aus, auf die Sie sich konzentrieren und die Sie, wenn möglich, verändern wollen. Machen Sie sich Gedanken über die optimale Vorgehensweise – z. B. überlegen Sie, ob Sie zuerst die Veränderungsvorschläge besser erklären und dann die Teilnahme an der Steuerungsgruppe für Veränderungsprozesse anbieten etc. – und halten Sie sie ein.

Abbildung 12-8: Kraftfeldanalyse: das Rauchen aufgeben

Die gewünschte Veränderung: *das Rauchen aufgeben*		

Status quo

soziale Kosten ——————▶	◀—— Angst wird reduziert.
finanzieller Aspekt ——————▶	◀—— Missbilligung durch andere
Missbilligung durch andere ——————▶	◀—— Zeichen von Rebellion
Angst vor Lungenkrebs ——————▶	◀—— Man hat etwas zu tun.
unsoziales Verhalten ——————▶	◀—— Abhängigkeit
Das Haus riecht. ▶	◀—— der Wunsch, anders zu sein
Rücksicht auf andere ——▶	◀—— Zeichen von Kameradschaft
Die Familie hat etwas dagegen. ▶	
Der Partner ist Nichtraucher. ——————▶	

stark ◀——— mäßig ———▶ gering	gering ◀——— mäßig ———▶ stark
Kräfte und Einflüsse für den Wandel	**Kräfte und Einflüssen gegen den Wandel**

Durch einen Blick auf das Beispiel in Abbildung 12-8 erkennen Sie, welchen Einflüssen die Person ausgesetzt ist, die das Rauchen aufgeben will. Wenn Sie etwas verändern wollen, geht es immer darum, herauszufinden, welche der Kontra-Kräfte reduziert beziehungsweise völlig beseitigt werden können. Welche halten Sie für reduzierbar? Meine Vorschläge sind:

- «Man hat etwas zu tun»
- «Der Wunsch, anders zu sein»
- «Zeichen von Rebellion».

Stellen Sie fest, ob diese Person ihr Anderssein, ihre Rebellion und ihren Nonkonformismus auch auf andere Art zum Ausdruck bringen kann. Mehr Beschäftigung ist für eine Veränderung von Vorteil. Irgendwann wird auch die Abhängigkeit zur Sprache kommen müssen, doch am Anfang wäre dies zu schwierig. Andererseits gibt es gewichtige Gründe, die für eine Veränderung sprechen. Hinzu kommen noch Gründe wie Missbilligung durch den Partner, medizinische Gründe etc. und der Zwang zum Handeln.

Wir haben es hier mit einem sehr wirkungsvollen Ansatz zu tun, den Sie allein oder zusammen mit einer Gruppe verwenden können; Sie können ihn auch bei einer Fallbesprechung oder im Rahmen einer Fortbildung als Vorgehen bei einer Situationseinschätzung einsetzen.

12.5 Das GAP-Modell (Lücken-Modell)

Bei diesem Modell geht es darum, von einem fixen Ausgangspunkt die Richtung für die Zukunft festzulegen. Vielleicht kennen Sie den Witz von den Touristen, die sich mit ihrem Auto verfahren haben. Nachdem sie eine Weile herumgefahren sind, beschließen sie, sich nach dem Weg zu ihrem Zielort zu erkundigen. Schließlich finden sie auch jemanden, den sie fragen können, und dieser Jemand spricht die unvergänglichen Worte: «Wenn ich an Ihrer Stelle wäre, würde ich nicht von hier aus starten…». Dasselbe kann passieren, wenn es um Veränderungen in

Organisation geht. Wenn Sie nicht wissen, wohin Sie wollen und von wo aus Sie starten, landen Sie unweigerlich an einem Ort, oder in einer Situation, die Sie nicht wollten!

Also sollten Sie die aktuelle Situation so gut wie möglich kennen und klären, wie die Situation in Zukunft aussehen soll.

Wenn der Unterschied zwischen der Gegenwart und der Zukunft geklärt ist, können Sie sich überlegen, was Sie unternehmen müssen, um die Veränderungen herbeizuführen und die Durchführung der Veränderungen in Angriff nehmen, falls sie Ihnen machbar und realistisch erscheinen.

Das Ganze lässt sich als Diagramm darstellen (siehe **Abb. 12-9**). In diesem einfachen Modell wird die gegenwärtige Situation der zukünftigen gegenübergestellt. Es zeigt die *anvisierte* Position, die in einem oder zwei Jahren erreicht werden soll.

Schritt 1 beinhaltet eine Auflistung der die Organisation betreffenden Dimensionen, die nach Ihrer Meinung entwickelt, eingeführt etc. werden müssen. Dann stellen Sie fest, wie diese Dimensionen funktionieren und ob es Probleme gibt. Damit ist die Einschätzung der aktuellen Situation abgeschlossen («unsere jetzige Position»).

Schritt 2 erfordert eine exakte Beschreibung der anvisierten Position. Dabei geht es um die gleichen funktionellen Dimensionen, die unter Schritt 1 aufgelistet wurden.

In Schritt 3 werden die entscheidenden Unterschiede zwischen der aktuellen und der anvisierten Position so präzise wie möglich angegeben. Dies zeigt Ihnen, was die «Lücke» ausmacht und

was Sie leisten müssen, um die anvisierte Position zu erreichen. Vielleicht finden Sie die «Lücke» zu groß, um sich daran zu wagen, oder Sie glauben, die Organisation, Abteilung, Klinik oder Lehrabteilung sei für den Wandel noch nicht bereit. Aber die einzelnen Schritte lenken Ihre Aufmerksamkeit auf die Praktikabilität dessen, was Sie leisten müssen, sowie auf die Mühen und Ressourcen, die aufzuwenden sind, um die angestrebten Veränderungen herbeizuführen. Sie können nach dem Schema in **Abbildung 12-10** vorgehen und ein Programm zur Durchführung der Veränderungen entwickeln, das Sie an Ihr Ziel bringt.

Wenn Sie spezifizieren, was geändert, neu eingeführt oder beibehalten werden soll, müssen Sie sich mit der zu leistenden Arbeit auseinander setzen. Diese «Analyse der Lücken» könnte also dazu führen, dass die Veränderungspläne aufgeschoben werden.

12.6 Symptome oder Ursachen?

Wenn Probleme auftreten, ist es manchmal leichter, sich sofort damit auseinander zu setzen. Doch von Fall zu Fall hat man das Gefühl, dass es gar nicht das Problem ist, um das man sich kümmern muss.

Immer wieder auftretende Schwierigkeiten oder Probleme am Arbeitsplatz können ein Grund sein, etwas zu verändern. Doch auch entsprechende Gegenmaßnahmen, Ratschläge und Unterstützung etc. konnten bis jetzt nicht zur Lösung des Problems beitragen. Also kommen

Abbildung 12-9: Das GAP-Modell (Lücken-Modell)

unsere jetzige Position

wo wir in x Jahren sein wollen

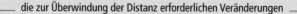

die zur Überwindung der Distanz erforderlichen Veränderungen

Abbildung 12-10: Programm für die Durchführung von Veränderungen

Bereiche, die überprüft und verändert werden müssen	aktuelle Position	anvisierte Position	Lücke
Systeme			
Umfang der Dienstleistungen			
Einstellung			
Nutzungsfrequenz			
Zahlungssysteme			
Computersystem			
medizinisches Personal			
etc.			

Sie zu dem Schluss, es müsse gezielter vorgegangen werden. Es wäre aber auch möglich, dass es *gründlicherer Überlegungen* bedarf, um das Problem dingfest zu machen.

Möglicherweise ist das Problem gar nicht der wesentliche Punkt, sondern es ist ein Symptom für etwas anderes. Damit wären die immer wieder auftretenden Schwierigkeiten erklärt. Ohne es zu wissen, haben Sie auf die Symptome und nicht auf die Ursachen des Problems reagiert.

Oft gibt es gute Gründe, warum KollegInnen die eigentlichen Probleme nicht preisgeben wollen, die ihnen bei der Arbeit Schwierigkeiten machen. Um welche Gründe könnte es sich handeln? Tragen Sie Ihre Vorschläge in **Abbildung 12-11** ein (Beispiele finden Sie in Abb. 12-14). Sollte dies der Fall sein, bedeutet das nicht unbedingt, dass sich diese KollegInnen manipulativ, heimlichtuerisch oder unkooperativ verhalten. Es ist wahrscheinlicher, dass sie unter Belastungen leiden. Wenn Sie diese Möglichkeit in Betracht ziehen und sich nicht nur auf die Probleme am Arbeitsplatz konzentrieren, können Sie sie von ihrem Stress entlasten.

Die in **Abbildung 12-12** aufgeführten Beispiele beruhen auf persönlicher Erfahrung. Kennen Sie ähnliche Beispiele? In jedem einzelnen Fall gibt es ein erkennbares Problem, auf das Sie reagieren müssen. Sie können natürlich auf das reagieren, was Sie vor sich sehen, doch vielleicht möchten Sie der betroffenen Person auch die Gelegenheit geben, Dinge zu offenbaren, die zu ihren Problemen am Arbeitsplatz geführt beziehungsweise dazu beigetragen haben.

Abbildung 12-11: Gründe, weshalb die wahren Probleme nicht preisgegeben werden

Abbildung 12-12: Beispiele für verheimlichte Probleme

	erkennbare Probleme	eigentliche Schwierigkeiten/Probleme
Fall 1	ständige Verspätungen	verheimlichte familiäre Probleme
Fall 2	ungenaue Dokumentation von Pflegedaten	Beendigung der Beziehung zu dem/der Verlobten
Fall 3	Ein erst kürzlich avancierter Erfolgsmensch ist nicht mehr in der Lage einfache Entscheidungen zu treffen.	Versagensängste haben plötzlich die Oberhand über alles andere gewonnen.

So könnten Sie beispielsweise die Personen aus den ersten beiden Beispielen disziplinieren und ihnen sagen, dass sie «sich am Riemen reißen» sollen. Sie könnten die dritte Person unterstützen und ermutigen und ihr sagen, dass sie ihre Arbeit hervorragend macht. Möglicherweise machen Sie dadurch die Situation in jedem einzelnen Fall unabsichtlich noch schlimmer. Sie sollten diesen KollegInnen lieber die Gelegenheit geben, über ihre eigentlichen Probleme zu sprechen, also über die Ängste und Belastungen, die zu den Symptomen geführt haben, die Sie am Arbeitsplatz sehen können.

Sollte sich herausstellen, dass andere Faktoren als Ursache infrage kommen, dann müssen diese natürlich bearbeitet werden. Wenn die dadurch verursachten Belastungen reduziert werden können, dann gibt es keinen Grund mehr, dass die von Ihnen beobachteten Symptome weiterhin auftreten. Sie müssen sich jedoch auch darüber im Klaren sein, dass Sie als Vorgesetze/r nicht unbedingt die geeignete Person sind, mit der man solche persönlichen und privaten Dinge bespricht, weil dies die Beziehung zwischen Ihnen und der betroffenen Person eventuell stört und verkomplziert. Das bedeutet jedoch nicht, dass Probleme nicht mitgeteilt oder besprochen werden können. Doch wenn eine tiefere Ergründung erforderlich ist, dann ist entweder der betriebsärztliche Dienst oder eine psychologische Beratungsstelle geeignet, wenn die betreffende Person damit einverstanden ist.

Hier greift die Eisberganalogie. Aus der Wasseroberfläche ragt in Wirklichkeit nur der kleinere Teil. Darunter befindet sich eine riesige, nicht sichtbare Masse. Mit den Symptomen und Ursachen verhält es sich ebenso. Wir sehen die Symptome, aber sie zeigen uns nicht unbedingt das, womit wir uns beschäftigen müssen. Es geht um das, was sie eigentlich hervorruft – wie **Abbildung 12-13** zeigt –, damit haben wir uns auseinander zu setzen.

Die Tatsache, dass die Sorgen eines Menschen als Symptome in Erscheinung treten, die nicht die eigentlichen Ursachen sind, deutet häufig darauf hin, dass dieser Mensch nicht bereit beziehungsweise nicht in der Lage ist, die ursächlichen Probleme und Sorgen nach außen zu tra-

Abbildung 12-13: Symptome und ihre eigentlichen Ursachen

Symptome – das, was wir sehen

Ursachen – das, was wir nicht sehen bzw. nicht wissen

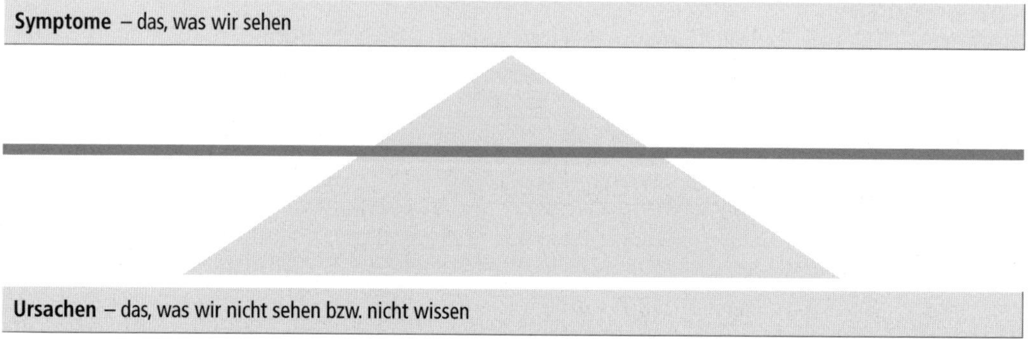

gen. Deshalb müssen Sie sehr behutsam vorgehen, wenn Sie herausfinden wollen, ob sich hinter den Symptomen etwas anderes verbirgt. Vielleicht sind Sie nicht die geeignete Person, wenn es darum geht, die Ursachen aufzuspüren. Dennoch haben Sie die Aufgabe, den Schwierigkeiten auf den Grund zu gehen und festzustellen, ob diese durch andere Probleme hervorgerufen werden.

12.7 Sieg oder Niederlage: die maßgebenden Personen

In den meisten Situationen brauchen Sie nur die Unterstützung einiger weniger Personen, um Ihren Veränderungsplänen zum Durchbruch zu verhelfen. Es sind auch nur einige wenige, deren Widerstand Ihre Pläne vereiteln könnte. Deshalb muss es Ihr Ziel sein, sich entsprechende Unterstützung zu sichern. Diese kleine Gruppe von maßgebenden Einflussnehmern wird oft als «die kritische Masse» bezeichnet. Es gilt,

davon so viele wie möglich auf Ihre Seite zu bringen.

Als Erstes muss festgestellt werden, wer sie sind. Machen Sie eine Liste der Leute, auf die es im Zusammenhang mit Ihren Veränderungsvorschlägen ankommt. Als Nächstes müssen Sie auflisten, wie viel Unterstützung Sie für Ihre Ideen von jedem Einzelnen erwarten können. Dabei können Sie nach dem Muster von **Abbildung 12-14** vorgehen.

In diesem Beispiel gibt es elf Personen, auf die es ankommt, damit die Veränderungen in die Wege geleitet werden können. Die Mehrheit wird mich unterstützen bzw. steht den Veränderungen einigermaßen gleichgültig gegenüber. Probleme gibt es dagegen mit dem klinischen Direktor und mit Schwester Y. Deren Unterstützung ist absolut nötig, wenn die neuen Vereinbarungen gut funktionieren sollen.

Ich muss also besser verstehen, warum sie die Veränderungen nicht wollen. Ich muss versuchen, ihre Vorbehalte und Zweifel zu zerstreuen, oder sie wenigstens von ihrer Oppositions-

Abbildung 12-14: Liste der kritischen Masse

Maßgebende Leute	dafür	dagegen	unterstützt	sträubt sich nicht	gleichgültig
Schwester X	■				
Schwester Y		■			
Dr. Z				■	
Dr. F					■
Herr K			■		
Pflegeperson S			■		
Abteilungsleitung	■				
Kaufmännische Leitung	■				
Klinischer Direktor		■			
Pathologie					■
Stationsleitung	■				

Abbildung 12-15: Gründe, weshalb die wahren Probleme nicht preisgegeben werden

Arbeitsbeispiel
Verlegenheit
Unsicherheit, ob die Angelegenheit vertraulich behandelt wird
man wird mich für einen Schwächling und Versager halten
man wird mich nicht verstehen
Ich kenne das Problem nicht
Angst vor...

haltung abzubringen und zu erreichen, dass sie sich nicht gegen die Einleitung der Veränderungen sträuben.

Die Tatsache, dass ich die kaufmännische Leitung unter «dafür» eingetragen habe, zeigt, dass sie meine Ansichten über die Notwendigkeit der Veränderungen teilt. Die Stationsleitung ist ebenfalls definitiv auf meiner Seite. Unglücklicherweise scheint die Angelegenheit einem Teil des medizinischen Personals völlig gleichgültig zu sein, aber wenigstens werden sie die Veränderungen nicht blockieren, wenn es Ernst wird.

Nun, dies ist nur meine Meinung, und wie jede Meinung ist auch meine mit Vorurteilen behaftet. Deshalb wäre es sinnvoll, wenn meine Ansichten von KollegInnen überprüft würden, die mit mir an diesen Veränderungen arbeiten. Nachdem wir uns geeinigt haben, wer die maßgeblichen Leute sind, komplettieren wir unabhängig voneinander die Übersicht in Abbildung 12-14 und vergleichen unsere Notizen. Dabei kommen häufig unterschiedliche Meinungen heraus, die dann diskutiert werden müssen, um zu einer Entscheidung zu kommen, wie wir diejenigen am besten überzeugen, die nach unserem Dafürhalten die geplanten Maßnahmen

blockieren, und die von ihnen vorgetragenen Schwierigkeiten effektiv entkräften können.

In Kapitel 13 wird die Rolle der Pflegeperson als Wegbereiter für Veränderungen betrachtet. In diesem Zusammenhang spricht man häufig auch von «change agent».

Literatur

Lewin, K. (1948) *Resolving Social Conflicts,* Harper, New York.

Weiterführende Literatur

Beckhard, R. and Harris, R. (1987) *Organizational Transitions* (2nd edn), Addison-Wesley, Reading, MA.

Brunning, H., Cole, C. and Huffington, C. (1990) *The Change Directory,* British Psychological Society, Leicester.

Carter, R. *et al.* (1984) *Systems, Management and Change,* Harper and Row, London.

McCalman, J. and Paton, R. (1992) *Change Management,* Paul Chapman, London.

Spurgeon, P. and Barwell, F. (1991) *Implementing Change in the NHS,* Chapman and Hall, London.

13. Die Pflegeperson als «change agent» und Wegbereiter für Veränderungen

Von allen Fachleuten, die PatientInnen betreuen und ihnen Aufmerksamkeit schenken, sind die Pflegenden immer auf der Station anwesend. In Kliniken, bei Hausbesuchen und im Gemeindebereich sind es in der Regel die Pflegenden, die vor allen anderen an erster Stelle stehen, was die Bedeutung und Kontinuität ihrer Rolle anbelangt. Werden die PatientInnen gefragt, wen sie am meisten sehen und wen sie als ihren ersten Ansprechpartner bei der Betreuung betrachten, dann werden sie vermutlich zuerst an die Pflegenden denken.

[In Großbritannien hat die Pflege in der Gesundheitsversorgung der Gemeinden einen zentraleren Stellenwert als in Deutschland. Dies zeigt sich beispielsweise auch darin, dass 1998 das «Nurse prescribing» eingeführt wurde. Fachpflegepersonal in der Gemeinde kann Patienten eigenständig Medikamente und Hilfsmittel aus einer «Pflege-Positivliste» verschreiben. Anm. d. Bearb.]

Zur Rolle der Pflegeperson gehört es, das Befinden der PatientInnen kontinuierlich zu überprüfen und zu überwachen. Besser als alle anderen Fachleute können Pflegende den Zustand ihrer PatientInnen einschätzen, und sie sind in der Lage, ein Gesamturteil über die Station, Klinik etc. abzugeben. Von allen Anbietern von Gesundheits- und Betreuungsleistungen haben die Pflegepersonen den umfassendsten Überblick. Sie wissen, was in ihrer Umgebung vorgeht, wo Schwierigkeiten auftreten, was Auf-

merksamkeit und Unterstützung erfordert. Und sie wissen – das ist das Entscheidende –, was nochmals überprüft und unter Umständen verändert werden muss.

Damit rückt die Rolle der Pflegeperson als Motor für Veränderungen und Überprüfungen in der alltäglichen Gesundheitsversorgung in den Vordergrund. Pflegende haben oft eher als MitarbeiterInnen anderer Berufsgruppen ein sicheres Gespür dafür, was machbar ist, und sie sind eine wertvolle Informationsquelle, wenn es um die Organisation, um Vorgehensweisen und um die Leistungsfähigkeit der Organisation geht. Neben ihrer professionellen Rolle in der direkten Pflegearbeit fungiert die Pflegeperson als «change agent», als Handelnde für Veränderungen.

Die Pflegeperson:

- steht in ständigem Kontakt mit den PatientInnen
- verfügt über ein formalisiertes, detailliertes und geordnetes Aktualisierungssystem
- ist oft das «am meisten gesehene» Mitglied des Behandlungsteams
- ist die übliche Anlaufstelle für alle, die im weitesten Sinn mit der Patientenversorgung zu tun haben, für Familienangehörige etc.
- deckt über 24 Stunden den Dienst im Krankenhaus ab.

Die Pflegeperson ist für die PatientInnen, die sie zu betreuen hat, die zentrale Bezugsperson des

Behandlungsteams. Sie kann zu jeder Tageszeit die Stimmung im Krankenhaus einschätzen. Sie befindet sich quasi im Zentrum eines Netzes, wo sämtliche Informationen auflaufen und Entscheidungen getroffen werden. Die Person (oder die Personen), die in der Zentrale sitzt, ist bestens dafür geeignet, die Daten zu interpretieren und zu integrieren. Sie hat den besten Platz, wenn es darum geht, die Bedürfnisse und Ansprüche der PatientInnen und vielleicht auch die der Organisation jederzeit einschätzen zu können.

Die Pflegeperson befindet sich in einer zentralen Position, von der aus sie die Umsetzung von Entscheidungen über die Patientenversorgung beeinflussen, überblicken und managen kann. Sie kann auch eine Veränderung der verwaltungstechnischen Praktiken auf der Station oder in der Klinik bewerkstelligen. Ihre Pflegeausbildung bietet ihr eine solide Grundlage für den Umgang mit Veränderungen und Anpassungen im persönlichen Bereich. Diese Fähigkeiten qualifizieren sie für die Rolle als Initiator von Veränderungen.

Die Aufgaben, denen die Pflegeperson auf der Station oder in der Klinik nachkommen muss, lassen ihr vielleicht nicht die Zeit, sich neben ihrer Pflegearbeit auch noch darum zu kümmern, dass Veränderungen möglich werden.

Doch gerade in dieser Zeit kann sie sich die erforderlichen Fähigkeiten aneignen und diese praktisch anwenden. Das soll nicht heißen, dass jede Pflegeperson daran interessiert sein muss, diesen Teil ihrer Rolle weiterzuentwickeln, aber sie hätte dann wichtige Fertigkeiten und Eigenschaften entwickelt, die ein erfolgreicher «change agent» braucht. In **Abbildung 13-1** sind wichtige Merkmale aufgelistet, die für eine erfolgreiche Einleitung von Veränderungen relevant sind. Inwieweit erfüllen Sie diese Merkmale?

Nach meinen Erfahrungen muss ein kluger und anerkannter «change agent»:

- gute diagnostische Fähigkeiten haben
- über fundiertes theoretisches Wissen auf diesem Gebiet verfügen
- die Fähigkeit besitzen, mit anderen gut auszukommen und die Dinge aus der Sicht der KlientInnen zu «sehen»
- über Kenntnisse und Sensibilität in innerbetrieblichen Dingen verfügen
- persönliche Integrität und Zielbewusstheit besitzen
- die Fähigkeit haben, sich um andere zu kümmern
- die Bereitschaft mitbringen, sich um sich selbst zu kümmern

Abbildung 13-1: Merkmale, die für die Einleitung von Veränderungen wichtig sind

kompetent	nimmt die Organisation in ihrer Gesamtheit wahr
hohes fachliches Ansehen	erfolgreich im Beruf
achtsam und besonnen	praktische Erfahrungen
politisch klug	versteht den Standpunkt anderer
drückt sich klar und deutlich aus	arbeitet mit Meinungsbildern
glaubwürdig	betriebswirtschaftliche Kenntnisse
bereit, seine Meinung zu revidieren	kann andere begeistern
politisch gut informiert	unterstützt KlientInnen und fördert sie in ihrer Entwicklung
ethisches Verhalten	kann sich zukünftige Dinge vorstellen
interessiert sich für Menschen und die Organisation	kennt eigene Stärken und Schwächen

- fähig sein, auf allen Ebenen zu kommunizieren und sich Gehör zu verschaffen
- ein «Supervisor» sein, mit dem man Probleme im Zusammenhang mit Veränderungen besprechen kann.

Wenn Sie sich diese Fähigkeiten und Eigenschaften anschauen, dann werden Sie merken, dass es genau die Fähigkeiten sind, die wir alle brauchen, um in der Welt voranzukommen. Es handelt sich dabei nicht um ausgesprochen fachspezifische Fähigkeiten und man muss auch nicht jahrelange eifrig dafür studieren. Gemeint ist jene «Lebensweisheit», die wir alle in unterschiedlichem Ausmaß über die Jahre entwickeln. Die Anwendungsmöglichkeiten mögen durch ungünstige Erfahrungen auf unserem Lebensweg behindert worden sein. Aber die Lebensweisheit wird ja gerade durch die Auseinandersetzung mit unseren Erfahrungen und Beobachtungen verfeinert und weiterentwickelt.

Wenn Sie dieser Einschätzung zustimmen, dann folgt daraus, dass jeder ein Wegbereiter ist beziehungsweise das Potenzial dazu besitzt. Eine interessante These, nicht wahr? Es folgt weiter daraus, dass jeder die Fähigkeit hat, eine Situation, in der er sich befindet, zu ändern, zu deuten und zu entwickeln. Durch Ihre Ausbildung und durch Ihre Erfahrungen mit PatientInnen über längere Zeiträume verfügen Sie bereits über beträchtliche Einblicke in die menschliche Natur und wissen, was Veränderungen begünstigt und was sie blockiert.

13.1 Die Ziele eines «change agent»

Sie wissen sicher aus Erfahrung, dass Menschen bestimmte Fähigkeiten nicht unbedingt praktisch anwenden oder weiterentwickeln wollen, bloß weil sie diese besitzen. Das Gleiche gilt für die oben beschriebenen Fähigkeiten. Sich um effektivere Beziehungen am Arbeitsplatz und um Veränderungen zu kümmern ist – in intellektueller und in emotionaler Hinsicht – mit großen Anstrengungen verbunden, und nicht jeder will diese Aufgabe übernehmen.

Wenn Sie ein «change agent» sind, dann tun Sie Folgendes:

- Sie kümmern sich auf konstruktive Art um Überprüfung und Veränderung.
- Sie stellen relevante Dinge zur Diskussion.
- Sie sorgen für Möglichkeiten der Weiterentwicklung.

Diese Vorgaben mögen zwar einfach erscheinen, aber sie sind schwer zu realisieren und setzen beträchtliche Fähigkeiten und ein hohes Maß an Bewusstheit in Bezug auf die eigene Person voraus. Aber die im Zusammenhang mit der Überprüfung und Veränderung wichtigen Fähigkeiten können bei entsprechender Erfahrung unabhängig von der offiziellen Berufsbezeichnung oder Rolle praktisch genutzt werden.

Auch wenn Ihre offizielle Rolle Ihre Möglichkeiten einschränkt, die oben beschrieben Fähigkeiten voll zu entwickeln, hält sie Sie nicht davon ab, wahrzunehmen, was in Ihrer Umgebung geschieht, dieses zu deuten und Ihre eigenen und die wechselnden Reaktionen der Menschen in Ihrer Umgebung zu beobachten.

Kraft Ihrer Fähigkeiten können Sie auf die Geschehnisse in Ihrer Umgebung einwirken und sie beeinflussen. Um dies mit Erfolg und Sorgfalt tun zu können, brauchen Sie eine Methode, mit der Sie Ihre Vorgehensweise strukturieren und gleichzeitig herausfinden können, wie Sie Ihre Fähigkeiten und Kenntnisse erweitern können. In **Abbildung 13-2** sind die vier wichtigsten Aufgaben eines «change agent» dargestellt, von denen jede eine Vielzahl von Fertigkeiten und Fähigkeiten voraussetzt.

Eine Pflegeperson in der Rolle eines Wegbereiters wird von denjenigen, die von den Veränderungsvorschlägen betroffen sind, als wichtig und angenehm empfunden. Vermutlich sind die Betroffenen zufrieden, dass sie es ist, die sich zusammen mit ihnen darum kümmern will, dass sich etwas verändert. Infolgedessen gelingt es der Pflegeperson als «change agent» häufig, in die Situation eines Klienten einbezogen zu werden, zu ihr *Zugang zu gewinnen*, und sie genießt in dieser Rolle in den Augen der Betroffenen *Glaubwürdigkeit*. Diese beiden Dinge sind von entscheidender Bedeutung, denn wenn sie

Abbildung 13-2: Fähigkeiten, die ein «change agent» braucht

nicht gegeben sind, dann ist jede Arbeit unzulänglich und kann irgendwann sogar scheitern.

Abbildung 13-2 stellt die vier wichtigen Aufgaben (und Phasen) dar, die mit dem Veränderungs- und Überprüfungsprozess in Zusammenhang stehen. Ich benutze absichtlich das Wort «Überprüfung», denn es kann sein, dass es keinen Anlass für Veränderungen gibt, nachdem die Situation des Klienten diagnostiziert wurde.

In der ersten und entscheidenden Phase geht es darum, die Situation zu *diagnostizieren* und zu verstehen, was los ist. In der zweiten Phase wird versucht, zu einem *gemeinsamen Einvernehmen* über die Notwendigkeit von Maßnahmen zu gelangen und sich darüber zu verständigen, was anstelle der aktuellen Regelungen gewünscht wird. In der dritten Phase werden Vorbereitungen getroffen, um die *Veränderungen in die Wege zu leiten*. Wenn alles reibungslos und effektiv abläuft, dürfte es keine bösen Überraschungen auf Seiten der Betroffenen geben. In der vierten Phase geht es darum, den Prozess *in Gang zu halten* und die veränderungsbedingten *definitiven Vorteile* zu sichern und sie langfristig aufrechtzuerhalten.

In **Abbildung 13-3** sind die in jeder Phase zu bewältigenden Aufgaben und die entsprechenden Fähigkeiten und Eigenschaften aufgeführt.

Ich habe behauptet, dass jeder das Potenzial hat, an seinem Arbeitsplatz als Wegbereiter zu fungieren. Doch nicht jeder steht der Rolle eines «change agent» positiv gegenüber, denn es erfordert viel persönlichen Einsatz, auf konstruktive Art Veränderungen herbeizuführen. Wenn

Sie in Situationen eingegriffen haben, haben Sie sicher schon einmal die Erfahrung gemacht, dass diejenigen, denen Sie helfen wollten, sich plötzlich gegen Sie gestellt haben, oder dass Sie dachten, Sie hätten ihre Sache gut gemacht und plötzlich mit Entsetzen feststellen mussten, dass alles schief läuft und außer Kontrolle gerät.

Man muss in emotionaler Hinsicht einen hohen Preis zahlen und sich intellektuell sehr engagieren, wenn man ein sensibler und erfolgreicher «change agent» sein will. Vielleicht merken Sie auch, dass andere anfangen, sich Klischeevorstellungen von Ihnen zu machen, wenn Sie diese Arbeit tun und dass sie unrealistische Erwartungen haben in Bezug darauf, was Sie tun und leisten können.

13.2 Klischeevorstellung von «change agents»

Wie würden Sie aufgrund der in Teil IV thematisierten Inhalte jemanden klischeehaft beschreiben, der sich am Arbeitsplatz darum kümmert, dass Veränderungen in die Wege geleitet werden? Wie bereits erwähnt kann es passieren, dass man unrealistische Erwartungen, ja sogar Fantasievorstellungen im Zusammenhang mit denjenigen entwickelt, die am Arbeitsplatz einen großen Einfluss auf uns ausüben (siehe Teil II).

Bitte seien Sie so ehrlich wie möglich, wenn Sie sich mit **Abbildung 13-4** beschäftigen. Sie können sogar übertreiben, denn erst wenn wir diese übertriebenen Klischeevorstellungen kennen,

Abbildung 13-3: Überblick über die zentralen Aufgaben eines «change agent»

Wichtige Aufgaben	Fähigkeiten und Eigenschaften
Diagnose	
Daten ermitteln und sammeln (zuhören, beobachten, befragen); nachdenken, feststellen, ob eine Überprüfung/ Veränderung nötig ist	Fähigkeit, auf allen Ebenen gut mit anderen auszukommen; wacher und scharfer Intellekt, guter Zuhörer etc.
Grundlage für gemeinsames Handeln schaffen	
den Boden für Veränderungen bereiten (für Einvernehmen und Unterstützung sorgen)	hieb- und stichfeste Begründungen vorbringen; sensibel auf die Bedürfnisse anderer eingehen; Kritik zulassen können; emotionale Stärke; Fähigkeit, überzeugend zu argumentieren
Maßnahmen einleiten	
Unterstützung und Verstärkung aller Maßnahmen, die den Klienten zur Auseinandersetzung mit seinen Problemen befähigen	entschlossen und bestimmt bei der Unterstützung des Klienten vorgehen; Fähigkeit, Kompetenz und Selbstvertrauen auf Seiten des Klienten zu entwickeln
den Prozess in Gang halten	
die Veränderungen sichern und aufrechterhalten; dazu beitragen, dass sie zur Gewohnheit werden	die Unterstützung sichern und für kontinuierliche Betreuung sorgen

wissen wir, was in den Köpfen derjenigen vorgeht, die diese Klischeevorstellungen haben. **Abbildung 13-5** zeigt Vorschläge, die mir im Verlauf der Zeit beim Lesen oder Schreiben über diese Dinge begegnet sind. Bestimmt fallen Ihnen noch andere Klischees ein. Was tun Sie, wenn Sie feststellen, dass Ihre KollegInnen solche Gefühle, Vorstellungen und Erwartungen mit einem «change agent» (Wegbereiter, Berater etc.) verbinden? Wie wirkt sich so etwas auf die Zusammenarbeit mit Ihnen aus?

Sie können in diesem Fall entweder versuchen, genauer zu erklären, was zur Rolle eines «change agent» gehört, oder Ihren KollegInnen zeigen, wie man Situationen in Organisationen auf verschiedene Art und Weise diagnostizieren und beschreiben kann. So erreichen Sie, dass sie sich ein Bild von Ihrer Arbeit machen können. Es geht darum, den in Abbildung 13-5 aufgeführten unrealistischen und kontraproduktiven Klischeevorstellungen den Boden zu entziehen und die Vorstellungen von der Arbeit eines «change agent» realistisch darzustellen.

Abbildung 13-4: Klischeevorstellungen von einem «change agent»: Teil 1

Klischeevorstellungen von einem «change agent»

Abbildung 13-5: Klischeevorstellungen von einem «change agent»: Teil 2

Klischeevorstellungen von einem «change agent»
Lakai des Managements
Antreiber
Fachfrau/Fachmann
Detektiv
Retter
Problemlöser
Magier
Selbstdarsteller
wütender Stier
Polizist
Klugscheißer
Therapeut
Guru
Helfer
Schinder
tolle/r Frau/Mann

Die entscheidende Frage, die sich in diesem Zusammenhang stellt, ist die, warum Sie eine solche Aufgabe überhaupt übernehmen wollen. Ich habe keinerlei Zweifel, dass eine Pflegeperson prädestiniert ist, wenn es darum geht, Einfluss auszuüben. Sie kann dafür sorgen, dass alles reibungslos abläuft, und sie verfügt über detaillierte Informationen in ihrem Zuständigkeitsbereich, die sie gewinnbringend nutzen kann, wenn sie will. Wenn Ihnen klar ist, warum Sie Ihre Fähigkeiten als «change agent» nutzen wollen, können Sie mit dem Stress und mit den angenehmen Seiten, die mit einer solcher Arbeit verbunden sind, besser umgehen.

Sie sollten sich folgende Fragen stellen:

- Für wen tun Sie die Arbeit?
- Welches sind Ihre Motivationen und Interessen?
- Wer ist der Klient?
- Was versprechen Sie sich davon?
- Lohnt sich der Einsatz und wie schätzen Sie ihn ein?

Ich glaube, dass diese Rolle von großer Bedeutung ist, wenn es darum geht, ein möglichst reibungsloses Funktionieren von Organisationen zu gewährleisten. Ich glaube auch, dass «change agents» einem großen Druck (der teilweise selbstgemacht ist!) in Bezug auf die Lösung der festgestellten Probleme und Fragen ausgesetzt sind. Wenn Sie Ihre Rolle genau kennen, fällt es Ihnen leichter, den Überblick zu behalten, und Sie können besser einschätzen, warum diese Arbeit Ihnen etwas bedeutet.

Als «change agent» bezeichnet zu werden ist verlockend, und es hat etwas Glanzvolles an sich. Dabei wird oft vergessen, wie viel behutsame Aufmerksamkeit man benötigt, um die in Kapitel 12 vorgestellten Modelle und die beschriebenen Fähigkeiten einsetzen zu können.

In diesem Buch ging es größtenteils um Selbsterkenntnis, um andere Menschen, um Organisationen und schließlich um die Entscheidung, ob irgendetwas verändert werden muss. Es wird sicher einige Dinge geben, die Sie nun ändern möchten; Teil IV hat sich mit den Schwierigkeiten auseinander gesetzt, die aus Sicht der Organisationsentwicklung dabei entstehen.

Weiterführende Literatur

Argyris, C. (1970) *Intervention Theory and Method*, Addison-Wesley, Reading, MA.
Argyris, C. (1990) *Overcoming Organizational Defences*, Allyn and Bacon, Boston, MA.
Blake, R. and Mouton, J. (1976) *Consultation*, Addison-Wesley, Reading, MA.
Block, P. (1981) *Flawless Consulting*, Learning Concepts, Austin, Texas.
Brunning, H. *et al.* (1990) *The Change Directory*, British Psychological Society, Leicester.
Lippitt, G. and Lippitt, R. (1978) *The Consulting Process in Action*, University Associates, La Jolla, CA.
McCalman, J. and Paton, R. (1992) *Change Management*, Paul Chapman Publishing, London.
Ridgeway, C. and Wallace, B. (1994) *Empowering People*, Institute of Personnel and Development, London.
Steele, F. (1975) *Consulting for Organizational Change*, University of Massachusetts Press, Amherst, MA.

Teil V:
Arbeiten wie im Dampfdrucktopf

Details können einen so fesseln, dass man darüber den Gesamtzusammenhang vergisst. Die Kapitel 14 und 15 greifen noch einmal den Bereich des Gesundheitswesens auf, in dem Sie arbeiten, und sie umreißen das Ziel des Buches, das darin besteht, Sie zu einer Auseinandersetzung damit zu veranlassen, wer Sie als Mensch und als Betreuender sind.

Ich hoffe, die einzelnen Kapitel haben Sie interessiert und neugierig gemacht. Sie können am meisten davon profitieren, wenn Sie versuchen, alle Thesen und Auffassungen zu integrieren und sie bei Ihrer Arbeit sinnvoll zu nutzen. Die ersten Kapitel sind für sich genommen zwar nützlich, doch erst wenn Sie sie im Zusammenhang sehen, wird es Ihnen gelingen, neue und konstruktive Ansätze für die Lösung aktueller Probleme und Schwierigkeiten zu entwickeln.

Angesichts der Veränderungen, die den staatlichen Gesundheitsdienst und die Rolle der Pflegeperson betreffen, und in Anbetracht der äußerst öffentlichkeitswirksamen Diskussionen über das Gesundheitswesen erscheint mir der Vergleich mit dem Dampfdrucktopf für die Arbeit in diesem Bereich sehr zutreffend. Das Buch zeigt Ihnen Möglichkeiten auf, wie Sie es schaffen, dem Druck standzuhalten, gute Pflegearbeit zu leisten, Ihre KollegInnen zu unterstützen und bei all dem auch noch auf sich selbst zu achten.

14. Zurück zur Organisation

Auch wenn Sie für die Durchführung bestimmter Aufgaben ausgewählt wurden, werden Ihre Möglichkeiten durch die Organisation, in der Sie arbeiten, eingeschränkt. Selbst wenn Sie die Beste in Ihrer Jahrgangsstufe oder die jüngste Fachkrankenschwester in Ihrem Krankenhaus sind, die Art und Weise, in der Sie Ihre pflegerische Arbeit durchführen, setzt mehr voraus als professionelle Leistungsfähigkeit, Fachwissen, Kompetenz und Engagement. In Anbetracht dieser Tatsache gilt es zu überlegen, wie Sie in einer Organisation am besten funktionieren und produktiv arbeiten können. Ich höre oft, dass Fachkräfte aus Frustration über «das System» aussteigen. Dies mag stimmen, aber häufig ist es so, dass sie selbst nicht fähig waren, innerhalb der bestehenden Grenzen gute Arbeit zu leisten.

Es ist ziemlich unwahrscheinlich, dass Sie bei Ihrer Arbeit völlig freie Hand haben. Es wird immer Zwänge und Grenzen geben. Infolgedessen denkt man besser darüber nach, *wie* man innerhalb dieser Grenzen arbeiten kann, anstatt dagegen zu arbeiten. Ich will hier nicht der Untätigkeit oder Selbstzufriedenheit das Wort reden. Größere Probleme oder Störungen des Arbeitsablaufs müssen selbstverständlich beseitigt werden, aber ich denke dabei an naheliegende Möglichkeiten, die Sie vielleicht lästig finden und unter normalen Umständen nicht in Erwägung ziehen würden, wenn Sie freie Hand hätten.

Sie wissen, dass die Kultur Ihrer Organisation, die sich im Laufe von Jahren entwickelt hat, einen Einfluss darauf hat, wie bestimmte Dinge gehandhabt werden und dass es äußerst schwierig ist, den *Status quo* zu verändern. Auch der Stil der Geschäftsführung, des Vorsitzenden, maßgeblicher Personen in der Klinik etc. hat einen immensen Einfluss auf die Geschehnisse. Sie wissen auch, dass die ganze Struktur der Patientenversorgung durch äußere Einflüsse infrage gestellt und verändert werden kann. Dies kann Auswirkung darauf haben, welche Funktion Sie als Fachkraft ausüben wollen und wie Sie dies tun wollen.

Abbildung 14-1 zeigt Ihnen noch einmal die Anforderungen und Belastungen, die Sie ausgleichen und verstehen müssen und mit denen Sie sich wohl fühlen müssen.

All diese Faktoren beeinflussen Sie in einer Art und Weise, die deren Bedürfnissen entspricht, und sie engen Sie in Ihrem Handeln und Denken ein. Wenn Sie in einer Organisation arbeiten, unterliegen Sie dem Zwang, sich der Arbeitsweise der Organisation anzupassen. Als Gegenleistung werden Ihnen Sicherheit, Unterstützung, Gruppenzusammenhalt, berufliche Aussichten, ein beruflicher Status und Schutz geboten. Durch die Mitgliedschaft in einer Organisation unterscheiden Sie und Ihre KollegInnen sich von anderen, die nicht zu dieser «Gemeinschaft» gehören, aber dafür werden auch Erwartungen an Sie gestellt und es werden Ihnen

Abbildung 14-1: Faktoren, die mich beeinflussen

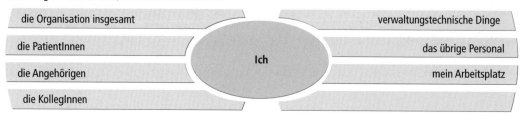

die Organisation insgesamt		verwaltungstechnische Dinge
die PatientInnen	**Ich**	das übrige Personal
die Angehörigen		mein Arbeitsplatz
die KollegInnen		

Beschränkungen auferlegt. Abbildung 14-1 zeigt Ihnen noch einmal die Faktoren, von denen diese Einschränkungen und verlockenden Vorteile ausgehen.

Um effektiv zu arbeiten, müssen Sie diese Einschränkungen immer bedenken. Sie müssen entscheiden, wie Sie angesichts dieser Einschränkungen arbeiten wollen und sich gleichzeitig ethisch, fürsorglich und pragmatisch verhalten. Gegebenenfalls können Sie dazu beitragen, dass diese überprüft und verändert werden.

Als Pflegeperson in einer Organisation werden neben der direkten Pflegearbeit noch viele andere Anforderungen an Sie gestellt. Doch diese zusätzlichen Erwartungen, der Stress und die Belastungen werden leicht ignoriert und die Auswirkungen davon heruntergespielt. Überlegen Sie, welchen Belastungen (ausgenommen solche, die mit der Behandlung von PatientInnen zusammenhängen) Sie ausgesetzt sind und notieren Sie sie. Ich habe in **Abbildung 14-2** als Starthilfe ein paar Beispiele notiert.

Die beiden Abbildungen verdeutlichen die vielen Faktoren und Belastungen, die sich auf die professionelle Behandlung Ihrer PatientInnen auswirken. Um in einer Organisation des Gesundheitswesens in vollem Umfang effektiv zu bleiben, müssen Sie diese Belastungen, die neben Ihrer klinischen Arbeit noch auf Sie zukommen, bewältigen. Zu diesem Zweck können

Sie ein Bild von Ihrem derzeitigen Arbeitsplatz entwerfen. Das Bild kann ähnlich aussehen wie das in Abbildung 14-1 und sollte die wichtigsten Einflüsse und dynamischen Prozesse darstellen, die auf sie einwirken. Treten dann Probleme auf, können Sie:

- besser feststellen, woher sie kommen
- sie aus Ihrer umfassenden Perspektive besser beurteilen als aus der Perspektive Ihrer Station
- sie in die richtige Perspektive rücken
- sachkundiger damit umgehen
- besser herausfinden, welche Aspekte des Gesamtbildes Sie verändern wollen und wie Sie dies tun wollen
- ein entsprechendes Programm für die Veränderung entwickeln
- eine entsprechende Veränderungsstrategie entwerfen.

Wenn Sie diese umfassende Perspektive nicht beachten, haben Sie es schwer, mit den auf Sie einwirkenden Belastungen fertig zu werden, und es kann passieren, dass Sie sich von der Arbeit ausgelaugt fühlen und den Eindruck haben, langsam zerrieben zu werden. Die meisten Menschen betrachten die Dinge aus einem eingeschränkten Blickwinkel, sie nehmen das Gesamtbild nicht wahr und verpassen so die Gelegenheit, die Dinge zu beeinflussen und sie zu verändern.

Abbildung 14-2: Belastungen aus dem nicht-medizinischen Bereich, die auf mich einwirken

Erwartungen seitens der Familie		Berufsverband
Druck, den ich mir selber mache	**Belastungen aus dem nicht-medizinischen Bereich, die mich als Pflegeperson beeinflussen**	wichtige Personen aus der Klinik
schwierige und anstrengende KollegInnen		die Kultur der Organisation
Belastungen durch Angehörige der PatientInnen		die Arbeitsweise meines Pflegeteams

14.1 Wenn Sie von «Organisation» sprechen, welche meinen Sie dann?

Wenn Sie ein «Bild» von Ihrer Organisation entwerfen, müssen Sie bedenken, dass sich hinter Ihrer Gruppe mehr als eine Organisation verbirgt. Sie müssen wissen, was dahinter steckt und was es für die Praxis bedeutet. Dies ist ein wichtiger Schritt in der Auseinandersetzung mit der Frage, was es heißt, an diesem Platz zu arbeiten. Wenn Sie allerdings nicht wissen, wonach Sie suchen sollen, werden Sie wahrscheinlich nichts Überraschendes entdecken, und deshalb finden Sie nachfolgend weitere Vorschläge, wie Sie Ihre Organisation beschreiben können:

- die Organisation, wie sie in dem offiziellen Organisationsplan dargestellt ist
- die Organisation, wie sie tatsächlich arbeitet
- die Organisation, die die Mitglieder gerne hätten
- die Organisation, die die Mitglieder ablehnen
- die Organisation als Mythos
- die Organisation in unserer Darstellung.

Diese Vorschläge enthalten Hinweise, wonach Sie suchen sollen.

Einige dieser Sichtweisen sind himmelweit von den konventionellen Vorstellungen von herkömmlichen Organisationen entfernt. Diesen Vorstellungen zufolge arbeiten Organisationen sehr hierarchisch, von oben nach unten und linear (wie in den geläufigen Organisationsplänen). Es gibt Arbeit, die zu erledigen ist, und Menschen, die sie ohne Umschweife und ohne zu fragen durchführen.

Es ist wichtig, jede einzelne der oben aufgeführten Sichtweisen zu bedenken, denn jede hat einen Einfluss darauf, was geschieht und wie es geschieht. Wenn Sie Ihren Arbeitsplatz aus diesen verschiedenen Blickwinkeln betrachten, dann kommen ganz unterschiedliche Dinge zum Vorschein. Sie bringen neue Erkenntnisse zu Tage, mit denen sich das Geschehen besser erklären lässt. *Was* Sie anschauen, ist immer dasselbe. Erst die Art und Weise, *wie* Sie es anschauen, macht den Unterschied aus.

Wenn Sie Veränderungen herbeiführen, Ihre Fähigkeiten maximal einsetzen, Stress und Belastungen standhalten und effektiv bleiben wollen, müssen Sie wissen wo Sie sind – beruflich und im Hinblick auf die Organisation, und wer Sie sind – in psychologischer, emotionaler und geistiger Hinsicht.

Dies sind schwierige und sehr private Dinge, die es zu beachten gilt. Alle diesbezüglichen Inhalte lassen sich integrieren, wenn Sie selbst Pläne und Bezugssysteme entwickeln und sich Gedanken darüber machen, wo Sie arbeiten und was Ihnen wichtig ist. In diesem Buch wurden Sie immer wieder aufgefordert, über verschiedene Aspekte nachzudenken, die sowohl Sie betreffen als auch das, was Sie gesehen und erlebt haben, und dies zu notieren. Ein erster Schritt zum Aufbau eines eigenen Bezugssystems könnte darin bestehen, diese Notizen zu ordnen und zu integrieren. Mit Hilfe der Inhalte und Bezugssysteme von Teil I, Teil III und Teil IV können Sie sich dann einen Eindruck von den Geschehnissen an Ihrem Arbeitsplatz verschaffen. Auf diese Art und Weise wird Ihnen klarer, wer Sie sind, und Sie erfahren mehr über die Umgebung, in der Sie arbeiten.

15. Geben Sie auf sich Acht

In diesem Buch werden Ihnen Möglichkeiten aufgezeigt, wie Sie die Belastungen und Spannungen an Ihrem Arbeitsplatz einschätzen und bewältigen können. Ich habe dieses Buch eigentlich für Personen mit Betreuungsaufgaben – insbesondere für Krankenschwestern und -pfleger – geschrieben, die in einer Organisation des Gesundheitswesens arbeiten. Die Inhalte sind jedoch auch für andere im Gesundheitswesen Beschäftigte von Bedeutung, ebenso wie für Menschen aus anderen Arbeitsbereichen.

Das Buch verfolgt vier Ziele:

- Der Leser soll mehr über sich und seine persönlichen Probleme erfahren.
- Er soll in die Lage versetzt werden, mit Hilfe von Ideen, Bezugssystemen und Modellen die Effektivität seiner Organisation zu beurteilen.
- Er soll, falls erforderlich, befähigt werden, konstruktive Veränderungen zu initiieren.
- Die Qualität der Patientenversorgung soll verbessert werden.

Ich bin der Ansicht, dass MitarbeiterInnen in Gesundheitsberufen, vielleicht noch mehr als in anderen betreuenden Bereichen oder im Notdienst, über lange Zeiträume große emotionale Belastungen aushalten und bewältigen müssen. Dies erzeugt starken Stress, der nur allzu oft als «Teil des Jobs» verharmlost oder abgetan wird. Ich glaube nicht, dass man damit

der Verlässlichkeit und dem Engagement der Betreuenden gerecht wird.

Dieses Buch zeigt Möglichkeiten auf, wie Sie mit derartigen Spannungen und Belastungen umgehen können. Zunächst einmal sollten Sie klären, was in Ihrer Umgebung geschieht und dann entscheiden, ob Sie etwas unternehmen können (und wollen). Mit Hilfe des Buches gelingt es Ihnen, den Umgang mit Situationen besser zu kontrollieren. Als nächstes können Sie die Ideen, die Sie am brauchbarsten finden, mit KollegInnen diskutieren, um auch ihnen Gelegenheit zu geben, Dinge, die sie bislang als selbstverständlich hingenommen haben, zu beeinflussen und zu verändern.

Oft wird am Arbeitsplatz die Individualität der Pflegeperson als eigenständiger Mensch außer Acht gelassen, ebenso wie die emotionalen Auswirkungen und Belastungen, die infolge der Arbeit auf der Station, in der Abteilung oder in der häuslichen Pflege auftreten. In der Regel wird den drei anderen Bereichen, die in **Abbildung 15-1** dargestellt sind, mehr Aufmerksamkeit geschenkt (siehe auch Vorwort). Meiner Ansicht nach liegt dies einerseits daran, dass mit diesen Bereichen leichter umzugehen ist (z. B. mit Fakten, Zahlen, Organisationsplänen, Stellenbeschreibungen etc.); andererseits handelt es sich vermutlich um eine Haltung, die davor schützt, die Intensität der emotionalen Belastungen, denen Pflegende ausgesetzt sind, anzuerkennen.

Abbildung 15-1: Die Bereiche, die am Arbeitsplatz im Vordergrund stehen

Aber gerade dieser persönliche Anteil in uns, der unser Handeln sowohl in professioneller als auch in ethischer Hinsicht bestimmt, ist für die PatientInnen der Prüfstein, an dem sie letztendlich die Qualität ihrer Betreuung messen. Dies ist auch der Grund, weshalb Sie in diesem Buch als Mensch und nicht als versierte Fachkraft in den Mittelpunkt der Pflegerolle gestellt werden.

Das Buch will Sie veranlassen, sich selbst besser kennen zu lernen. Davon hängt sehr viel ab, und je besser Sie sich selbst verstehen und einschätzen können – Ihre Stärken ebenso wie Ihre Schwächen – desto eher werden Sie sich um die Menschen in Ihrer Umgebung kümmern können. Wenn Sie sich nicht gut kennen, könnte es passieren, dass Sie auf eine Art und Weise reagieren, arbeiten oder andere beeinflussen, die Ihnen, Ihren PatientInnen und auch anderen Menschen schadet. Ich meine hier *nicht* die klinisch-medizinische Versorgung, sondern die Art und Weise, wie Sie als Mensch handeln und mit anderen umgehen.

Je wohler Sie sich mit sich selbst fühlen, desto besser wird es Ihnen gelingen, eine gute Beziehung zu Ihren PatientInnen und zu anderen aufzubauen, und desto leichter wird es Ihnen fallen, den mit Ihrer Rolle als Pflegeperson verbundenen psychischen Belastungen und dem Stress standzuhalten und sie in die richtige Perspektive zu rücken.

Die Intensität der Belastungen, denen Sie am Arbeitsplatz ausgesetzt sind, löst die ganze Bandbreite menschlicher Emotionen aus. Ihre pflegerische Arbeit bedingt eine Art von Vertrautheit mit den PatientInnen, die man normalerweise nur zwischen engen Familienangehörigen und sich sehr nahe stehenden Menschen findet. Sie sind von Anfang an eine sehr wichtige Person für Ihre PatientInnen, und dies setzt Sie unter Druck. Im Gesundheitsbereich kommt es vor, dass Ihre tagtäglichen Maßnahmen sich erweitern können. Durch den Stress und die Angst, die damit verbunden sind, werden PatientInnen (und Leute, die ein Interesse daran haben) veranlasst, mehr Bedeutung in dieses Geschehen zu legen als in Wirklichkeit vorhanden ist oder beabsichtigt war.

Bei PatientInnen ebenso wie bei Betreuenden kann der Eindruck entstehen, als lebten Sie in einem Goldfischglas und wären ständig den forschenden Blicken der anderen ausgesetzt. Die konzentrierte Aufmerksamkeit des Beobachters lässt die Pflegeperson und die anderen Betreuenden «überlebensgroß» erscheinen. Manche halten sie für allwissend und allmächtig, wie bereits in Teil III dargelegt wurde.

Die Situation ist so, als würden Sie in einem Dampfdrucktopf arbeiten. Sobald Sie zum Dienst erscheinen, wird die Kochplatte angestellt und der Druck steigt im Verlauf des Tages (oder der Nacht) immer weiter an. Sie sollten es also vermeiden, zu sehr unter Druck zu geraten. Sie brauchen Ihre ganze Entschlossenheit, um keinen Schaden zu nehmen und trotz des Drucks effektiv zu arbeiten. Wenn es Ihnen trotz aller Erkenntnisse nicht gelingt, dem wachsenden emotionalen Druck standzuhalten, dann könnten Sie in Versuchung geraten, die unrealistischen Erwartungen der anderen zu erfüllen; letztendlich ein aussichtsloses Unterfangen, das zudem zum Scheitern verurteilt ist und zu Enttäuschungen führen muss.

15.1 Thesen und Gedanken

Sie haben die besten Chancen, Einfluss zu nehmen und Druck abzubauen, wenn Sie sich an bestimmte Inhalte aus Teil IV halten. Ihre Pläne und Vorschläge müssen:

- durchführbar sein
- den Betroffenen einleuchten
- die Gefühle der Betroffenen berücksichtigen
- innerbetrieblich akzeptabel sein
- klar definierte Ergebnisse und Vorteile haben
- verwaltungstechnisch akzeptabel und praktikabel sein.

Wenn Entscheidungen Aussicht auf Erfolg haben sollen, muss es zum einen um Dinge gehen, die von den Betroffenen als wichtig angesehenen werden, und zum anderen müssen sie in der Organisation und für den Einzelnen praktisch umsetzbar sein. Doch es kann passieren, dass Sie Ihre Überlegungen, so ausgeklügelt sie auch sein mögen, nicht wie geplant umsetzen können. In **Abbildung 15-2** finden Sie einige wichtige Thesen, denen Sie Ihre eigenen hinzufügen können.

Das von Ihnen vervollständigte Diagramm soll Sie daran erinnern, dass niemand sämtliche Variablen einer interaktionalen Situation berücksichtigen oder kontrollieren kann. Es wird unweigerlich zu unerwarteten Ergebnissen kommen, und es wird auch nicht alles nach Plan laufen. Andere werden so gut arbeiten, dass Sie tagelang in Hochstimmung sind. Das Diagramm kann Sie daran erinnern, dass Sie auch bei allergrößter Mühe nicht immer alles richtig

Abbildung 15-2: Thesen und Gedanken

ein paar Gedanken...

herausfinden, wer ich bin
beim Umgang mit PatientInnen auf das achten, was nicht ausgesprochen wird
Die Arbeit mit anderen ist immer komplex und vielschichtig.
Es kann nicht immer alles hübsch und ordentlich sein.
Dinge zuzulassen und zu akzeptieren ist schwierig, und man muss daran arbeiten.
Achten Sie auf sich selbst und finden Sie heraus, was Ihnen wichtig ist.
Man bekommt nicht immer genau das, was man will.

machen können und dass die Realität unverrückbar im Vordergrund steht.

15.2 Handeln

Dieses Buch gibt Ihnen Mittel an die Hand, mit deren Hilfe Sie erkennen können, was es für Sie bedeutet, als Mensch hier zu sein und als Pflegeperson zu arbeiten. Dies hat für Sie folgende Vorteile:

- Sie können mehr aus Ihren Erfahrungen lernen.
- Sie sind besser auf die Zukunft vorbereitet.
- Sie können Ihre Gefühle und Leistungen selbst kontrollieren.
- Sie können besser ausloten, wie sie zu Ihrer Position stehen.

Sie können selbst noch andere Punkte hinzufügen. Ich gehe allerdings davon aus, dass Sie durch die Arbeit mit den Ideen und Modellen bereits wissen, welche Sie gut gebrauchen können. Seien Sie nicht enttäuscht, wenn bei der Anwendung neuer Ansätze nicht alles nach Plan läuft. Es braucht seine Zeit, um sich mit neuen Konzepten vertraut zu machen und sie

Abbildung 15-3: Die Aufzeichnung aktueller Geschehnisse

was zu tun ist	was zu vermeiden ist
warum	warum

was funktioniert	was nicht funktioniert
warum	warum

praktisch anzuwenden. Machen Sie unbeirrt weiter, und diese Ideen und Ansätze werden ihnen immer gute Dienste leisten, besonders dann, wenn Sie sie auf Ihre Bedürfnisse abstimmen und sie so zu Ihren eigenen machen. Sie können nach dem Muster von **Abbildung 15-3** auch regelmäßig aktuelle Geschehnisse notieren.

Ich hoffe, dass Sie regelmäßig Gebrauch von den Ideen und Modellen machen werden, denn je mehr Erfahrung Sie mit der Anwendung haben, desto häufiger werden Ihnen andere Dimensionen und Inhalte begegnen, die Sie untersuchen können.

Ich hoffe auch, dass Sie den Vorsatz haben, für neue Erfahrungen offen zu bleiben. Vermeiden Sie, wenigstens bis zu einem bestimmten Grad, ein Verhalten, wie Sutherland (1992) es in den folgenden Beispielen beschreibt:

> Die Abneigung, seine Ansichten aufzugeben, bleibt ein Leben lang bestehen. Sie bewirkt, dass Ärzte an ihrer Diagnose festhalten, auch wenn sie sich ganz offensichtlich geirrt haben; sie führt zu schreiender Ungerechtigkeit [...]; sie bewirkt, dass Wissenschaftler bei einer Theorie bleiben, die nachweislich falsifiziert wurde [...] der Entschlossenheit, Beweise zu ignorieren und an seinen Überzeugungen festzuhalten, begegnet man oft, und diese Neigung ist so stark, dass sie unsere Art zu sehen und zu hören beeinflussen kann.

Wie Sutherland bemerkt, können manche Dinge uns so sehr fesseln und gefangen nehmen, dass wir unser Urteilsvermögen verlieren und nicht mehr sehen, was machbar und realistisch ist. Jeder erlebt das Leben auf eine andere Art, wir bewerten Dinge ganz unterschiedlich und erschaffen uns so eine einzigartige Welt. Einen Teil davon geben wir preis, manches fördern die Menschen in unserer Umgebung zu Tage. Einiges behalten wir für uns, und gewisse Anteile sind bei jedem Menschen unzugänglich, auch für ihn selbst, und dennoch bestimmen diese Anteile, wer wir sind und was wir tun, und sie prägen unser Wesen.

Dieses Buch zeigt Ihnen Möglichkeiten auf, wie Sie herausfinden können, wer Sie sind und wie Sie behutsamer mit sich selbst und mit anderen umgehen können.

Machen Sie's gut.

Literatur

Sutherland, S. (1992) *Irrationality: The Enemy Within*, Constable, London.

Weiterführende Literatur

Kommunikation und Führung

Abermeth, L.; Piechotta, G.; Schuster, S. (1995): Kommunikation, Interaktion, Anleitung. Zur Berufssituation der Pflegenden. [Band 2], RECOM: Basel

Darmann, I. (2000): Kommunikative Kompetenz in der Pflege. Ein pflegedidaktisches Konzept auf der Basis einer qualitativen Analyse der pflegerischen Kommunikation. Kohlhammer: Stuttgart

Gertz, B. (2002): Die Pflegedienstleitung. 2. Auflage Huber: Bern

Ivey, A. E. (2000): Führung durch Kommunikation. Rosenberger Fachverlag: Leonberg

Kerres v., A.; Falk, J.; Seeberger, B. (Hrsg.) (1999): Lehrbuch Pflegemanagement. Springer: Berlin

Leuzinger, A.; Luterbacher Th. (2000): Mitarbeiterführung im Krankenhaus. Huber: Bern

Loffing, Ch. (2003): Karriereplanung in der Pflege. Huber: Bern

Matthews, A.; Wheelan, J. (2002): Stationsleitung. Huber: Bern

Poser, M.; Ortmann, M.; Pilz, T. (2004): Personalmarketing in der Pflege. Huber: Bern

Sachweh, S. (2000): «Schätzle hinsitze!». Kommunikation in der Altenpflege. Peter Lang: Frankfurt

Saul, S. (1999): Führen durch Kommunikation. Beltz: Weinheim

Schaufler, B. (2000): Frauen in Führung. Huber: Bern

Schulz von Thun; F. (2003): Miteinander reden 1–3. Rowohlt: Berlin

Schulz von Thun; F. (2003): Miteinander reden: Kommunikationspsychologie für Führungskräfte. Rowohlt: Berlin

Watzlawick, P. (2003): Anleitung zum Unglücklichsein. Piper: München

Watzlawick, P. (2000): Lösungen: Zur Theorie und Praxis menschlichen Wandels. Huber: Bern

Watzlawick, P.; Beanin, J. H.; Jackson, D. D. (2003): Menschliche Kommunikation. Formen, Störungen, Paradoxien. Huber: Bern

Wingchen, J. (2000): Kommunikation und Gesprächsführung für Pflegeberufe. Ein Lehr- und Arbeitsbuch. Schlütersche: Hannover

Change Management

Bals, T. (1996): Change agents. Pflege in einem sich wandelnden Gesundheitswesen. Dr. med. Mabuse, 103: 41–43

Broome; A. (2000): Change Management in der Pflege. Huber: Bern

Daub, D. (1998): Perspektive 2010 – Change-Management Teil 1. Klinik-Management-Aktuell, 30: 28–29

Daub, D. (1999): Perspektive 2010 – Change-Management Teil 2. Klinik-Management-Aktuell, 31: 28–30

Decker, F. (2002): Soziale Balance. Führung. Pflege-Impuls, 8: 176–182

Hommel, T. (1999): Eine Krise der Hierarchie. Zur Organisationsentwicklung in Krankenhäusern. BALK INFO, 35: 4–6

Preusker, U. (1999): Kommunikation und Mitarbeiter-Motivation als Produktivitätsreserven nutzen. 41: 28–30

Vogt, H. (2000): Change Management – eine verpasste Chance? Klinik-Management-Aktuell, 44: 26–27

Zegelin, A. (1998): Change as Chance – Veränderung als Möglichkeit. Pflege aktuell, 4: 246–248

Prozessmanagement

Ament-Rambow, C. (2000): Abteilungsgrenzen überwinden. Ohne Prozessmanagement keine wirkliche Qualitätsverbesserung. Krankenhaus Umschau, 2: 84–87

Gebert A. J.; Kneubühler, H.-U. (2001): Qualitätsbeurteilung und Evaluation der Qualitätssicherung in Pflegeheimen. Huber: Bern

Heinrich, S.; Schmitt, K.; Wetekam, V. (1999): Prozeßmanagement im Krankenhaus. Das Krankenhaus, 9: 569–574

Neubauer, M. (1999): Krisenmanagement. Handeln wenn Probleme eskalieren. Springer: Berlin

Ptok, R. (1996): Prozeßmanagement im Krankenhaus als Instrument zur Entwicklung einer qualitätsorientierten Krankenhauskultur. Public Health, 11: 10 ff.

Ristok, B. (2000): In Prozessen denken Chancen und Risiken eines Ansatzes. Pflegen Ambulant, 6: 35–36

Reichert, M. (2000): Prozessmanagement im Krankenhaus – Nutzen, Anforderungen und Visionen. Das Krankenhaus, 11: 903–909

Schröder, J. P. (1999): Integratives Prozeßmanagement im System Gesundheit. Management & Krankenhaus, 12: 8 ff.

Selbstmanagement

Cichowski, R. (2002): Ihr Weg zum Erfolg. Selbstmanagement, Kommunikation, Qualifikation, Strategien. Weinheim: VCH

Kämmer, K. (2001): Das Ziel vor Augen. Altenpflege, (24), 104: 40–42

Miller, P. (2002): Führungsverhalten in der Gruppe – das Dilemma des Führers. Die Schwester/Der Pfleger, (41), 2: 162–166

Wedekind, E. (2000): Beziehungsarbeit Pflege: Flüchten oder aushalten? Anforderungen an das Selbstmanagement von Pflegenden aus psychologischer Sicht. Forum Sozialstation, (24), 8: 42–45

Wölker, T. (2002): Kampf dem Chaos! Selbstmanagement. Sozialwirtschaft aktuell, 4: 3–4

Selbstreflexion

Baumgart-Fütterer, I. (1996): Wege aus der Streßspirale. Heilberufe, 12: 16–17

Henke, F. (2000): Anleitung zur biographischen Selbstreflexion. Heilberufe, 9: 30–31

Hellmann, M. (1995): Supervision als Baustein der Personalentwicklung Der Blick nach innen – auf Arbeitsstrukturen und Personen. Krankenhaus Umschau, 11: 901–904

Kerres, A. (2001): Selbstreflexion statt Gesprächstechniken?! PflegeImpuls, 5: 112 ff.

Johns, C. (2004): Selbstreflexion in der Pflegepraxis. Huber: Bern

Stressmanagement

Eckardt, Th. (2002): Jeder kennt ihn, keiner mag ihn. Pflegezeitschrift, 3: 208–212

Friesacher, H. (1993): Psychosoziale Belastungen des Intensivpflegepersonals – Ursachen – Auswirkungen – Lösungsansätze. intensiv, 2: 74–79

Loffing, Ch. (2001): Wege zu Ruhe und Gelassenheit. Pflegezeitschrift, 10: 701–703

Teamarbeit

Auerswald, H. (1999): Von der Theorie zur Praxis Pflegequalität im Stationsalltag. Heilberufe, 3: 14–16

Bölicke, C. (2001): Voraussetzungen erfolgreicher Teamarbeit. Pr-Internet, 6: 113–119

Candidus, W. A. (1999): Pflege gehört ins Management. Wettbewerb und Kostendruck zwingen zur Teamarbeit. Heilberufe, 12: 21–22

Jutrzenka, M. (2000): Emergency room reality. Teamarbeit in der Rettungsstelle. Heilberufe, 3: 18–19

Kämmer, K. (2001): Ein starkes Team. Fünf Kriterien für erfolgreiche Teamarbeit. Pflegen Ambulant, 5: 34–35

Löser, A. (2000): Im Team gemeinsam eine Strategie und ein Ziel verfolgen. Pflegezeitschrift, 10: 655–658

Löser, A. (2000): Pflege im Team statt als Einzelkämpfer. Vom Ich zum Wir – Teil I. Pflegezeitschrift, 9: 598–600

Loffing, Ch. (2003): Coaching in der Pflege. Huber: Bern

Schermer, B. (2001): Sind Sie beliebt? Zeitschrift: Altenpflege, 4: 48

Struth, C. (2001): Alle für einen. Wie die Teamentwicklung die Bezugspflege fördert. Zeitschrift: Häusliche Pflege, 11: 25–28

Unternehmenskultur

Bandemer, S.; Weigel, R. (1997): Von den besten Lösungen lernen. Benchmarking: Eine Methode, die auch für ambulante Pflegedienste hilfreich sein kann. Pflegen Ambulant, 6: 31–35

Baumann, R. (1999): Unternehmenskultur – ein Begriff der Zukunft? Schweizer Spital, 7-8: 15–17

Böhm, C. (1998): Unternehmenskultur in Altenpflegeeinrichtungen. Heilberufe, 4: 32–34

Habicht, G. (1997): Position beziehen – und nie den roten Faden verlieren. Eine eigenständige Unternehmenskultur auf der Basis einer Unternehmungs-Philosophie für Pflegedienste. Häusliche Pflege, 12: 57–64

Kramer, M.; Preusker, U. K. (2002): Zunehmender Personalmangel zwingt Krankenhäuser zu kulturellem Wandel. Klinik-Management-Aktuell, 74: 42–44

Metzel, C. (1998): Unternehmenskultur als Erfolgsfaktor: Das Wir-Gefühl wird gestärkt. Pflegezeitschrift, 12: 945–948

Mühlbauer, B. (1999): Bewußt gestaltete Unternehmenskultur – ein Mangel in deutschen Krankenhäusern. Die fehlende Führungsqualität der Manager gefährdet die Zukunftsfähigkeit der Krankenhäuser. führen und wirtschaften im Krankenhaus, 3: 258–262

Praße, O. (1995): Erfahrungen mit Qualitätszirkeln aus Sicht der pflegerischen Abteilungsleitung. Die Schwester/Der Pfleger, 6: 482–488

Risse, T; Weigel, R. (1995): Flucht nach vorn zum eigenen Image Pflegedienste auf der Suche nach Fortbildung und Beratung. Forum Sozialstation, 77: 40–42

Rosenthal, T.; Töllner, R. (2001): Unternehmenskultur – Managementaufgabe in der Praxis und Thema im Studium. PflegeMagazin, 1: 4–14

Stoffer, F.-J. (1998): «Der eine wartet, daß die Zeit sich wandelt, der andere packt sie kräftig an und handelt.» (Dante Alighieri). PflegeManagement, 3: 4

Strehlau-Schwoll, H. (1995): Umwandlung von Trägerstrukturen. BALK INFO, 17: 5–10

Widmer, W. (1999): Dialogische Unternehmenskultur. Schweizer Spital, 7/8: 8–10

Adressenverzeichnis

DBfK-Bundesverband
Geisbergstr. 39
10777 Berlin
www.dbfk.de

Bundesarbeitsgemeinschaft Leitender Kranken-
pflegepersonen e.V. BALK
Postfach 1446
65004 Wiesbaden

Deutsches Institut für angewandte Pflegeforschung e.V.
Werthmannstr. 1a
50935 Köln
www.dip-home.de

Deutscher Pflegerat
Postfach 310 380
10633 Berlin

Bundesministerium für Gesundheit
www.bmgesundheit.de
Berufsgenossenschaft für Gesundheitsdienst
und Wohlfahrtspflege BGW
Pappelallee 35/37
22089 Hamburg
www.bgw-online.de

Kuratorium Deutsche Altershilfe
An der Paulskirche 3
50677 Köln
www.kda.de

Pflege geht online:
www.pflege-online.de
(mit vielen Beiträgen zu allen Fachbereichen der Pflege, der Pflegewissenschaft und des Pflegemanage-
ments, dem «pflegebrief» als Online-Magazin zum
Abonnieren und zahlreichen nützlichen Links zum
Thema)

Sachwortverzeichnis

Anzeigen

Arline Matthews / Janet Whelan

Stationsleitung

Handbuch für das mittlere Management in der Kranken- und Altenpflege

Aus dem Englischen von Silke Hinrichs.
Deutschsprachige Ausgabe bearbeitet von Rainer Schena.
2002. 240 S., 21 Abb., 25 Tab., Kt € 29.95 / CHF 49.80
(ISBN 3-456-83373-3)

Das Stationsleitungshandbuch. Eine ausführliche Beschreibung der Rollen, Funktionen und Fertigkeiten einer Stationsleitung im Umfeld eines sich stetig wandelnden Gesundheitswesens.

Claus Offermann

Selbst- und Qualitäts- management für Pflegeberufe

Ein Lehr- und Arbeitsbuch

2002. 257 S., 45 Abb., 53 Tab., Kt
€ 26.95 / CHF 45.80
(ISBN 3-456-83679-1)

Alles Wissenswerte zu den Themen «Selbst- und Qualitätsmanagement» auf einen Blick für Leitende, Lehrende und Lernende.

Verlag Hans Huber
Bern Göttingen Toronto Seattle

http://Verlag.HansHuber.com

Manfred Haubrock / Walter Schär (Hrsg.)

Betriebswirtschaft und Management im Krankenhaus

2., unveränd. Nachdruck der 3., vollst. überarb. u. erw. Aufl. 2002.
432 S., 112 2-farb. Abb., 89 Tab., Kt
€ 44.95 / CHF 78.00
(ISBN 3-456-83400-4)

Die gesundheitspolitischen Entscheidungen der zurückliegenden Jahre und die Ökonomisierung des Gesundheitswesens haben zu tiefen Einschnitten in Struktur, Organisation und Finanzierung der Krankenhäuser geführt. Die erweiterten Aufgabenstellungen des Krankenhauses bei gleichzeitiger Ambulantisierung von Versorgungsleistungen und die neuen fallbezogenen Entgeldsysteme waren dabei zentral. Diesen Veränderungen und Herausforderungen muss u. a. mit einer qualitativen Stärkung des Krankenhausmanagements und einer hochwertigen Ausbildung von Krankenhausführungskräften begegnet werden. – Dazu leistet das bewährte Standardlehrbuch von Haubrock/Schär einen entscheidenden Beitrag.

Verlag Hans Huber
Bern Göttingen Toronto Seattle